21世纪法学系列教材

刑事法系列

刑事政策学

（第二版）

李卫红 著

北京大学出版社
PEKING UNIVERSITY PRESS

图书在版编目(CIP)数据

刑事政策学/李卫红著. —2版. —北京：北京大学出版社，2018.3
（21世纪法学系列教材·刑事法系列）
ISBN 978-7-301-26366-2

Ⅰ.①刑…　Ⅱ.①李…　Ⅲ.①刑事政策—中国—高等学校—教材　Ⅳ.①D924

中国版本图书馆CIP数据核字(2018)第010716号

书　　　　名	刑事政策学（第二版） Xingshi Zhengcexue
著作责任者	李卫红　著
责 任 编 辑	冯益娜
标 准 书 号	ISBN 978-7-301-26366-2
出 版 发 行	北京大学出版社
地　　　　址	北京市海淀区成府路205号　100871
网　　　　址	http://www.pup.cn
新 浪 微 博	@北京大学出版社　@北大出版社法律图书
电 子 信 箱	law@pup.pku.edu.cn
电　　　　话	邮购部 62752015　发行部 62750672　编辑部 62752027
印 刷 者	北京富生印刷厂
经 销 者	新华书店
	730毫米×980毫米　16开本　23印张　438千字 2009年1月第1版 2018年3月第2版　2018年3月第1次印刷
定　　　　价	46.00元

未经许可，不得以任何方式复制或抄袭本书之部分或全部内容。
版权所有，侵权必究
举报电话：010-62752024　电子信箱：fd@pup.pku.edu.cn
图书如有印装质量问题，请与出版部联系，电话：010-62756370

第 二 版 序

原本计划五年一修订本书,结果时间经不起蹉跎,一晃本书出版已快十年。其间,中国的政治、经济、社会的发展一日千里,全球人有目共睹。刑事政策及以刑事政策为研究对象的刑事政策学的发展,也是一日千里。随着人民物质生活水平的提高,人们的精神境界也在不断提升,对问题的认识、观念、方法等也在改变。以死刑为例,到目前为止,在理论层面探讨它的存废已无太大的意义,关键是我们如何加快立法减少死刑罪名与司法限制死刑适用的步伐,以实现刑事政策的人道性。经过近十年,本书许多地方所使用的材料及论证已显陈旧,极有必要进行修订。

针对第一版的不足,笔者对本书的修订主要有以下几个方面:

一是关于刑事政策的分类研究。在持续的刑事政策学研究中,作者发现最难的是对刑事政策进行定义,古今中外无一定论,这一现状导致学者们对刑事政策各说各话,无法进行深层次的学术交流,即便德国的刑事法学大师李斯特与罗克辛所说的刑事政策也不是一回事。尤其中国的刑事政策,独树一帜,更具鲜明的中国特色。如果将它们混为一谈,至少不是学术研究的态度与方法,更遑论概念的一塌糊涂、论证的逻辑分裂、结论的断章取义。因此,笔者将刑事政策分为七个层面进行论证,以期摸到完整的大象,虽然还是做不到。

二是学科定位。刑事政策学是刑事一体化学科的最好明证,这主要基于对于刑事政策的定义。刑事政策是解决已然犯罪的所有方法,而解决犯罪的法定方式既包括实体法、程序法也包括执行法及其他法律法规,以刑事政策为研究对象的狭义的刑事政策学应当包括刑法学、刑事诉讼法学、监狱法学及其他法律学科中无法准确包含或尚未确定的部分,如刑事和解,它是一种新型的解决犯罪问题的措施,目前我国《刑法》没有对接的规定,我国《刑事诉讼法》规定了刑事和解的程序,刑事政策学可包含对它的所有研究,因此没必要建立刑事司法学,刑事政策学已经将其内容涵盖。

三是增加了更多的专题性研究。以笔者近期发表在法学类核心期刊的文章为主要相关内容。如发表在《政法论坛》2017年第2期的《刑事和解的实体性与程序性》,分析了刑事和解的实体性与程序性,其属于实然微观刑事政策的范畴;发表在《法学杂志》2016年第4期的《受贿罪的司法认定》,笔者主张非财物性贿赂等内容需要被犯罪化;发表在《中国法院报》2016年12月24日第2版的《依法处理电信网络诈骗犯罪》,属于深化刑事政策的司法解释,还有尚未发表的一些论述如《终身监禁的性质》等。所有这些丰富了本书的内容,突出了专著型教科书的特色。

四是删除了一些过时的资料、法规及论证。如已被全国人大废除的劳动教养、2012年以前的《刑事诉讼法》的相关规定等。本书第一版最后一章"德国、日本、美国当代刑事政策概览"也作了删除,留待深入研究后,另写专著。

从2005年至今,在我十三年的刑事政策学教学中,无论面对本科生还是研究生,他们所提问题无数。既然党中央提出依法治国,定罪量刑有《刑法》《刑事诉讼法》,为什么还需要刑事政策?刑事政策到底是什么?它的目标是什么甚或要解决、能解决什么问题?刑罚有一般预防与特别预防的功能,刑事政策有什么功能?在教学相长中尝试回答问题,探求真理。本书也试图对上述问题阐明看法,不求标准答案,只期盼个人所坚持不懈的阅读、思考、观察、理解能创造性地跳出已有圆圈,突破可能性的限制,达至更好。

李卫红
2017年12月10日于北京西三环北路25号致远楼

第一版序

在我国当前刑事法理论研究中,刑事政策正在成为一个重要的知识增长点。李卫红撰写的《刑事政策学》一书,以教科书的形式对刑事政策相关理论进行了系统性的论述,成为我国第一部个人独自完成的刑事政策学的教科书,这是值得肯定的。

刑事政策学教科书是以建立刑事政策的学科体系为宗旨的,这表明刑事政策学在我国的刑事法学科中正在成为一门独立学科。刑事政策学不同于刑法学这样的规范法学,刑法学是以刑法规范为研究客体的,尽管在犯罪论体系上存在一些理论模式上的选择,但就学科体系而言,基本上与刑法典存在对应关系,因而可以说是大同小异。但刑事政策学则与之不同,刑事政策学具有超法规的性质,它不受法典的桎梏,其学科体系取决于每个学者对刑事政策的理解,不同理解就会存在不同的刑事政策学的学科体系,因而可以说是小同大异。在本书中,李卫红对各种刑事政策学的理论体系作了描述,就可以发现其中的差别是很大的。其中,如何处理刑事政策学与犯罪学之间的关系可能是一个关键问题。当然,犯罪学本身也有狭义的和广义的之分。狭义的犯罪学,是指犯罪原因学,侧重于揭示犯罪产生的原因,包括宏观的社会原因与微观的个体原因。这个意义上的犯罪学,类似于诊断学。但广义的犯罪学,除对犯罪原因的研究以外,还包括犯罪对策,例如社会对策与法律对策,法律对策又可以分为立法对策与司法对策。在这样一个广义的犯罪学体系中,有关刑事政策的内容往往涵括其间。目前的趋势是刑事政策学逐渐地从犯罪学中分离出来,成为一个独立的学科。我以为,刑事政策学尽管与犯罪学之间存在密不可分的学科渊源关系,但两个学科还是可以互相独立的。犯罪学具有事实学科与经验学科的性质,而刑事政策学则具有价值学科的性质,刑事政策学所具有的反思性与批判性这种理论品格,都是犯罪学所不具备的。

刑事政策学教科书当然是讲究体系性的,通过一定的体系建构将相关知识内容纳入其间,形成一个较为系统的刑事政策知识体系。因此,在评价一本刑事政策学教科书的时候,体系是否科学完整,当然是我们所要关注的。从本书来看,李卫红基本上把刑事政策学的内容分为总论与各论两部分:总论是指对刑事政策基本原理的叙述;各论是指对具体刑事政策的探讨。上述两部分内容是相辅相成互相补充的。只有刑事政策的基本理论而缺乏对具体刑事政策的阐述,刑事政策理论就会变得空洞。而只有对具体刑事政策的研究却没有扎实的刑事政策基本原理作为支撑，刑事政策理论就会流于肤浅。我们可以看到，李卫红在刑事政策的基本理论与具体刑事政策的专门研究这两个方面，都投入了较大的学术资源，从而达到了一定的理论深度。

就刑事政策的基本理论而言，李卫红对刑事政策的当代品格的把握是到位的，尤其是在刑事法治的视野下考察刑事政策，揭示了刑事政策的价值内容。例如，在本书中以比较大的篇幅论述了刑事政策的人道化、法律化与科学化，这些内容都在很大程度上改变了刑事政策的策略化现象，能够从人性与政治、法律与科学的角度深化对刑事政策的理解。当然，这里也存在一些值得探讨的问题。例如，本书专门讨论了刑事政策的价值蕴含，指出了刑事政策所具有的自由、平等、博爱、公正、效率、人道等价值理念。现在的问题是：这些价值理念是刑事政策本身所具有或者应当具有的，还是在刑事政策之外对刑事政策所形成的某种文化的与文明的制约？我个人认为，刑事政策是追求惩治犯罪有效性的，只不过在不同时代刑事政策的这一目的是受到文化与文明的制约的。在当代社会，刑事政策不再赤裸裸地追求惩治犯罪的有效性，或者说刑事政策目的的实现应当受到自由、平等、博爱、公正、效率与人道这些因素的制约。只有从逻辑上厘清刑事政策与这些价值理念之间的关系，才能对此作出科学的论述。

就刑事政策的具体内容而言，本书涉及"严打"刑事政策、宽严相济刑事政策、死刑刑事政策，这些刑事政策对我国的刑事立法与刑事司法曾经或者正在发生着重要作用，对其专门研究是十分必要的，也是本书的实质内容之所在。但在这部分内容的安排上，我觉得不无改进的余地。作者是按照实然刑事政策与应然刑事政策、宏观刑事政策与微观刑事政策这两对范畴进行排列的，由此组合成实然宏观刑事政策与实然微观刑事政策、应然宏观刑事政策与应然微观刑事政策。在这样的内容排列中，"严打"刑事政策就被分割为实然的考察与应然的探讨这两个部分。其实，实然与应然、宏观与微观只不过是一些视角，刑事政策的学科安排不应以此为根据，而是应该以专门问题为根据。因此，在具体刑事政策这一部分，专门对"严打"刑事政策、宽严相济刑事政策、死刑刑事政策、未成年人刑事政策、精神病人刑事政策进行实然与应然、宏观与微观相结合的全面研究，反而条理更为清晰。

在我国刑事法学界，目前专门研究刑事政策学的人并不多，李卫红是其中的一位，并且取得了丰硕学术成果。此前，李卫红已经出版了《刑事政策学的重构及展开》（北京大学出版社2007年版）一书，本书是在前书基础上的体系化叙述，在理论的广度上有所扩展，在理论的深度上有所加强，两书之间可以明显地看出承继关系。我期待着李卫红继续在刑事政策学领域进行学术耕耘，形成自己的学术风格，以推进我国刑事政策学的理论研究。

是为序。

陈兴良

谨识于北京海淀锦秋知春寓所

2008 年 11 月 3 日

目 录

绪 论

第一章 刑事政策学概述 (3)
 第一节 刑事政策学的概念 (3)
 第二节 刑事政策学的理论体系 (15)
 第三节 刑事政策学的学科性质 (24)

第二章 刑事政策学的发展脉络 (27)
 第一节 西方刑事政策学简史 (27)
 第二节 我国刑事政策学的诞生和发展 (43)
 第三节 全球一体化下的刑事政策学 (44)

第三章 刑事政策学的研究方法 (48)
 第一节 概述 (48)
 第二节 刑事政策学研究的方法论原则 (50)
 第三节 刑事政策学研究的具体方法 (53)

第一编 刑事政策学中的基本观念

第四章 刑事政策的概念和分类 (61)
 第一节 刑事政策的概念 (61)
 第二节 刑事政策的分类 (73)

第五章 刑事政策的根基 (85)
 第一节 刑事政策的价值蕴含 (85)
 第二节 刑事政策的社会沃土 (89)
 第三节 刑事政策的宪政保障 (98)
 第四节 刑事政策的法理前提 (102)

第六章 刑事政策的维度 (106)
 第一节 刑事政策的起点与过程支撑 (106)
 第二节 刑事政策的功能与目的 (111)

第三节　刑事政策的主体……………………………………（117）
　　第四节　刑事政策的人道化、法律化与科学化………………（123）
第七章　刑事政策学中的基础理论………………………………（145）
　　第一节　犯罪观……………………………………………（145）
　　第二节　犯罪概念…………………………………………（160）
　　第三节　犯罪原因…………………………………………（172）
　　第四节　犯罪人被害化现象描述…………………………（186）
　　第五节　犯罪是一种评价…………………………………（197）

第二编　实然刑事政策

第八章　实然宏观刑事政策………………………………………（215）
　　第一节　评析"严打"………………………………………（215）
　　第二节　宽严相济的刑事政策……………………………（224）
　　第三节　死刑刑事政策……………………………………（233）
第九章　实然微观刑事政策………………………………………（257）
　　第一节　实然微观刑事政策概说…………………………（257）
　　第二节　程序上的实然微观刑事政策……………………（262）
　　第三节　实体上的实然微观刑事政策……………………（271）
　　第四节　实体与程序的结合………………………………（283）

第三编　应然刑事政策

第十章　应然宏观刑事政策的走向………………………………（297）
第十一章　应然微观刑事政策……………………………………（304）
　　第一节　未成年人犯罪的应然微观刑事政策……………（304）
　　第二节　待犯罪化犯罪的应然微观刑事政策……………（330）
　　第三节　精神病人的应然微观刑事政策…………………（343）

美，也是心中永远的神话(代后记)………………………………（353）

第二版后记…………………………………………………………（357）

绪　论

第一章　刑事政策学概述
第二章　刑事政策学的发展脉络
第三章　刑事政策学的研究方法

第一章 刑事政策学概述

第一节 刑事政策学的概念

一、刑事政策学的诞生

学科发展的规律大多也是分久必合、合久必分。近代以来的大刑法学包括了现在刑事法学大家族中的所有成员,如刑事诉讼法学、监狱法学、犯罪心理学、刑事侦查学等等,刑事政策学也是其中之一。但是,到了19世纪末20世纪初,刑事政策学也如其他学科一样,从此范畴中逐渐独立出来,作为一门专门以刑事政策为研究对象的学科而傲然屹立在社会科学之林,尽管它还有些青涩稚嫩,但丰厚肥沃的法治土壤及充足的理论阳光雨露使它一天天茁壮成长。

有学者认为:近现代意义上的刑法学的诞生,始于意大利刑事古典学派的创始人贝卡利亚所著的《论犯罪与刑罚》(1764年)一书的发表,该书作者首次对犯罪与刑罚的一系列问题进行了深入系统的论述,确立了罪刑法定、罪刑相适应、刑罚人道等作为刑法支柱的基本原则,奠定了刑法理论的根基。[1]

犯罪学诞生于犯罪不断增加而传统刑法制度和刑法理论无能为力的历史背景下。"19世纪后期,随着资本主义的发展,社会各种矛盾日益激化,导致各种犯罪尤其是累犯急剧增加,古典学派的刑法理论在犯罪对策上显得无能为力,按照传统的对应于一定犯罪科处一定刑罚的罪刑均衡原则,已解决不了累犯增加等新问题。"[2]意大利精神病学家龙勃罗梭的著作《犯罪人论》(1876年)的出版标志着犯罪学作为一门独立学科的诞生。有学者认为,加罗法洛撰写的《犯罪学》(1885年),标志着犯罪学从其他学科中独立出来,成为一门新的学科。[3]

当犯罪人类学和犯罪社会学成为新兴的犯罪学的两个主要分支后,"在这些科学的基础上,新的刑事政策学开始构建,它由同样成立于1889年的国际刑法联合会(the International Union for Penal Law)提出。国际刑法联合会的倡导者冯·李斯特(Von Liszt)在吸收实证主义学派的成果之后再次系统地形成和发展了刑事政策学。"[4]

---

[1] 参见张小虎著:《刑法的基本观念》,北京大学出版社2004年版,第2页。
[2] 参见马克昌等主编:《刑法学全书》,上海科学技术文献出版社1993年版,第590页。
[3] 参见张小虎著:《犯罪论的比较与建构》,北京大学出版社2006年版,第7页注释①。
[4] 参见卢建平:《刑事政策与刑法》,中国人民公安大学出版社2004年版,第179页。

刑法学与犯罪学的初始认定，学界基本达成共识，但是，可否以马克·安塞尔的《新社会防卫论》作为现代刑事政策学诞生的标志之作，尽管学界还存在着争论，但笔者却对此持肯定的态度，主要是因为该书超越了刑法学的狭窄范畴，同时也走出了犯罪学的纯学科研究方法与全方位的预防与控制犯罪对策，其内容更符合刑事政策学的研究对象。

新社会防卫论所倡导的新的处理犯罪的方法，首先反对古典学派和实证学派的刑罚方法，而是倡导通过使个人与社会分离的方法，或者通过对个人适用排除或隔离、或矫正措施和教育措施的方法，把犯罪者变成守法的公民。新社会防卫论要在科学地研究犯罪人格的基础上，根据犯罪人的反社会性和危险性的大小来决定运用什么样的防卫措施，对于反社会性和危险性大的犯罪人，应当采取把他们从社会中淘汰与社会隔离的方法，对其进行威慑打击；对于反社会性和危险性小的犯罪人，应当采取矫正和教育措施对其进行改变教化，以探讨更具有科学性和人道性的社会防卫手段取代刑罚。[①]

由于社会防卫的理念是建立在人权与人道的价值观及法治国的基础之上，由此进一步催生出现代意义的刑事政策及刑事政策学。如果没有这样的导向与根基，就不会有现代意义的刑事政策，当然也就没有刑事政策学这一学科。或许学科的诞生没有一个确切固定的时间，只是在一段时期内开花结果并日臻成熟。刑事政策学就是在这一段时间内逐渐从犯罪学中剥离出来而成为一门独立的学科。

二、刑事政策学的研究对象

毫无疑问，刑事政策学的研究对象是刑事政策。正是由于各国学者对刑事政策所下的不同定义，导致了我们确立刑事政策学研究对象的艰难性与多样性。除此以外，作为一门学科，还有一些基础性的理论及前瞻性（应然）的刑事政策需要研究。

刑事政策学的研究对象应从以下四个方面理解：

（一）刑事政策的基本观念

刑事政策的基本观念属于认识论范畴，这些基本观念直接决定刑事政策学的独立学科属性，如刑事政策的概念、刑事政策的功能、刑事政策的目标、刑事政策的主体等等，这些基础性的观念都是刑事政策学所要研究的内容。

1. 刑事政策的概念

人们可以在不同的层次、以不同的方式理解刑事政策，如中国的刑事政策与西方的刑事政策、生效的刑事政策与未生效的刑事政策、广义的刑事政策和狭义

---

① 肖剑鸣、皮艺军主编：《犯罪学引论》，警官教育出版社1992年版，第70页。

的刑事政策、宏观刑事政策与微观刑事政策、实体的刑事政策与程序的刑事政策、实然刑事政策与应然刑事政策、犯罪学意义上的刑事政策与刑事政策学意义上的刑事政策等等。本书认为,终极的生效的刑事政策就是国家、社会以人道主义为宗旨,对已然犯罪人宏观的(战略的)和微观的(战术的)被动处置措施,包括宏观的刑事政策和微观的刑事政策。宏观的刑事政策是指对犯罪反应的战略方式,如"宽严相济"及"少杀、慎杀""严打"等刑事政策;微观的刑事政策是指对犯罪反应的战术方式及刑罚、刑事转处、社区矫正等对不同犯罪人的处遇等等。

2. 刑事政策的功能

刑事政策从宏观上只有两大功能,一是对已然犯罪及犯罪人的处置功能;二是对已然犯罪人的预防再犯功能。刑事政策的功能就是通过主体对刑事政策的适用表现出来,就是对已然犯罪人的处置功能和对再犯的预防功能即特殊预防。特殊预防是刑事政策本身固有的功效或作用,而不是其目的。

3. 刑事政策的目标

对犯罪人实现人道主义处遇的过程与结果就是刑事政策的目标。刑事政策之所以能够超越刑法(当然不是完全摒弃,而是将大部分刑罚吸收到刑事政策中来),是因为刑事政策的根基在于人道主义。马克·安塞尔认为,刑事政策是一场人道主义的运动。人道主义决定了刑事政策的目标。因为,人道主义反对以人作为手段的任何方式,来达到主体的目的,只要是人,无论是生物的还是社会的人,都要以人的态度来对待他,不能通过刑事政策的实施来实现一般预防犯罪的目的,当然更不可能实现特殊预防与一般预防的兼顾和并重。

4. 刑事政策的主体

刑事政策的主体可被分为刑事政策的制定主体和刑事政策的执行主体。只有具有国家公权力的或者国家公权力授权范围内的政府或机关才具有制定"刑事政策"的资格。"刑事政策"的执行主体,既应包括国家、政府,又应包括机关组织、社会团体以及公民个人。

5. 刑事政策的人道性、科学性、法律性

刑事政策的人道性、科学性、法律性三种属性构成了刑事政策的内核,铸就了刑事政策精神。只要是刑事政策,它就具有人道、科学、法律的属性。刑事政策的人道性、科学性、法律性具有内在的联系,有时也会发生冲突,如何取舍,主要取决于人们在特定时空条件下的价值取向。

(二)相关犯罪范畴

人们对犯罪的认识也是刑事政策学的研究对象。因为刑事政策的起点源于犯罪,人们对犯罪概念、犯罪观、犯罪原因等等的不同认识,会导致制定与适用不同的刑事政策。

1. 犯罪概念

犯罪概念不再局限于刑法范畴之内，因为法定犯罪只是法律规定的一部分，社会上还存在着大量的非法定但具有严重危害社会的行为，将犯罪学意义上的犯罪概念引入到刑事政策学中来，是刑事政策学研究的起点。但是，仅仅将犯罪学意义上的犯罪作为刑事政策的研究起点还远远不够，还要对这样的犯罪进行划分，将它们划分为未然犯罪和已然犯罪，前者指尚未实施的犯罪，后者指已经实施的犯罪。对于未实施或可能实施的犯罪，刑事政策鞭长莫及，它是犯罪学研究的范畴，刑事政策只能针对已然犯罪，即行为人实施危害社会的行为以后，该对其进行怎样的处置。

2. 犯罪观

当代中国犯罪观是多元犯罪观并存的状态，这种并存不仅指在宏观上多种犯罪观并存于当代社会，不同的社会主体可能持有不同的犯罪观，而且在微观上，多种犯罪观也可能并存于同一个社会主体，每个社会主体可能持有不同的犯罪观，从而对犯罪这一复杂的社会现象形成多角度的认识。[①] 尤其是从国家犯罪观向个人犯罪观的转变，直接导致治理犯罪的方式、方法及措施从程序到实体全方位地改变。

3. 犯罪原因

犯罪原因是指对犯罪的形成与变化具有决定作用的致罪因素所构成的动态系统。致罪因素是犯罪原因的构成要素；犯罪原因中的致罪因素（犯罪因素）尤其是指决定犯罪形成与变化的关键性因素。犯罪原因包括宏观与微观两个视角以及动态与静态的分析，并且具有时空的特征。[②] 犯罪原因是以对犯罪现象的研究为基础的，正如身体的病理原因多样化一样，犯罪原因呈复杂化样态，人们认识的局限性很难将其探明。

4. 犯罪人受害化的现状描述

将犯罪人受害化作为一个专题研究，至今还未系统地出现在刑事法学专著中。犯罪人受害化是指犯罪人在犯罪前、犯罪过程中及犯罪后都存在着受害情况，他们是犯罪人的同时也是社会中的受害人，只是他们的受害状况一直被他人忽视，从而使得人们忘记了自己和社会中的其他成员应当承担的犯罪后的责任。犯罪人受害化不同于犯罪现象，犯罪现象是指在一定地区和一定时期内发生的应受制裁或处置的严重危害社会行为的总和。犯罪现象的属性是指为犯罪现象所固有的、不以人的意志为转移的一般共性，包括犯罪存在的当然性或是不可避免性、犯罪价值的相对性以及犯罪控制的有限性。犯罪现象规律即隐伏在犯罪

[①] 参见李卫红：《当代中国犯罪观的转变》，载《法学研究》2006年第2期。
[②] 参见康树华、张小虎主编：《犯罪学》，北京大学出版社2004年版，第107页。

数量、质量、结构等表象背后的犯罪现象存在和变动的一般过程和趋向,它深刻地反映着犯罪现象与一定的社会环境以及人类自身之间的关系。

5. 犯罪是一种评价

犯罪究竟是客观的存在还是主观的评价?从某种意义上说,犯罪是一种评价,是人作为社会的主体对犯罪的另一视角的看法。这其中蕴含着犯罪的相对性,包括国家、社会及大众对犯罪的评价。大众一般只看到犯罪的负面影响,而本部分研究的意义在于,我们不能轻易地得出犯罪是善还是恶的结论。社会发展到今天,人们的理性不断地被挖掘,从而对犯罪的认识及对犯罪的反应方式与以往相比有了质的飞越。"当犯罪率下降到明显低于一般水平时,那不但不是一件值得庆贺的事,而且可以肯定,与这种表面的进步同时出现密切相关的是某种社会的紊乱。"[1]

(三) 刑事政策的根基

现代刑事政策内化了自近代以来的自由、平等、博爱、公平、公正、效率、人道、宽容、宽恕等价值理念,根植于肥沃的市民社会土壤中,以法治语境下的分权监督与制约为制度保障,以法理学研究的前沿理论为指针,正如罪刑法定、罪责刑相适应和刑法面前人人平等一样都是近代以来的产物。近代以前,几乎世界各国都有非常完善的刑法,但那不是罪刑法定。因为,封建社会以前的经济、政治、社会结构、意识形态、价值理念等无法孕育生成这样的刑法原则。同样,刑事政策发展至今,也有其特有的生长根基。

(四) 实然刑事政策

所谓实然刑事政策,是指实际存在的刑事政策,它普遍存在于各国法律之中,是各国实际存在和正在适用的刑事政策。

实然刑事政策包括宏观的刑事政策和微观的刑事政策,或者称为战略的刑事政策和战术的刑事政策,它们在刑事政策学体系中举足轻重,我国的实然刑事政策包括宏观与微观两个层面,宏观层面如新中国成立以来我国实行的刑事政策"坦白从宽、抗拒从严"以及"少杀、慎杀""严打""宽严相济"等。微观刑事政策如刑罚(各种刑罚方式如死刑、无期徒刑、有期徒刑、拘役、管制)以及非刑罚制裁措施(我国《刑法》第 37 条的规定)、非刑事的手段、刑事诉讼过程中的措施、社区矫正等等。

1. 宏观刑事政策

在我国,宏观刑事政策的主体主要是党和国家领导人、全国政法委、最高人民法院和最高人民检察院及公安部、司法部或是联合其他部委;其载体主要是党和国家领导人的讲话,全国政法委的决定,最高人民法院和最高人民检察院及公

---

[1] 参见〔法〕迪尔凯姆:《社会学方法的准则》,狄玉明译,商务印书馆 1995 年版,第 80—90 页。

安部、司法部或是联合其他部委的书面性文件;主要由国家机关贯彻执行。这种宏观上的刑事政策就是刑事政策本身的内容,它是宏观上处理犯罪问题的方式方法,直接关系到对已然犯罪分子的定罪、量刑及行刑。无论是"宽严相济"还是"严打",在立法、司法实践中都是作为直接对已然犯罪的反应。有学者认为,我国的刑事政策的出台不规范。笔者认为,那是另外需要改革的问题,仅就其在实践中的具体运用来看,它们的效力渗透到每一起刑事案件中,对每一个犯罪人的处理结果无不是它们的具体体现。

2. 微观刑事政策

微观刑事政策的主体一定是国家权力机关或是社会权力机关,这是由刑事政策的权力性所决定的;微观刑事政策的载体一定是以法律的形式出现,这是刑事政策法定化的要求;微观刑事政策的执行可以是国家、社会团体甚至是个人。微观刑事政策最能展现刑事政策的主旨所在。面对纷繁复杂的犯罪,更直接的"犯罪—刑罚"的因果关系被"犯罪—刑事政策"所取代(当然没有否认刑罚的存在,刑罚是刑事政策的一部分)。我国《刑事诉讼法》第 277 条、第 278 条、第 279 条规定的刑事和解制度等,都属于微观刑事政策的范畴。

(五) 应然刑事政策

应然刑事政策,即应当如此的刑事政策,是根据对犯罪现象的客观规律的认识和准确把握而提出的合目的及合理的刑事政策,具有科学性。实然刑事政策是现实的正在被运用的刑事政策。但由于人类认识的不断进步性和法的相对滞后性,实然刑事政策总会与应然刑事政策之间存在差距。刑事政策学的任务之一,就是不断地将应然刑事政策转化为实然刑事政策,尽可能地使实然刑事政策更加科学与丰满,进而真正对犯罪人予以合理的、合目的的人道处遇。在一定的时空条件下,刑事政策思想、理论有可能上升为实然的刑事政策。例如,就宏观刑事政策而言,"减少、限制以至废除死刑的政策"应取代"少杀、慎杀政策";就微观刑事政策而言,应以人道的具体的刑事责任方式取代不人道的刑罚方法,如司法转处制度、缓予起诉制度等等,以实现刑事政策的价值目标。

三、刑事政策学与其他相关学科的区别

确立了刑事政策学的研究对象,也就可以将它和刑法学、犯罪学、刑事诉讼法学及监狱法学等这些与其相关的学科区别开来。虽然它们之间有着千丝万缕的联系,但它们因其独特的属性分别作为一门独立的学科而存在。刑事一体化的含义,不是某一学科将所有的学科包容进来而失去其独立属性,而是其间有相互的交叉和关联,而这种交叉与关联是各学科所共有的,并不能彼此相互取代。

刑法学作为刑事法学中最古老的学科基本已有定论,犯罪学在 19 世纪后期也具有了较明确的研究对象,而刑事政策学作为一门独立学科,至今在全球还处

于备受争议的阶段,我国刑事法学界对此也是众说纷纭。学科的独立性取决于研究体系的独立与完整,逻辑层次的清晰与分明,研究对象的明确与科学。而人们对于社会问题的认识与研究也常常是由浅到深、由表及里、从简单到复杂、从低级到高级。

初始人类的理念与实践不过是"杀人偿命",即行为人实施犯罪行为以后,犯罪人最直接地受到被害人或其亲属的惩罚,以实现人们原始的公平与正义。后来,国家出面惩罚犯罪,事后严惩。但是,犯罪问题并没有得到解决,反而,犯罪现象愈演愈烈,因此,人们就想到事前预防,从条件预防、被害预防等方面着手,以期减少犯罪的发生。但是,即便预防,犯罪案件并没有因此而减少,而是犯罪花样不断翻新,社会治安现状每况愈下。刑法规定的刑罚及非刑罚制裁措施在被运用几千年后,犯罪或犯罪人并没有因此而从人间消失。百般无奈之中,人们不得不重新面对已然犯罪,不得不扩大解决已然犯罪问题的思路,在现有刑罚、非刑罚制裁措施的基础上,各国先后出现刑事和解、社区矫正、劳动教养、赔偿损失、司法转处、恢复性司法等措施,以此来全方位地对付犯罪。但这些都已超越刑法学和犯罪学的研究范畴,而被刑事政策学所涵盖,其内容包括了刑法、刑事诉讼法、监狱法、行政法、经济法、民法等程序法与实体法中所有对于已然犯罪处理的方式方法。

上述脉络恰恰是从刑法学到犯罪学再到刑事政策学的发展轨迹,刑事政策学从此脱离了刑法学与犯罪学的现有框架,具有了真正独立的学科属性。三门学科在刑事一体化的范畴内,从不同角度研究犯罪的身前事后,形成相对完整的层层递进、互为补充的关系。

(一) 刑事政策学与刑法学

刑事政策学与刑法学均研究犯罪问题,但两者存在着非常明显的界限。

1. 研究的对象不同

刑法学的研究对象是刑法,包括定罪和量刑的法律规范以及一般原则和具体运用,其中的规范、原则及具体适用具有以国家权力保障的强制性。而刑事政策学的研究对象则是刑事政策,所研究的对象与刑法相比,主要是处置犯罪的手段不同。刑法学中的犯罪概念与刑事政策学中的犯罪概念不同,前者具有规范性,其范围相对狭窄,这由刑法的谦抑性决定;而刑事政策学中的犯罪概念从犯罪学中引申过来,其范围相对较为宽泛,包括法定犯罪、待犯罪化的犯罪、准犯罪、待非犯罪化的犯罪,但与犯罪学不同的是所有犯罪必须是已然犯罪。刑法学主要研究刑罚,而刑事政策学则不仅仅研究刑罚,还研究与危害社会行为相关的非刑罚处遇的方法,既包括刑罚也包括行政的、经济的、民事的处理犯罪的措施。

2. 学科性质不同

刑法学以刑法规范为其研究的基本内容,属于规范科学;刑事政策学建立在犯罪学的基础之上,同时又提出对已然犯罪的处理方法,这当然包括刑罚及非刑罚处理方法,而且是法律化的刑事政策,因此刑事政策学介于事实学与规范学之间,是两者的结合与交叉。即使在规范学领域,刑法学主要研究现状,而刑事政策学要有前瞻性和超前性的研究,不仅能够对刑法学的研究提供指导,还能够对刑法学的发展提出建议和批评。

3. 思维模式不同

刑法学是研究现有的刑法规范并探讨应然刑法规范的科学根据,具有浓厚的思辨色彩,强调逻辑演绎,句法规则的先验判断,由此构建分析性命题。刑事政策学是研究刑事政策的基本观念、实然刑事政策和应然刑事政策,虽然也具有一定的思辨成分,但其前提还是在经验的基础上,甚或是实证的研究的基础上如对犯罪现象、犯罪原因的认识,它们是研究刑事政策的条件。同时刑法学相对于刑事政策学具有明显的静态特征,具有相对的稳定性;而刑事政策学则表现为有目的的适用法律的具体政策性规则和措施、做法,因而具有相对的动态特征,具有灵活性。当然最后刑事政策还要法律化,不管它能成为哪一个层次的法律。

(二) 刑事政策学与犯罪学

刑事政策学与犯罪学这两门学科一直纠缠不清,不分你我。最早关于刑事政策学与犯罪学的关系有两种意见,一种认为犯罪学包含刑事政策学(此种采广义上的犯罪学的观点),另一种则认为刑事政策学囊括犯罪学[①](此种为狭义犯罪学观点)。笔者认为,两者互有联系但不能相互代替。

1. 研究的起点不同

刑事政策学与犯罪学这两门学科都以犯罪为起点进行研究,但是,就动态的犯罪而言,犯罪可分为事前、事中和事后犯罪行为,犯罪学的侧重点大多在事前,即预防与控制犯罪是犯罪学的核心内容;刑事政策学的侧重点在犯罪后,即对犯罪人如何处置是刑事政策的核心内容。

2. 研究对象不同

犯罪学的研究对象是犯罪现象、犯罪原因和犯罪对策。其中犯罪现象是犯罪的表现形式和类型;犯罪原因力求揭示决定犯罪行为、犯罪人、犯罪率等犯罪现象形成的关键性因素;犯罪对策是基于犯罪现象和犯罪原因的研究,而提出的预防和治理犯罪的各种手段、方法和策略。刑事政策学的研究对象是刑事政策的基本观念及实然刑事政策和应然刑事政策,但是犯罪学中的犯罪对策实际上与刑事政策学中的刑事政策存在着区别。笔者认为,前者的犯罪对策实际上是

---

① 参见〔日〕大谷实:《刑事政策学》,黎宏译,法律出版社 2000 年版,第 5 页注释。

包括社会政策的,是宏观上所有的预防控制犯罪的对策;而刑事政策学所要研究的刑事政策,针对的是已经发生的犯罪的制裁与预防,而对于未发生的犯罪的预防是犯罪学的学科任务所在,它不仅仅包括刑事对策,同时还囊括了所有的预防犯罪和控制犯罪的社会政策。预防与控制犯罪是犯罪学的目的所在,而刑事政策学的目的就是从理论上论证在犯罪发生后应采取什么样的对策才能使犯罪人回归到正常的社会中来,过社会上大多数人认为的正常人的生活。毫无疑问,刑事政策是社会政策的一部分,但社会政策不是刑事政策,即使社会政策中有预防犯罪的内容它也不是刑事政策,因为它是间接地预防犯罪而不是直接预防。

3. 学科的性质不同

首先,犯罪学是一门经验科学,而刑事政策学虽然也是使用经验观察和经验分析的方法,但是并不局限于经验,刑事政策学还主要是一门决策性的科学,也是规范性的科学。其次,犯罪学侧重客观事物本身的内在联系,刑事政策学则侧重于主体对客观事物的反映方式。再次,刑事政策学必须依靠犯罪学的实证研究成果,以对犯罪现象和犯罪原因的科学分析为前提,作出科学的刑事政策决策,而犯罪学则不需要作出政策上的应对决策。最后,犯罪学观察的是犯罪现象和犯罪原因,而刑事政策学观察的是直接或者间接作用于犯罪现象的权力活动及其效果,因而刑事政策学与政治学密切相关。

4. 支撑研究内容的权力成分不同

刑事政策学的研究对象是刑事政策,而刑事政策是以国家、社会的公共权力作为支撑的,刑事政策应具有规范性,刑事政策最终应当上升为法律才具有一定的效力。而犯罪学研究犯罪现象、犯罪原因与犯罪对策,其中,事实的成分所占的比重更大,以认识、探究、揭示客观犯罪为前提,即使是预防、控制、改造犯罪的犯罪对策,措施方法的多样性、参与者的社会性、内容的应然性等等特征明显,权力的成分比重相对小得多。

刑法学、犯罪学、刑事政策学三门学科的共同点在于研究并试图解决犯罪问题,虽然发现问题的角度与解决问题的方式存有差异。从学科发展的脉络来看,近代以来的刑法学、犯罪学及刑事政策学其源头都要追溯到刑事古典学派、刑事人类学派、刑事社会学派以及后来的刑事人道学派,这样的同根一脉只是刑事法学参天大树上的不同枝权,虽然方向不同,但殊途同归,一体化是其内在的品格。这也是刑事法学内在逻辑演绎的过程及结果。

古典主义哲学蕴涵的公平正义理念催生了刑事古典学派,刑法学恰恰是其载体,在制度层面以罪刑法定、罪刑相当、刑法面前人人平等等形式实践着其种种观念;实证主义哲学孕育的客观精神催生了刑事人类学派及刑事社会学派,形成了犯罪学这一独立学科,描述犯罪现象、寻找犯罪原因、制定犯罪对策,当然在刑法制度上出现了刑罚与保安处分并存的双驾马车,或单行或并行,不仅仅是惩罚犯罪,更多的是预防并控制犯罪及犯罪人;人道主义哲学的兴起催生了刑事政策学的诞生,以人为本已成为全世界全人类的共识,个人权利的最大化,以自己解决自己问题的方式凸显个人存在的价值,全新的处理犯罪问题的实体方式方法刑事和解及与其相对应的司法程序恢复性司法,以历史上从未有的速度在世界各地弥漫开来,本质上全无文化背景的差异与民族特色的装点,东西方百转千回,在同一或近似的理念指导下共同完成制度上的飞跃与定型。

一体化的体现还在于三学科的产生与发展无法脱离时代的局限,哲学与其他学科的呼应也不能超越,古典主义哲学时期不可能出现犯罪学这一独立学科,同理,实证主义哲学阶段刑事政策学也不会以独立学科面世,而只能是上述的一一对应。但一体化之处在于三门学科都是对犯罪问题的研究与解决,只是角度与思路不断地更新与拓宽。

对于同一犯罪我们可以从不同的学科视角审视。以某检察院处理的一个案件为例:陆某(男,21岁)于2005年8月27日12时许,在某大学学生宿舍B栋406房间内,趁无人之机,将郑某(男,18岁)旅行箱内的中国银行卡盗走,于次日先后三次从ATM机中盗取人民币5000元整,后被查获归案,赃款已起获发还被害人。案发时,陆某为某大学一年级学生。

诉讼过程及处理结果是:陆某因涉嫌盗窃罪于2005年9月2日被公安机关刑事拘留,同年9月8日被取保候审,10月10日移送检察机关审查起诉。承办人员调查发现,陆某家庭十分贫困,学习成绩优秀,其盗窃是由于交不起学费;犯罪情节较为轻微,认罪态度很好,有悔罪表现,赃款已退赔;被害人原谅陆某并请求不追究其刑事责任。检察机关本着教育挽救的原则,提请相对不起诉,最终检查委员会作出相对不起诉决定,陆某重回校园。

如果从刑法学的角度审视本案,应当依照罪刑法定处理,最后的结果可能是定罪量刑。因为行为人盗取人民币5000元整,依照相关司法解释,500—2000元为盗窃罪的"数额较大",其行为已经构成盗窃罪,按照我国《刑法》第264条的规定,"处3年以下有期徒刑、拘役或者管制,并处或者单处罚金"。如果从犯罪学的角度审视本案,应当侧重于预防盗窃案件的发生,对在校大学生进行条件预防、被害预防等教育,以防止案件的再次发生。本案的处理结果是相对不起诉,在程序适用上,案件没有经过法院审判,在起诉阶段就由检察院化解处理了;实体上行为人"既无罪也无刑"。司法机关就是从刑事政策学角度对案件进行的处理,事后证明,这样的处理结果无论是对行为人还是对被害人及社会其他成员,都有百利而无一害。

刑事政策超越了刑罚,但它依然是对犯罪的反应。它与规范刑法的不同,首先在于犯罪的内涵与外延不同,在此领域内,犯罪圈被扩大了,刑事政策要解决的犯罪是犯罪学上的已然犯罪。其次在于与犯罪对应的处理措施扩张开来。现有的刑事法律是解决犯罪问题的主要手段,但不是唯一手段,除了刑法、刑事诉讼法、监狱法以外,还有民事的、经济的、行政的法律及国际的条约准则等等。例如,刑事和解是刑法外的解决已然犯罪的措施,恢复性司法是传统刑事诉讼模式以外的另一程序,刑事和解与恢复性司法是配套的实体与程序方法①,我国现行《刑事诉讼法》已将刑事和解溶入国家司法程序当中,实体上与刑法对接②。

此外,从学科的内容上看,大多情况下,犯罪学是科学,而刑法学与刑事政策学是技术。科学是原理,是对客观规律的揭示与说明。技术是将科学运用到具体任务中,隶属于操作层面。"科学就是得到事实并试图理解这些事实,既不过头,也不未达……科学对于人类的作用,就是帮助我们面对事实,既不过度,也不欠火……由于社会科学正得到人们的认识、并将继续得到人们更好的认识,人类有可能减少世间的苦难,活得比以往任何时代都更加明智。"③

犯罪学对犯罪现象的描述、对犯罪原因的分析为刑罚的制定及刑事政策措施的规范都提供了实证资料及根据,它们是前提,在事实与规范之间建立起了恰如其分的因果关系,当然如果能做到真正既不过度,也不欠火,还需要不断地跨越时空,提升理性。但是,人类社会的健康、稳定、有序远不是科学就能解决的,将数学、物理学等运用到社会科学中,必须找到它们的合适位置,而不是放之四海皆准。因为在人心不可以全部称量化的前提下,科学就不可能完全解决人的所有问题,人类社会可以靠法律规定的只是针对人的外在行为。

(三)刑事政策学与刑事诉讼法学

1. 研究的对象不同

刑事政策学主要研究刑事政策,刑事诉讼法学如同刑法学一样,是一门部门法学,具体研究对犯罪如何侦查、起诉、审理和判决的法律程序性规定。而刑事政策学则是研究如何将刑事司法规程纳入社会整体背景中进行考察和论述,研究刑法制度的实际运用及其中遇到的问题,侧重于把刑事司法结构、刑事司法规则放到社会的、历史的大舞台上进行研究。④ 正如现代刑事诉讼中所追求的如何在正当程序与惩罚犯罪这两种价值趋向中进行合理的选择和协调,刑事政策学在刑事诉讼中的体现就是如何通过正当程序以最人道的方式方法对待处理犯罪分子。

---

① 参见李卫红:《刑事和解与恢复性司法的关系》,载《中国青年政治学院学报》2009年第5期。
② 参见李卫红:《刑事和解的实体性与程序性》,载《政法论坛》2017年第2期。
③ 参见〔英〕菲利普·鲍尔著:《预知社会——群体行为的内在法则》,暴永宁译,当代中国出版社2007年版,第373—374页。
④ 卢建平著:《刑事政策与刑法》,中国人民公安大学出版社2004年版,第13页。

2. 学科的性质不同

刑事政策学既属于事实学又属于规范学；刑事诉讼法学与刑法学一样属于规范科学，是由实然刑事诉讼法规范的注释到超越具体法条的抽象刑事诉讼法理论，最终探寻刑事诉讼法的哲学渊源。

3. 学科有交叉

如果刑事政策就是对已然犯罪的处置，那么，广义的刑事政策也应当包括刑事诉讼及相关内容，因为解决犯罪问题不仅仅是从实体上解决，程序同样重要，实体与程序不可分离。因此，如果实体内容发生变化，程序必须配套，否则难以进行下去，刑事和解与恢复性司法的配合就是典例。所以，刑事政策学与刑事诉讼法学就有了交叉的关系，有些研究对象为两门学科共有。

（四）刑事政策学与监狱学

1. 两门学科的交叉

刑事政策学与监狱学有交叉的部分，对犯人行刑的方式既是刑事政策学研究的内容也是监狱学研究的内容。当然完整的监狱学，是指以自由刑的执行为研究对象的科学，主要研究自由刑受刑人的教育改造基本理论以及监狱的设置、狱政管理等等内容[1]，是以监狱本体及其行刑为研究对象的综合性刑事法学。[2]

2. 两门学科的相互促进

刑事政策学以监狱学的研究成果为自己的研究素材，同时又综合其他刑事科学和社会科学的基本成果，展开自己的研究。同刑事诉讼法学一样，刑事政策学对于监狱学也具有指导意义，同时又对监狱改造系统以及狱政管理等提出批评和建议。因此，按照马克昌教授的说法："两门学科的研究可以相互促进，罪犯改造学对罪犯改造政策进行研究，需要刑事政策的指导；同时又会丰富和充实刑事政策学研究的内容。"[3]

"把自己局限在自己学科范围内，忽视相似和相邻学科的人，在自己的学科中绝不会是伟大的和杰出的。一个广阔的大网联结着所有真理，这些真理越是狭窄、越受局限，就越是易于变化、越不确定、越是混乱；而当它扩展到一个较为广阔的领域并上升到较高的着眼点时，真理就越简明、越伟大、越确定。"[4]通过与刑事政策学相关及相邻学科的比较，我们对刑事政策学有了更加清晰的轮廓认识，其作为一门独立的学科隶属在刑事法学的大家族中。

---

[1] 卢建平著：《刑事政策与刑法》，中国人民公安大学出版社2004年版，第31页。
[2] 许章润：《监狱学》，中国人民公安大学出版社1991年版，第1页。
[3] 马克昌主编：《中国刑事政策学》，武汉大学出版社1992年版，第16页。
[4] 参见〔意〕贝卡利亚著：《论犯罪与刑罚》，黄风译，中国大百科全书出版社1993年版，第133页。

第二节 刑事政策学的理论体系

一、刑事政策学的体系考察

（一）日本学者大谷实教授的《刑事政策学》体系

大谷实教授在《刑事政策学》一书中的表述略嫌混乱，他的初衷是要将刑事政策学作为一门独立的学科，但又摆脱不了犯罪学的桎梏，他认为："本书在提到犯罪学时，专指狭义的犯罪学（狭义的犯罪学是指作为事实的犯罪原因论），而以刑事政策来称呼刑事学或广义的犯罪学（刑事学最初被用于总称犯罪学和刑事政策学，后来就仅指刑事政策学，因为该学问领域是以科学地研究国家的犯罪防止对策为主体的；广义的犯罪学则与刑事学同义）。"① 上述文字说明大谷实教授所界定的犯罪学是狭义的犯罪学，只研究作为事实的犯罪原因；而刑事政策学是刑事学或广义的犯罪学，虽然狭义的犯罪学属于"刑事政策学的一部分，但并不意味着否定犯罪学的独立性，因为，根据一定法则将犯罪现象和犯罪原因作为事实进行认知，并将其体系化的学问领域可独立存在"②。

实际上按照通行的观点，犯罪学作为一门独立的学科包括三部分内容：犯罪现象论、犯罪原因论、犯罪对策论。③ 大谷实教授认为，犯罪学是研究犯罪现象和犯罪原因的，犯罪对策实际上是刑事政策学所要研究的对象，刑事政策学是在对犯罪现象和犯罪原因进行实证研究的基础上，研究有效地预防和控制犯罪的对策，犯罪学是刑事政策学的基础，刑事政策学的体系应当由犯罪现象与犯罪原因、犯罪对策以及各种犯罪与犯罪人三大部分组成。由此我们可以看出，刑事政策学并没有超出广义犯罪学的窠臼，在此意义上刑事政策学没有作为独立学科的意义，只是在广义犯罪学的领域内进行发展。

但是大谷实教授又意识到刑事政策学不同于犯罪学，他又写道："刑事政策学作为一门独立的学问从犯罪学中独立出来，主要是因为如下的理由：第一，对象上的限制。从犯罪学中所导入的政策，常常会偏离刑事政策的对象范围，所以必须从刑事政策中予以排除。第二，人权上的限制。防止犯罪手段的效果即使在经验法则上已被证明，但在许多情况下，也不能立即将其付诸实践。因为采取侵犯人权的犯罪防止手段，会导致国民对刑事司法的不信任，招致同刑事政策所具有的维持社会秩序的目的相反的结果。第三，原因论上的限制。现阶段的犯

---

① 参见〔日〕大谷实：《刑事政策学》，黎宏译，法律出版社2000年版，第5页注释。
② 同上。
③ 参见王牧主编：《新犯罪学》，高等教育出版社2005年版，第9页。他认为："新犯罪学的理论体系是以犯罪现象的存在为核心，研究犯罪现象的产生、本质、存在形态、发展变化规律和对策。"

罪学,除了某些领域之外,在犯罪原因及犯罪发生过程方面,尚未达到能建立实证可行的科学法则的水平。所以,在经验法则上解决采取什么样的手段能够有效地防止犯罪的问题,仍有相当的困难。"①

笔者对大谷实教授的论证的理解是:刑事政策学与犯罪学的区别就在于,犯罪学所研究的犯罪对策的范围要远远超出刑事政策学中刑事政策的范围,前者会涉及许多社会政策,而后者仅仅限于刑事政策;当防止犯罪维持社会正常秩序与侵犯人权相矛盾时,不可能去适用刑事政策以致人权有可能被侵犯而实现维持社会秩序的目的。因此,理论上的论证与实践中的实施是两个层面的问题,犯罪学中的对策可以论证,刑事政策学中的对策更多地要付诸实施;由于犯罪学中犯罪原因的科学性受到质疑,能否直接移植到刑事政策学中学者们没有把握。遗憾的是大谷实教授在界定刑事政策的概念时又将刑事政策与犯罪对策混在一起了。

综上,我们可以看出大谷实关于刑事政策学所要研究的对象试图从犯罪学中剥离出来,虽然没有完全剥离干净,但对犯罪对策的界定范围狭小了许多,不是完全犯罪学意义上的犯罪对策,同时也不是公共政策学意义上的社会政策。可有一点还是在犯罪学领域徜徉,那就是对刑事政策的期望值与犯罪对策相同,这一点我们可通过他对刑事政策的定义解读出来。② 他是将刑事政策定位在防止犯罪的国家活动上,"防止犯罪包括犯罪预防和犯罪抑止两方面。犯罪预防是国家为防患于未然,在犯罪尚未发生之前所采取的行动;与此相对,犯罪抑止是国家在犯罪发生之后,通过对犯罪人科处死刑等刑罚来防止犯罪发生的活动。"③由于刑事政策不同于犯罪对策,对犯罪对策的定位可以更多地倾向于犯罪预防,而刑事政策基本上就是犯罪抑止,它不具有预防未然犯罪的功能,只具有预防已然犯罪人再犯的功能。因此,其刑事政策学的研究对象也与犯罪学的研究对象交叉在一起,刑事政策学作为一门独立学科立足点不稳。

(二) 德国学者对刑事政策学体系的研究

德国学者将刑事政策放到刑法教科书中进行研究,主要强调刑事政策学是以刑罚制度及其抗制犯罪的效果为研究对象的,他们对刑事政策的理解局限在有些学者划分的狭义的刑事政策。值得称道的是他们将刑事政策作为抗制犯罪的手段与措施,同时将刑事政策扩展到刑事诉讼领域。

耶塞克认为:"刑事政策探讨的问题是,刑法如何制定以便其能最好地实现

---

① 参见〔日〕大谷实:《刑事政策学》,黎宏译,法律出版社 2000 年版,第 6 页。
② 所谓刑事政策,是国家机关(国家和地方公共团体)通过预防犯罪、缓和犯罪被害人及社会一般人对于犯罪的愤慨,从而实现维持社会秩序的目的的一切措施政策,包括立法、司法及行政方面的对策。参见同上书,第 3 页。
③ 同上书,第 4 页。

其保护社会的任务。刑事政策与犯罪的原因联系在一起,它探讨如何描述犯罪构成要件特征以便与犯罪的实际情况相适应;它尝试确定在刑法中适用制裁措施的作用方式;它斟酌允许立法者将刑法延伸到何种程度以便使公民的自由空间不会超过不必要的限制;它检验实体刑法是否作了使刑事诉讼能够得以进行的规定。"①制裁制度的构筑、适用和改革,鉴于变化着的社会关系,被概括性地描述为刑事政策(狭义)。而广义的刑事政策则还包括处罚的先决条件、犯罪构成适应时代的需要以及符合目的地构筑刑事程序和刑事追诉。②

德国刑法学者将刑事政策学的研究范围大大缩小了,除了研究刑法手段外还包括刑事诉讼手段,但仅此依然不够,现代刑事政策学的发展已将刑事政策的领域扩大到一切对付犯罪的手段,只要是行为人实施犯罪后一切可对他采取的措施都可以被称为刑事政策,如社区矫正、不起诉、刑事和解等等。虽然我们并不否认刑罚是主要的基本的犯罪反应,正是由于刑罚解决不了所有的犯罪问题,我们才对解决犯罪问题的方式方法进行改革,以刑事政策包容所有的对付犯罪的措施,从而使刑事政策的概念远远超出刑罚的范畴,扩展到刑事的、民事的、经济的、行政的等等手段措施,只要是遵循人道原则的方式方法就是刑事政策的内容。因此,刑事政策学的研究对象相应地也就超出了刑罚、刑事诉讼法的范畴,超出了德国刑法教科书的范畴。

李斯特认为:"所谓刑事政策,是指国家借助于刑罚以及与之相关的机构来与犯罪作斗争的、建立在以对犯罪的原因以及刑罚效果进行科学研究基础上的原则的整体。"③"它不同于狭义的刑法,后者将对犯罪和刑罚的科学观察作为概念的抽象。"④笔者以此揣测大师的意思,刑事政策与刑法不同,刑法只是对犯罪与刑罚的抽象概括,将一个个具体的犯罪与刑罚归纳起来,抽象出一个概念来广泛适用;而刑事政策却是宏大地解决犯罪问题的整体原则,建立在对犯罪原因的探讨以及对刑罚效果的考量,从而提出更高的立法原则及司法解释,它超越刑法,在刑法之外,在批判、审视的前提下为刑法提供服务,完善刑法并不断改良刑法。同时,在刑法教义学领域,犯罪与刑罚是可以分开的。他认为,刑事政策不能进入犯罪论,在犯罪构成要件该当性、违法性、有责性的封闭性体系内,刑事政策不可以介入与渗透,而在刑罚这部分,刑事政策可以发挥其充分的功能与作用,所有的对犯罪人的处置与改造都可以纳入到刑事政策的范畴,并以此为标准

---

① 〔德〕汉斯·海因里希·耶塞克等:《德国刑法教科书》,徐久生译,中国法制出版社 2001 年版,第 28—29 页。

② 参见同上书,第 901 页。

③ 〔德〕冯·李斯特著:《论犯罪、刑罚与刑事政策》,徐久生译,北京大学出版社 2016 年版,第 212—213 页。

④ 同上书,第 216 页。

进行考量。我国有学者认为这是"李斯特鸿沟"①。

罗克辛认为,刑事政策可以打通刑法教义学中的犯罪论与刑罚论,即刑事政策作为社会的现实的政治的种种,可以进入犯罪成立条件中的违法与有责之中,在认定行为人是否构成犯罪时,就可考虑刑事政策的因素,而不仅仅像李斯特一样把犯罪与刑罚隔离开来,从而做到了刑事政策的贯通。②

其实耶塞克、李斯特与罗克辛所定义的刑事政策有着许多的差异,李斯特是在犯罪学范畴内在犯罪对策的层面上进行论证,但对象或范围小于犯罪对策,而罗克辛是将现实的社会的政治的、种种可纳入到犯罪成立要件中的对策作为刑事政策,耶塞克的刑事政策包括了这两种。

(三) 法国学者对刑事政策学体系的研究

从20世纪初期直至今天,法国有一批学者活跃在刑事政策学舞台上,他们对刑事政策的研究处于世界各国的领先位置。

马克·安塞尔认为刑事政策是一场人道主义的运动,是对现行刑罚的改革。克里斯蒂娜·拉塞杰认为:刑事政策是对广义的犯罪现象的认识分析,是对与这一现象作斗争的方法、措施的解析,同时也是在一定理论指导下的用来解决打击预防犯罪现象过程中各种问题的社会的法律的战略。③ 米海依尔·戴尔玛斯—马蒂认为:"刑事政策就是社会整体据以组织对犯罪现象的反应的方法的总和,因而是不同社会控制形式的理论与实践。"④ "与费尔巴哈的古典刑事政策(国家据以与犯罪作斗争的惩罚措施的总和)相比,我们的刑事政策从以下几点上都扩展了,从原来单纯惩罚性措施扩展到如赔偿或调解等其他方法;从原来的国家扩展到社会整体,当然前提是社会整体要组织反犯罪反应,由此排除了纯粹个别式的不被社会所认可的反应,但也允许包括某些市民社会的做法(如私人民兵组织或调解网络等);从原来的斗争扩展到反应,以便在原有的反作用式的反应(事后的)之外,再加上预防性的反应(事前的);最后犯罪也扩展成为犯罪现象,以包罗一切不符合规范的犯罪行为或越轨行为。"⑤ 由此可以看出刑事政策就是对犯罪的反应,而且是对付犯罪的具体实践,是一项一项的具体措施。这是从刑法到刑事政策的必然结果。

马蒂所著《刑事政策的主要体系》是刑事政策学内容,书中所论证的具体措施已在实践中被运用。但笔者认为她所理解的事前预防略嫌扩大,对初犯的事

---

① 参见陈兴良:《刑法教义学与刑事政策的关系:从李斯特鸿沟到罗克辛贯通》,载《当代刑法思潮论坛(第三卷):刑事政策与刑法变迁》,北京大学出版社2016年版。
② 参见同上。
③ 参见〔法〕米海依尔·戴尔玛斯—马蒂著:《刑事政策的主要体系》,卢建平译,法律出版社2000年版,译序第2页。
④ 同上书,第1页。
⑤ 同上书,第25—26页。

前预防只能由犯罪学中的犯罪对策来解决,刑事政策解决的大多应当是对再犯罪的预防。刑事政策学主要研究的对象,还是对已然犯罪的被动处理及再犯的预防,至于整体犯罪预防,笔者认为,还是应交给犯罪学来完成。

(四)我国台湾学者对刑事政策学体系的研究

我国台湾学者对刑事政策学的研究对象大多也是借鉴德日学者的看法,只在细节上有一些不同。

张甘妹教授认为,对于犯罪现象作实证的研究,阐明犯罪原因的是犯罪学,研究刑罚制度的是刑罚学,将这两者研究综合起来,树立更进步的防范对策就是刑事政策学。刑事政策学应包括犯罪原因的研究、刑罚各制度效果的研讨以及犯罪的预防三个方面。[①] 张甘妹教授从其自身定义的犯罪学及刑罚学的概念出发,得出刑事政策学是两者的结合。我们不以其个性化的概念论证,从通说概念的角度出发,笔者认为,他所界定的刑事政策学实际上是犯罪对策学,还是犯罪学范畴的内容,刑事政策学没有独立成一门学科而是从属于犯罪学。

苏俊雄教授认为,刑事政策学的探讨领域包括:刑法如何设计才能达到保护社会任务的目的、探讨各种犯罪成因、确定有效的制裁方式、研讨刑事立法对于人民基本自由限定的必要与适当的界限;检讨各种犯罪构成要件的规定是否妥当、程序法与实体法如何配合与适当地运用等。[②] 笔者认为,其论证与德国学者如出一辙,至多是将刑事政策由刑罚扩大到刑事诉讼法及监狱法界面,这样就限定了刑事政策的范围,从而也缩小了刑事政策学的研究对象。

更有意思的是台湾地区有学者将刑事政策界定在规范与事实之间,认为它是两者的调解器。代表人物是郑善印教授。他认为:刑事政策学乃基于实证上对于犯罪原因的认识,而对刑事立法、刑事司法及刑事执行作反省及修正的学问。刑事立法、刑事司法、刑事执行应属于规范的领域,因为这三者的基本原则都以法律的形式来表达,其间充满了价值的色彩;犯罪原因则属于事实的领域,因为犯罪原因的探求要用实证的方法才能达成,标签其内涵较少的价值成分;至于反省及修正规范的刑事政策本身,则属于政策的范围,它的目的在调和规范与事实间的差距,而其基本要求则是有效与正义。[③] 郑教授深得中国传统文化的精髓,认为刑事政策是政策的一部分,中国传统文化一直就是这样影响至今。

其实刑事政策不是我们通常意义上理解的刑事 + 政策,它是一个完整的有特定含义的概念,如果我们将其分解就会对这一概念的理解出现误区,从而出现一错再错的结果。由于刑事政策不仅仅是对刑事立法、刑事司法及刑事执行的

---

① 参见张甘妹著:《刑事政策》,台湾三民书局1997年版,第5页。
② 参见苏俊雄著:《刑法总论》(Ⅰ),台湾大地印刷厂股份有限公司1998年版,第98页。
③ 参见郑善印著:《两极化的刑事政策》,载《罪与刑》,台湾五南图书出版公司1998年版,第732—733页。

反省及修正,刑事政策还是这些制度本身,其目的在于如何将犯罪人改造成为社会上的正常人,在社会中重新过正常人的生活,而不是调整事实与规范之间的差距。但刑事政策本土化后,确实具有中国特色。因为有些国家的刑事政策就是指对犯罪的具体的反应,而我国还包括对犯罪的宏观上的反应。

（五）我国学者的观点

我国学者甘雨沛教授认为,刑事政策学的研究对象是犯罪学和犯罪对策论[①]。我们可以看出其与日本学者大谷实的论证似曾相识,所存在的问题不再重复说明。梁根林教授同意法国学者关于刑事政策学的研究对象[②],在此也不赘述。何秉松教授对刑事政策进行了具体划分[③],问题是刑事政策学研究的具体对象是什么,没有具体论证。

杨春洗教授则与之大体相类似,将刑事政策学的研究对象分析如下:

(1) 从结构层次上,可以分为刑事政策概论(总论)和刑事政策专论(分论)。他认为概论主要研究刑事政策的一般定义和特征,刑事政策的结构和功能,刑事政策制定的哲理指导、社会根据和基本原则,刑事政策的实施和评估等。专论研究具体的刑事政策,既包括不同犯罪类型的刑事政策,又包括不同诉讼阶段的刑事政策。(2) 从历史时期上,可以分为古代刑事政策思想和近现代刑事政策。(3) 从空间地域上,可以分为外国的刑事政策和本国的刑事政策。(4) 从相互关系上,可进行刑事政策比较研究。主要有三种比较研究,一种是时间上的比较研究,另一种是空间上的比较研究,第三种是不同派别的比较研究。[④]

我国学者卢建平教授主编的《刑事政策学》是北京师范大学刑事法律科学研究院主持的"现代刑事法学系列教材"之一,整套教材以现代刑事法治理念为指导,注重吸收当代刑事法学发展的最新研究成果,并且不再像以往的刑事法学教材那样只关注刑法、刑事诉讼法两个方面,而是本着刑事一体化之精神,覆盖大部分刑事法律科学。[⑤] 而该书的主旨主要体现在前言的一段论述:"不论学者们对于刑事政策的概念如何界定,都改变不了这样一个基本事实,即刑事政策是人类社会用来解决犯罪问题的智慧。而在人类历史的长河中,刑事政策也经历了一个漫长的发展演化过程。刑事政策的主体从最初的单纯的国家发展为市民社会与政治国家的二元结构,其治理对象从原来的狭义犯罪拓展为广义的犯罪现象,其内容从惩罚、打击演化为预防与打击并重。在这样的基础上构建的刑事政策学,当然就不是传统的刑法学、犯罪学、刑事诉讼法学等所能够包容的,它必须

---

① 参见甘雨沛、何鹏著:《外国刑法学》(上),北京大学出版社1983年版,第76页。
② 参见梁根林著:《刑事政策:立场与范畴》,法律出版社2005年版,第166页。
③ 参见何秉松主编:《刑事政策学》,群众出版社2002年版,第12页。
④ 参见杨春洗主编:《刑事政策论》,北京大学出版社1994年版,第10页。
⑤ 参见卢建平主编:《刑事政策学》,中国人民大学出版社2007年版,封面语。

有自己的学科地位。它与作为事实学的犯罪学不同,也与作为规范学的刑法学有别。刑事政策学是建立在犯罪学的科学基础之上,更加关心惩罚权配置科学性的介乎政治学和法学之间的一门决策科学。"①

该书共分为 10 章,分别是:刑事政策概述,西方刑事政策的历史演变与发展趋向,中国刑事政策的历史发展,中国刑事政策的主要理论,刑事政策的基本原则,刑事政策的制定与执行,刑事立法、刑事司法与刑事执行政策,针对不同主体的刑事政策,针对不同罪行的刑事政策,犯罪预防政策。该书的出版对于刑事政策学的研究具有里程碑意义。

笔者认为略存遗憾的是,该书从某种角度言,还是相对缺乏建构性的体系性框架,没有彻底地将刑事政策学作为一门真正独立的学科,而是在有些方面与犯罪学纠缠不清。如犯罪预防政策一章的论述,基本上都是犯罪学领域的知识内容,只个别地方与刑事政策学的研究对象交叉在一起。另外,该书各章体现出来的对中西刑事政策的研究,也有欲分割开来却又剪不断之嫌。正如对刑法学的研究一样,中国的刑法和刑法学已经被注入了西方刑法及刑法学的理念及内容,这是人类文化共同之处,无法割裂与断开。同样,对刑事政策及刑事政策学的研究依然如此,否则就会陷入自相矛盾的困境。由于中西历史、传统、文化、国情等等不同,反映在刑事政策及刑事政策学上也会不同。但是,由于全球一体化的现实,当社会发展的根基趋同并在使用同一逻辑的前提下,对于概念性的问题应在同一平台上理解,这样才可对话,否则自言自语、南辕而北辙。同时,我们不能忽视的是,刑事政策及刑事政策学本身有其发展及演变的客观规律和路径,问题是如何找到这样的规律和路径。

另有谢望原、卢建平教授等著的《中国刑事政策研究》一书,该书认为:"本书以现代民主与法制以及人权保护原则为视角,重点在刑事法制的范围内系统、全面探讨了刑事政策的主要问题,特别是对中国刑事政策的一系列核心问题进行了独具匠心的深入研究。其主要建树是:立足于中国刑事政策的理论与实践,总结归纳了以刑事法治原则和人权保护为宗旨的当代刑事政策的国际趋势,客观真实地研究分析了中国犯罪问题与刑事政策现状,并检讨了我国刑事政策之不足,全面深入地论证了控制犯罪的制刑对策、量刑对策、行刑对策以及刑事程序对策等问题。"②

该书共分为四编十四章,第一编:刑事政策基本理论与国际趋势,有三章内容,一是绪论,二是刑事政策概念与研究范畴,三是西方刑事政策基本理论;第二编:中国犯罪与刑事政策现状,有五章内容,一是我国犯罪现状分析,二是当前影

---

① 参见卢建平主编:《刑事政策学》,中国人民大学出版社 2007 年版,第 2 页。
② 谢望原、卢建平等著:《中国刑事政策研究》,中国人民大学出版社 2006 年版,第 1 页。

响犯罪的主要因素,三是我国犯罪分类,四是我国刑事政策的基本内容,五是我国刑事政策评价——以"严打"为视角;第三编:因应犯罪的多元对策,有四章内容,一是制刑对策论,二是量刑对策论,三是行刑对策论,四是程序对策论;第四编:附编,有两章内容,一是犯罪被害人的保护,二是中国刑事政策研究综述。

笔者认为,该书的出版极大丰富了刑事政策及刑事政策学的研究内容和研究方法,书中内容基本上反映了当前学界对刑事政策和刑事政策学的研究现状。略有不足的是作者采取的是板块式结构论述方法,每一板块的内容自成体系,并具有内在的逻辑关系。但是,将所有研究对象放在相关的板块内,没有形成刑事政策学内在的独立的学科体系,看上去略嫌松散,读罢后的感觉是欠缺层层递进的演绎过程。

上述只是部分有代表性的观点,还有一些未纳入进来进行研究。综上所述,刑事政策学尚未被完全构建成统一的体系。不同的语境下,即使使用的是同一词汇,其中的含义也会有不同。人们只在这一点上达成共识,即刑事政策是用来解决犯罪问题的,只要是这样的方式方法,就可以纳入到刑事政策学的体系中来,至于如何对这些内容进行排列组合,应当允许个性化的技术手段,只要能自圆其说,就可成一家之言。

二、本书的体系说明

任何一门学科的体系实际上包含了两个方面的内容,一是本学科的研究对象;二是如何对这些研究对象进行排列组合,以凸显一定的功能和价值取向。

本书的体系为:

绪论:对刑事政策学的概念、刑事政策学的理论体系、刑事政策学的学科性质进行概括性的论述;对刑事政策学的发展脉络、西方刑事政策学简史、我国刑事政策学的诞生和发展、全球一体化下的刑事政策进行梳理与论证;对刑事政策学的研究方法进行探讨。

第一编刑事政策学中的基本观念,对刑事政策定义、刑事政策的分类、刑事政策的体系进行说明;阐述刑事政策的根基,即刑事政策的价值蕴含、刑事政策的社会沃土、刑事政策的宪政保障、刑事政策的法理前提,从而找到刑事政策的存在根据;在刑事政策的基本观念一章中,作者说明了刑事政策的起点与过程支撑、刑事政策的功能与目的、刑事政策的主体、刑事政策的人道性、法律性与科学性,构建了刑事政策的多维空间;刑事政策学中的基础理论:犯罪观、犯罪概念、犯罪原因、犯罪人被害现象描述、犯罪是一种评价是研究刑事政策学不容忽视的基本理论。

第二编实然刑事政策包括实然宏观刑事政策和实然微观刑事政策。前者选择了三个问题进行论证:评析"严打""宽严相济"的刑事政策、死刑刑事政策以体现我国刑事政策的特色；后者包括程序上的处遇措施和实体上的处遇措施，以与国际接轨，道出刑事政策的真谛。

第三编应然刑事政策包括应然宏观刑事政策和应然微观刑事政策。与前面相对应，作者认为，"不再严打""只宽不严""废除死刑"是必然趋势，总有一天，它们会由应然刑事政策转为实然刑事政策。在应然微观刑事政策一章中，作者择取了未成年人犯罪的有关应然微观刑事政策、待犯罪化犯罪的应然微观刑事政策、精神病人犯罪的应然微观刑事政策予以说明。最后，作者对日本、美国、德国等三个国家的当代刑事政策进行了概览，以拓宽视野、为我所用。

本书的体系具有如下特点：

第一，明晰了刑事政策的概念。

本书试图将对刑事政策的研究统一起来，为这一逻辑起点准确定位，学者们可以在同一平台上对话。任何一个概念都有其来龙去脉，而非从天而降或是本土由解。客观而言，现代刑事政策是西方社会政治、文化、科学、管理等发展到一定阶段的产物，是近代以来对罪刑法定的发展与突破；而我国多数人一般都将刑事政策理解为政策在刑事领域中的体现，尤其是党的政策放之四海而皆准，放到刑事领域就成为刑事政策，其他可以类推。只有在法治的背景下，刑事政策才可体现其规范性。

第二，确立了刑事政策学的研究对象。

一门学科的研究对象就是它的专业槽，研究对象决定专业的性质。刑事政策学之所以不同于刑法学与犯罪学，就在于它们各自的研究对象不同；反之，如果研究对象界限不清的话，也就不成其为独立的学科。刑事政策学源于刑法学与犯罪学，但又不囿于两学科的范畴，而是与它们有了研究对象上的交叉与扩充。刑事政策学包容了刑法学，与犯罪学交叉，同时还兼容其他学科的内容。

第三，刑事政策学从此具有了真正独立的学科属性。

学科的独立性取决于研究体系的独立与完整、逻辑层次的清晰与分明、研究对象的明确与科学。而人们对于社会问题的认识与研究也常常是由浅到深、由表及里、从简单到复杂、从低级到高级。人类之初的理念与实践不过是杀人偿命，后来发展到事前预防，再到扩大解决已然犯罪问题的思路，不仅仅有刑罚还有非刑罚制裁措施及刑事诉讼法、监狱法、行政法、经济法、民法中对于犯罪的处理方式，如司法转处、社区矫正、赔偿损失、恢复性司法等。而这一脉络恰恰是从刑法学到犯罪学再到刑事政策学的发展轨迹，刑事政策学从此具有了真正独立的学科属性。

第三节 刑事政策学的学科性质

一、刑事事实科学

刑事政策学源于刑法学和犯罪学,并一直建立在刑法学及犯罪学的研究基础之上,犯罪学的研究现状更为刑事政策学这一学科的发展奠定了坚实的前提性的根基。如犯罪学中关于犯罪观的认识以及关于犯罪概念、犯罪原因的探讨,直接决定了人们对待犯罪的观念及态度。人类几千年来都是观念先行,只有观念更新,人们的态度及行为方式才能改变,才可制定更公正更人道的刑事政策。

刑事政策学的刑事事实科学性主要体现在本学科与犯罪学之间的关系上。有学者认为:狭义犯罪学只研究犯罪原因而不研究犯罪对策,把犯罪对策留给刑事政策学去研究。刑事政策学不研究犯罪原因,而把犯罪原因留给犯罪学去研究。它们在逻辑上是互为补充的。此学科理论的完整性,是以彼学科的存在为补充的。如果从逻辑上对两个学科进行独立地评价,它们各自的理论体系都是不完整的。理论上的完整体系,要靠两个学科平等而同时的存在。两个学科只有互相联系起来,才能形成完整的理论体系。刑事政策作为对策学,它的理论前提是犯罪学的犯罪原因论,通过犯罪学的犯罪原因论,把犯罪学与刑事政策学在逻辑上密切地联系起来。犯罪原因论是犯罪对策的根据,只有针对正确的犯罪原因论,才能制定有效的犯罪对策。没有正确的犯罪原因论,就不可能有成功的刑事政策。犯罪学属于刑事政策学的前提学科,而刑事政策学则属于犯罪原因学的目的学科。[1]

虽然上述论证建立在将刑事政策等同于犯罪对策[2],但就两学科的关系而言颇有道理。笔者认为,刑事政策不同于犯罪对策,刑事政策只是犯罪对策中的一部分。"政策"是建立在权力的基础上,没有权力的支撑与保障则无刑事政策可言,它只是对已然犯罪的处置措施;"对策"还有更广泛的范畴,对策更多的是从技术层面对已然犯罪与未然犯罪的预防与控制。从逻辑角度论,刑事政策是犯罪对策的一部分,它是犯罪对策中基于权力的背景与把持而对已然犯罪的处理方式与方法。正是基于此,刑事政策学才作为一门独立学科从犯罪学中分离出来,有着独立的研究对象和研究范畴。当然其前提性的犯罪概念、犯罪观、犯罪原因等还属于犯罪学基本范围之内。刑事政策学与犯罪学相互依存的前提与部分目的学科的关系就决定了在此意义上刑事政策学是刑事事实科学,因为对

---

[1] 参见王牧主编:《新犯罪学》,高等教育出版社2005年版,第16页。
[2] 参见同上。

犯罪概念、犯罪观、犯罪原因等的探究就是刑事事实科学的内容。

二、刑事规范科学

刑事政策学的一大部分内容是刑事规范。刑事政策学主要研究刑事政策，而刑事政策就是法律而不是政策，刑事政策是刑事法一体化的结合物，它串通了刑法、刑事诉讼法、监狱法、行政法、经济法、民法等等，是对已然犯罪的所有处理措施，它摆脱了刑法的单一处理犯罪模式，而结合其他所有可以解决已然犯罪问题的方式方法，拓宽的视野、方法的多样、方式的人道、结果的人性化都没有离开法律规范的领域。

只有法律化的刑事政策才是有效的刑事政策，也可称为实然刑事政策。因为在法治国中，只有法律才是公民自由、平等、人权、人道的保障，才是公民得以真正解放自己的宪章。没有法律化的刑事政策是应然刑事政策，它处在被论证的阶段，或是处在借鉴外国的先进刑事政策并被本土移植化的过程中。通过一定程序产生并法律化的刑事政策，既具有形式理性的面相，又具有实质理性的气质。由于实然刑事政策是刑事政策学研究的对象之一，因此，刑事政策学具有刑事规范科学的性质。

三、刑事法学一体化科学

储槐植教授提出著名的刑事一体化思想[①]，得到了学界的认可与不断论证。刑事政策学将"刑事一体化"进行了深化，在刑事的前提下将法学融为一体。它含有刑法学、刑事诉讼法学、监狱法学等学科的内容，但又无法被这些学科包括进来，因为它有着自己独立的学科体系和内容。

刑事法学一体化也是刑事法学内在的逻辑演绎过程。从学科的发展脉络来看，近代以来的刑法学、犯罪学及刑事政策学，源头都要追溯到刑事古典学派、刑事人类学派、刑事社会学派以及后来的刑事人道学派（后面有论证），这样同根的一脉相承只是参天大树上的不同枝杈，虽然各有千秋，但殊途同归。一体化是其内在的品格。

刑事政策学除了具有上述两种学科性质以外，仅就刑事政策本身而言，它将刑事法一体化，而刑事法的范畴又不仅仅在刑事法的圆圈内，而是波及各个法律部门，如行政法、民法、经济法甚至国际法、国际规则。人们将解决犯罪问题的思路敞开了，不再以简单的刑罚处置，总体上以刑事政策对待之。

[①] "刑事一体化的基本点是，刑法和刑法运行处于内外协调状态才能实现最佳社会效益。实现刑法最佳效益是刑事一体化的目的，刑事一体化的内涵是刑法和刑法运行内外协调，即刑法内部结构合理（横向协调）与刑法运行前后制约（纵向协调）。"参见储槐植著：《刑事一体化与关系刑法论》，北京大学出版社1997年版，第294页。

学科的发展具有连带性。解决犯罪问题的逻辑关系演变过程是：由犯罪—刑法—刑事诉讼法—监狱法到犯罪—刑事政策，广义的刑事政策包括了刑法、刑事诉讼法、监狱法及其他一切可以解决犯罪问题的法律法规，狭义的刑事政策是指上述传统法律规定之外的解决犯罪问题的法律法规，如刑事和解。与此相对应的用以解决已然犯罪问题的学科连带发展是由刑法学—刑事诉讼法学—监狱法学到刑法学—刑事诉讼法学—监狱法学—刑事政策学，同理，广义的刑事政策学包含了上述学科内容但又不仅仅限于其内容，狭义的刑事政策学研究狭义的刑事政策，包括实体与程序及部分执行。犯罪人承担刑事责任的方式不仅仅是刑罚及非刑罚制裁措施，而是通过系列刑事政策解决。同理，在对待犯罪的程序问题上，刑事诉讼并不是唯一方法，即传统的国家司法模式只是方法之一，另外还有协商性司法模式和恢复性司法模式，后者并不能全部被刑事诉讼法规定在其中，同样，刑事诉讼法学的研究对象也不能全部囊括协商性司法模式和恢复性司法模式，新的刑事司法内容可纳入到刑事政策学之中。

第二章　刑事政策学的发展脉络

第一节　西方刑事政策学简史

一、西方刑事政策的理论演变

西方刑事政策的思想源远流长。但那些只是思想而已。真正作为刑事政策本身内容的是启蒙以后的事情。"从某种意义上说,人们可以认为最初的刑事政策并不是一门科学的学科,而仅仅是一种社会现象,因为整个人类社会自它产生之日起就要自发地与威胁整个社会存在的犯罪作斗争。但这里并不存在真正意义上的刑事政策,这种最初的反应是本能的、未经分析的,它时而服从于某种神学上的需要,时而服从于某种神权政治的需要,或突然又服从于赎罪的需要。真正的刑事政策只有在对刑法制度进行反省后才会产生。也就是说,在启蒙运动时代孟德斯鸠、贝卡利亚、英国的边沁或德国的费尔巴哈努力使反犯罪斗争理性化以后才产生。"[①]

存在决定意识,而只有人的意识才滋生观念、创造制度。笔者认为可以将刑事政策划分为四个阶段:报应主义阶段、实证主义阶段、目的主义阶段和人道主义阶段。因为实证主义阶段的理论基础、基本观点及代表人物并不能包容目的主义阶段刑事政策的所有内容,后者是对前者的批判与发展,在相当程度上提升了刑事政策的研究层面。

(一) 报应主义阶段刑事政策概览

即使在今天,刑罚依然是刑事政策的主要内容。当然历史的发展决定了这一阶段的刑事政策仅仅局限在刑法范畴,因为人类刚刚走出"困惑"与"迷茫",摆脱神学的束缚相对回归人本身。启蒙思想家们针对中世纪刑法的干涉性、恣意性、身份性、残酷性而论证国家权力源于人民,从而达到限制国家权力、实现国家刑法的补充性、法定性、平等性与人道性的目的。[②]

1. 理论基础

刑事古典学派以社会契约论、自然法理论为思想基础,具体表现为否定封建刑法。随着启蒙思想家们的观念不断被传播和深入人心,古典学派学者开始从理论上探讨封建社会制度与刑罚制度的不合理性,试图找到真正合理的社会法

[①] 〔法〕马克·安赛尔著:《新刑法理论》,卢建平译,香港天地图书有限公司1990年版,第39页。
[②] 参见张明楷:《刑法学》(第二版),法律出版社2003年版,第4页。

律制度与刑罚制度。他们反对当时刑事司法活动中的任意专断和残酷的特征，反对法官的立法权，反对拷问、死刑和流放；赞成法律面前人人平等，使用陪审团审理，明确规定刑罚与其罪行相适应。[①] 刑事古典学派在启蒙运动"理性之上"与"自然法理论"的思想影响下，认为社会有惩罚的权力，因为惩罚对于社会秩序的保护既是有益的，也是必要的，但是社会只有在处罚与主宰赎罪的法律制度相一致的限度以内才可以惩罚。"惟其有用时才惩罚，惟其适当时才惩罚"便是上述思想的正确写照。[②] 这一思想破除了刑罚万能的观念，树立了一种理性的与科学的刑罚观，对于刑罚的功能与价值的认识至今仍有借鉴意义。

2. 代表人物及其基本观点

刑事古典学派的代表人物有贝卡利亚、边沁、费尔巴哈、康德、黑格尔。

贝卡利亚，意大利犯罪学家，刑事古典学派的创始人，西方近代刑法理论的奠基人。

贝卡利亚在《论犯罪与刑罚》一书中，以理性主义、功利主义哲学的观点抨击了封建专制时期的罪刑擅断和残酷镇压，力图使人们获得平等和自由。他的刑事政策思想主要有：

（1）罪刑法定主义。贝卡利亚指出："为了不使刑罚成为某人或某些人对其他公民施加的暴行，从本质上来说，刑法应该是公开的、及时的、必需的，在既定条件下尽量轻微的、同犯罪相对称的并由法律规定的。"[③]

（2）罪刑均衡主义。贝卡利亚认为："犯罪对公共利益的危害越大，促使人们犯罪的力量越强，制止人们犯罪的手段就应该越强有力，这就需要刑罚与犯罪相对称。"[④]从功利主义的角度出发，贝卡利亚的罪刑均衡是为了获取最佳的刑罚效果，这就是威慑犯罪。在他看来，违背罪刑均衡原则，对犯罪不加区别地处以相同之刑，不仅难以制止犯罪，甚至导致人们去犯更重的罪刑，而且还会损害人们的道德情感，而这种道德情感恰恰是刑法的基础。我国学者黄风将罪刑均衡视为贝卡利亚刑事政策思想的核心。[⑤]

（3）刑罚人道主义。贝卡利亚指出："严刑峻法造成了这样一种局面：犯罪所面临的恶果越大，也就敢于规避刑罚。为了摆脱对一次罪行的刑罚，人们会犯下更多的罪行。……如果法律真的很残酷，那么它或者必须改变，或者导致犯罪不受处罚。"[⑥]同时，贝卡利亚猛烈抨击了刑讯，揭露了刑讯的恶果。

---

① 参见吴宗宪：《西方犯罪学》，法律出版社2006年版，第31页。
② 参见卢建平、谢望原主编：《中国刑事政策研究》，中国人民大学出版社2006年版，第43页。
③ 〔意〕贝卡利亚：《论犯罪与刑罚》，黄风译，中国大百科全书出版社1993年版，第109页。
④ 同上书，第65页。
⑤ 参见陈兴良：《刑法的启蒙》，法律出版社2002年版，第46页。
⑥ 〔意〕贝卡利亚：《论犯罪与刑罚》，黄风译，中国大百科全书出版社1993年版，第44页。

(4) 刑罚的适用。贝卡利亚认为,有效的刑罚应该具备三个特点:其一,刑罚的必要性。其结论是:一种正确的刑罚,它的强度只要足够阻止人们犯罪就足够了。在他看来,正义的刑罚应该是必要的刑罚。① 其二,刑罚的确定性。刑罚的确立就是有罪必罚,只要发生了犯罪必然要受到刑罚的处罚,任何人都难以逃脱法网。其三,刑罚的及时性。他指出了及时判处刑罚的优点在于:它能使刑罚更加公正,并且产生有益于社会的效果。

(5) 死刑观。贝卡利亚是第一个明确提出废除死刑的人,他的《论犯罪与刑罚》一书曾强烈抨击死刑,斥责死刑是残酷的、非人道的、不公正的、无依据的。主要理由是:第一,死刑违背社会契约。第二,死刑并不能产生最佳的威慑效果。第三,死刑会引起人们对受刑者的怜悯。第四,死刑给人们提供了残酷的榜样,毒化人们的心灵。第五,死刑没有补救措施。

(6) 犯罪预防。贝卡利亚认为:"预防犯罪比惩罚犯罪更高明,这乃是一切优秀立法的主要目的。"②在他的著作中提出了五种预防犯罪的手段:第一,制定明确简单的法律。第二,大力主张开展思想启蒙和教育工作。第三,保证司法权力不被滥用。第四,奖励美德。第五,改善教育。

边沁,英国近代史上著名的思想家、哲学家,是完整系统的功利主义法学观的创立者。边沁的主要刑事政策思想有:

(1) 功利主义刑罚观。边沁认为:"刑罚方法同样是有用的,尽管犯罪已被制止,被害人也得到补偿,但仍然需要防止出于统一犯罪或者其他罪犯的类似犯罪。"可见,在人们长期被报应刑论困扰之后,边沁承袭并发扬了贝卡利亚的观点,力图从一个全新的角度来看待刑罚。边沁明确地把刑罚视为一种必要的恶,使刑罚彻底功利化。边沁认为:"所有惩罚本身都是恶。根据功利原理,如果它应当被允许,那只是因为它有可能排除某种更大的恶。"③

(2) 罪刑相称原则。边沁提出了计算罪刑相称的五个主要原则:第一,刑罚之苦必须超过犯罪之利。第二,刑罚的确定性越小,其严厉性就应该越大。第三,当两个罪行相联系时,严重之罪应适用严厉之刑,从而使罪犯有可能在较轻阶段停止犯罪。第四,罪行越重,就越有理由对其适用严厉之刑。第五,不同的人犯相同之罪,不应适用相同之刑,而应考虑各个犯罪中可能影响感情的某些情节,调整各自的刑罚。

(3) 关于死刑。对于死刑,边沁完全赞同贝卡利亚的态度。他指出,当人们越是关注死刑问题,就越有可能采纳贝卡利亚的主张。他在总结他的刑事立法

---

① 参见陈兴良:《刑法的启蒙》,法律出版社 2002 年版,第 66 页。
② 〔意〕贝卡利亚著:《论犯罪与刑罚》,黄风译,中国大百科全书出版社 1993 年版,第 104 页。
③ 转引自陈兴良著:《刑法的启蒙》,法律出版社 2002 年版,第 89 页。

理论时认为,当死刑被违背民意而适用于对犯罪的惩罚,非但不预防犯罪,而且倾向于因为不受惩罚的希望而增加犯罪。

(4) 犯罪预防论。边沁首次明确地将刑罚的目的分为一般预防和特殊预防。他把预防犯罪的方法分为预防犯罪的直接方法和预防犯罪的间接方法。预防犯罪的直接方法,是指及时而具体地根据许多犯罪临近的预兆适用某种措施;预防犯罪的间接方法,是指能对人们的客观行为与主观意图发生作用,使其服从法律,避免受到邪恶的诱惑,依靠人们的意志和知识进行自我约束的方法。他主张,实现一般预防目的的途径是借助于刑罚的威慑作用。实现特殊预防则取决于三个途径:即通过把罪犯关押于一定场所,使其丧失实施犯罪的身体能力;借助道德改造消除罪犯的犯罪欲望;借助法律的威吓或恐怖使罪犯恐惧刑罚。①

费尔巴哈,德国著名刑法学家,近代刑法思想的奠基人。他提出了著名的"心理强制论"。"如果说刑事政策作为指导与犯罪作斗争的协调合理的体系这一定义事实上要归功于孟德斯鸠和贝卡利亚的话,那么刑事政策这一概念在19世纪的传播及首次系统化却要归功于1813年巴伐利亚刑法典的倡导者德国人安塞尔姆·冯·费尔巴哈。"②费尔巴哈的刑事政策思想主要有:

(1) 罪刑法定主义。正是费尔巴哈,使罪刑法定原则从刑法思想转化为实定刑法的原则。③ 费尔巴哈所主张的罪刑法定主义是以其"心理强制论"为理论基础,主张应将犯罪与刑罚预先由法律加以明确规定,使国民预先知道犯罪之后要面临的刑罚,从而抑制其犯罪的感性冲动,达到预防犯罪的目的。费尔巴哈确立罪刑法定原则,首先是他基于对道德与法的严格区分;是将犯罪的违法性提到了一个十分重要的位置,为此后犯罪构成要件理论的发展提供了法理基础;更重要的意义在于限制司法权,保障公民的权利和自由。

(2) 心理强制论。为了犯罪必须抑制行为人的感性冲动,通过科处作为恶害的刑罚并使人们预先知道因犯罪而受刑的痛苦大于因犯罪所能得到的快乐,才能抑制其心理上萌生的意念,这就是费尔巴哈犯罪原因论、权利侵害论、刑罚本质论、刑罚目的论的理论基础。费尔巴哈认为,心理强制论的威吓是立法上的威吓,由于法律威吓,使市民能确信刑罚与犯罪的结合。费尔巴哈指出:使违法行为中蕴含着某种痛苦,已具有违法精神动向的人就不得不在违法行为可能带来的乐与苦之间进行细致的权衡,当违法行为所蕴含的苦大于乐时,主体便会基于趋利避害的本能,回避大于非法之苦的苦,反之亦然。心理强制说强调立法威慑而排斥司法威慑,强调了法律的明确性并提出刑罚一体化思想,对推动近代刑

---

① 参见梁根林:《刑事政策:立场与范畴》,法律出版社2005年版,第133页。
② 参见卢建平主编:《刑事政策学》,中国人民大学出版社2007年版,第48页。
③ 参见陈兴良:《刑法的启蒙》,法律出版社2002年版,第101页。

法理论体系建构发挥了重大作用。

(3) 死刑赞成论。在费尔巴哈看来,如果认为国民对国家不能委以支配其生命的权利,那么就会不承认关于自由是妥当的;亦即如果认为死刑不妥,自由刑也应认为不妥。费尔巴哈明确表示,他确信深思熟虑的人们赞成死刑的根据而支持死刑保留论。① 同时他反对使用酷刑,并希望废止公开行刑。

康德,德国古典唯心主义哲学的奠基人,著名的思想家、哲学家。从康德的法哲学体系出发,可以得知他的刑事政策思想主要有道义报应论和等量报应论。

(1) 道义报应论。报应主义的刑罚观认为,犯罪是一种恶害,刑罚的内容是痛苦和恶害,对犯罪科处刑罚是基于报应的原理,即以恶害报应恶害。在否定神意报应主义的基础上,康德创立了道义报应主义的刑罚哲学,将报应刑的思想推向一个极端。从尊重人作为目的的价值出发,康德认为,国家和法都是公民个人通过契约而形成的,法权的根源在于公民个人权利,这种权利不是神授的,这就从根本上否定了神权法的思想以及由此产生的神意报应主义。② 在他看来,犯罪和违反道德的行为一样,都是违反了理性的绝对命令的行为,它对意志自由的根本法则同样构成了侵害。由于犯罪是一种道德过错,因而对犯罪的刑罚处罚具有恢复道德平衡之功能。法律肩负着必然的道德使命,刑法是一种绝对命令,其性质是正义。因而,道义就成为刑罚权的理由和根据、国家刑罚的目的。康德从意志自由到道德与法的论述,寻求责任的基础和刑罚的根据。总之,康德的道义报应论剔除了报应论中的神学内容,使之世俗化,并以此论证刑罚的根据,使报应刑主义完成了从蒙昧到理性的转换。③

(2) 等量报应论。康德不仅追求刑罚与犯罪在严重性上的等同性,甚至追求同态报应——一种等量的报应。④ 也就是说,根据犯罪的道德的罪过及其外在的表现决定惩罚的方式和程度,实行等量报应。康德主张的等量报应的特点是强调刑罚与犯罪在侵害方式,特别是危害结果上的对等,因而其报应刑理论在一定程度上与同态复仇没有质的区别。

(3) 关于死刑。康德是一个坚定的死刑存置论者,其主张死刑的理由不是功利而是为了实现正义,他认为,死刑的存置是等量报复的需要。他还对贝卡利亚的刑罚承诺论进行了批判。

黑格尔,德国古典唯心主义哲学家,著名的政治法律思想家。黑格尔的刑事政策思想主要有:法律报应论和等价报应论。

(1) 法律报应论。在否定康德的道义报应主义的基础上,黑格尔提出了法

---

① 参见卢建平主编:《刑事政策学》,中国人民大学出版社 2007 年版,第 50 页。
② 参见陈兴良:《刑法的启蒙》,法律出版社 2002 年版,第 125 页。
③ 参见同上。
④ 参见同上。

律报应主义。黑格尔认为犯罪是一种不法,强调的是犯罪在客观上对法律秩序的破坏。而且刑罚也不能浅近地看做是一种善,刑罚是对犯罪的扬弃,是一种自为的正义。在他的著作中,黑格尔指出:"犯罪行为不是最初的东西、肯定的东西,刑罚是作为否定加于它的,相反地,它是否定的东西,所以刑罚不过是否定的否定。现在现实的法就是对那种侵害的扬弃,正是通过这一扬弃,法显示出其有效性,并且证明了自己是一个必然的被中介的定在。"① 基于这一认识,黑格尔认为,刑罚的特点在于它是一种强制,一种暴力,但是这种强制是针对犯罪者中第一次强制而实施的第二次强制,是否定犯罪第一次暴力而实施的第二次暴力。黑格尔主要是从法的辩证运动论述了刑罚的报应性。正是这种报应性,体现了刑罚的正义性。黑格尔扬弃了康德的道义报应主义,可以说,黑格尔的法律报应论是对康德道义报应论的发展,更具科学性,体现了一种理性法的思想。

（2）等价报应论。黑格尔从价值报应的理论出发,否定康德的绝对对等报应的思想,他主张刑罚的报应应当是一种等价报应,刑罚的强度必须和犯罪行为的危害程度相适应,刑罚与侵害行为的等同不是指在特种性状方面,而应理解为是价值上的等同。黑格尔强调适用刑罚必须依照法律进行并从法律的角度说明刑罚目的,主张根据犯罪危害性大小确定刑罚的分量,从而排斥了基于神意报应及等量报应而引发的罪行擅断主义和同态复仇思想,为罪刑法定和罪刑相适应原则的提出奠定了理论基础。而对于犯罪行为的否定,不再是自然现象的思考,而系法律规范的价值判断,这也成为以后刑事立法上遵循的准则。在死刑政策方面,黑格尔主张保留死刑,但同时主张尽量限制死刑的适用。

（二）实证主义阶段刑事政策概览

当刑罚无法矫正犯罪人的行为的时候,人们就将视线转移到行为人身上,想方设法通过对人的研究来消灭天生犯罪人,或是将其归为另类,让他们生活在某一孤岛以净化社会环境来控制犯罪。

1. 理论基础

19 世纪后期,在汹涌的犯罪浪潮面前,古典学派的犯罪理论显得有些虚妄,形成了用单一的刑罚手段无法遏制的局面。在这种背景下,以有效遏止犯罪、保卫社会为目标的实证学派诞生了。与过于理想化和乌托邦的刑事古典学派相比,刑事实证学派十分重视对犯罪原因的研究,他们认为研究犯罪的重要目的是查明犯罪规律和犯罪原因,寻求消灭犯罪的方法,该学派侧重经验考察,实证研究和定量分析,将精确、实证的事实作为科学研究的唯一根据;强调刑法的实际功用和效果,致力于经验调查、数据统计和典型事例的收集。"我们可以毫不夸张地说,实证主义学派的理论完全改变了西欧乃至西欧以外的国家的刑事政策

---

① 转引自陈兴良著:《刑法的启蒙》,法律出版社 2002 年版,第 152 页。

的发展方向。"①此外,刑事实证学派的实证主义研究方法还引起并加深了近代自然科学与刑法学研究的结合。

2. 代表人物及其基本观点

刑事实证学派的代表人物有龙勃罗梭、加罗法洛。

切萨雷·龙勃罗梭,意大利著名的精神病学家、犯罪学家,刑事实证学派的创始人和主要代表人物。1876 年,他的经典著作《犯罪人论》一书的出版,标志着刑事实证学派的诞生。

龙勃罗梭主张从犯罪人出发寻求犯罪对策,提出了社会责任论以及特殊预防论,并提倡刑罚改革和监狱改革。其主要观点有:

(1) 社会责任论。龙勃罗梭认为,刑罚的目的不是为了对犯罪人的报应和对其他一切一般人的威吓,而是基于个人性格的危险性,通过剥夺犯罪人的犯罪能力和矫治犯罪人而实现社会防卫。龙勃罗梭对刑罚进行了功利的解释,认为刑罚不是为了报应而存在,而是另有其功利的意义——遏制未然的犯罪。在他看来,报应与威慑都是一句空话,刑罚存在的唯一根据就是防卫社会,由此构造了截然有别于道义责任论的社会责任论。②他认为,报应刑对预防犯罪来说,没有任何的实际意义,刑罚只能以防卫为其正当性根据。可见他不仅彻底地与报应刑相决裂,而且摒弃了以一般预防为核心的恐吓与心理强制理论,代之以对犯罪人的矫治,从而改变了刑罚的意义,为教育刑和特殊预防理论奠定了基础。

(2) 特殊预防论。龙勃罗梭主张应该研究和治理的是具体的犯罪人,而不是抽象的犯罪,应当针对各种不同的个体犯罪人的特殊情况适用不同的处罚方式,即根据刑罚个别化原则注重刑罚的特殊预防。特殊预防的内容是使已受过刑罚处罚的罪犯在将来的社会生活中不再实施违法犯罪行为。特殊预防则是针对犯罪人的预防,目的是防止其再次犯罪。龙勃罗梭以"先天犯罪人"为根据提出剥夺犯罪能力论,强调应该研究和治理的是具体的犯罪人,因此,他提出了处遇个别化原则,即针对各个不同个体犯罪人的特殊情况适用不同的处遇方式。由此可见,龙勃罗梭以针对具体犯罪人的行为矫治,剥夺犯罪能力为内容的特殊预防论完全取代了古典学派的报应刑论和以一般预防为中心的威慑和心理强制论。

(3) 刑罚改革。基于刑事人类学派的立场,龙勃罗梭对刑罚的理解和认识很大程度上超越了传统的刑罚观,认为刑罚不应成为对犯罪人的报应与对一般人的恐吓,而应成为对犯罪者的矫正救治,对犯罪适用刑罚与其说是基于报应,

---

① 参见谢望原、卢建平等:《中国刑事政策研究》,中国人民大学出版社 2006 年版,第 44 页。
② 参见陈兴良:《刑法的启蒙》,法律出版社 2002 年版,第 181—182 页。

不如说是基于个人的人身危险性,是为了防卫社会。① 龙勃罗梭提出了一系列刑罚改革的具体方案,他极力推崇不定期刑、罚金刑、缓刑等矫正救治犯罪人的刑罚观念。

(4) 监狱改革。龙勃罗梭从实证主义犯罪学的角度出发,注重对监狱的实际考察,提出了监狱改革的设想。他指出:"如果由于特别严重的罪行而必须将犯罪人送进监狱,我们应当尽量避免他们之间可能发生的任何交往;因此,有必要建立独居式监狱。当然,这种监狱本身并不能改造犯罪人,但可以不使他们在犯罪中越陷越深,至少部分地消除结伙犯罪的可能性。"② 在他看来,监狱所带来的交叉影响,只能增加更多的累犯和惯犯。但同时在巨额开支面前他也认识到建立独居式监狱的不现实性,通过这样的利弊分析,他主张通过劳动对犯罪人进行改造。在他看来,监狱并不是单纯用来报应和行刑的场所,更重要的是对犯罪进行救治的地方。

拉斐尔·加罗法洛,意大利杰出的社会学家、犯罪学家,刑事实证学派代表人物之一。他的刑事政策思想主要有:

(1) 淘汰论。为了保卫社会安全,加罗法洛用社会达尔文的观点论述了他的"淘汰"犯罪人的理论。以自然法则为依据,他认为,大自然淘汰那些不能适应生存条件的有机体,人类社会中也会发生同样的淘汰过程。社会淘汰那些具有道德异常、以其行动表明不能适应文明社会生活的人,将这种人从社会生活中排除出去,以保证社会生活的顺利进行。因此,他的犯罪对策,以社会隔离和排除处分为主,并着重于犯罪人的心理活动,主张应该以犯罪人的恶行及其社会适应性为判断标准,提倡采取个别化的处遇方式。③

(2) 遏制犯罪论。加罗法洛在对以威慑为中心的刑罚理论进行批判的基础上,主张以遏制犯罪取代威慑犯罪,这种遏制,包括消除与赔偿两种方式。消除是指将犯罪排斥出社会的方法。这种方法是社会治理犯罪所必需的效果,这有助于保护社会这个有机体。其中消除又分为绝对消除与相对消除。绝对消除的刑罚方法是唯一的,即死刑;其适用的对象也是唯一的,即谋杀犯。相对消除适用于除谋杀犯以外的罪犯,具体种类包括放逐到孤岛、终身拘留到海外惩戒营、不确定期限地拘留在海外惩戒营、不确定期限地禁闭在收容所和强制劳动五种。④ 加罗法洛对犯罪和犯罪人进行深入研究后,勾勒出了遏制犯罪的刑罚体系。他认为所有的刑罚至少应产生下列两种效果之一:消除那些已经查明不能与社会共存的罪犯;由罪犯去赔偿其所导致的损害。可见,加罗法洛为遏制犯罪

---

① 参见陈兴良:《刑法的启蒙》,法律出版社 2002 年版,第 188 页。
② 参见〔意〕切萨雷·龙勃罗梭:《犯罪人论》,黄风译,中国法制出版社 2000 年版,第 350 页。
③ 参见马克昌主编:《近代西方刑法学说史略》,中国检察出版社 1996 年版,第 161 页。
④ 参见〔意〕加罗法洛:《犯罪学》,耿伟等译,中国大百科全书出版社 1996 年版,第 365—368 页。

所建构的刑罚体系中包括消除与赔偿两种形式。

（3）刑罚的合理体系。加罗法洛所构想的"刑罚的合理体系"，是他的重要思想之一。他在其《犯罪学》一书正文的最后一章，对此进行了系统论述。"刑罚的合理体系"是以加罗法洛对犯罪人的分类为基础的，其基本思想就是要对不同类型的犯罪人使用不同的刑罚，使刑罚与犯罪人将来对社会具有的危险性相适应。加罗法洛详细论述了对谋杀犯罪人、暴力犯罪人（包括杀人犯罪人、严重侵害人身或道德的犯罪人、少年犯罪人、仅缺乏道德修养或约束的犯罪人）、缺乏正直情操的犯罪人（包括天生的和习惯性的犯罪人、非习惯性的犯罪人）以及色情犯罪人适用的合理的刑罚措施。他认为，对不同的犯罪人使用不同的刑罚，可以发挥刑罚的最大效益。

（4）国际刑法论。加罗法洛提倡世界性的刑事政策。在他看来，为了达到有效遏制自然犯罪的目的，世界各国必须相互协助，共同遏制犯罪。那么，这就需要制定世界共通的刑事政策，他主张制定一部适用于世界各国的共通的刑法——国际刑法典。

（三）目的刑主义阶段的刑事政策

随着对犯罪原因的深化研究，人们认识到其实人的意识是不自由的，人本身个体天然犯罪因由也是局限颇多。另外，犯罪还有自然的、社会的等方面的原因，在此基础上提出了多重的预防犯罪的措施，除了对刑罚内部结构、执行方式的研究，如设立不定期刑、缓刑和累进处遇制度、限制短期自由刑、罚金刑的替代措施等外，最具特色的就是保安处分，包括对于少年犯和精神病犯的特别处遇。

1. 理论基础

刑事政策发展到目的刑主义阶段，与之相对应的是刑事实证学派的分支——刑事社会学派。刑事社会学派刑法的理论基础就是目的刑论，它是在批判刑事古典学派机械地、绝对地对待罪行关系的基础上形成的。

2. 代表人物及其基本观点

目的刑主义阶段的主要代表人物有恩里科·菲利和弗兰茨·冯·李斯特。

恩里科·菲利，意大利著名的刑法学家、犯罪学家。他是意大利犯罪学家龙勃罗梭的学生，曾为刑事人类学派的代表之一，但菲利又突破了刑事人类学派的理论樊篱，更为关注犯罪的社会原因，并与德国刑法学家李斯特等大师一起，成为刑事社会学派的主要代表。菲利的刑事政策思想主要有：

（1）社会责任论。菲利抛弃了传统的自由意志学说和道德责任观点，而代之以社会责任的观点。根据菲利的论述，追究犯罪人的刑事责任，并不是基于犯罪人滥用自由意志和因此产生的道德责任，而是出于保卫社会、保卫国家和法律的需要。他认为，一个人即使在法律事实上尚未成立犯罪，只要其确有实施犯罪的危险，就已成为社会上的危险者，具有社会危险性，作为社会防卫的对象，就应对其采取社会保安处分,以保卫社会。

(2) 刑罚个别化。刑罚个别化是指在量刑与行刑的时候应当充分考虑犯罪人的个人特征。只有这样,才能使刑罚适用有效化。菲利认为,在对犯罪人进行矫正时,必须首先对其进行诊断,而后进行分类,对不同类型的犯罪人施以不同的矫正方案。他根据犯罪人的个性特征,将其分为五类:天生犯罪人、精神病犯、习惯性犯罪人、偶犯、激情犯。在这五种罪犯中,菲利主张对前三类采取不定期隔离的方式,直到其能够重返社会、适应社会正常生活为止;对于偶犯,要区分罪行轻重,决定适用赔偿损失或不定期隔离;对于激情犯,要区别激情的性质,决定是否宽恕。可见,菲利认为,应当根据犯罪人的类型特征确定相应的救治措施,只有这样,才能实行有效的救治。这种因人而异对犯罪者进行矫正的立论,可谓是现代刑事政策理论中刑罚个别化的先驱,对于实现刑罚的目的,具有积极意义。

(3) 犯罪预防。菲利的犯罪预防思想除了对犯罪人进行矫正之外,更重要的是社会预防,在对犯罪的社会根源深刻认识的基础上,提出了"如欲预防犯罪,首先必先改革社会"的著名论断。他指出:"通过改变最易改变的社会环境,立法者可以改变自然环境及人的生理和心理状况的影响,控制很大一部分犯罪,并减少相当一部分犯罪。我们深信,一个真正文明的立法者,可以不过多地依赖刑法典,而通过社会生活和立法中潜在的救治措施来减少犯罪的祸患。"[①]可见,菲利就此把预防犯罪的重心从刑法典转移到社会措施上来,这也成为刑事社会学派的基本思想之一。

(4) 监狱改革。刑事矫正观念的确立,使监狱的性质发生了根本性的变化,即从报应的场所转变为救治的场所。

弗兰茨·冯·李斯特,德国著名刑法学家,刑事社会学派的创始人。李斯特作为刑事社会学派的创始人,继承了德国新功利主义法学派代表人物耶林的思想,以法的本质在于目的的观点作为自己学说的基础,同时批判地汲取了19世纪后半叶发展起来的犯罪统计学和由意大利刑法学家龙勃罗梭、菲利等倡导的意大利学派的学说,从实证主义和决定论的哲学观点出发,运用社会学的观点和方法研究刑法,发展了刑事社会学派刑法理论。

李斯特的刑事政策思想主要有:

(1) 目的刑论。确立刑罚的"目的观念",即确认刑罚是为社会防卫目的而服务的手段,以李斯特于1882年在德国马尔布赫大学以"刑法的目的思想"为题的演讲中提出的目的刑思想为标志。李斯特吸收了两大对立刑罚理论的合理之处,提出了利用"绝对论"的观点来解释"相对论"所注重的刑罚的社会防卫作用。

---

① 参见〔意〕菲利著:《实证派犯罪学》,郭建安译,中国政法大学出版社1987年版,第43页。

李斯特基于"绝对论"阐述了"原始刑罚"是人类出于本能而对侵扰行为所做的"自然反应",是非理性的,不受目的观念的支配,它作为一种无目的的"本能行动"不可能真正发挥防卫社会的作用。另一方面,在"相对论"的基础上,他提出为了实现对刑罚的"自我控制",必须将其"客观化",即"使人有可能客观地估价刑罚的效果,这种经验又使人得以理解刑罚与目的的相符性,决定刑罚限度的正是这种目的观念"①。李斯特刑法学说的核心就是刑罚的"目的观念",他强调刑罚应当为社会防卫的目的服务,因为在他看来,"目的观念的统治恰恰表现为最稳妥地保障个人自由不受旧时代残酷刑罚的侵害"②。也就是说,刑罚只要是属于国家的,那就不可能是原始本能的、冲动的东西,其自身一定会具有其必要性和目的性,刑罚只有从它的目的考察,才能获得其分量和目标。这就是所谓的目的刑罚论。③ 李斯特并不完全否认刑罚存在的价值,但他反对刑事古典学派的意志自由论和刑罚报应主义,认为刑罚不是对犯罪行为的事后报复,也不是对其他人的恐吓,而是对那些"危险状态的体现者"采取的预防措施,即防止具有社会危险性的人危害社会,具有对犯罪侵犯社会进行防卫的目的。李斯特主张只有"法益保护"或"社会防卫"才是刑罚的目的和刑罚的正当化根据。

(2) 特殊预防论。李斯特一方面认同刑罚具有一般预防的效果,对于全体公民产生影响,通过威慑力量抑制犯罪倾向;另一方面,他注重特殊预防,认为特殊预防对于犯罪人的影响尤为重要,刑罚执行对于罪犯的作用随着刑罚的内容和范围的不同而不同。刑罚执行方式因所追求的刑罚效果的不同而不同。尤其是在罪犯身上所想达到的效果(特殊预防)决定了个案刑罚的内容和范围。刑事政策的要求在于充分利用刑罚的功能作为达到目的的手段,并根据个案的实际需要来调整刑罚的强度。④

(3) 刑罚个别化。李斯特重视刑罚个别化,他认为"应受处罚的不是行为而是行为人",即刑事责任的基础不是行为人的犯罪行为,而是行为人反社会的危险性格,主张对不同类型的犯罪人处以不同的刑罚,才能发挥刑罚的效果,以达到利用刑罚预防犯罪的目的。个别预防的重点不是预防不特定的可能犯罪的人,而是预防已受到处罚的人再次犯罪。李斯特将犯罪人分为偶发犯、可矫治犯、不可矫治犯。对于偶发犯,只需要借助刑罚的威慑所产生的警戒作用就足以防止其重新犯罪;对于可矫治犯,应该处以自由刑,通过刑罚的教育与矫治作用而促成其改过自新,重新适应社会生活;对于不可矫治犯,因其几乎没有复归社会的可能,应该使之与社会永久隔离,亦即借助刑罚的剥夺犯罪能力功能,使之

---

① 参见黄风:《刑罚:社会防卫的"双刃器"》,载《比较法研究》1987年第4期。
② 同上。
③ 参见马克昌主编:《近代西方刑法学说史略》,中国检察出版社1996年版,第196页。
④ 参见〔德〕李斯特著:《德国刑法教科书》,徐久生译,法律出版社2000年版,第7页。

无法再危害社会。①

（4）保安处分论。保安处分是以社会防卫为目的、代替或补充刑罚而适用的刑事制裁措施。菲利、李斯特等人是保安处分理论的实质性的奠基者。李斯特认为："在现代刑事政策研究方面的一个重大成就就是，最终达成了这样一个共识：在与犯罪作斗争中，刑罚既非唯一的，也非最安全的措施。对刑罚的效能必须批判性地进行评估。出于这一原因，除刑罚制度外，还需要建立一套保安处分制度。"②关于保安处分与刑罚的关系，他主张在立法上运用保安处分吸纳刑罚，实现刑罚与保安处分一体化，因为二者都是为了预防犯罪以保卫社会、维护社会的法秩序，这在性质上是相同的。

（5）社会政策与刑事政策的关系论。在李斯特的犯罪原因论当中，他认为犯罪原因包括社会因素和个人因素两个方面，其中社会因素是犯罪的主要原因，因此提出了"最好的社会政策就是最好的刑事政策"的著名论断，强调社会本身对于预防犯罪的责任，因为犯罪人是社会环境的产物，所以不能仅用刑罚来遏制犯罪，更重要的是着力于改善社会环境。中国法学家林纪东认为："这种注意刑事政策和社会政策的关系，不专用刑罚来防遏犯罪，而改由社会政策方面来预防犯罪的看法，可以说是李斯特的最大贡献。"③

总之，从以龙勃罗梭为代表的刑事人类学派到以李斯特为代表的刑事社会学派，从实证主义再到目的主义，刑事实证学派引领了人类刑罚观念的一场变革，使人类关于刑罚的目的、本质和内容的认识发生了根本性的变化：刑罚不再单纯是痛苦，刑罚中加入了教育改造的因素。刑事实证学派的刑事政策思想促成了现代意义上的犯罪学、刑事政策学和社会防卫运动的产生。

（四）人道主义阶段刑事政策概览

如果说实证阶段的刑事政策开实证研究一代先河，就方法论的研究上具有里程碑的学术意义，那么，目的阶段的刑事政策所强调的预防也再一次打开了对付犯罪的思路。遗憾的是上述研究成果被法西斯所利用而给人类带来巨大的灾难。人们又一次深刻地反省：预防犯罪的理论，如果被无制约的人性所利用，是否存在着法治与人权保障方面的致命缺陷？两次世界大战的恶果，迫使人们呼唤民主与人道，保卫社会与保障人权是一辆马车的同向双轮，缺一不可。社会防卫运动应运而生。

1. 理论基础

社会防卫运动，又称新社会防卫论，是以意大利刑法学家菲利普·格拉马蒂

---

① 参见卢建平主编：《刑事政策学》，中国人民大学出版社2007年版，第69页。
② 参见〔德〕李斯特著：《德国刑法教科书》，徐久生译，法律出版社2000年版，第20页。
③ 参见林纪东著：《刑事政策学》，台湾编译馆1969年版，第24—25页。转引自何秉松主编：《刑事政策学》，群众出版社2002年版，第161页。

卡和法国刑法学家马克·安塞尔为代表的思想家在第二次世界大战以后,在反思传统的建立在严厉打击犯罪的报复性、惩罚性的刑法制度、扬弃和发展实证学派的社会防卫思想的基础上发展起来的一项刑事政策的思想运动、立法运动和改革运动。① 社会防卫运动的出现,标志着西方刑事政策的发展进入人道主义阶段,并以人道主义作为其理论基础。在新社会防卫运动的理论支持和影响下,各国对犯罪预防给予了极大的关注,力求建立一种严格的法律制度,来合理地组织对犯罪的反应,来实现"人权保障"和"保护社会免受犯罪之害",世界许多国家掀起了新一轮的刑事法律制度改革。

2. 代表人物及其基本观点

阿道尔夫·普林斯,比利时刑法学家,1910 年出版了《社会防卫理论与刑法的发展》一书,阐明了现代刑事政策与社会防卫运动之间的关系,标志着社会防卫论成为一种独立的理论。他把社会防卫思想的主要内容归纳为:以罪犯的"危险性"或"危险状态"概念取代罪犯的"主观责任",并采纳与罪犯的"危险状态"相适应的"安全措施"或"保安措施";既反对法官滥用刑罚、严刑峻法,也反对法官无限度的宽容、过分放纵;在立法上尽量以"替代刑"去取代短期监禁刑,并在司法上尽量限制使用短期监禁刑;主张刑罚个人化并大张旗鼓地对监狱制度进行改革。② 这时的社会防卫仍在雏形阶段,尚不具备使刑法制度人道化,并使犯罪人重新回归社会、矫治犯罪人的科学和人道价值。

菲利普·格拉马蒂卡,意大利著名的刑法学家、律师,社会防卫运动的前期代表人物。他主张激进的社会防卫论,主张以"反社会性"的概念取代刑法,以"社会防卫处分"取代刑罚。根据他的设想,国家用以对付犯罪的是与传统刑罚迥异的全新措施:社会防卫处分。这种处分完全是基于生物学、心理学、社会学等科学知识所建立的一整套措施,包括治疗、教育、改善等。其特点有三:第一,社会防卫处分的适用最强调的是个别化与主观化,即严格要求"处分"与被处分者的个别情况相适应,这种"个别情况"又完全建立在纯主观的概念——"人格"基础之上,它以性格为核心,还包括先天素质、高级神经活动类型、气质、智力、个体适应社会的方式与能力及个人心理特征等。第二,社会防卫处分是一种一元化的全新体系。他主张完全打破现有的刑罚体系和保安处分体系,重新建立一整套全新的体系,即一元化的社会防卫体系。第三,社会防卫处分完全没有使受处分者遭受痛苦的特点,像使患传染病者入院或对儿童实行义务教育时所实施的强制。③ 格拉马蒂卡的观念被称为激进的社会防卫论,因过激地主张人权保

---

① 参见梁根林著:《刑事政策:立场与范畴》,法律出版社 2005 年版,第 155 页。
② 参见同上书,第 74 页。
③ 参见鲜铁可:《格拉马蒂卡及其社会防卫原理》,载《中外法学》1993 年第 4 期。

障和全盘否定刑法而遭多方批评。

马克·安塞尔,法国著名刑法学家、犯罪学家,曾任国际社会防卫协会主席,社会防卫学派的代表人物之一。安塞尔修正了格拉马蒂卡的一些激进观点,使社会防卫运动建立在更为现实的基础上,进入了所谓的新社会防卫思想阶段。按照安塞尔的观点,新社会防卫思想不是一个取代现行刑法的新学说,而是指导刑法改革的刑事政策理论并主张在刑法科学里努力发展道德化、法律化的人道主义。安塞尔学说的核心是人道主义的刑事政策运动。他的主要刑事政策思想有:

(1) 新社会防卫论。安塞尔把新社会防卫论的基本观点归结为三点:第一,新社会防卫论首先对现有的与犯罪作斗争的制度进行批判性研究。第二,社会防卫论始终主张联合所有人文科学,包括心理学、生理学、社会学和教育学等,对犯罪现象进行多学科性研究,从一开始就反对单纯强调刑法对犯罪现象、法学家对犯罪现象的研究以及所谓解决办法的专有权这一传统观念。第三,社会防卫论希望利用它对现行制度的科学批判及它与人文科学的合作这两点,并遵照以下两个互为补充的指导思想建立起一个崭新的刑事政策体系:一方面,坚决反对传统的报复性惩罚制度;另一方面,立志坚决保护权利、保卫人类,提高人类价值,强调对犯罪人的教育改造,使其回归社会,这也就是人们所说的社会防卫运动的人道主义。[①]

(2) 刑罚改革。第一,传统刑罚与保安处分应当相互统一,而不是相互对立。第二,新社会防卫思想主张废除死刑。[②] 第三,反对剥夺自由刑,即监狱刑。监狱刑导致被关押的罪犯的人格异化,给罪犯身体和精神造成双重痛苦,这种把罪犯置于一种反社会的境地不利于罪犯适应自由的社会生活。不过安塞尔并不反对运用剥夺自由刑对罪犯进行"重新社会化治理"的思想,于是,他提出了监狱改革的措施:使监禁制度更加合乎人道,减轻其严酷程度,尽量使狱中生活与狱外的正常自由生活相接近;用教员代替看守,对在押犯人进行文化、技术和社会公德教育;改善在押犯人的物质生活条件,如住所、卫生、饮食、学习、文化娱乐和体育锻炼;加强罪犯与外部世界尤其是与家庭间的各种关系,并为之提供便利;并在罪犯服刑期间让他们从事一些既有实际用途又有教育意义的劳动等。[③]

(3) 非刑事化思想。其内容概括起来主要为以下"四化":第一,非犯罪化,即将某些过时的罪名从刑法中取消,如侵害王室罪和王权罪、亵渎圣物罪、通奸罪等,以便集中力量对付其他新型犯罪。第二,非刑罚化,即在不取消罪名的情

[①] 参见〔法〕马克·安塞尔著:《新刑法理论》,卢建平译,香港天地图书有限公司1990年版,第30—31页。

[②] 参见马克昌主编:《近代西方刑罚思想史略》,中国检察出版社1996年版,第323页。

[③] 参见卢建平主编:《刑事政策学》,中国人民大学出版社2007年版,第81页。

况下,改变刑罚的适用,如免予刑事处分等。第三,受害人化,即对刑事案件首先弄清所受损失,作出估价,并责令侵害人或社会专门组织(如受害人赔偿委员会)对受害人进行赔偿。第四,社会化,即将预防犯罪问题不局限在刑法学和刑事政策学范围内,而应统一到整个刑法哲学和社会政策学中去,用全社会的力量来保卫社会及罪犯人权。[①]

综上,安塞尔的新社会防卫思想是由实证主义学派和格拉马蒂卡的激进人道学派的社会防卫思想发展而来的,它对刑法理论中一些对立观点起到了调和作用,体现了现代刑事政策的人道主义倾向,在新社会防卫思想的影响下,以人道主义为基础,以保护人的权利、保障个人自由、提高人类价值为主旨的刑事政策思想逐渐成为欧洲各国刑事立法和刑法理念的基石。

二、西方刑事政策学的演变

通说认为,刑事政策是由德国刑法学家费尔巴哈首先使用,后由李斯特加以推广。随着近代西方各刑法学派的发展,刑事政策的研究不断系统化、理论化、科学化,并逐渐成为一门独立的学科。但是刑事政策真正成为一门科学却是在第二次世界大战以后的法国成型的。现代刑事政策学作为一门独立学科的诞生是否应以马克·安塞尔所著《新社会防卫思想》(1954年出版)为标志还有待商讨与探究。笔者持肯定的态度主要是因为该书超越了刑法学的狭窄范畴,同时也走出了犯罪学的纯学科研究方法和全方位的预防与控制犯罪对策,其内容更符合刑事政策学的研究对象。该书的副标题是"一场人道主义的刑事政策运动",安塞尔强调刑事政策既是"观察的科学"又是"反犯罪斗争的战略或艺术"的双重属性。[②] 这种战略首先是分层的,它并不拘泥于刑法教条,而是有组织、有协调地运用法律的各个部门。这种战略也是人道主义的,因为它要考虑对人权的尊重,它并不将刑事政策手段的效率当作唯一的考虑。马克·安塞尔强调,作为一门专门研究刑事政策的科学,刑事政策学的研究范围就不应仅仅局限于一时或一国,而应该是纵横相兼的,即既要从总体战略角度去研究,分析世界各国的刑事政策,掌握其要领,又要在纵深上有所突破,深入研究某一特定国家刑事政策所涉及的具体问题。其次,从国内法的角度出发,刑事政策学自然也要研究一个国家的刑法。这当然不是单纯的教条式的就法论法,而是从实践的立场,用发展的眼光去探讨传统刑法的一些概念、原则,探讨刑法改革的可能性或必要性。最后,作为一门科学,刑事政策学还要把刑事政策放到因果关系这一链条中进行研究,研究刑事政策(或某一具体改革方案)形成的原因及其带来的结果。

---

① 参见马克昌主编:《近代西方刑罚思想史略》,中国检察出版社1996年版,第327页。
② 参见卢建平著:《刑事政策与刑法》,中国人民公安大学出版社2004年版,第2页。

并且,作为组织艺术的刑事政策学是建立在作为研究科学的刑事政策学的基础之上的。① 自此,刑事政策学开始与刑法学、犯罪学、社会学分道扬镳,获得了自主的学术地位。

当然,后来将刑事政策学研究内容细化的典型代表是法国的刑事政策学大师米海依尔·戴尔玛斯—马蒂。她的代表作是《刑事政策的主要体系》。马蒂教授指出,刑事政策学宽广的对象必然要求我们改变研究的方法。以对犯罪行为或越轨行为的各种反应(刑事的和非刑事的)的分析为基础,并根据对这些反应进行调整的指导原则(宪法和国际法的),我们应该对每个国家的刑事政策体系的整体结构进行研究。② 为此我们推出了一些模式作为理想类型,这些模式包括国家主导型模式(如专制国家模式和极权国家模式)、社会性模式(自主社会模式与自由社会模式)以及混合型模式(自主社会国家模式)。简而言之,模式可以使我们更好地分析刑事政策实践的多样性,更好地了解可能对各国刑事政策产生影响的运动变化的内涵,如(行政权、立法权与司法权等)权力的分配和对个人的制约(主要是刑罚性或非刑罚性的剥夺自由)。模式同时也给了我们比较分析的工具,可以摆脱国家法范畴的束缚。于是,马蒂教授将费尔巴哈的格言加以扩展,认为"刑事政策就是社会整体据以组织对犯罪现象的反应的方法的总和,因而是不同社会控制形式的理论和实践"。

日本虽然是东方国家,但其法律制度已大多西化,其近代以来的学术研究也是秉承西方衣钵。日本学者大谷实教授所著《刑事政策学》代表了日本刑事政策学研究的时代水准。他认为:"所谓刑事政策是国家机关和地方公共团体通过预防犯罪、缓和犯罪被害人及社会一般人对于犯罪的愤慨,从而实现维持社会秩序的目的的一切措施政策,包括立法、司法及行政方面的对策。"③"刑事政策的核心是防止犯罪的国家活动,防止犯罪包括犯罪预防和犯罪抑止。犯罪预防是国家为防患于未然,在犯罪尚未发生前所采取的行动;与此相对,犯罪抑止则是国家在犯罪发生之后,通过对犯罪人科处死刑等刑罚来防止犯罪发生的活动。"④ 大谷实教授将刑事政策界定在防止犯罪的国家活动,包括事前的预防和事后的惩罚,即使是事后的惩罚,也不仅仅是刑罚的方法,而是表现为对各种犯罪人在实体及程序上的不同处置,如社会内处遇,其中包括保护观察、改造紧急保护等等。实际上大谷实的理论已是犯罪学意义上的刑事对策,它包括对犯罪所有的

---

① 参见卢建平著:《刑事政策与刑法》,中国人民公安大学出版社2004年版,第8—9页。
② 参见〔法〕米海依尔·戴尔玛斯—马蒂著:《刑事政策的主要体系》,卢建平译,法律出版社2000年版,中文版序言,第4页。
③ 〔日〕大谷实著:《刑事政策学》,黎宏译,法律出版社2000年版,第3页。
④ 同上书,第4页。

事前与事后的预防和控制。这样未免有些扩大刑事政策的含义。他也意识到刑事政策学与犯罪学的区别,但是在刑事政策的界定上还是和刑事对策发生了混淆。

第二节 我国刑事政策学的诞生和发展

中国的刑事政策史亦源远流长,但与西方同步的现代刑事政策史应当说是从20世纪初才开始出现的,是否以沈家本修订的《大清新刑律》为标准确定目前在学界尚无定论,但笔者对此持肯定态度。

一、中国的刑事政策史

中国的近现代史波澜起伏,同西方一样,近现代以前中国对付犯罪的方式方法只是刑事政策的思想而已,虽然博大精深,内容丰富,但不具有法治的内核与外表。真正具有现代刑事政策学内容的中国刑事政策史应当是从1900年以后的清末修律。其中1911公布的《大清新刑律》是在吸收西方资产阶级刑事政策思想的前提下制定的,是中国历史上第一部近代意义的专门刑法典,其在形式上抛弃了"诸法合体"的编纂,采用近代西方刑法典的体例;在内容上确立了新的刑罚制度,刑罚分主刑和从刑两种,并采纳了西方资产阶级的刑法原则和近代刑法学的通用术语。但是,由于政体的局限,建立在三权分立基础上的罪刑法定,虽然被规定在《大清新刑律》中,但在司法实践中,恐怕也难以被有效地适用每一个案。

中国共产党领导的革命根据地政权时期的特点决定了刑事政策的特点,当时,主要是中国共产党在对敌斗争中逐渐形成了自己的刑事政策,而非国际上通行的刑事政策。如1940年12月25日,毛泽东同志在《论政策》一文中论述锄奸政策时指出:"应该坚决地镇压那些坚决的汉奸分子和坚决的反共分子,非此不足以保卫抗日的革命势力。但是决不可多杀人,决不可牵涉到任何无辜的分子。对于反动派中的动摇分子和胁从分子,应有宽大的处理。对任何犯人,应坚决废止肉刑,重证据而不轻信口供。"[①]

中华人民共和国成立后直到1997年3月14日第八届全国人民代表大会第五次会议通过修订的《中华人民共和国刑法》对三大刑法基本原则的规定,标志着中国现代刑事政策的内容的出现。在此之前,都是中国共产党或是国家的政策在刑事领域中的体现,而不是严格意义上有法律效力的刑事政策。

---

① 参见《毛泽东选集》第2卷,人民出版社1991年版,第767页。

二、中国刑事政策学的诞生

如果作为一门学科独立于刑事法学大家族中,那么刑事政策学必有它独立的研究对象,因为研究对象是确立此学科与彼学科不同的标志所在。将刑事政策独立于刑法中的犯罪与刑罚的研究只是 20 世纪 90 年代以后或是 21 世纪以后的事情。到目前为止已出版的关于刑事政策学的专业书籍主要有:

(1) 马克昌主编的《中国刑事政策学》,武汉大学出版社 1992 年出版。

(2) 杨春洗主编的《刑事政策论》,北京大学出版社 1994 年出版。

(3) 何秉松主编的《中国刑事政策学》,群众出版社 2002 年出版。

(4) 谢望原、卢建平等著的《中国刑事政策研究》,中国人民大学出版社 2006 年出版。

(5) 卢建平主编的《刑事政策学》,中国人民大学出版社 2007 年出版;(第二版),中国人民大学出版社 2013 年出版。

(6) 李卫红著的《刑事政策学的重构及展开》,北京大学出版社 2008 年出版。

(7) 严励著《中国刑事政策的构建理性》,中国政法大学出版社 2010 年出版。

(8) 魏东主编的《刑事政策学》,四川大学出版社 2011 年出版。

(9) 魏东著的《刑事政策原理》,中国社会科学出版社 2015 年出版。

无可争议,刑事政策学的研究对象是刑事政策。但是,由于在不同的语境下使用刑事政策,也就使得刑事政策学的研究内容出现分歧。中国传统大多认为刑事政策就是政策在刑事领域中的体现,主要是国家、政党的大政方针政策,如"坦白从宽、抗拒从严""严打""宽严相济"等等。西方当今有代表性的刑事政策理论主要是社会防卫和刑事政策模式(国家模式和社会模式)。笔者对刑事政策学体系的架构和内容的论证都不同于上述观点,本书会全面展示这一形式与内容。

第三节 全球一体化下的刑事政策学

全球一体化下的刑法学体现在刑法教义学,以罪刑法定为统一话语之下的关于犯罪与刑事责任的体系性科学;刑事诉讼法学是以无罪推定为统一话语之下的关于处置犯罪嫌疑人、被告人甚至犯罪人的程序体系性学科。无论是哪一法系,不管其体系性内容如何排列与设置,其核心点不能偏离罪刑法定和无罪推定。

同理,无论怎样,都应当建立全球语境下的刑事政策和刑事政策学。因为,科技的突破与创新、市场经济要求的最优组合、政治的分权、市民社会的形成、公民个性的张扬、个人权利的充分保障欲求等等使得全球超越各国本身的政治、经济、文化、宗教的国界限制而使一体化成为必然及可能。《世界是平的》一书作者托马斯·弗里德曼认为,在哥伦布发现地球是圆的之后,现在我们正面临一个轮回:世界变平了,互联网和IT技术把圆形的地球拉平了。世界变得没有了差异。① 各种利益的冲突纷争通过协商而不是暴力解决,人们的心态更加平和,不再视犯罪为洪水猛兽而是将它作为社会正常生活的一部分,对待犯罪的态度不急不躁从而避免了非理性的刑事政策的仓促出台。

不管人们对刑事政策及现代刑事政策学有着怎样的认识,但对于它们是解决犯罪问题的办法及知识体系基本达成共识。刑罚不再是唯一的犯罪以后行为人所要承担的责任,取而代之的是刑事政策。作为刑事政策学科研究体系的刑事政策学,其全球性的共性表现在以下方面:

一、刑事政策的根基

黑格尔说过:凡是现实的都是合理的,凡是合理的都是现实的。那么,刑事政策存在的合理性在哪里呢？现代刑事政策的生成与发展一定有它的理由,而这一理由就是它生成与发展的根基。

中国自夏、商以来直到清末,刑法一直存在着并成为统治阶级的主要统治工具,那是人治的结果,充其量是法制,以法律制度作为治国手段,而不是至高无上的法治理念,人人平等人人遵从法律。封建社会的一套统治体系基本上是建立在"性本善"假设的前提下,以德治为本。以国家一元为中心,国家权力即皇权至上,经济、政治、文化等当时的现状无法生成市民社会。其内化价值是忠孝节义、三从四德等等观念。

而刑事政策学所研究的现代刑事政策,从其由来到现实存在,无不建立在法治沃土之上、宪政制度保障之下、法理学基础理论研究前提的框架之内,其权力的支撑在于市民社会的发展而导致的国家、社会的二元分权,其内化的价值在于近代以来的自由、平等、博爱、公平、效率、宽容、宽恕、人道等等理念,其前提假设无所谓性善还是性恶,因为人性本无善恶,只是后天的土壤滋生出善的行为或是恶的行为,如果是恶的行为,就对之进行人道主义的矫正。离开这些,刑事政策就会成为无源之水、无本之木。无法治底蕴的刑事政策只能说是政策在刑事法领域的体现,而不是现代意义上的刑事政策,如坦白从宽、抗拒从严;无宪政体制保障的刑事政策即权力的分立与制约格局下所实施的刑事政策,无人权保障及社会保护的双重内涵;无法理学的前沿理论,现代刑事政策就缺少了强有力的学

---

① 参见郑作时:《全球化中的中国利益》,载《读者》2008年第18期,第36页。

理支撑而成为空中楼阁,存而不立。

在全球一体化的大背景下,中国被裹挟其中,不管我们是否愿意,都不以个人的意志为转移。食物链的全球化[①]、经济的全球化等等要求对人们外在底线行为的规范应当具有共同的标准,否则,"游戏"无法正常进行。因此,全球一体化的刑事政策应运而生。

二、刑事政策的内容

其实,从全球范围来看,自资产阶级革命并建立资本主义国家及社会制度以来,他们所有的解决犯罪问题的法律都是刑事政策的内容,只是当初理论家们将它们纳入到大刑法的范畴。从实体上的罪刑法定,到程序上的沉默权与辩诉交易等,我们可以将其归入到刑事政策中,只是到目前为止,虽然现行的刑法、刑事诉讼法、监狱法等规定的内容仍然是解决犯罪问题的主要方式方法,但是,这些法律都不足以解决所有的犯罪问题。

刑事政策超越了刑罚,但它依然是对犯罪的反应。刑事政策与规范刑法的不同首先在于犯罪的内涵与外延不同,犯罪圈被扩大了,刑事政策要解决的犯罪是犯罪学上的已然犯罪。其次是与犯罪对应的处理措施也扩张开来。现有的刑事法律是解决犯罪问题的主要手段,但不是唯一手段,除了刑法、刑事诉讼法、监狱法等以外,还有民事的、经济的、行政的法律及国际的条约准则等等。例如,刑事和解是刑法外的解决已然犯罪的措施,恢复性司法是传统刑事诉讼模式以外的程序,两者是实体与程序的配套,不仅在我国,几乎在世界主要的资本主义国家都在适用。刑事政策被纳入一开放的体系中,只要符合法治原则并对犯罪人进行人道化的处理就可采用。

三、刑事政策学的研究对象

目前,在全球范围内,学界对刑事政策学这一学科的研究对象是刑事政策应当没有争议,问题是什么是刑事政策,其范畴应当界定在哪里?另外就是刑事政策学与刑法学、犯罪学的区别在哪里?(在前面,笔者回答了这些问题。)在相当长的一段时间内这些问题的答案很难统一起来。但百家争鸣或许会更快地促进刑事政策学这一学科的发展。

要说明的是,虽然刑事政策是刑事政策学的研究对象,但是,学术研究的前

[①] 我们的食物供应链越来越全球化,我们已经很难知道我们买到手的一块肉、一条鱼、一只鸡的底细。就拿一颗菜来说,你根本弄不清楚它来自市郊、外省,还是某个遥远国度的菜地,就算是你自己种的,你又怎么知道你用的肥料是安全的?还有水质,等等。全球化,时时刻刻影响着我们。参见樊舟编译:《关于食品安全的10个真相》,载《读者》2008年第23期,第54页。

瞻性要求本学科不仅仅是对现行刑事政策去注释,还要对将来要适用的刑事政策进行研究,我们将两种情况下的刑事政策划分为实然刑事政策和应然刑事政策。其实,两者不是同一层面的事物,前者是刑事政策本身,是法律化后的刑事政策,具有法律效力;后者仅限于理论层面,尚处于论证过程中,其法律效力还要通过正当程序予以确立,是纯刑事政策学层面的内容。

第三章 刑事政策学的研究方法

第一节 概 述

一、方法的含义

方法一般指的是解决具体问题的门路、程序等。本章所要解决的问题就是通过什么样的门路与程序来研究刑事政策学,使其更加科学与完美。

"学科的研究方法并不是外在的形式,而是内容的灵魂。"[①]好的研究方法已经使研究的内容成功了一半。在某种意义上学科的发展之所以停滞不前,原因就在于研究方法的落后与陈旧。刑事法律科学的发展经历了从演绎到归纳、从思辨到实证及综合运用现代科学发展的研究成果如系统论、信息论等方法,全方位、立体化地看待犯罪、犯罪人、犯罪现象,制定相应的解决问题的措施,以使人类正常地生存与发展。

刑事政策学的研究方法就是从事刑事政策学研究的思维方式、行为方式以及程序和原则的总和。刑事政策学的研究是一项专业性很强的活动,真正的刑事政策学家应当是以研究和应用刑事政策学为职业的人。他们所使用的研究方法不仅仅是某一种方法或某一方面的方法,而是包含许多成分在内的多种具体方法和指导原则的总和。

二、历史片断

对于社会科学的研究方法,自古有之,在此,我们只撷取与本书的研究最为相关的部分,即西方自近代以来的两位主要哲学家——休谟与波普关于方法论的真知灼见。从前者的"休谟问题"到后者的"经验证伪原则",这是学术界后来者在方法论的适用上无法跨越的珠穆朗玛峰。

大卫·休谟(David Hume,1711—1776)是西方哲学家中一个十分重要的人物。休谟思想的重要不在于解决了问题,而在于他提出了一个十分基本且困难的问题,人们称之为"休谟问题",这一问题二百多年来一直在影响和困扰着哲学和科学的思维,至今也是对人类理性最为深刻的挑战。

在他之前,著名哲学家笛卡儿(1596—1650)企图找到在所有领域内建立真

---

① 参见〔德〕黑格尔:《小逻辑》,贺麟译,商务印书馆1980年版,第427页。

理的方法,在其《方法论》中坚信完善的知识终将可以获得,并确信直觉和演绎是我们得到可靠知识的唯一方法,即演绎法。另有近代归纳法的创始人培根(1561—1626)则认为,人类通过自己的理性和健康的器官,完全可以洞察自然的奥秘,获得确定性的知识。后来,以洛克(1632—1704)和贝克莱(1685—1753)为代表的经验主义者开始认识到人的心灵的局限性,认为科学知识的唯一来源只能是经验,在思考和思辨的过程中,我们只能通过感觉和反思来获取知识,而绝不可能超越这一限度。

休谟认为:"人类理性(或研究)的一切对象可以自然分为两种,就是观念的关系(relation of ideal)和实际的事情(matter of fact)。属于第一类的,有几何、代数、三角诸科学;总而言之,凡有直觉的确定性或解证的确定性的,都属于前一种……至于人类理性的第二对象——实际的事情——就不能在同一方式下来考究,而且我们关于它们的真实性不论如何明确,那种明确也和前一种不一样。各种事实的反面总是可能的,因为它从不曾含着任何矛盾,而且人心在构想它时也很轻便,很清晰,正如那种反面的事实是很契合于实在情形那样。"①

基于这两种分类,休谟认为,演绎法的适用范围限于观念的关系,即有关数和量的纯粹科学范围,而否定其在经验科学中的应用意义。实验科学唯一可采纳的方法是归纳法或因果关系分析,但他又否定了归纳法或因果关系分析。他的逻辑是这样的:经验总是过去的、个别的和有限的,而因果关系把经验过的事物推广到未经验过的事物,从个别上升到一般,甚至从有限推广到无限。如果这种推断成立,至少要承认两个前提:一是假设将来一定与过去相似,二是假设过去与未来、个别与一般、有限和无限等之间没有本质的区别;这两个假设只能用过去的经验来证实,这分明是一种用经验来证明经验的循环论证,在逻辑上必然陷于无穷倒退的困境。

在休谟看来,人们对人类知识或理性的终极原因认识是存在模糊或盲区的,或许人类认识的局限性和有限性本身就是真理。科学是人创造的,人不是神,科学必然永远是人性的科学,科学不可能是永恒的、不变的真理。

波普(Karl Popper,1902—1994)的反归纳法是其证伪主义的逻辑起点。他认为,从逻辑的观点来看,从单称陈述(无论它们有多少)中推论出全称陈述来,是不能得到证明的,因为用这种方法得出的任何结论,结果可能总是假的。因此,他反对归纳主义的经验证实原则。因为,任何经验事实只能是特殊的、个别的,而用其证实不可能达到绝对的意义。但是,我们可以用经验来证伪,而证伪却具有绝对的意义。例如,我们只要看到一只黑天鹅就可以否定"所有的天鹅都是白的"这一全称命题。其结论是,证实是相对的、有限的,证伪是绝对的、无限

---

① 参见〔英〕休谟:《人类理解研究》,关文运译,商务印书馆1957年版,第26页。

的；一个证实只能证实一个经验事实，而一个证伪却能证伪整个理论。

这一证伪方法至今被运用于自然科学与社会科学的研究中。它是换了一种思维方式，把演绎法与归纳法往前推进了一步，即不仅仅可以证实，也可以证伪。不管哲学家们如何批判演绎法和归纳法，学者们研究起具体问题来还是别无更好的方法，到目前为止，人们还是离不开演绎法和归纳法。本书的研究也是分别采用了这两种方法的结合。

第二节 刑事政策学研究的方法论原则

方法论不同于方法，它有两方面的含义：第一，关于认识世界、改造世界的根本方法的学说；第二，在某一门具体学科上所采用的研究方式、方法的综合。[①]我们在此是在第二种意义上使用方法论的概念。还有学者认为：所谓方法论，就是主体在认识作为客体的客观世界和事物，提示其本质并阐明其一般规律的实践活动中所遵循的一套原则、程序和技巧。心理学家赫根汉曾经做过一个形象的比喻：研究对象就像是漆黑房间里一件不能直接触摸到的物体，研究方法则是从各个角度投向该物体的光束。[②]简言之，就是通过光明驱散黑暗，通过一些路径寻到真理的碎片，并将它们拼接到一起。在此我们先论证一些在刑事政策学研究过程中需要的一些基本准则性的方法。

一、思辨与实证相结合

思辨方法是依靠直觉、洞察和逻辑推理来获取知识的方法。直觉就是直观感觉和直接观察，它是指不经过复杂智力操作的逻辑过程而直接迅速地认知事物的思维活动。洞察是指通过长时间的苦思冥想而忽然获得认知的思维方法。逻辑推理则是指依靠一些先验原则或者公理推导出各种认识的思维方法。思辨方法的显著特点，就是过分关注个人的直观感觉和已经存在的学说观点，更多地利用逻辑推理来获得具体的知识。

在刑事政策学研究中，思辨方法曾经是在研究中使用的主要研究方法，古典学派所使用的研究方法主要是思辨方法。古典学派的大家们主要依靠过去的书本知识和逻辑推理来研究犯罪问题。

与思辨方法不同，实证方法则重视经验资料的获取和对经验资料的归纳，强调从对经验资料的调查和归纳中获得结论。其中，检验资料不仅包括数字资料，

[①] 参见中国社会科学院语言研究所词典编辑室编：《现代汉语词典》（第5版），商务印书馆2005年版，第383页。

[②] 参见张文显：《法哲学范畴研究》（修订版），中国政法大学出版社2001年版，第15页。

也包括案例资料等反映客观现实的其他多种类型的材料。为了获取准确可靠的经验材料,研究者既要重视经验材料的来源,也要讲究获取经验资料的方法。在具体的研究方法方面,特别重视各种形式的观察。实证主义的创立者孔德认为"观察优于于想象",实证主义者把观察看成是获得"事实"的首要方法。同时,实证主义者也重视经验、比较等方法。

在刑事政策学的研究过程中,刑事政策学研究者应当将两者有机地结合起来,一方面,通过思辨方法整理自己的思路,分析已有的理论观点,提出自己的研究假设和研究方案;另一方面,通过实证方法,获取可靠的事实材料,验证自己的研究假设,从而提出有事实根据的理论观点。

二、定性与定量相结合

定性研究方法通常是指对观察资料进行归纳、分类和比较的方法。这类研究方法不涉及对研究对象进行数量方面的统计分析和比较,而主要侧重于进行性质方面的探讨和研究。典型的定性研究方法包括实地调查方法、文献研究方法、案例分析法、资料分类方法、事实归纳方法、不涉及数据资料的事实比较方法等。

定量研究方法通常是指着重探讨研究对象的数量特征的研究方法。这类研究方法重视对犯罪现象及其不同侧面进行数量统计和数学分析,试图从数量方面更加准确地把握研究对象。典型的定量研究方法包括统计方法、实验方法、测量方法、问卷调查方法、数据比较方法等。

在刑事政策学的研究过程中,应当注意明确两类研究方法之间的关系,即定性研究方法是定量研究方法的基础,定量研究方法是定性研究方法的精确化。在研究的设计与规划、研究方向的确定、研究对象的选择、研究资料的解释、研究结论的提出等方面,要更多地依靠定性研究方法;在对研究对象的精确认识、研究资料的收集、对不同事物或者现象之间数量关系的认识等方面,要更多地依靠定量研究方法。同时,还要克服过分偏向某一类方法的不恰当做法。

三、理论与实践相结合

在刑事政策学的研究中,应当十分重视理论方面的探求与研究。作为一门学科,刑事政策学必须有一套理论学说和概念体系,这既是刑事政策学作为一门学科存在的标志,也是其研究继续发展和影响社会生活的基础。如果没有一套独特的理论学说和概念体系,就不能认为存在着刑事政策学学科。发展和完善刑事政策学学科的重要方面,就是要进一步加强刑事政策学理论的研究,提出符合实际的理论观点。

刑事政策学是一门理论与应用兼顾的学科。与完全致力于发展抽象理论的一些学科不同,刑事政策学既要发展自己的理论学说,又要重视利用它们阐明和解决社会生活中的犯罪问题。

四、科学与人道相结合

《现代汉语词典》对科学的定义是:反映自然、社会、思维等的客观规律的分科的知识体系。① 美国"纯粹法理论"的代表人物凯尔森在论述自然科学与法律规则的不同时作了如下阐述:法律规则是一个规范(就该词的叙述意义上说)。自然法则所确认的两个因素之间的联系意义为"是"(is);而法律规则所确认的两个因素之间的联系意义是"应当"(ought)。自然科学据以描述其对象的原则是因果性(causality);法律规则据以描述其对象的原则是规范性(normativity)。② 社会科学中的"应当"永远无法以自然科学中的"是"取代,前者是主观世界对人类社会规则的反映,后者是客观世界在人头脑中的反映,两者虽然都具有客观性与主观性,但是客观与主观的前提、出发点、目的都不同,前者更多地体现主观性,后者更多地体现客观性。

科学是理性的认识,人道是对人的本性的关怀。"人类社会的实践表明,人并不是完全意义上的理性人;人的思维机制一半是感性、一半是理性,并且感性的成分远远大于理性的成分。就一般意义上而言,在行为实践领域中,人的理性思维机制首先依赖于感性思维机制的定向、定位;理性思维可以在不同的层面、范围里计算利或害的大小、多少,但究竟什么是利、什么是害,这首先取决于人们的感觉。"③

我们既要有科学的态度更要有人文精神。在刑事政策学的研究过程中一定要注意:第一,避免使用有可能伤害研究对象的研究方法;第二,信守与研究对象之间的约定,互相尊重;第三,在进行研究和报告研究结果时,要保持客观性和职业诚实性;第四,保护研究对象的秘密和个人隐私。

五、价值中立与倾向相结合

"价值"这一概念揭示了人类实践活动的动机和目的。外界事物与人不仅仅是存在与感知的关系,还有价值关系。广义的价值概念还包括人们心目中关于美好事物和理想状态的观念以及关于什么是"正当"的评价标准即价值准则。运用一定的价值准则去评判、衡量某种事物或状态就形成了价值判断。从价值关系的角度来看,任何一个法律规范都是一种价值准则,因为它作为一种规范必然

---

① 摘自《现代汉语词典》(第5版),商务印书馆2005年版,第769页。
② 参见〔奥〕凯尔森:《法与国家的一般理论》,沈宗灵译,中国大百科全书出版社1996年版,第49—50页。
③ 参见张恒山:《法理要论》,北京大学出版社2006年版,第412页。

会要求人们作出某种行为或禁止作出某种行为。

价值的中立是指避免让个人的主观价值影响研究活动的方法论原则。在刑事政策学研究中,研究者应当从客观的态度出发,对研究对象进行实事求是地分析和研究,而不能用自己的价值标准和道德观念评价研究对象。无论是研究对象的选择、研究方法的确定,还是对研究对象的访谈等都要避免研究者个人主观因素的影响。

但是人们的价值倾向是无法避免的。在研究过程中人们往往运用价值分析方法去研究,包括价值认知和价值评判两个方面或两个阶段。价值认知是以研究对象所蕴含的价值属性或观点学说所代表的价值取向为对象的,直接目的是力图揭示出它们的价值面貌。价值评判则是按照一定的价值观念对研究对象的价值意义或观点学说的价值取向进行的评价和挑战。

作为统一的价值分析的两个方面或两个阶段,价值认知与价值评价是互相联系的,价值认知是价值评判的前提和基础,价值评判则是价值认知的动因和归结。如果我们要对某一刑事政策或刑事政策学说内含的价值属性作出评判,一个不言而喻的前提就是首先要知晓该原则或学说所内含的价值因素是什么。否则,价值评判就会因为失去其对象而变得毫无意义。而我们之所以要对刑事政策或刑事政策观点学说具有的价值因素和属性进行认知,又在于我们要通过这种认知,对它们是否体现我们的利益以及能在多大程度上满足我们的利益作出评判,进而作出相应的调整。

第三节 刑事政策学研究的具体方法

一、演绎法

演绎法是从一般原理推出个别结论的思维方法,其推理方向是从一般到个别。主要形式为三段论,即将已知的原理作为大前提,小前提是已知的个别事实与大前提中的全体事实的关系,结果则是由大、小前提中通过逻辑推理而获得的关于个别事实的认识。

刑事政策学研究的演绎方式之一是从法理学的一般原理推导出刑事政策学原理,如法治原则、规范原则等。在法理学的研究中,我们强调法治与规范,刑事政策学也是强调法治与规范。演绎方法的意义在于:那一套严密的逻辑体系,形式的完美几近内容的完美。

但是演绎法在某种程度上也存在着一定的缺陷。第一,演绎方法难以取得创新成果。因为演绎方法所得出的结论本身就包含在其前提之中。第二,人们在使用演绎方法时常常自觉或者不自觉地将某种大前提作为不可动摇的真理。

第三,由于演绎法中作为大前提的一般原理的正确性总值得怀疑,所以不可避免导致理论谬误。第四,由于法律的判断是一种价值判断,法理学的基本原理不一定适用于所有的部门法学,即是说所演绎出的原理也不一定靠得住。①

刑事政策学的研究方法需要使用演绎法。人类几千年对真理的认识水平已达到一定的程度,被作为推理使用的大前提有相对的真理性,由此而推出的结论也应具有相对的真理性。

二、归纳法

归纳法是从个别事实推演出一般原理的逻辑思维方法,其前提是若干已知的个别事实,是个别的判断和陈述;结论是通过逻辑推理从前提中获得的一般原理,是普遍性的判断和陈述。归纳方法的意义就在于它的创造性,它从已知推出未知,从个别推出一般,其结论常常超出前提的范围。

归纳法的缺陷在于:归纳推理是从有限的个别事例中推断出一般规律的过程,其基础是假设将来事实与现有事实的相似性,因此,通过归纳得出的一切结论都可能是错误的,它还只是一个需要进一步实证的假说。

刑事政策学的研究方法需要使用归纳法。在刑事政策学研究中,我们可能会收集到大量的事实资料,包括案例资料、观点论述、统计数据等等事实资料,这些资料反映了不同的研究对象的情况,或者反映了研究对象的不同方面的情况。为了获得一般性的结论,就需要对这些事实资料进行归纳。

归纳法有不同的类型。根据归纳的前提是否完全,可以将其分为完全归纳法和不完全归纳法;不完全归纳法又可以分为简单枚举法和科学归纳法。在刑事政策学研究过程中,可以根据研究对象和目的的不同,恰当地选择使用归纳方法。

三、实证研究法

实证研究法是重视经验材料而排斥纯先验的或者形而上学的思辨的研究方法。实证研究法是以法国社会学家奥古斯特·孔德创立的实证主义哲学为基础发展起来的。在刑事政策学研究中引入实证研究法是指将观察、实验、统计、数量分析等方法运用到对犯罪、犯罪现象、犯罪人及具体刑事政策的研究过程中。实证研究法的客观直接能够弥补思辨研究过于抽象和空泛的缺陷,有助于对刑事政策学的思辨研究提供坚实的基础。

实证研究的关键是资料来源。现举一例说明:哈佛大学的犯罪学家谢尔

---

① 参见张明楷:《少演绎、多归纳之提倡》,载《刑法方法论》,北京大学出版社2006年版,第109—120页。

登·格卢克(Sheldon Glueck)和埃莉诺·格卢克(Eleanor Glueck)夫妇为了探讨少年犯罪人与非犯罪少年之间的差异,对 500 名习惯性少年犯罪人和 500 名非犯罪少年进行了比较研究。为了保证比较研究数据和结论的可靠性,格卢克夫妇要求所选择的两组比较对象在年龄、一般智力、种族出身、是否在下层阶级社区居住等方面必须匹配。他们进行了 4 种水平的比较探讨:社会文化方面、身体方面、智力方面和情绪—气质方面。每种水平的比较研究资料都是分别获取的,即由参加这项研究的内科医生、精神病学家、人类学家和其他研究人员分别独立地对比较研究的对象进行测定和调查,以便获取准确可靠的原始数据资料,然后由格卢克夫妇将调查结果汇总,进行深入分析和比较。这项研究的结论集中体现在格卢克夫妇合著的《揭开少年犯罪之谜》(1950 年)一书中。他们重视犯罪人与非犯罪人之间的匹配,具体是指犯罪人与非犯罪人之间的相似性或相同性,即在所比较的犯罪人与犯罪人之间,除了在实施犯罪行为这一点上有所不同外,在其他方面都应当是相似或者相同的,只有这样,犯罪人与非犯罪人之间才具有可比性,通过比较获得的结论才真正反映了犯罪人与非犯罪人之间的差异。

另外一个因研究样本方面的问题而受到严厉批评的例子就是著名的美国人类学家、犯罪学家胡顿(Earnst Albert Hooton)在 20 世纪 20—30 年代进行的规模庞大的比较研究。胡顿的这项"哈佛研究"历时 12 年,先后对 17077 名个人进行了人体测量,其中包括为了进行比较而从马萨诸塞州、田纳西州、北卡罗来纳州和科罗拉多州抽样的 3203 名市民,其余的都是犯人。这 17077 名个人还不包括已经进行了测量和观察,但是缺乏有关其父母的资料或者属于在统计分析中没有代表性的种族群体的 604 人。就是这样一项由美国哈佛大学的著名教授主持的大规模研究,因为所选择的样本缺乏代表性而受到人们严厉的批评。许多学者指出,胡顿调查的样本(犯罪人和作为对照组的非犯罪人)都不具有代表性。胡顿调查的犯罪人样本,是从监狱犯人中选取的,而监狱犯人并不是所有犯罪人的典型代表,因为监狱犯人是那些罪行严重并被关入监狱的人;除了监狱犯人之外,还有大量被判缓刑的犯罪人和完全逃避了法律制裁的犯罪人,如白领犯罪人就很少被关入监狱。他所作研究结论的学术价值让人生疑。

要注意的是,在主观条件上,应注重提高刑事政策学者从事实证研究所必需的调查访问、心理分析、数理统计、定量分析的方法、技术、经验等基本的科学素养;客观上国家应在经费、设备方面予以支持,立法、司法和社会各界也应在信息透明、资料处理、数据公开、人员组织等方面予以配合。只有这样才能使社会实证分析研究方法真正运用到理论研究中去,实现对刑事政策的多方位、多层次和多角度的一体化研究。

四、心理分析法

当一个人受到犯罪的侵犯后,他受到的损害既有身体上的也有心理上的,其心理的损害——感受到的被欺压与凌辱让他感受到自己人格被无理地轻视、被降低,因此而感受到的愤怒与痛苦远远胜于身体上的或物质上的损害。这种愤怒与痛苦只有在使犯罪者受到同样的损害的情况下才能得到部分解除。

因此,报复是人类的一种原始的心理情感,它源自人类的自尊感和对他人的平等感。人类的最初的刑罚就是以这种报复情感为依据制定的,它代表着人对平等及正义的最原始的认识。人类社会发展至今,这种犯罪后被害人心理上所受的伤害并没有改变,关键是安抚这种受害心理使其恢复原状的方式方法有所改变。用什么样的刑事政策解决犯罪问题,我们应从心理学的角度出发进行研究。

五、结语

在刑事政策学的研究中,没有一种万能的方法,每一种方法都有自己的功能,也有自己的局限性,仅仅使用一种方法无法完整地研究刑事政策学。在各种方法之间,没有绝对的优劣之分,方法得当与否取决于研究目的的导向。在刑事政策学理论的构建中思辨与实证是最重要的方法。当然综合的方法或许是最好的方法。

本书主要采取了传统的演绎与归纳方法进行研究,先提出刑事政策的概念,然后从价值论和知识学两个方面与刑事政策相关的问题进行层层展开与详尽阐述。也许理论先于观察(这与波普不谋而合),在社会科学的研究中,经验主义的描述只能在一个非常有限的范围内才是正确的和有道理的,如我国的"严打""宽严相济"等具体语境下的宏观刑事政策。我们关于这个世界的所有知识都包含着各种构想,也就是说,都包含着思维组织的各个层次所特有的一整套抽象,即一般化、形式化和理想化。严格说来,根本不存在这些作为纯粹而又简单的事实的事物。所有事实从一开始即是由我们的心灵活动在普遍的脉络中选择出来的事实。① 这些所谓的事实,不过是恰恰与我们在理论社会科学中所建立的那些模式一样,是一种根据我们自己的头脑中所找到的要素建立起来的思维模式。② "刑事政策的基本观念"一章就是明显的体现,客观存在赋予了主观的选择。

对于刑事政策学中的概念的论证应当通过弄清这些概念被使用的背景和条

---

① 参见〔德〕阿尔弗雷德·许茨著:《社会现实问题》,霍桂恒、索昕译,华夏出版社2001年版,第31页。

② 参见〔奥〕A.哈耶克著:《个人主义与经济秩序》,贾湛等译,北京经济学院出版社1989年版,第66页。

件去阐释它们。哈特还引用J.L.奥斯丁的话说：在寻找法律定义时，我们不是仅仅盯住词，而是也看到这些词所言及的实际对象。我们正在通过对词的加深认识来深化我们对现象的理解。他指出，法学家不应在定义的脊背上建立法学理论，而应致力于分析法律、法学语言在实际生活中是怎样被使用的。对刑事政策概念的论证就是以这样的研究方法进行的。

第一编
刑事政策学中的基本观念

第四章　刑事政策的概念和分类
第五章　刑事政策的根基
第六章　刑事政策的维度
第七章　刑事政策学中的基础理论

第四章 刑事政策的概念和分类

第一节 刑事政策的概念

一、刑事政策概念的误区

面对刑事政策五花八门莫衷一是的各种定义,笔者认为,如果从正面无法澄清其内涵与外延,是否可以从反面来认识问题,因为无论如何否定一个事物总比肯定一个事物要容易得多。在否定的基础上再来肯定,以期深化对问题的研究并迈进真理的门槛。目前我国对刑事政策概念的误区存在如下的观点:

(一)"刑事"+"政策"就是刑事政策

刑事政策是舶来品,与其相对应的外文有着完整同一的含义。从最初的以刑罚手段反犯罪[①]到今天的国家社会对犯罪的整体反应[②],刑事政策是一个不可分开的概念,如果我们用通常对汉语的解释,将刑事+政策组合在一起就是刑事政策,有违刑事政策的本义。

现代意义上的刑事政策是近现代以来刑事法发展的结果,刑事政策学也是逐渐从刑法学、犯罪学中剥离出来而成为独立的学科。因此我们所言的刑事政策不是我们中国人传统意义上理解的政策在刑事领域中的体现,它的坐标定位即其赖以存在的价值基础是近现代以来的自由、平等、人权、人道等等观念,它植根于法治国中,以分权监督与制约的制度作为坚强保障,以法理学前沿的理论为指针。它的意蕴在于对已然犯罪的处理措施或方法,刑罚是其中的重要内容,但还有其他如典型的刑事和解、司法转处、恢复性司法等,是刑法、刑事诉讼法、监狱法及其他民事法规、经济法规和行政法规等解决个案犯罪的具体内容。至少有一点可以肯定,刑事政策是解决犯罪问题的所有方式方法。

按照《现代汉语词典》的说法,"刑事"是指"有关刑法的"[③],如刑事犯罪、刑事案件、刑事法庭。很显然如此的逻辑推理是:刑事政策就可以理解为有关刑法的政策。有学者对"刑事"进行了解释,其含义就是指犯罪,具体是指犯罪现象。"刑事政策中的所谓刑事,除了犯罪的意思外,再也没有其他的含义。但是这里的犯罪绝对不要从刑法的意义上来理解,不是说一个具体的犯罪人犯了罪以后,

---

① 众所周知的费尔巴哈观点。
② 米海依尔·戴尔玛斯—马蒂的观点。
③ 参见《现代汉语词典》(第5版),商务印书馆2005年版,第1522页。

在刑事法的范围内如何处理,而是要从整个社会的角度来看,犯罪问题应当如何解决……刑事政策中的刑事理解为犯罪现象比较合适。"①因此,刑事政策就是犯罪对策。

学者们对政策的定义可谓多种多样,冯灼锋教授在其主编的《简明社会主义政策学》一书中认为:"政策是阶级或政党为维护自己的利益,以权威形式规定的在一定时期内指导和规范人民行为的准则。"②王福生教授认为:"政策是人们为实现某一目标而确定的行为准则和谋略。"③在汉语中,政策是指"国家或政党为实现一定历史时期的路线而制定的行动准则"④。政策是"国家、政党为实现一定历史时期的路线和任务而规定的行动准则"⑤。政策的主体是政府或政党,而不包括公司或企业等组织。我们试将"政策"的定义阐述如下:政策,是指在某一特定时空下,针对某一特定事由,为维护国家、社会的稳定发展,国家或政府权力机关作出的行为规范或准则。

理论上的论证不能替代现实生活中"政策"给人们的直观感受。长期以来,我们已经习惯对政策的理解就是中共中央在领导全国人民进行社会主义革命和社会主义建设的过程中不断出台的策略或行动准则,如延安时期的"自己动手、丰衣足食"政策,新中国成立后的"三反五反"运动。其基本方针政策是:过去从宽,今后从严;多数从宽,少数从严;坦白从宽,抗拒从严;工业从宽,商业从严;普通商业从宽,投机商业从严。"我们通常说依据党和国家的政策办事,这里所指的政策也起着法律的作用。"⑥

由于我国特殊的政治、经济、文化传统等原因,把党或国家的政策冠以"刑事"的定语就成为刑事政策,这是一个很大的误区。只是在目前的情况下我国特殊的国情才把它作为刑事政策的一部分,而且它还不是全部的刑事政策。如"严打"政策是我国宏观刑事政策之一,但它并不能囊括所有的刑事政策内容,更不能说明刑事政策包括的是微观刑事政策,即刑罚、非刑罚措施、经济的、行政的、民事上的处理已然犯罪的措施,两者相加才是刑事政策的全部。这也是有些学者认为我国刑事政策没有同国际接轨、落后于先进国家刑事政策研究水平的原因。⑦

如果用对政策的理解套在刑事政策上,就会误解有关刑事政策的许多问题。

---

① 参见王牧主编:《新犯罪学》,高等教育出版社 2005 年版,第 333 页。
② 转引自刘斌、王春福等:《政策科学研究(第 1 卷)》,人民出版社 2000 年版,第 86 页。
③ 转引自周树志:《公共政策学》,西北大学出版社 2000 年版,第 32 页。
④ 《现代汉语词典》(第 5 版),商务印书馆 2005 年版,第 1741 页。
⑤ 《辞海》,上海辞书出版社 1980 年合订本,第 1465 页。
⑥ 参见《董必武文集》,人民出版社 1985 年版,第 450 页。
⑦ 参见〔法〕米海依尔·戴尔玛斯—马蒂著:《刑事政策的主要体系》,卢建平译,法律出版社 2000 年版,译序第 2 页。

其实,刑事政策与法律的关系不是政策与法律的关系。理论层面而言,刑事政策只有被法律化才是真正意义上的刑事政策,如果没有被法律化的刑事政策就不具有实践的刑事政策的意义而是只限于理论研讨阶段的刑事政策。再如对刑事政策概念的理解,也有学者先从"政策"的理解入手,再论证刑事政策的含义。[①]刑事政策与政策只是在我们的语言学中有文字的重叠,刑事政策被翻译过来也不是我们汉语中刑事+政策的含义,如果我们探究刑事政策的原文,就会发现其本身固有的内涵与外延。

这一误区有可能直接导致国家权力的无限行使。因为党与国家可以在任何情况下制定发布"刑事政策",而这样的刑事政策从某种意义上说欠缺现代民主与法治的应有之义。在民主法治的理念里,法治的第一要义是制约政府权力,而不是限制民众的权利。规定政府权力的范围,这是法治社会的核心。而对刑事政策的科学界定是将国家或政府的行为纳入法治轨道的重要理论根据。

(二) 犯罪对策就是刑事政策

在犯罪学领域里,学者们大多将刑事政策等同于犯罪对策。但在刑事政策学领域,犯罪对策与刑事政策两者绝对不能等同,刑事政策只是犯罪对策的一部分。刑事法律科学发展至今,刑事政策已不同于犯罪对策。理由如下:

(1) 刑事政策的特定性决定了其概念的内涵与外延。刑事政策不可拆开,它的完整定义是动态的、不断变化的,其内容随着人们对问题研究的深入而不断丰富。从最初的最狭义到狭义再到广义,对刑事政策的定义就是这一过程的充分反映。至今我们对刑事政策的理解又与以往不同,它是对犯罪的被动反应,是针对已然犯罪而采取的处理措施。

(2) 学科的发展历史与脉络也说明先有刑罚,再有犯罪对策,后有刑事政策。犯罪学诞生后犯罪学家们主要是通过研究犯罪原因、犯罪现象来制定犯罪对策,不仅仅注重惩罚,更多是进行犯罪预防。我们并不否认刑事政策在其初期并没有摆脱犯罪对策的痕迹,从李斯特的保安处分措施中即可窥见一斑,以至于后来刑事政策的发展都还有这样的味道,包括法国的刑事政策大家马克·安塞尔、拉塞杰、米海依尔·戴尔玛斯—马蒂,但从他们对刑事政策的论证观点来看,这些处理犯罪的措施已与犯罪对策有了一些距离,虽然他们还是强调犯罪预防,但似乎更侧重于处置,即对犯罪及犯罪人人道地运用全方位的方式方法进行处理的过程与结果。

(3) 从根本上来看,对刑事政策概念的理解决定了刑事政策与犯罪对策的不同。不能将刑事政策扩大到犯罪对策,从逻辑角度而言这依然是种与属的概念。通过以下的比较可以说明两者的不同:

---

① 参见刘仁文著:《刑事政策初步》,中国人民公安大学出版社 2004 年版,第 13 页。

第一,刑事政策与犯罪对策所属学科不同。毋庸置疑,刑事政策属于刑事政策学研究的对象,它注重的是对犯罪人的事后处理及通过人道的处理过程,使犯罪人重新回归社会,不再实施犯罪,起到特殊预防的作用。犯罪对策应该属于犯罪学中的内容,它占据犯罪学学科体系的三分之一江山,即犯罪现象论、犯罪原因论、犯罪对策论。有学者认为:犯罪对策"是考察、研究、制定、实施对付犯罪的方针、策略、方法和手段,以及由此构成的科学体系"[①]。犯罪对策是一个犯罪预测、犯罪预防、犯罪揭露、犯罪处罚、犯罪矫治、犯罪控制组成的整体。犯罪预测是犯罪对策正确设计、制定、实施的基础;犯罪预防是犯罪对策的根本目标;犯罪揭露是犯罪预防的补救措施,又是犯罪处罚的前提,是犯罪对策的有机组成部分;犯罪处罚是犯罪揭露的必然结果,是犯罪对策的重要一环;犯罪矫治是犯罪处理的后续程序,即是一种帮助个体从根本上认识和纠正错误的步骤,对潜在的犯罪来说,同时也是一种预防措施;犯罪控制是犯罪对策不能实现根本目标时,即不能预防全部犯罪发生的情况下而选择的一个次级目标。六个方面互相联系、互相影响、互相制约。忽视了任何一个或几个方面都不是完整而有效的犯罪对策体系。犯罪对策是为了达到预防、治理、控制乃至消灭犯罪的目的而设计、制定、实施的一系列方针、原则、策略、方法、措施、技能以及为此所作的一切个体努力和共同努力总和而成的一个科学体系。[②] 犯罪对策这样的庞大体系一定是犯罪学领域内基于对犯罪现象、犯罪原因的研究而提出的全方位预防控制犯罪的方略、方式和方法。

第二,所包含的内容不同。刑事政策是对已然犯罪人的处理。对犯罪人采取何种处置方式,对犯罪现象提出何种宏观上的刑事政策,如"宽严相济""严打"等等,从某种意义上也是对所有犯罪人的宏观态度,但却体现在对每一个具体案件的处理过程及结果。从内容上讲,犯罪对策是一个犯罪预测、犯罪预防、犯罪揭露、犯罪处罚、犯罪矫治、犯罪控制组成的整体。犯罪对策这样一个庞大的体系所包含的内容是刑事政策所远远不能及的,它涵盖了对犯罪的事前的和事后的所有阶段的预防与控制。

第三,构成的层面不同。刑事政策的构成层面有两部分:一是宏观的刑事政策或称为战略的刑事政策,二是具体的刑事政策或称为战术的刑事政策,即处理犯罪的具体措施。"从构成上讲,犯罪对策是为了达到预防、治理、控制乃至消灭犯罪的目的而设计、制定、实施的一系列方针、原则、策略、方法、措施以及为此所做的一切个体努力和共同努力总和而成的一个科学体系。"[③]这样一个科学体系

[①] 参见王牧主编:《中国犯罪对策研究》,吉林人民出版社2004年版,第127—128页。
[②] 同上书,第128页。
[③] 同上。

需要许多层面的东西,犯罪对策既要有长远的总体的规划和设想、又要有阶段性的目标,既要有对付犯罪的整体原则、策略,又要有应付具体犯罪的技能、方法、措施,分层次有侧重的同时,又要符合全局目标和综合效应。由此可见,刑事政策应在犯罪对策的范畴之内。

第四,具体表现形式不同。刑事政策的表现形式是正式的手段,无论是宏观的刑事政策还是微观的刑事政策都有出处,其制定过程遵循着科学性、人道性、公正性、正当程序性等原则,所出台的刑事政策都是治理犯罪的正式手段,并以法律的形式呈现出来。"犯罪对策不仅包括行政的、刑事的法律规范、各种非法律的社会性规则和针对特定犯罪采取的特定的方法等有形的正式手段,还包括舆论、传统、风俗等无形的非正式手段。"[1]仅以其中的犯罪的社会预防为例,就包括社会本体建设、公共政策(社会政策)的制定与运用,道德、法制和政府行政等三种社会控制力量的运用在预防犯罪中的作用。还有环境设计、群众及社区参与对犯罪预防的意义及教育与教化,即人的社会化与个性发展对犯罪预防的作用。[2] 犯罪对策中的很多非正式手段对预防犯罪有着极其重要的作用,甚至是"本"的预防。

第五,直接目标不同。尽管两者的终极目标都是预防、控制乃至消灭犯罪,但是两者的直接目标不同。刑事政策的直接目标就是对犯罪人的人道主义处遇过程与结果,通过这样的处遇使犯罪人重新回归社会,使社会达到一种和谐状态,犯罪人不再实施犯罪。而犯罪对策的直接目标应该是减少犯罪的发生。犯罪对策的目标远大,基本上很难实现,而刑事政策只有一个切实合理并能实现的目标。

从这些比较中可以看出,刑事政策与犯罪对策两者是包容的关系,刑事政策包含在犯罪对策中,它是犯罪对策的一部分。但我们不能说犯罪对策就是刑事政策,两者不可互换使用,否则就模糊了两者的界限,同时也混淆了犯罪学与刑事政策学的研究对象及学科边际。

(三)社会政策就是刑事政策

社会政策与刑事政策两者的概念不同一。社会政策与公共政策还略有不同,社会政策与福利国家概念相联系,强调社会福利和社会保障。社会政策是指政府为促进社会福祉而制定的社会保险、社会救助、社会服务、公共住房、公共教育等方面的总和。而公共政策强调公共权威机构对社会公共事务的权威性处理,社会政策包含在其中,一般用公共社会政策这一称谓来涵盖二者,其定义为:"公共社会政策是国家和(或)政党制定的旨在协调社会关系,避免或解决社会问

---

[1] 王牧主编:《中国犯罪对策研究》,吉林人民出版社2004年版,第129页。
[2] 参见王牧主编:《新犯罪学》,高等教育出版社2005年版,第369—391页。

题,保证经济以平稳、均衡发展的方针、原则和计划的总和,包括经济政策、人口政策、社会保障政策、文化教育政策、民族政策等多个方面。公共社会政策是政党和政府用以组织、管理社会的重要手段和工具,公共社会政策的制定和执行过程,就是党和政府对社会的组织管理过程。"① 一言以蔽之,公共社会政策涵盖了社会生活的方方面面,无一遗漏,其范围之大、之宽、之广非刑事政策所能比拟。

刑事政策不同于社会政策。社会政策应该归属于政治学或社会学。李斯特说过:最好的社会政策就是最好的刑事政策。但笔者认为,其意是指好的社会政策使社会稳定,人们安居乐业,犯罪率下降,一派歌舞升平的美好景象,刑事政策也就没有存在的必要,或者更为简单。从逻辑上反过来论证刑事政策是社会政策的一部分是否成立还有待探讨。

刑事政策与社会政策的区别有以下几点可供参考:

(1) 刑事政策是针对犯罪而制定的,无论是宏观的刑事政策还是具体的刑事政策无一例外。如我国若干宏观刑事政策"惩办与宽大相结合""重重轻轻""严打"等等皆是对犯罪所言;具体的刑事政策如"社区矫正"、具有"恢复性司法"性质的措施等等也都是针对犯罪所言。而社会政策是针对所有的社会现象制定的,当然包括犯罪现象在其中,但即使是针对犯罪,大多也是从预防的角度出发,针对的是未然的犯罪,或是初犯、偶犯、激情犯等。如果社会政策中出现了针对犯罪的具体措施,那是犯罪对策,不是刑事政策。

(2) 刑事政策对犯罪的反应是直接的而不是间接的,即两者之间是直接因果关系而不是间接因果关系。具体说,就是犯罪行为及其结果发生后,与犯罪直接对应的措施是刑事政策,而不是间接的措施社会政策。社会政策所要解决的是经济问题、人口问题、社会保障问题、文化教育问题、民族问题等等,如果这些问题得到妥善处理,间接带来的益处就是犯罪相对减少;当然如果出现犯罪,还是要用刑事政策来处理。换言之,刑事政策也可以说是犯罪以后行为人不得已接受的被动结果。

(3) 刑事政策是对犯罪出现后的反应措施与再犯预防,反应是客观的,预防只是其功能而已,是其本身所固有的即与生俱来的,不管是否被人们所认识,它都是存在的;而社会政策是事前的预防,"公共社会政策有着重要的预防犯罪价值"。"好的公共社会政策总是有助于社会问题包括犯罪问题的解决,坏的社会政策则可能导致社会问题的丛生或恶化。犯罪问题以及其他社会问题的多发与恶化,总是与相关社会政策的失误或者滞后有关,反过来,这些社会问题又必须通过对相关政策的纠正或者废除来解决。"② 事后发生犯罪还要靠刑事政策。刑

---

① 王牧主编:《新犯罪学》,高等教育出版社 2005 年版,第 374—375 页。
② 同上书,第 375 页。

事政策曾一度想要预防,但基于人权的考虑,很难做到,如国外的保安处分。社会政策更侧重于事前预防,即犯罪前的预防,而且这种预防可以是从治本的角度开始的,刑事政策只是不得已的治标预防。

(四)公共政策在刑事领域的体现就是刑事政策

公共政策有其特定含义,刑事政策也有其特定含义。公共政策的范围涉猎广泛,包括国家管理社会生活的方方面面,其制定主体主要是政府。而刑事政策只是针对已然犯罪,其制定主体是国家,至于所制定的内容都取决于制定者的价值取向。

公共政策在刑事领域中的体现仍然叫做公共政策,因为它不是对犯罪所采取的具体措施,而大多都是宏观的战略原则的适用。即使是反犯罪政策,大多也是对犯罪的一般预防,而一般预防不是刑事政策的目的,刑事政策只能对再犯罪进行预防,做不到对一般犯罪的预防。公共政策可以是社会政策,也可以是犯罪对策,但不能是刑事政策。两者的不同与上述刑事政策与社会政策的区别相似,在此不再论述。刑事政策专指国家社会以人道主义为宗旨对已然犯罪人所做的战略的、宏观的和战术的、微观的被动处置措施。

二、刑事政策概念解读

(一)刑事政策本体含义

究竟什么是刑事政策?古今中外对此见仁见智的观点不胜枚举。[①] 纵览世界各国学者对刑事政策的认识或观念,刑事政策无非就是对犯罪的被动反应处理方式,是宏观的战略措施和微观的战术措施。近代以来,对刑事政策的理解也可以按对刑法学派的归纳进行划分(在第二章已论证,在此不赘述)。

现代意义上的刑事政策就是对犯罪的反应,或是对犯罪的对策,无论法国、日本还是美国,刑事政策都已超越刑法、改革刑罚并以各种非刑罚方法对待犯罪及犯罪人,它是建立在犯罪学以及其他人文科学基础之上,强调以人文、科学、法治的观念来预防和处理犯罪。它突破了规范式的封闭的体系,而演变成了一种经验式的开放的体系。归纳起来刑事政策具有以下几方面的特征:

(1)刑事政策所针对的对象——犯罪的范畴不再局限在刑法领域,而是扩展到犯罪学研究的犯罪,包括已然犯罪和未然犯罪。

(2)刑事政策是各国对付犯罪的有效措施,无论采取何种手段也无论手段的轻重都是犯罪后责任体系不可缺少的一部分。

[①] 参见曲新久:《刑事政策的权力分析》,中国政法大学出版社2002年版,第34—37页,该书在当时较全面地列举了刑事政策概念的各种观点。参见侯宏林著:《刑事政策的价值分析》,中国政法大学出版社2005年版,第62—67页。作者列举了25种中外关于刑事政策的定义,再加上作者个人的观点共26种刑事政策的定义。

（3）刑事政策的走向更倾向于人道化，只是对极其严重的危及人类安全和人身安全的犯罪才有相对严重的责任，但死刑的废除已为多数刑事政策学者所倡导。

（4）刑事政策不仅仅是犯罪后的责任，同时还起到预防犯罪、控制犯罪的作用，即防患于未然，减少犯罪的发生，这是其功能所在，而非刑事政策制定者所追求的目的。

（5）刑事政策的载体是以法律的形式体现的，尤其是美国这种典型的法治国家，所有的刑事政策只有上升为法律才具有效力，以其他形式出现的刑事政策都不产生法律效力。

（6）刑事政策的出现使学者们对刑罚有两种不同的态度，一种是改革刑罚，一种是废除犯罪、责任、刑罚等刑法基本概念，而以"反社会性""反社会性的指标及其程度""社会防卫处分"等概念来代替。[①]

刑事政策是对犯罪的全方位反应。除了原有的刑法外，还包括刑事诉讼法、监狱法或其他的民事的、行政的、经济的法规在内，是在用不同的方式、方法、手段，包括刑事的、经济的、民事的、行政的等等全方位的预防控制犯罪的所有策略、方针、措施。

多年来，我国一直将刑事政策视为惩罚犯罪、保护人民的刑法政策或策略，或者将其等同于党和国家在处理犯罪问题、对待罪犯时的一些具体的政策措施。这些具体的措施中很多是以刑罚运用为其主要内容的，如"严打""坦白从宽，抗拒从严"以及"少捕、少杀"等，刑罚政策作为刑事政策的核心组成部分表现得特别明显。这些具有中国特色的刑事政策与我国的政治体制密切相关，它们只是刑事政策体系中的一部分，而不是全部，更不能在此意义上诠释刑事政策的本体含义。

（二）刑事政策的两个层面

笔者以为，生效的刑事政策是对已然犯罪的宏观与微观或是战略与战术反应，它只包括宏观的刑事政策和微观的刑事政策。宏观的刑事政策是指对犯罪反应的战略方式，如"宽严相济""少杀、慎杀""严打"等刑事政策。微观的刑事政策是指对犯罪反应的战术方式，"刑事和解制度""刑事转处"对不同犯罪人的处遇等等。刑事政策包括这两个层面的内容。刑事政策背后的观念、对刑事政策提出的根据及其各种利弊评判观点、观念、思想、理论等是刑事政策学所要完成的任务，它是关于刑事政策的学问，就像刑法与刑法学的关系一样，两者是不能混淆的。

对刑事政策概念应作如下理解：

[①] 参见马克昌著:《比较刑法原理》，武汉大学出版社2002年版，第51页。

1. 刑事政策所针对的对象:已然犯罪

刑事政策所要解决的是犯罪问题在学界已基本达成共识。但对犯罪的概念有争议,对其内涵和外延持有不同看法。笔者认为,这里的犯罪是犯罪学意义上的犯罪概念,但都是已然的犯罪。它包括绝大多数法定犯罪、准犯罪和待犯罪化的犯罪。

之所以说是绝大多数法定犯罪,而不说是所有的法定犯罪,是因为法定犯罪当中包括一些"待非犯罪化"的犯罪。所谓待非犯罪化的犯罪是指,不具有或已经失去严重的社会危害性,应当非犯罪化为一般违法行为或正当行为,但仍未被非犯罪化而具有刑事违法性的行为。如比较有争议的"赌博罪"可否非犯罪化①值得研究,在世界范围内还有卖淫非犯罪化、同性恋非犯罪化及滥用毒品非犯罪化等。这类行为既然不具有或已经失去严重的社会危害性,我们或许没有必要去研究这类行为的形成原因、表现方式及其对策。因而它也就不是功能性犯罪定义外延的组成部分,而是在有些历史条件下法定犯罪定义的组成部分。之所以说在有些历史条件下,是因为待非犯罪化的犯罪的实际范围或有无并不是一成不变的。

所谓准犯罪,是指那些不具有应受刑罚处罚性因而未被法定为犯罪,却具备严重的社会危害性因而应当作为犯罪来研究的行为,如:未到法定最低刑事责任年龄的少年实施的严重危害社会的行为;精神病人实施的严重危害社会的行为;自杀行为;滥用麻醉剂行为;我国《刑法》第13条"但书"所指的行为,等等。

所谓待犯罪化的犯罪,是指具有严重的社会危害性,应当法定为犯罪但未被法定为犯罪的行为。如争议多年的"性贿赂"应否成为"贿赂"的内容一直被人们关注,因为性贿赂完全符合受贿罪的本质特征;"婚内强奸"及"见危不救"也是待犯罪化争议的问题之一。待犯罪化的犯罪不同于准犯罪。二者都具有一定的社会危害性,都不具有刑事违法性,所不同的主要是:是否具有应受刑罚处罚性和是否应当法定为犯罪。准犯罪不具有当罚性,因而不应当法定为犯罪。当罚不当罚,一是看行为社会危害性的严重程度,二是看对行为人施以刑罚是否有意义。待犯罪化的犯罪对社会的危害性并不亚于许多法定犯罪,而且对其处以刑罚有实际意义。所以,待犯罪化的犯罪应当法定为犯罪,但由于立法者的意志和立法技术上的原因使其暂时未能成为法定犯罪。

从刑事一体化角度而言,犯罪概念不再局限于刑法范畴之内,因为法定犯罪只是法律规定的一部分,将犯罪学意义上的犯罪概念引入到刑事政策学中来,是刑事政策学研究的起点。但是,仅仅将犯罪学意义上的犯罪作为刑事政策的研

---

① 参见李卫红:《赌博行为非犯罪化及其配套措施研究》,载《刑事法治发展研究报告》(2005—2006年),中国人民公安大学出版社2006年版,第658—674页。

究起点还远远不够，还要对这样的犯罪进行划分，将它们划分为未然犯罪和已然犯罪，前者指尚未实施的犯罪；后者指已经实施的犯罪。对于未经实施的犯罪，刑事政策解决不了，它是犯罪学所研究的范畴，刑事政策所要解决的只能是已然的犯罪，即行为人实施危害社会的行为以后，该对其进行怎样的处置。

为什么要把刑事政策所针对的对象确定为已然犯罪？主要因为：

(1) 从刑事政策的发展历史我们可以看出，导致刑事政策出现的原因有许多，其中之一就是刑罚解决不了犯罪问题了，重刑的威慑没有任何效果反而使犯罪率大幅度上升，社会治安每况愈下，人们必须再设计新的制度对付犯罪，刑事政策应运而生。从刑事政策产生的时候起它面对的就是已然的犯罪，即当时社会现状中出现的犯罪现象及犯罪人。

(2) 未然犯罪是建立在犯罪预测基础之上的。犯罪预测主要预测一定时空范围内的犯罪率、犯罪类型、犯罪主体、犯罪手段、犯罪形态、犯罪时间、犯罪空间、犯罪客体、犯罪趋势。我们并不怀疑犯罪预测的科学性，但是犯罪预测本身是有局限性的，这种局限源于人的认识的有限性，科学理论及技术手段的有限性，社会发展的不可控性。这些都有可能导致犯罪预测出现偏差，结果是犯罪现状与犯罪预测不相符合。

(3) 犯罪预测是犯罪预防的前提和条件，而犯罪预防是犯罪学研究的出发点和归宿。就人的主观目的而言，未然犯罪是基于犯罪预测由犯罪预防来解决，即基于对未来犯罪的认识采取一切可以采取的手段避免犯罪的发生。如扩大半公共生活区，加强门锁的牢固程度，增强夜间路灯的照明等等，这些条件预防，都可在一定程度上防止犯罪的发生。还有被害预防，避免自己成为被害人，如女性在夏天尤其是 8 月份晚上 10 点到凌晨 4 点不要单独外出，等等，都是犯罪预防。这些是犯罪学所要研究的内容，属于犯罪对策。

(4) 已然犯罪是已发生的个别的案件；未然犯罪是未发生的一般案件。传统的哲学观认为，一般中包含了个别，所以可以从一般的规则出发来解决个别的具体的问题。我们深刻地问一句：个别真的能为一般所包含吗？答案应当是否定的。古人的"白马非马"①论已经证明了这一点。一般所包含的只是个别中与一般相同的属性，但个别还有着与一般不同的属性，这个个别所具有的属性是具体化的、语境化的，永远只存在于自身之中，而不可能被普遍所包含。只有面对一个个活生生的具体的已发生的案件，刑事政策才有的放矢。

刑事政策面对的是已然犯罪，规定行为人在犯罪以后应该得到什么样的处置，它不能预防未然犯罪。如果犯罪能够被预防，犯罪越来越少，刑事政策的内容呈递减趋势，也就没有存在的必要了。从刑事政策的功能上看，它可对再犯进

---

① 参见《公孙龙·白马论》。

行部分预防,刑事政策所有的人道化的处置有可能避免初犯者再次实施危害社会的行为。刑事政策应含在犯罪对策当中,犯罪对策既针对未然犯罪也针对已然犯罪,既预防控制初犯,也预防控制再犯,是对犯罪全方位的治理手段,其学科属性是犯罪学,是犯罪学内容的三分之一,即犯罪现象论、犯罪原因论、犯罪对策论之中的犯罪对策内容;而刑事政策的学科属性在刑事政策学,它是刑事政策学的研究对象。

2. 刑事政策本身承载的内容:宏观与微观措施

刑事政策本身承载的内容包括两个方面:第一是对已然犯罪反应的战略手段,第二是对已然犯罪反应的战术手段。在我国的刑事政策发展过程中,这两种表现形式体现得尤为明显。

对已然犯罪反应的战略手段是指具有重大的带有全局性或决定全局的宏观措施。如"宽严相济""严打"等。这种宏观上的刑事政策就是刑事政策本身的内容,它是宏观上处理犯罪问题的方式方法,如对待所有的已然犯罪该重则重,该轻则轻,任何一个具体的已然犯罪都要被纳入这一视野中考虑,直接涉及对已然犯罪分子的定罪、量刑及行刑。无论是"宽严相济"还是"严打",在立法、司法实践中都是作为直接对已然犯罪的反应,换言之,每一起具体的刑事案件其行为人都要受到这两个刑事政策的直接影响,它们不是理论层面的论证,也不是刑事政策理念思想,就是刑事政策的具体措施,只不过是宏观上的措施,针对每一犯罪人都可适用。有学者认为我国的刑事政策的出台不规范,那是另外需要改革的问题,但就其是实践中具体运用的措施来看,它们是具有特别的效力的,这种效力渗透到每一刑事案件中,对每一犯罪人的处理结果无不是它们的具体体现。

对已然犯罪反应的战术手段是指以人道为宗旨的具体采用的微观措施。除了刑法规定的刑罚及非刑罚制裁措施以外我国在处理犯罪的实践中已有众多具体的刑事政策,无论是在程序上还是在实体上都有所体现。如早在 2003 年 7 月最高人民法院、最高人民检察院、公安部、司法部联合下发了《关于开展社区矫正试点工作通知》,《通知》指出,社区矫正是当今世界各国刑罚制度发展的趋势。为了适应我国政治、经济、社会、文化的发展要求,有必要开展社区矫正试点工作,积极探索刑罚制度改革。同时指出:社区矫正有利于合理配置行刑资源,使监禁矫正与社区矫正两种行刑方式相辅相成,增强刑罚效能,降低刑罚成本。目前社区矫正已被规定在刑法里,这是我国刑罚执行制度的一项重大改革,是刑罚轻缓化的重要体现。

同时我们还在探讨司法机关在对待犯罪的问题上应采取何种具体的刑事政策,如检察机关在实际工作中应采取或改善的措施是否可以从以下几个方面考虑:一是对轻微犯罪慎用逮捕措施。逮捕是各种强制措施中最为严厉的一种,其不当行使会侵犯公民的人身权利。二是扩大不起诉的适用范围。对于主观恶性小、犯罪情节轻微的未成年人、初犯、偶犯和过失犯,可诉可不诉的坚持不诉。对于未成年人犯罪情节轻微的,在与学校达成共识、征询被害人意见以及与公安机关协调配合的基础上,对其中不符合不起诉条件,但情节轻微的案件,退回公安机关作撤案处理。三是对未成年人引入暂缓起诉制度。如南京市人民检察院于2002年10月22日通过《检察机关暂缓不起诉试行办法》,可据此对未成年嫌疑人作出暂缓起诉决定。

宏观上的指导渗透到每一案件中,但真正的兑现还要靠具体的刑事政策措施,这是我们研究的重中之重。具体刑事政策的主体一定是国家权力机关或是社会权力机关,这是由刑事政策的权力性决定的;具体刑事政策的载体一定是以法律的形式出现,这是刑事政策法定化的要求;具体刑事政策的执行可以是国家、社会团体甚至是个人。具体刑事政策最能展现刑事政策的主旨所在。面对纷繁复杂的犯罪,刑事政策取代单一的刑罚反应方式①,对重罪有重罪的反应,轻罪有轻罪的刑事政策;刑事政策对犯罪的反应不仅仅是实体法上的反应,还包括程序法及监狱法或其他行政法、经济法上相关的反应,是对已然犯罪的全方位多角度的反应,而不仅仅是单纯的刑罚,只要是能使犯罪人尽快地回归社会过正常人的生活,找到与其相对应的刑事政策,实现行为人的刑事责任。

3. 刑事政策的被动防御

笔者对刑事政策概念的理解之一就是刑事政策是对已然犯罪的被动反应,是当犯罪出现以后对它的被动防御,它不具备事前的对未然犯罪预防性,就其功能而言,它可能对再犯有预防的功能但不是它的初衷。犯罪预防及犯罪控制是主动的,它们是犯罪对策的内容而不是刑事政策的目的。之所以这样定位,原因就在于:

(1) 这是由刑事政策的性质决定的。刑事政策就像医生所开的处方,它可以治病,医生首先考虑如何治愈疾病,而不是考虑预防再次发病,也许客观上有预防的效果,但不是医生着重关注的问题。刑事政策也是一样,面对犯罪及犯罪人,首先要考虑如何使犯罪人更快更好地回归社会中来,过正常人的生活,如果他们改造好完全适应了社会正常生活,其客观效果就是行为人不会出现再犯的结果。

(2) 目的与功能不同。目的是主观的,是主体对客体所期望达到的结果,而功能是客观的,是事物本身的存在所具有的效用。我们期望刑事政策能够达到预防控制犯罪的结果,但刑事政策本身不可能包含这样多的内容,刑事政策的目的是使犯罪人回归,刑事政策的功能可以起到再犯的部分预防效果,如果我们将其混淆就会导致错位,从而都无法实现各自的目的与功能。如果无限地扩大刑

---

① 参见李卫红:《刑罚的变迁、回归与突破》,载《国家检察官学院学报》2007年第2期。

事政策的目的与功能,也就无法制定出人道的科学的刑事政策,也许会成为不伦不类、界线不清、层次不明的"大杂烩"。

第二节 刑事政策的分类

基于刑事政策本身的复杂性及人们对刑事政策认识的不同,对于刑事政策的研究必须分类进行,在前面的刑事政策学研究对象里已有部分涉及,在此详细论证不同层面的刑事政策。

一、中国的刑事政策与西方的刑事政策

以地域为标准,刑事政策可以划分为中国的刑事政策和西方的刑事政策。

(一)中国的刑事政策

多数人认为中国的刑事政策就是党的政策在刑事领域中的体现,它突出的特点如下:

(1)政治性。中国的刑事政策大多是中国共产党的政策在刑事领域中的体现,政治性的突出表现是坚持党对一切工作的领导。刑事政策的重要功能之一是为政治服务,功能之二是解决犯罪问题,如"严打""宽严相济"等等,当下以"宽严相济"刑事政策为代表。至今人们一提到刑事政策,大多数人仍会以为那是政治领域中的政策,不会将其作为刑事领域尤其是刑事一体化下的法律来理解。但现在刑事政策已是被法律化的刑事政策,通过立法的形式、司法解释的形式在具体个案中适用,或依此准确定罪量刑,或以刑事和解等其他方式解决已然犯罪,并发挥其预防未然犯罪的作用。

(2)权威性。国家在与犯罪做斗争的过程中,刑事政策无处不在,无论立法、司法,第一要义是考虑党在刑事领域中的政策在立法、司法中的贯彻。其性质属于家长主义的刑事政策,即党或国家发布一项涉及刑事领域的政策,各级党委、机关、公检法司等等必须贯彻执行,它以宪法为依据,其合法性不容置疑。即使有人怀疑其对错,比如人们对"严打"的探讨,多年停留在理论层面论证其利与弊,在实践中国家依然在实施"严打",只是晚近有些改变,已由全方位运动式的"严打"变为专项性"严打"。古代一句"乱世用重典"是我国传统刑事政策的高度概括。当下最为全国人民明知的是"宽严相济"刑事政策,早期是"坦白从宽、抗拒从严"的刑事政策,其权威性是其政治性的延伸。

(3)法律性。即便是在上世纪80年代初,党中央作出"严打"决定后,全国人大立即出台了两个决定《关于严惩严重危害社会治安的犯罪分子的决定》《关于从重从快依法严厉打击犯罪分子的决定》(这两个《决定》已被废止),"严打"从实体和程序两方面都有了法律依据。虽然一味"从重"有违历史发展规律,一律

"从快"不符合认识规律,以及当时具体办案人员受各种因素的影响,在办案过程中出现了一些问题,我们不能以此来否定"严打"的法律根据,"严打"有法可依。

中国特色的刑事政策法律化的表现形式还有许多,典型如 2016 年 9 月 23 日最高人民法院、最高人民检察院、公安部、工业和信息化部、中国人民银行、中国银行业监督管理委员会六部门联合发布《关于防范和打击电信网络诈骗犯罪的通告》。《通告》规定了以下内容:自首从宽、坚决拔钉、加速实名、规范电信企业、清理银行账户、严保个人信息安全、监管问责。从理论上分析,《通告》不属于刑事司法解释,因为:第一,《通告》的制定、颁布主体不符合司法解释的制定主体要求,最高人民法院、最高人民检察院是由宪法直接赋予其司法权的最高司法机关,是法定司法解释主体;公安部、工业和信息化部、中国人民银行是国务院的组成部门,属于行政机构;中国银行业监督管理委员会是国务院直属事业单位,主要监督管理银行业金融机构。第二,《通告》内容不符合司法解释的内容要求,根据全国人大常委会《关于加强法律解释工作的决议》第 2 条的规定,凡属于法院审判工作中具体应用法律、法令的问题,由最高人民法院进行解释;凡属于检察院检察工作中具体应用法律、法令的问题,由最高人民检察院进行解释。

《通告》属于刑事政策。《通告》的制定主体符合刑事政策的制定主体要求,即具有国家公权力或国家公权力授权范围内的政府或机关及社会组织。《通告》的内容符合刑事政策的要求内容。刑事政策是对犯罪的全方位反应,除了原有的刑法外,还包括刑事诉讼法、监狱法或其他的民事的、行政的、经济的法规在内,是在用不同的方式、方法、手段,包括刑事的、经济的、民事的、行政的等等全方位地预防控制犯罪的所有策略、方针、措施。

(二) 西方的刑事政策

我们只是概括性地使用西方的刑事政策,其含义也是解决犯罪的对策,但是是指由国家权力支撑的刑事政策。与中国刑事政策特征相对应,西方刑事政策的特征如下:

(1) 刑事性。西方的刑事政策从其产生的时候起就是被用来解决犯罪问题的。它隶属于刑事领域范畴,与国家的政治有关联,但不从属于政治领域。西方学者研究刑事政策经历了四个阶段:报应主义阶段、实证主义阶段、目的主义阶段和人道主义阶段。在每一阶段都有与其对应的法律法规来预防犯罪或处理已然犯罪。刑事政策的主要功能是解决犯罪问题,以确保社会和谐、稳定,人们安居乐业。刑事政策的政治性价值或许只是其附加值。

(2) 程序性。刑事政策具有权威性必须经过法定程序,程序性是由国体及政体决定的。西方国家无论个人还是政党、政府提出的刑事政策都没有法律上的效力,直到立法机关通过或依照立法或以其他法定方式、程序通过,才具有效力,并具有至高无上的权威,才可在司法实践中适用。美国加州著名的《三次打击法》也是必经法律程序才可通过，无论是谁，即便提出符合民心的政策，也不可立即上升为刑事政策，正当程序是法治的必备品，个人权力、国家行政权力等的行使都受到程序的制约。

（3）法律性。由于西方大多国家奉行法治，任何针对犯罪人的刑事责任的解决必须有法可依。从李斯特当初为欧洲各国制定的保安处分，直到美国"9·11"恐怖袭击后的《爱国者法案》，都以法律形式出现。即便国家、社会、个人纷纷强烈要求加强对于恐怖主义分子的打击，政府、政党的所有政策必须国会通过才可施行。法治是一种自近代以来的政治文明体系，是人类的共同文明财富。

在多元化的今天，法治显得尤为珍贵和必需。多元化下的每一个人都主张自己的权利，并承担相应的责任，这就需要有公共规则，这些规则渗透到人们的日常生活中，成为一种常态，出现矛盾，找法律解决，从而形成一种法治精神，一种法治化的生活方式。无论是谁提出所谓的刑事政策，必须经过法律化，没有法律化的刑事政策是不具有任何效力的刑事政策。法治与我国社会主义制度的本质、特征等等有着密切的关联，我国社会主义核心价值观包含了法治内容。在社会生活领域，以法作为主要导向与作为处置问题的根据，而不是以道德为标准衡量、说教或以情感动人来替代。

中国的刑事政策与西方的刑事政策相区别的意义在于，不能以西方的刑事政策衡量我国的刑事政策，也不能以我国的刑事政策来衡量西方的刑事政策，两者产生的根基不同，政治体制不同，国家运转的方式不同。"中国特色的产生和形成，不可能脱离中国社会历史发展的轨迹，也不可能独立于中国民族意识产生的土壤。"①

二、生效的刑事政策与未生效的刑事政策

以是否具有法律效力进行划分，刑事政策可分为生效的刑事政策与未生效的刑事政策。

（一）生效的刑事政策

生效的刑事政策是以法律的形式示众，先由政党、政治家、学者、社会团体等等提出来，经过严格的论证，通过法定程序，才能成为生效的刑事政策。法治国家的要求是生效的刑事政策一定是以法律的形式颁布，中外概莫能外。其特征表现在：

（1）权力性。生效的刑事政策也是权力支撑的刑事政策，即法律化的刑事政策。目前，我国的刑事政策是以权力支撑为主要体现的刑事政策，比如党提出

---

① 参见孙丽娟著：《清代商业社会秩序自在自为性之研究》，载于惠芳、朱志勇主编：《中国社会的运行与变迁：理论与诠释》，北京大学出版社2006年版，第121页。

的"宽严相济"刑事政策,已深入到立法及司法实践中。这种权力支撑也是在践行党对一切工作的领导。无论法律的尊严与宽严相济刑事政策的关系如何解决,甚至其中包括了权力的分割与制约,行政权、立法权、司法权的科学配置等等,但刑事政策的权力性是其气质所在。

(2)权力分割性。权力支撑的刑事政策在不断地发生变化,刑法与刑事诉讼法配套使用,通过程序决定行为人应当承担的刑事责任。近代以来,国家一统司法权,在当下,国家不断地分权给个人,刑事司法模式呈现国家司法、协商性司法、恢复性司法并存的现状。国家司法指国家统一掌管刑事司法权力,协商性司法指国家将一部分权力让渡给被告人或犯罪嫌疑人,恢复性司法指国家将部分司法权让渡给加害人和被害人。即便在传统的国家司法模式下,最为典型的死刑案件,如果被害人及其家属原谅加害人,则一般对加害人不判处死刑立即执行,大多判处了死缓,被害人在刑事案件中对于被告人是否承担刑事责任及承担刑事责任的大小起着越来越重要的作用,甚至可以决定被告人的生死。被害人与被告人对自己在犯罪事件发生后最重要的需求在刑事政策变化的过程中得到了最大满足。比如,被害人得到了赔偿,以后漫长的生活有了经济上的部分保障,被告人通过赔礼道歉、赔偿损失保住了性命,经过改造或许获得新生。被害人在传统的刑事诉讼中隐性及显性权利越来越大。

(3)多样性。刑事政策是针对犯罪及犯罪人,涉及人权保障。如果不以法律的形式规定下来,一旦国家权力扩张有可能侵犯人权。任何政党、组织、团体及个人甚至国家都无权在法律之外对犯罪人进行处置,这是近代以来的法治要求。刑事政策大多以立法规范司法解释方式呈现出来,当然还有一些民间的乡规民约,后者只限于规范特定的对象,不具有全国性的法律效力。目前,有些刑事政策欠缺规范性,或许不大符合法治要求,但在司法实践中也可适用,目前我国刑事政策的形式呈现多样性的特征。例如,我们更深入地分析上面提到的2016年9月23日最高人民法院、最高人民检察院、公安部、工业和信息化部、中国人民银行、中国银行业监督管理委员会六部门联合发布《关于防范和打击电信网络诈骗犯罪的通告》,从理论上看,它只具有刑事政策的形式,而不具有刑事政策的效力。从《通告》发布的主体看,它是由最高人民法院、最高人民检察院、公安部、工业和信息化部、中国人民银行、中国银行业监督管理委员会六部门联合发布,依照我国《宪法》的规定,前两个机关为司法机关,后四个为行政或行政管理机关,它们共同针对的对象是实施电信网络诈骗犯罪的人员、电信企业、商业银行、支付机构和银联等,学理上不应当具有刑事法律上的效力,但《通告》在司法实践中被广泛适用。

(二)未生效的刑事政策

未生效的刑事政策以学者研究、政党或政府出台的有关刑事方面的政策为主,不管是怎样的刑事政策,最终以生效的刑事政策为准。未生效的刑事政策范围广泛,所有的有关对犯罪的处置方式方法都可以归入其范畴。比如,学者研究的刑事政策,通常是刑事政策学的内容。乡俗民约的刑事政策、社会组织各种协会制定的章程等等,只针对具体对象具有约束力,对于社会中的其他人,没有制约力,属于未生效的刑事政策。而它们一旦通过全国人大立法的方式被确定下来,则成为生效的刑事政策。以国内外有代表性的学者研究的刑事政策为例,说明其无效性,但可以转化为生效的刑事政策。

1. 李斯特对刑事政策的定义

国外学者研究的刑事政策范围广泛,在此以李斯特为例说明。李斯特认为,"所谓刑事政策,是指国家借助于刑罚以及与之相关的机构来与犯罪作斗争的、建立在以对犯罪的原因以及刑罚效果进行科学研究基础上的原则的整体(总称)。"[①]"刑罚威慑的存在和刑罚执行的规定属于刑事政策,且只属于刑事政策。矫正和威慑,或者教育和监禁,在刑事政策中发挥决定性的作用。"[②]由此可以看出,李斯特所言的刑事政策是指犯罪后国家对犯罪的反应,既包括刑罚的也包括刑罚后的一系列措施,直至犯罪人回归社会。所有这些又是基于公权力支撑的制度下的措施。他的刑事政策不会渗透到犯罪构成要件中,犯罪成立的该当性、违法性、有责性是法律的规定,个案不过是将犯罪事实作为小前提,通过逻辑推导得出是否犯罪的结论,在量刑及行刑阶段,刑事政策才登场,对于犯罪人适用什么处罚措施以及处罚后的改造教育等等,都是刑事政策的内容。

2. 我国学者研究的片断

我国学者也在研究西方学者的刑事政策概念,如我国有学者认为:"李斯特所理解的刑事政策是一种本体论、存在论的刑事政策,它是指预防或者抗制犯罪的一种具体措施,尤其是强调对犯罪人进行矫正的一种具体措施。但罗克辛所理解的刑事政策是一种方法论上的刑事政策。罗克辛没有一个对刑事政策统一的定义;在违法性环节相当于一种实质的价值内容;而在罪责环节相当于刑法目的。因此,罗克辛的刑事政策,在不同的阶层有不同的体现方式。另外,罗克辛的目的理性的犯罪体系,又被称为功能主义的犯罪论体系。功能这个词,也可等同于刑事政策。因此,我们可以看出,罗克辛的刑事政策本身就像是一个筐,它代表的是对立于形式的、实证的一种实质的价值内容。"[③]

---

① 〔德〕冯·李斯特著:《论犯罪、刑罚与刑事政策》,徐久生译,北京大学出版社2016年版,第212页。
② 同上书,第231页。
③ 陈兴良:《刑法教义学与刑事政策的关系:从李斯特鸿沟到罗克辛贯通》,载《当代刑法思潮论坛(第三卷)刑事政策与刑法变迁》,北京大学出版社2016年版,第94页。

3. 本书观点

罗克辛的刑事政策不同于李斯特的刑事政策，前者是将目的理性直接纳入犯罪构成要件的评价体系中，即将刑事政策渗透到犯罪层面，不同于李斯特的对行为人定罪后的制裁措施。因此，两位大师的刑事政策不是一回事，不可在同一层面上比较。李斯特在刑法教义学内将犯罪与刑罚分割开来，前半部分严格依法定罪，后半部分不仅仅适用刑罚，还有刑事政策的渗透。它也不是犯罪学中的犯罪对策，其范畴要小许多。两种不同的关于刑事政策的观点是否可进行同一比较，值得探讨。而罗克辛也未必是将刑事政策贯通，只是他自己定义的刑事政策在犯罪论体系中得到贯彻，符合自身的逻辑自洽，但这和李斯特的刑事政策不是一回事。因为刑事政策的内容不同，基于不同学者创建的不同的刑事政策学科体系，如果不明白其中的含义，有可能风马牛不相及，如此"睡觉"非彼"睡觉"。如果在学术研究中，没有厘清基本概念，那么，所有的逻辑走向都是叉开的，各说各话，无法交流，所有的争论都毫无意义。

无论哪一国家的犯罪论体系，犯罪构成的要素基本相同，只是在主观与客观、形式与实质及要素的排列组合及逻辑层次上存在争论与差异。李斯特坚持纯粹的存在论犯罪体系，而罗克辛主张将其实质化、价值化、规范化。学者们将这种实质的价值的规范认定为某种意义上的刑事政策。罗克辛目的理性的犯罪论体系，虽然在犯罪论体系中包含了实质的价值评价，但我们可以看到，他所言的刑事政策的功能主要是在罪刑法定的框架内实现一种实质合理性的机能，这是排除犯罪的机能，而不是入罪机能。如第一次强奸既遂后行为人与被害人结婚共同生活，司法机关没必要追究这一次行为人构成的强奸罪；行为人拆东墙补西墙的多次诈骗行为，只以最后的诈骗数额为定罪数额等等。在刑法教义学范畴内探讨刑事政策与我党的政策在刑事领域中的体现的刑事政策不在同一语境下，虽然同一用语都是刑事政策，其内涵与外延都不相同。

较为前沿的刑事政策学的确立与发展如同刑法学的确立与发展一样，以刑事政策为研究对象的刑事政策学与以刑法为研究对象的刑法学的发展脉络趋于一致。以我国当代为例，1979年《刑法》与1997年修订的《刑法》相比，时代痕迹一目了然。后者的进步性、科学性、民主性、人道性显而易见。如罪刑法定、罪责刑相适应、刑法面前人人平等这些刑法基本原则入法；《刑法修正案（八）》取消13个罪名的死刑、75岁以上老人不判死刑等等，刑法学对它们的研究也已步入新的里程。《刑法修正案（九）》取消了走私武器、弹药罪、走私核材料罪、走私假币罪、伪造货币罪、集资诈骗罪、组织卖淫罪、强迫卖淫罪、阻碍执行军事职务罪、战时造谣惑众罪9个死刑罪名，同时还进一步提高了对死缓罪犯执行死刑的门槛。学者们对死刑的研究成果转化成立法规定，由未生效的刑事政策变成了生效的刑事政策。

三、广义的刑事政策和狭义的刑事政策

以被界定的内涵与外延为标准,可将刑事政策划分为广义的刑事政策和狭义的刑事政策。

(一) 广义的刑事政策

关于广义与狭义刑事政策的划分,我国有学者已作了相当全面的归纳与总结。广义的刑事政策认为刑事政策是国家与社会以预防和镇压犯罪为目的的所有的一切手段与方法。[①]

笔者同意广义上的刑事政策是对付犯罪的一切手段和方法,不是将其仅仅局限在刑事法领域,包括行政的、经济的、民事的制度来解决犯罪问题。也同意将犯罪的概念扩大到一切具有社会危害性的行为,包括越轨行为在内。当然刑事政策的主体也已由国家扩大到社会。但是刑事政策主要是事后反应,而不是事前预防性的反应,这是刑事政策与犯罪对策、社会政策及公共政策的区别所在。刑事政策主要具有处置功能与预防再犯功能,其目标是对犯罪人的人道主义处遇的实现。笔者否认刑事政策的一般预防和镇压犯罪的功能和目的,广义的刑事政策是指解决所有已然犯罪的法律措施,包括所有的解决已然犯罪的方式方法及措施,包括已有的实体法与程序法,即刑法和刑事诉讼法、监狱法等等。

(二) 狭义的刑事政策

有学者认为狭义的刑事政策是指国家为打击和预防犯罪而运用刑事法律武器与犯罪作斗争的各种手段、方法和对策,它涉及的内容主要是刑事立法、司法和司法机关的刑事惩罚措施[②]。但笔者认为,狭义的刑事政策认为刑罚及与刑罚具有类似作用的法律制度不足以说明当今的刑事政策的含义。只有在明确了刑事政策的范畴才可对刑事政策作广义与狭义的划分,因此,狭义刑事政策是指现行刑事法以外的解决已然犯罪的法律措施,即专指上述以外的新的解决犯罪问题的方式方法,典型如刑事和解,但它会与现在的法律规定出现交叉的情况。刑事和解可以划分为"私了"和公诉案件的刑事和解,后者已规定在我国《刑事诉讼法》中,其第 277 条、第 278 条、第 279 条明确了公诉案件刑事和解的对象、条件、法律后果等等。

在每一时代,人们都有对刑事政策不同的认识。基于至今人们对刑事政策认识的最大公约数,即刑事政策是解决犯罪问题的良方,刑事政策的诞生是由于刑罚功能的有限性所致,等等,刑事政策早已经超越刑法,而不局限在仅仅以刑罚的手段制裁和预防犯罪,这已为当今大多数学者的共识。

---

① 参见梁根林著:《刑事政策:立场与范畴》,法律出版社 2005 年版,第 4—10 页。
② 同上。

四、宏观刑事政策与微观刑事政策

以针对宏观上所有的犯罪问题及微观上个别的犯罪问题为标准,可将刑事政策划分为宏观刑事政策与微观刑事政策。

(一) 宏观刑事政策

宏观刑事政策是指国家、社会以人道主义为宗旨对已然犯罪人战略的被动处置措施,如我国的"严打""宽严相济",西方国家的"重重轻轻"刑事政策。

在我国,宏观刑事政策的主体主要是党和国家领导人、全国政法委、最高人民法院、最高人民检察院及公安部、司法部或是联合其他部委;其载体主要是党和国家领导人的讲话,全国政法委的决定,最高人民法院、最高人民检察院及公安部、司法部或是联合其他部委的书面文件;贯彻执行的方式主要是国家机关。其中,大多已经被法律化。

(二) 微观刑事政策

微观刑事政策是指国家社会以人道主义为宗旨对已然犯罪人战术的被动处置措施。其主体是国家权力机关或是社会权力机关,这是由刑事政策的权力性所决定的;具体刑事政策的载体一定是以法律的形式出现,这是刑事政策法定化的要求;具体刑事政策的执行可以是国家、社会团体甚至是个人。具体刑事政策最能展现刑事政策的主旨所在。面对纷繁复杂的犯罪,更直接的犯罪—刑罚的因果关系被犯罪—刑事政策所取代(当然没有否认刑罚的存在,刑罚是刑事政策的一部分)。

根据上述的两种划分,按照数学的排列组合,我们还可以将刑事政策细划为:实然宏观刑事政策与实然微观刑事政策、应然宏观刑事政策与应然微观刑事政策,以期作更为深入的研究。

五、实体的刑事政策与程序的刑事政策

以针对解决已然犯罪的实体问题还是程序问题为标准,可将刑事政策分为实体的刑事政策与程序的刑事政策。

(一) 实体的刑事政策

实体的刑事政策是解决已然犯罪人刑事责任的实体法律规定,如对未成年人及老年人犯罪从宽处罚的刑事政策,刑法及司法解释都有对此专门的规定,我国现行《刑法》第17条之一规定了对老年人犯罪从宽处罚;第49条第2款规定对老年人免除死刑(但书除外);第72条将老年人作为应当宣告缓刑的主体之一,体现了对老年人犯罪的轻缓化处理。2016年11月15日颁布的《关于办理减刑、假释案件具体应用法律的规定》第20条规定:"老年罪犯……,应当主要考察其认罪悔罪的实际表现。对基本丧失劳动能力,生活难以自理的上述罪犯减

刑时,减刑幅度可以适当放宽,或者减刑起始时间、间隔时间可以适当缩短,但放宽的幅度和缩短的时间不得超过本规定中相应幅度、时间的三分之一",第39条规定:"本规定所称'老年罪犯',是指报请减刑、假释时年满65周岁的罪犯。"

（二）程序的刑事政策

程序的刑事政策是指解决已然犯罪人刑事责任的程序法律规定,包括速裁程序刑事政策、认罪认罚从宽刑事政策等。速裁程序刑事政策,如2014年6月27日全国人大常委会表决通过《关于授权最高人民法院、最高人民检察院在部分地区开展刑事案件速裁程序试点工作的决定》；认罪认罚从宽刑事政策,如2016年9月3日第十二届全国人大常委会第二十二次会议通过《关于授权最高人民法院、最高人民检察院在部分地区开展刑事案件认罪认罚从宽制度试点工作的决定》,等等。

如果将刑事政策定义为解决犯罪问题的方式方法,那么,自近代以为,实体与程序就如同铁路的两条铁轨一样,解决犯罪问题谁也离不开谁。追求公平正义是人类的天然情感,当实体正义无法被证明时,人们通过程序正义这一可看得见的过程来满足内心的需求或者弥补实体正义的不足。因此,改变对犯罪人的处罚就要改变适用这一处罚的程序,有实体的刑事政策同时也要有配套的程序的刑事政策,刑事和解就是典型范例①,和解的结果是实体处置的结果,和解的过程是程序适用的结果。

六、实然刑事政策与应然刑事政策

以当下实际存在的刑事政策与将来应当如此的刑事政策为标准,可将刑事政策划分为实然刑事政策与应然刑事政策。

（一）实然刑事政策

实然刑事政策,是指实际存在的刑事政策,它普遍存在于各个国家的刑事法及其他有关处理犯罪问题的法律之中,是各国实际存在和正在适用的刑事政策。它也是刑事政策学的研究对象,刑事政策学对实然刑事政策的研究相当于注释刑法学对现行刑法的研究,主要是学者们对它在整个实践过程中运作的利与弊及发展动向进行评判。

实然刑事政策是现实的正在被运用的刑事政策。但由于人类认识的不断进步性和法的相对滞后性,实然刑事政策总会与应然刑事政策之间存在差距。刑事政策学的任务之一就是不断地将应然刑事政策转化为实然刑事政策,尽可能地使实然刑事政策更加科学,进而真正对犯罪人予以合理的、合目的的人道处遇。

---

① 参见李卫红:《刑事和解的实体性与程序性》,载《政法论坛》2017年第2期。

(二) 应然刑事政策

应然刑事政策是"应当如此"但当下还没有法律效力的刑事政策,它是根据对犯罪现象的客观规律的认识和准确把握而提出的合目的和合理的刑事政策,具有科学性。

应然刑事政策不是权力支撑、生效的刑事政策,它与实然刑事政策是两个层面的东西,应然刑事政策是纯刑事政策学的内容,是刑事政策学所要研究的对象,就像刑法学不是刑法一样,刑法学是对刑法的研究。当应然刑事政策被国家、社会组织所采纳时便可通过正当的程序转化为实然刑事政策,这一过程是对其正当性、合法性、人道性、科学性等等进行研究后的结果,由于我们可以从现实的刑事政策与应当可能的刑事政策角度来理解实然刑事政策与应然刑事政策,以及为论述上的便利,我们当然可以使用这两个概念,以此作为对刑事政策研究上的分类。

七、犯罪学中的刑事政策与刑事政策学中的刑事政策

以学科内容为标准进行划分,可将刑事政策分为犯罪学中的刑事政策与刑事政策学中的刑事政策。

(一) 犯罪学中的刑事政策

犯罪学中的刑事政策是指犯罪对策。"在日本这个刑事政策非常广义,为预防犯罪而由国家和地方政府采取的一切措施,都叫刑事政策,它的范围很广,就是公权力为预防犯罪的一切措施,都是刑事政策的对象。而且,还有越来越扩张的趋势,现在不仅仅是公权力采取的措施,民间机构所采取的与预防犯罪有关的措施,现在也被纳入到刑事政策的对象里面来了。比如在日本有,在英美也有,在犯罪发生之前的犯罪预防,包括城市规划、停车场如何设计、摄像头怎么安置,就是通过城市设计来预防犯罪,这是刑事政策很重要的内容。这些不能完全靠公权力来实现,涉及各类民间企业的贡献。在行刑的过程中,有些国家有监狱私营化的形式,以前监狱是公权力的核心部分,现在也是对民间放开,让民间人参与进来,虽然其中还有多数公职人员及以公权力的运行为主导。也就是说现在刑事政策的对象扩大了,它的主体不断增多,同时手段也越来越多样化。"[①]

(二) 刑事政策学中的刑事政策

刑事政策学中的刑事政策是指对已然犯罪所有的处理措施,但又不仅仅局限在刑法的规定,刑事政策所针对的犯罪是犯罪学概念中的犯罪,但它指的是已然犯罪,这又与犯罪学里既包括已然也包括未然的犯罪概念不同,同时,它不局

---

① 金光绪:《日本刑事政策的最新动向——犯罪人社会复归理念所面临的挑战》,载《当代刑法思潮论坛(第三卷)刑事政策与刑法变迁》,北京大学出版社 2016 年版,第 248 页。

限于刑法领域中的犯罪,而是一切具有社会危害性的行为,包括越轨行为在内,但必须是已然犯罪。由于逻辑起点不同,虽然用犯罪这一同一用语,但其含义不同,因此,刑事政策是对付这些犯罪的一切手段和方法,除了刑事法领域的制度,还包括行政的、民事的和社会其他制度。刑事政策学中的刑事政策与犯罪学中的刑事政策不同。

从预防的角度来说,上面所说的在犯罪发生之前的犯罪预防,包括城市规划、停车场如何设计、摄像头怎么安置等等属于犯罪对策范畴,后面监狱对私人的放开是刑事政策学中的刑事政策,是对已然犯罪的处置结果,只是私人监狱不同于公权力支撑的国家司法机关,这是一全新的机构设置,目前在我国还没有出现,但有朝这一方向发展的趋势。

以上根据不同的标准对刑事政策进行了划分。无论在哪一层面上使用刑事政策这一概念,其内涵与外延都会有种种不同,但如果合并同类项寻找刑事政策的共性,可从以下方面说明:

第一,对策性。刑事政策是解决犯罪问题的。犯罪与人类社会相生相伴,犹如个人身体里面的癌细胞或其他病毒细菌一样,虽然个体不同病菌相异,但人类还要经历漫长的过程才可攻克一个个生物学、医学方面的难关,或许某些个人可能成为纯粹的无病毒之人。犯罪之于社会也是相同的道理。人们从古至今一直研究如何对付犯罪,从运用刑罚到适用刑事政策,不断改变。但究竟从哪一视角、哪一层面、哪一路径去解决犯罪问题,依然见仁见智,即便当下的刑事政策也无法给出满意的答案,以刑事政策定罪量刑、以刑事政策变通程序、以刑事政策教育改造犯罪人,在这一动态过程中如何准确地适用刑事政策,人们一直在探讨,并不断地将研究成果纳入到刑事法律中,尽管多少年以后才可以判断对与错、是与非,甚至多少年以后也无法判断,如保安处分的实施,但其存在本身就是其价值性所在,其对策性是刑事政策的面相。

第二,灵活性。罪刑法定是迄今为止刑事法领域的"圣经",它的初衷是限制国家权力保障公民自由不受国家侵犯。即使这样它依然有不完美,它的坚固性、滞后性等等都成为阻碍个性张扬、妨碍社会发展的樊篱。人们想到刑事政策,试图以此来弥补罪刑法定的不完美。为此,李斯特扩张到刑罚后面的监狱改造,罗克辛运用了目的理性作为刑事政策进入犯罪成立要件的违法层面及责任层面,试图在罪刑法定的前提下解决其定罪量刑的不足。只是其界限难以把握,多则侵权,少则不足以解决问题,至今尚未达成共识。我国的刑事政策的灵活性体现得更加充分。中国共产党中央及国家各个管理层针对每一时代出现的问题及时作出调整,并贯穿到立法及司法实践中。当社会治安每况愈下时,"严打"刑事政策出台,当社会治安出现明显好转时,宽严相济刑事政策问世。另外还有程序方面的刑事政策及时应对司法改革的困境,如以审判为中心、认罪认罚从宽等等,都是刑事政策灵活性的最好证明。

第三,刑事责任性。无论是哪一层面的刑事政策,如中外不同的刑事政策、学者研究的刑事政策等等,只要成为在司法实践中解决犯罪问题的措施必须法律化,它并不一定刑法化,但一定要法律化,即以法律的形式示众,让行为人依法承担刑事责任。突破罪刑法定只可在出罪与出刑的情况下适用刑事政策,在法无明文规定时不得以刑事政策为由入罪。笔者倾向于刑事政策不涉及定罪,它只是行为人被定罪后的刑事责任承担方法。刑事和解是在行为人构成犯罪且行为人与被害人共同认可的前提下解决行为人的刑事责任,认罪认罚也是在行为人承认自己犯罪的前提下被从宽处罚,因此,刑事政策对于行为人罪与非罪的认定没有影响,罗克辛将刑事政策贯通到犯罪与刑罚过程,笔者认为这还有待深入探讨。因为刑法解释论完全可以解决对犯罪的认定,而不需要刑事政策的输入与贯通。

刑事政策作为一专业术语,不同学科背景出身的学者对刑事政策有不同的定义,上述七个层面的论证已作说明。其意义在于摆脱刑事政策狭窄的范畴,中国的刑事政策有其特定的历史意义和现实意义,其法律化的过程及结果既具有中国特色也要与世界其他相关国家的刑事政策对接,法律性是其本性,根子在于法治。拓宽思路,或许也可为保障人权寻找更加开阔的路径。加罗法洛曾主张制定一部世界刑法典,现在看来,在全球一体化的今天,仍具有超前的意识与发展的必要保障,刑事政策也应当有全球一体化下的通用语言,其根基在于共同的人性,只要是人,不管时空如何隔离,人的共同性与普遍性是相通的,尽管个性以不同的方式存在着。在国际学术舞台上,应当有中国学者的话语,让世界读懂中国。

我们所有的努力是推进依法治国。法治成为治国理政的基本方式,法律至上原则应当深入人心,尤其要深入到领导者、当权者的行为之中。在恪守这一原则的前提下,可以吸收一些民间的约定俗成。法治信仰是永久的,但法律规定的落后性一直和与时俱进的动态性存在矛盾与冲突,刑事政策的灵活性固然可以弥补刑事立法的滞后性,但从某种程度上又挑战了法律的稳定性,如何在两者之间寻求到平衡点,这是我们的难题,需要在悖论与求解的过程中找寻答案。

第五章　刑事政策的根基

　　刑事政策及刑事政策学之所以傲然矗立在刑事法学的建筑群中,就是因为它有极其牢固的支撑根基。无论这一根基的内部如何运动、变迁,它已形成的坚如磐石般的底座,平稳地托举着刑事政策及刑事政策学。刑事政策和刑事政策学的闪亮登场绝不是从天而降或是空穴来风,其源头的活水汩汩流淌,最后水到渠成。

第一节　刑事政策的价值蕴含

　　现代刑事政策蕴含着自近代以来的一些基本价值观念,而这些价值观念已被国际社会所普遍认可。尽管对这些观念有着不同的解释、不同的看法,但是,基于人性的共同点及人类所使用的相同逻辑,我们还是可就某些方面达成共识。中国共产党的十八大提出了社会主义核心价值观,即富强、民主、文明、和谐、自由、平等、公正、法治、爱国、敬业、诚信、友善,在国家层面、社会层面及个人层面倡寻以上的价值准则,它们所具有的丰富内涵高度凝练社会主义核心价值体系及内容,同时也符合人类共同的价值取向。

　　学界对价值有许多看法。价值,一般是指客体对主体的生存和发展的效用。根据马克思主义关于价值的观点,价值这个普遍的概念是从人们对待满足他们需要的外界物的关系中产生的[①];是人们所利用的并表现了对人的需要的关系的物的属性。[②] 有学者认为,"就其一般含义来说,价值可以定义为:客体的存在、属性及其变化同主体的结构、需要和能力是否相符合、相一致或相接近的性质。如果这种性质是肯定的,就是说客体对主体有价值或正价值;如果是否定的,则意味着客体对主体无价值或有负价值。"[③]可见,价值既不是单纯的主观反映,也不是与主体无关的孤立的客观存在,价值的实质是客观存在与主体需要之间相符合的关系。

　　自由、平等、博爱、公正、效率、人道这些理念全部蕴含在刑事政策中,它们之间是客观存在与主体需要之间相符合的关系。

---

① 参见《马克思恩格斯全集》(第19卷),人民出版社1963年版,第406页。
② 参见《马克思恩格斯全集》(第26卷Ⅲ),人民出版社1974年版,第139页。
③ 李德顺主编:《价值学大词典》,中国人民大学出版社1995年版,第261页。

一、自由

在刑事政策的价值体系中,最基本的蕴含就是自由。

从自由的字面意思来理解,自由就是指由自己作主,不受限制和拘束。其哲学上的含义是指对必然的认识和对客观世界的改造。在心理学上,自由是按照自己的意愿做事,就是人能够按照自己的意愿决定自己的行为。从社会学上说,自由是在不侵害别人的前提下可以按照自己的意愿行为。法律上的自由就是在不违反法律的前提下公民有为任何行为的自由。

自由是一个不断发展的概念,随着时代的发展其内涵也在不断丰富和扩展。但是,它作为人们的一种基本观念,规范的含义主要是指在法律的框架内自己决定自己的行为,并对此负责。在此意义上,现代刑事政策蕴含着自由的理念。尤其是恢复性司法模式的运行,更是为行为人(加害人)和被害人提供了处理犯罪及被害问题的广阔空间,自由贯穿始终。

二、平等

归纳起来,现代社会人们对平等的理解有如下观点:(1)平等是关于人与人关系和社会地位的一种观点和信念,人与人关系发展的某种状态。它包括机会均等、条件均等、结果均等等多种情况;包括政治平等、经济平等、人格均等等多种内容。平等作为一种价值观念,是人们进行评价时的一个重要标准。[①](2)平等是表达社会主体处于同等社会地位、享有同等权益和承担同等义务的范畴和原则。[②](3)平等是人在人格尊严上要求得到同等对待和在权利享有上得到公平分配。是人权的道德基础和重要原则。[③](4)平等是人与人之间在经济、政治、文化等各方面处于同等的地位,享有相同的权利。[④](5)平等是以兄弟般的情谊相亲相爱,是现代社会唯一的基础;平等是一项神圣的法律,一项先于其他一切法律的法律,一项派生其他法律的法律;平等被认为是一切人都可以享受的权利和正义。[⑤](6)平等可以用非常实在的方法加以简单化的表述,但也可以用高度复杂而又无从捉摸的方法加以表述。一方面,平等表述了相同的概念;另一方面,平等又包含着公正。平等表达了相同的性质……两个或更多的人或客体,只要在某些或所有方面处于同样的、相同的或相似的状态那就可以说他们是平

---

① 参见李德顺主编:《价值学大词典》,中国人民大学出版社 1995 年版,第 502 页。
② 参见《中国伦理学百科全书》,吉林人民出版社 1993 年版,第 421 页。
③ 参见王宗福、刘海年主编:《中国人权百科全书》,中国大百科全书出版社 1998 年版,第 435 页。
④ 参见张友渔主编:《中国大百科全书——政治学卷》,中国大百科全书出版社 1992 年版,第 284—285 页。
⑤ 参见〔法〕皮埃尔·勒鲁:《论平等》,王允道译,商务印书馆 1988 年版,第 17 页。

等的。① (7) 平等是人们相互间与利益获得有关的相同性。平等分为自然平等和社会平等两大类。② (8) 平等就是人人能享有相同的权利。③ (9) 平等是人们在社会上处于同等的地位,在政治、经济、文化等各方面享有同等的权利。④ (10) 平等是对社会职务每个人都享有的公平机会和社会制度对每个人的公正待遇。⑤

上述各种观点从不同的角度说明了平等的含义,无论如何,平等已渗透在社会生活的方方面面,当然它也已内化到刑事政策中。

三、博爱

博爱的源头始于宗教教义。在西方社会,宗教教义渗透于西方思想文化之中,基督教教义宣扬"爱人如己",并将其作为教众日常生活的基本准则。所谓"爱人如己",就是严于律己,宽以待人,应该忍耐、宽恕,要爱仇敌,并从爱仇敌进而反对暴力反抗。近代启蒙思想家从基督教教义中寻找到灵感,并对博爱思想进行深化、论证,并最终将其发展成为与自由、平等并列的一种思想体系。

近代以来,孙中山的"平等、博爱"的理念,也为我国社会制度所实践和实现。但是在"文化大革命"一段时期出现了过于偏激的思想,完全反对批判资产阶级宣扬的博爱理念,将其视为腐朽的世界观。博爱思想发展到现代社会被诠释为不以回报为目的和条件,将自己的财富给予他人。它是与"恶"相对的一个词语,体现为爱自己,爱家人,爱同类,爱仇敌,爱不认识的人等等。

刑事政策中的博爱针对所有人,整个刑事法学的发展就是从关注被害人到被告人再到对两者的同时关注,这一过程其实就是人的博爱情感的释放。人们应具有博爱情怀,只要是自然人,就同在一个地球上生活,博爱是人类永恒的主题。

四、公正

作为社会规范和价值体系的组成部分,公正是个极具争议的概念。庞德认为,在伦理上,我们可以把它看成是一种个人美德或是对人类的需要——或者要求的一种合理、公平的满足。在经济和政治上,我们可以把社会正义说成是一种与社会理想相符合,足以保证人们的利益与愿望的制度。在法学上,我们所讲的执行正义(执行法律)是指在政治上有组织的社会中,通过这一社会的法律来调

---

① 参见〔美〕乔·萨托利:《民主新论》,冯克利等译,东方出版社1998年版,第340页。
② 参见王海明:《平等新论》,载《中国社会科学》1998年第5期。
③ 参见王宗福、刘海年主编:《中国人权百科全书》,中国大百科全书出版社1998年版,第435页。
④ 参见《辞海》,上海辞书出版社1985年版,第42页。
⑤ 参见田洪生:《中国公民正义观评析》,载《中国矿业大学学报》2001年第1期。

整人与人之间关系及安排人们的行为;现代法哲学的著作家们也一直将它解释为人与人之间的理想关系。①

作为一个社会的根本价值尺度和基本规则体系,社会公正是至关重要的。我国对社会公正问题的研究,始于 20 世纪 80 年代。在此之前的 30 年间,国内有关当代社会科学意义上的公正问题研究基本上是一个空白地带。② 20 世纪 90 年代以来不断有国内学者从法律、意识形态、道德伦理和经济发展的层面出发关注公正问题。

在整理和研究西方正义理论以及论证马克思主义公正思想的同时,开始尝试建构当代中国的社会公正理论,对社会公正的基本理论问题的研究正在不断深化。这些理论成果集中表现在社会公正的理论依据与现实依据、社会公正的内涵、社会公正的基本规则体系、程序公正与实体公正、公正与自由及平等的关系、社会公正与科学发展观等方面的问题上。上述研究结论均含在刑事政策内容里。

五、效率

"效率"(efficiency)一词,最早出现于拉丁文,是一个哲学术语,意思是"有效的因素"。19 世纪末,"效率"的含义引申到机械工程学和物理学中,指的是一种机械工作时的输出能量与输入能量的比值,即效率=输出能量/输入能量。再后来,"效率"的含义引入经济学和管理学,指的是消耗的劳动量与所获得的劳动成果的比率,简化为效率=产出/投入。目前,对"效率"一词引用最广泛的是在经济学领域。

20 世纪 60 年代在美国兴起的经济分析法学把效率原则引入法学领域,作为研究和解决法律问题的核心。波斯纳指出:"从最近的法律经济学研究中获得一个最重要的发现是,法本身——它的规范、程序和制度——极大地注重于促进经济效益。"③而且"正义的第二种含义——也许是最普遍的含义——是效率。"④

现代社会的法律,从实体法到程序法,从公法到私法,从成文法到不成文法乃至于各类司法解释和判决,都有其内在的追求效率、节约资源的经济逻辑与宗旨。法律通过对权利、义务、责任等的合理配置,可以减少交易成本,给人们带来实际的利益,法律活动的实质就是权利义务规范遮蔽下各方利益的追求,是这些

---

① 参见〔美〕庞德:《通过法律的社会控制——法律的任务》,沈宗灵译,商务印书馆 1984 年版,第 55 页。
② 参见马文彬:《20 世纪中国正义问题研究综述》,载《上海交通大学学报(社科版)》2001 年第 2 期。
③ Richad. A. Posner, Economic Analysis of Law, Little, Brow and Company, 1977, p.517.
④ 〔美〕理查德·A. 波斯纳:《法律的经济分析》,蒋兆康译,中国大百科全书出版社 1997 年版,第 31 页。

利益的平衡和妥协。① 可见,任何资源的供给在一定时期总是有限的,以尽可能少的司法资源,最大限度地谋取对社会秩序的维护和对社会成员合法权益的保护。

刑事政策就是刑事法一体化的集中体现,刑事诉讼中的污点证人制度、辩诉交易制度、未成年人司法转处制度等都体现了效率观念。

六、人道

先哲们对"人道"的论证充满了真知灼见。笔者认为,人道主义的含义就是指"人本身是最高价值",就是要善待犯罪人及被害人及所有人。犯罪人也是人,只要是人,不管他做了什么,他的存在就是任何其他东西所无法替代的,这与他侵犯他人权益给被害人所造成的痛苦需要公平与公正的处理不是一个层次的概念。人道主义的丰富内涵主要体现在人的宝贵价值、人的唯一价值、人的尊严价值、人的幸福价值。

废除死刑,不再"杀鸡给猴看"以及减轻刑罚等等,都是人道理念在刑事政策中的渗透。宽容与宽恕也是人道的应有之义。

在刑事政策的价值取向中,蕴含着自由、平等、博爱、公正、效率、人道的内容,它们或多或少地共存其中,而非单一的或某几个在起作用。多种价值的兼容决定了刑事政策的全面性和立体化。

第二节 刑事政策的社会沃土

社会学一般认为,社会是以共同的物质生产活动为基础而相互联系的人们的总体,是人们交互作用的产物。社会既是现实个人借助联合劳动而创造的人文存在,又是超越任何个人的客观存在。它是一个系统整体,其中的任何一项制度都有其生存的社会沃土。成熟的市民社会就是现代刑事政策生成与发展的沃土。市民社会是对某种社会状态的概括,它说明这种社会的特征。

一、西方学者观点择要及评析

"市民社会"最早由亚里士多德提出。在《政治学》一书中,亚里士多德使用了"politeke kornonia"(政治社会或政治共同体)的概念②,具体说来,是指"自由和平等的公民自一个合法界定的法律体系下结成的伦理——政治共同体"③。

---

① 参见冯玉军:《法律的成本效益分析》,兰州大学出版社 2000 年版,第 160—164 页。
② 〔英〕戴维·米勒等:《布莱克维尔政治学百科全书》,邓正来等译,中国政法大学出版社 1992 年版,第 125 页。
③ 何增科:《市民社会概念的转变》,载《中国社会科学》1994 年第 5 期。

后来西塞罗将这一个概念转译为拉丁文"civilis societas",并进一步明确其含义,用它来表示区别于野蛮状态或乡村部落的城市文明共同体。在现代英语和法语中"市民社会"(civil society,societe civile)一词正是由这个拉丁文词目演化而成。但是古典市民社会的概念是从文明社会的角度界定市民社会,它与自然社会或野蛮社会相对,指人们生活在政府之下的一种状态,此后这一概念延续了很多年。

到 18 世纪,市民社会与政治国家对立的理念得到确立。其中最主要的、影响也最大的是洛克、黑格尔两派的观点。

以洛克为代表的启蒙思想家的主要观点是,市民社会先于国家或外在于国家。国家只是市民社会的一个工具,国家的职能并不是要替代自然状态,它是基于人们的同意而建立的。人们通过社会契约赋予国家以权力,如果国家违背、侵犯人民的利益,则人民凭借恢复其自然、自由的权利就可以推翻其统治,建立新的政权。"当立法者们图谋夺取和破坏人民的财产或贬低他们的地位使其处于专断权力下的奴役状态时,立法者就使自己与人民处于战争状态,人民因此就无需再予服从,——并通过建立他们认为合适的新立法机关以谋求他们的安全和保障。"①

以黑格尔为代表的启蒙思想家的主要观点是,国家高于市民社会,市民社会依附于国家而存在。黑格尔是第一个真正将市民社会作为与政治社会相对立的概念进而与国家作出学理区分的人,他沿用了市民社会一词并赋予其新的定义:"市民社会,这是各个成员作为独立的单个人的联合,因而也就是抽象普遍性的联合,这种联合是通过成员的需要,通过保障人身和财产的法律制度和通过维护他们特殊利益和公共利益的外部秩序而建立起来的。"②在黑格尔那里,市民社会作为一种"外在国家",由三个部分组成:需求的体系——市场经济、多元的体系——自愿组织(同业公会)、司法的体系——警察和司法机构。在黑格尔那里,国家乃是"伦理理念的现实——即作为显示出来的、自知的实体性意志的伦理精神","是绝对自在自为的理性的东西"③,它代表并反映着普遍利益。因此,只有国家才能有效地救济市民社会的非正义缺陷并将其所包含的特殊利益融合进一个代表着普遍利益的政治共同体之中。一言以蔽之,国家高于市民社会。

马克思吸收了黑格尔市民社会中概念的合理内涵,进一步完善了市民社会概念。他认为市民社会乃是"私人利益的体系"或特殊的私人利益关系的总和,它包括了处在政治国家之外的社会生活的一切领域。它是与各个历史时期的生

---

① 何增科:《市民社会概念的转变》,载《中国社会科学》1994 年第 5 期,第 133—134 页。
② 〔德〕黑格尔:《法哲学原理》,范扬、张企泰译,商务印书馆 1982 年版,第 57 页。
③ 同上书,第 253 页。

产力和生产方式相联系的社会交往方式,市民社会包括各个个人在生产力发展的一定阶段上的一切物质交往①,个人在物质交往中必然要形成一定的组织和制度,因而市民社会这一名称始终标志着直接从生产和交往中发展起来的社会组织,这种组织在一切时代都构成国家的基础以及任何其他的观念的上层建筑的基础。② 在市民社会诸领域中,"物质生活关系的总和"或经济关系的领域具有决定性意义,扭转了黑格尔颠倒的世界观。马克思把整个社会分成三部分:生产力、生产关系、上层建筑,并强调了经济基础对上层建筑的决定作用。在马克思的"私人利益体系"中既有阶级关系的领域、社会关系的领域,还有意识形态的领域,其中最重要的是阶级关系和阶级结构。像黑格尔一样,马克思也承认个人乃是市民社会活动的基础,他也强调从生产和交往中发展起来的社会组织即市民社会的组织的重要性。马克思把上述要素作为他的市民社会理论的出发点。

20世纪后半期,西方学者复兴了市民社会理论,并赋予其很多新的内涵。

意大利思想家葛兰西把市民社会当作批判资本主义不合法统治的工具,对市民社会这一概念进行了全新的解释。他把对资本主义的批判从经济的角度转向政治文化的角度,认为市民社会不是经济基础,不包括商品生产和交换的私人交往领域,主张在经济领域把市民社会分离出去,而主要从文化角度来界定市民社会。葛兰西把市民社会看作是上层建筑的一部分,"目前我们能做的是确定上层建筑的两个层面:一个能够被称为'市民社会'……另一个则是'政治社会'或'国家'。"③葛兰西将市民社会的理解角度从经济交往领域转向了社会文化领域,具有一定的创新性,但是他将市民社会归于意识形态和上层建筑,背离了市民社会独立于国家的基本含义。

德国思想家哈贝马斯大力拓展了市民社会理论,他认为市民社会是指一种独立于国家的"私人自治领域",它包括私人领域和公共领域。其中私域(private sphere)是指由市场对生产过程加以调节的经济子系统,"私域构成了狭义的市民社会,亦即商品交换和社会劳动的领域;嵌于其中的是具有内部领域的家庭"④。公域(public sphere)是哈贝马斯市民社会理论的核心内容。它包括"教会、文化团体和学会,还包括独立的媒体、运动和娱乐协会、辩论俱乐部、市民论坛和市民协会,此外还包括职业团体、政治党派、工会和其他组织等等"⑤。由于市民社会的经济子系统已经和国家耦合,因而哈贝马斯认为以"文化、社会和人

---

① 参见《马克思恩格斯全集》第3卷,人民出版社1960年版,第41页。
② 同上。
③ 〔意〕安东尼奥·葛兰西:《狱中札记》,葆煦译,人民出版社1983年版,第217页。
④ 〔德〕哈贝马斯:《公域的结构性变化》,载邓正来、〔美〕亚历山大:《国家与市民社会——一种社会理论的研究途径》,中央编译出版社2002年版,第155页。
⑤ 〔德〕哈贝马斯:《公共领域的结构转型》,曹卫东等译,学林出版社1999年版,第35页。

格"为基本要素的生活世界则构成了市民社会的基本内容。现实世界中,由于社会生活受到权力与金钱的渗透和控制,因而表现出作为文化解释性范式功能的弱化,大众失去了阐明社会生活意义与价值的文化背景,并进一步表现出以孤独、冷漠为特征的"动机危机"。总之,在哈贝马斯看来,市民社会主要表现为一种文化系统,这个系统的再生产为国家的合法性提供基础。

美国政治学家柯亨与阿拉托认为,市民社会主要是由生活世界的机构或制度组成的。具体来说,他是"介于经济和国家之间的社会相互作用的领域,由私人的领域(特别是家庭)、团体的领域(特别是自愿性的团体)、社会运动及大众沟通形式组成"①,其功能已不再是一个单纯经济的或政治的,而是含有经济与政治因素在内的广义的文化再生产功能。所以,他们主张采用市民社会——经济——国家的三分法。这种三分法的目的是为了反对以国家为中心或以经济为中心的研究模式,主张返回到以社会文化系统为中心的范式中去,通过文化意义上的市民社会重建,以保障个人的基本权利,实现民主、自由、平等、团结、公正的现代乌托邦理想。

二、市民社会的概念

市民社会在不同的历史阶段,以及不同的文化背景和国别,其含义构成、作用和性质也会有所不同。市民社会不是一种自然的和不变的东西,而是一种历史现象;不是一致的共同模式,而是具有特质的社会现象。因此,应将市民社会放到特定的历史环境中加以考察。另一方面,市民社会又具有众多的共同特性,如以市场经济为基础,以契约关系为中轴,以新生和保护社会成员的基本权利为前提等等。因此,要全面把握市民社会的本质,就必须将它的普遍性质和特殊形态,有机地结合起来。

就其基本内涵而言,市民社会主要包括两种含义:首先,市民社会是指区别于国家政治活动领域的社会生活领域,"此一意义上的市民社会与国家相对,并部分独立于国家。它包括了那些不能与国家相混淆或者不能为国家所淹没的社会生活领域。"②在这一领域中,正如马克思所指出的那样,经济生活或经济活动居于核心的地位。其次,市民社会是指区别于国家政治机构的社会自主性组织及其活动的总和,"是由一套经济的、宗教的、知识的、政治的自主性机构组成的,

---

① Jean L. Chen and Andrew Arato, Civil Society and Political Theory, Cambridge, Massachusetts/London:The MIT Press, 1992.
② 〔加拿大〕查尔斯·泰勒:《市民社会的模式》,载邓正来、〔美〕亚历山大编:《国家与市民社会——一种社会理论的研究途径》,中央编译出版社 2002 年版,第 3 页。

有别于家庭、地域或国家的一部分社会。"①马克思也曾在这一意义上使用市民社会概念,他在《德意志意识形态》中指出,市民社会这一名称始终标志着直接从生产和交换中发展起来的社会组织,这种社会组织在一切时代构成国家的基础以及任何其他的观念的上层建筑。②现代市民社会论者越来越多地在这一意义上使用市民社会概念,并使这里的社会组织超出经济组织的范围,而泛指一切独立于国家的自主性社会组织。这些自主性社会组织构成现代意义上的市民社会,它作为国家权力的外在制约力量,对于法治秩序的形成具有不可或缺的重要作用。以下探讨的中国市民社会的发端也正是在这个意义上探讨的。

市民社会具有以下特征:(1)市民社会是一个以个人独立为原则的社会。黑格尔指出:"市民社会,这是各个成员作为独立的单个人的联合。"③这一点决定了市民社会与家庭和国家的本质区别。(2)市民社会是一个以个人利益为本位的社会。市民社会这种个人利益本位决定了市民社会本质上属于私域,是个人追求个人利益的场所,它视个人利益为终极关怀。(3)市民社会是一个以工商业市场经济为基础的社会。市民社会的个人独立和私人利益本位决定了市民社会只能以商品经济或市场经济作为其经济形式。

三、中国的市民社会

(一)历史变迁

在中国的历史中,我们几乎看不到市民社会的影子,这是由中国的历史特点决定的。

中国历史上国家的力量一直比较强大。因此与西方不同,中国的国家与社会没有形成一种逐渐分离甚至对立的局面。"个人及群体的权利湮没于皇权之中,形成'普遍奴隶制',即市民社会被国家所吞噬了。"④专制主义的强化,又更使中国自古以来重农抑商的政策得以强有力的贯彻,以致商品经济在中国古代始终难以发达,市民社会便始终无法成形。"中国缺乏中世纪欧洲兴旺的自治市中自由民主得以发展的那些制度。中国经济中一直不存在资本主义'企业'的法律基础和社会基础。"⑤中国历史上一直表现为一种农业大国的形态,农业是社会发展的基础,农民占社会成员的绝大多数,这使得小农经济基础与小农意识根深蒂固,又被长期以来对经济效益的鄙视以及重农抑商思想不断强化,表现为社

---

① 〔美〕爱德华·希尔斯:《市民社会的美德》,载邓正来、〔美〕亚历山大编:《国家与市民社会——一种社会理论的研究途径》,中央编译出版社2002年版,第33页。
② 参见《马克思恩格斯全集》第3卷,人民出版社1960年版,第41页。
③ 〔德〕黑格尔:《法哲学原理》,范扬、张企泰译,商务印书馆1982年版,第174页。
④ 马长山:《国家、市民社会与法治》,商务印书馆2002年版,第122页。
⑤ 同上书,第83页。

会成员自给自足,相对独立,彼此间缺乏团结与互动,同时,血缘家族观念浓厚,整个社会关系是以己为中心的私人关系网络机械地拼凑而成的。在中国传统的社会结构与社会关系中,社会成员具有很强的同质性,他们相互隔绝,缺乏集体意识和凝聚力,很难甚至不可能联合起来形成一定规模的组织,因此,缺乏对国家政权的抵抗力。这种缺失,在近代中国,由于外国资本主义的入侵而有所浸润,但由于中国长期处在半封建半殖民社会,中国市民社会的发育从总体上看还是很有限的。

新中国成立之初,我国实行高度集中的计划经济体制,国家社会高度一体化,社会生活都置于国家的管理之下。国家与社会高度一体化模式的确立包括以下三个基本方面:国家经济职能的极度扩展;国家对社会的渗透与控制;社会成员对国家的高度依附。① 这种国家社会一体化模式在社会生活中具体就表现为单位制的组织模式。"计划经济体制下的单位组织与准单位组织的建立,是新中国建立之后所形成的组织系统的明显特征之一。"② 单位制是一种高度严密的而又简单划一的组织形式,它是中国共产党在战争时期军事化的组织方法和组织系统在社会组织的延伸。国家控制着上述的"单位"和"人民公社"等组织,单位组织控制着个人,于是国家将全部的社会成员高度地组织起来,控制着社会的运转。而"单位组织和个人多成为执行国家意志的工具"。③

除此之外,国家实行户籍制度,将社会成员分为城镇户口和农村户口,通过户籍制度的壁垒,而形成城镇户口和农村居民之间的刚性约束,有效阻止社会间的流动。在就业身份上社会成员被划分为干部、工人、农民等。在国家垄断大多数资源的情况下,个人隶属于单位,单位隶属于国家,在单位之外,个人没有生存发展的资源空间,一个外在于国家权威的自治的社会领域也就完全没有赖以成长的条件。这一阶段也存在一些社团,但这些社团的数量十分有限。社团的种类也很单调,主要是工会、共青团和妇联等,因此,严格说它们都不能算是民间组织(市民社会组织)。

这样,以高度集中的计划经济体制为基础,以国家政治权力为中枢,以单位制为组织形式,全社会被构建为一个有序的结构系统,从而国家政治权力同整个社会紧密地联系起来,形成了国家与社会的同构。可以说,这一阶段,市民社会已经完全被政治国家所包容。

改革开放以后,国家开始逐步放松对社会的控制,国家与社会的分离也初步分显。随着中国确立"有计划的商品经济"发展战略,传统社会的经济形态开始

---

① 参见杨光斌:《中国政府与政治导论》,中国人民大学出版社 2003 年版,第 193 页。
② 路风:《单位:一种特殊的社会组织形式》,载《中国社会科学》1989 年第 1 期。
③ 杨宏山:《当代中国政治关系》,经济日报出版社 2002 年版,第 272 页。

转型,社会又重新表现为蓬勃的发展活力,社会结构也在潜移默化中发生着变化和分化,一个相对独立于政治领域的、专事于物质领域生产和交换的市民社会正在出现。[①] 伴随着社会主义市场经济的发展,中国的市民社会进入了一个发展的新阶段。市场经济为中国社会带来了巨大的转型动力,市民社会的一般特征——自主性、独立性,在当代中国已经得到了具体的表现。[②] 中国社会多维度的转型以及表现出来的基本特性都有力地证明市民社会在中国的出现已不是空中楼阁,而是具有坚实的社会基础。这种以契约关系为纽带、以自主的个人、自主性组织和社团为基本元素,以公民文化为依托的中国市民社会已经初显雏形。

中国社会现正在经历结构性的社会革命。社会结构转型是一种整体性发展,是一种特殊的结构性变动。转型的基本内容是结构转换、机制转轨、利益调整和观念转变。具体来说,中国社会结构转型是从自给半自给的产品经济向社会主义市场经济社会转型,从农业社会向工业社会转型,从乡村社会向城镇社会转型,从封闭半封闭社会向开放社会转型,从同质的单一性社会向异质的多样性社会转型,从伦理型社会向法理型社会转型。结构转型的结果是出现新型社会。它的性质是介于传统社会与现代社会之间的中介性社会,过渡性与混合性特征明显,既有传统社会文化遗风,又有现代取向社会结构的特征。

(二)存在的问题

尽管随着中国的改革的深入,中国的市民社会取得了长足的发展,但是由于中国特有的政治和经济环境,中国的市民社会还很不发达,还存在着很多的问题,主要表现在以下几个方面:

(1)大多数市民社会组织"官办"色彩太浓。民间性是市民社会的一个重要特征,但是必须承认,当代中国的市民社会又具有较为明显的官方性,具有民间性与官方性并存的特点。中国的民间组织大多数是由政府创建,并受政府的主导,尤其是那些经过合法登记的有重要影响的民间组织,如各种行业协会、同业组织、研究团体、利益团体等,政府对重要民间组织的主导始终是中国市民社会的显著特点。[③]

(2)中国市民社会组织发育的动力不足。"西方国家历史上是在市场经济基础生长出市民社会,表现为一个自然生长的过程。中国市民社会组织则是在计划经济向市场经济转变的背景下成长起来的,表现为一个自上而下的过程。在旧体制下,政府无所不包,形成了政府与社会或个人联系的传统,在改革过程中虽然某些方面发生了变化,但并不彻底。这些联系有经济方面的,也有非经济

---

① 参见朱宝信:《论我国当前的"市民社会"》,载《北京社会科学》1995年第4期。
② 参见陈晏清主编:《当代中国社会转型论》,山西教育出版社1998年版,第101—108页。
③ 俞可平:《中国公民社会的兴起及其对治理的意义》,载俞可平等:《中国公民社会的兴起与治理的变迁》,社会科学文献出版社2002年版,第217页。

方面的,甚至还有心理上的(如管理者对国家干部身份的认同),这些联系或多或少会影响企业及个人对社会组织的态度。"① 企业和个人可能更多地认同政府管理,而较轻视市民社会组织的作用,以至于不参与也不关心社会组织的发展。

(3) 市民社会组织内部管理机制还不完善。② 一是职能定位有行政化的误区。一些协会团体依靠主管部门搞行政垄断,不但不为企业提供服务使之降低成本,相反,它们常常人为地提高市场门槛,增加企业成本,这些协会被人们形象地称为"二政府"。二是自律机制不完善。有些协会在履行管理职能时,未能坚持"公开、公正、公平"的原则,管理中不客观、不公正的情况时有发生。三是用人机制不够合理。市民社会组织内部的激励机制有待改进,工作人员的责任意识有待提高,工作能力也有待加强。

(4) 许多市民社会组织所规定的职能达不到其实际所起的作用。比如居委会、村委会以及许多行业的行业协会,按照法律规定应当是完全自治的民间组织,然而事实上,它们的自治作用受到党政机关权力的极大限制,在很多地方甚至流于形式。这些自治组织发挥作用的空间完全取决于政府释放出来的权力。政府职能的简化才可能给这些自治组织活动以更大的空间。

(5) 某些市民社会组织对其成员的强制性过大。民间组织区别于官方组织的特征之一是其成员加入组织即参与活动的自愿性,在这方面中国的民间组织还存在着很大的距离。无论是各种行业协会,还是商会、学术团体、慈善组织和专业团体,都有不少其成员必须遵守的强制性义务。

四、全球一体化

(一) 概述

时至今日,经济全球化已经成为了一种社会的发展趋势,它不再是一种选择,而是一种现实,不管它带来多少利和弊,任何国家都不能对它采取回避的态度,所能考虑的只是如何清醒地估计局势,正确地作出回应。

至今为止,对"全球化"概念的理解依然存在很大分歧,还没有十分清晰的界定。这其中,将"全球化"表述为"经济全球化"的经济学观点最为常见,如我国学者俞可平认为:"经济全球化主要是指生产要素以空前的规模和速度在全球范围内流动、国际经济联系变量连续变化而导致的一国市场同国际市场的融合并最终朝着无国界方向转变的一种过程和现实。"③ 辛琪认为:"所谓经济全球化,指

---

① 孙炳耀:《行业协会与经济领域中的民间治理》,载俞可平等:《中国公民社会的兴起与治理的变迁》,社会科学文献出版社2002年版,第148—149页。
② 参见朱耀垠:《适应加入WTO的新形势,加快行业协会的发展——关于上海市行业协会发展和管理情况的调查与思考》,载《体制改革》2002年第4期。
③ 俞可平主编:《全球化悖论》,中央编译出版社1998年版,第233—234页。

在国际范围内统一运作的一种经济,无论资本流动、劳动力市场、信息传送、原料提供、管理和组织等均实现国际化,亦称'全球的网络化'。"①但是,目前的主流观点认为:"全球化"虽然是由国际经济领域衍生出来的,但是又突破了经济领域,具有相当宽泛的包容性,主要是指"世界时空的压缩把世界作为一个统一整体的强烈意识"②。

全球化既是一种客观性力量,又是一种扩张性过程。全球化进程仍然是以国家体系作为政治保障的,不宜夸大全球进程中民族国家权力的衰落,但是,全球化将促成各国政府和社会自觉调整其角色和功能。一是重新确立国家的身份,身份是主体在共同体或者社会关系所形成的稳定结构中所处的地位。在国际化和全球化的过程中,中国扮演过旁观者、被动接受者、选择借鉴者、国际规则参与者和制定者四种角色和身份。二是渐进形成公共领域。"所谓公共领域是指介于市民社会和国家之间进行调节的一个领域,在这个领域中,有关一般利益问题的批判性的公共讨论能够得到体制性的保障,形成所谓公共意见,以监督国家权力并影响国家的公共政策。公共领域的特征是非强制地参与,在体制化的保障之下自由、公开合理性地讨论普遍利益问题,促使公共权力的合理化。"③

(二)中国加入全球一体化

中国早已走出闭关锁国的状态,国家的工业化和现代化只能也必定是在日益深入地融入国际体系的过程中,即在遵守和执行国际规则的过程中逐步实现。中国在人口、领土面积、历史文明等方面早已是世界大国。联合国常任理事国和最大的发展中国家的地位,更决定了中国要在国际事务中发挥越来越大的作用,在维护世界和平与安全,促进共同发展,推进世界文明方面承担越来越大的责任。中国不能游离于国际规则之外,在当今世界纵向上表现为现代化、横向上表现为全球一体化的形式下,中国的市民社会,不管是无奈地选择还是主动地介入,它都会以超常规的速度迅速发展。

如果说 1840 年的鸦片战争使中国被动地打开国门,那么 2001 年加入世贸组织是中国主动选择全球化潮流的结果与真正融入全球化的一个新起点。从某种意义上说,"入世"就意味着中国传统的行为和交往模式将走上国际化的道路,我们要按照世贸组织的精神、原则和规则来重新审视和修正自己的活动原则。即是说,世贸组织的原则和规则将对中国社会的发展产生深刻的影响。此种影响集中表现为:在世贸组织规则和原则的规制和影响下,中国的市场经济体制将更加完善,中国的市民社会也更加成熟。

---

① 辛琪:《世界经济的全球化趋势及我国的战略对策》,载《世界经济研究》1997 年第 1 期。
② Robertson, Roland, *Globalization:Social Theory and Global Culture*, London:Sage, 1992, p. 2.
③ Ibid.

在"一带一路"倡议的推进过程中,2015年3月28日,国家发展改革委、外交部、商务部联合发布了《推动共建丝绸之路经济带和21世纪海上丝绸之路的愿景与行动》,它将充分依靠中国与有关国家既有的双多边机制,借助既有的、行之有效的区域合作平台,积极发展与沿线国家的经济合作伙伴关系,共同打造政治互信、经济融合、文化包容的利益共同体、命运共同体和责任共同体,为全球一体化作出中国贡献。

刑事政策在西方的兴起,是伴随着西方市民社会的发达而进行的。市民社会的内在机制促成法治的形成,个人的独立性是市民社会的首要特征和存在条件,市民社会又是以个人利益为本位的社会,而多样化的个人利益的实现途径主要是经济活动,唯有市场经济才能成为市民社会的经济形式,因为只有在市场经济中,市民社会成员才能保持和发展其独立性,其个人利益才能得到直接的实现,而市场经济的内在规律要求法律制度的调节和规范并对国家权力进行有效的规制。这种制约最有效的方法就是由公众确立一套严格的获取、运用、更替国家权力的标准与规范,并从程序和方式上约束整个国家权力的行使过程。这种制约力量一旦被国家法律所确认,就成了对国家权力行为的法律约束,也就促进了法治的建立。在限制国家权力的基础上,通过正当程序将刑事政策上升为法律,在法的公平的旗帜下公民个人可以自由地选择。以正当的法律程序的方式实现最大的正义,这种既尊重当事人意愿又发挥国家职能的两全其美的制度,实在值得提倡。

第三节 刑事政策的宪政保障

基于对人性弱点的认识,权力的分割与制约基本上已是人们的共识。近现代以来,各国宪法都对此有相应的规定。

一、立法权、行政权和司法权的划分

"权力的滋味让人精神错乱"[①]。如果权力不被分割与制约,那这世界会是一片混乱,每个人的人权都会没有保障,包括独裁者本人。

立法权、行政权和司法权的划分在西方有着深刻的理论渊源。"西方政治思想史描绘的是一套价值——正义、自由、平等和私有权神圣不可侵犯——的发展和阐发",但这些价值只有在特定的制度结构和程序中才能实现,所以"政体"问

---

① 参见〔英〕西蒙·蒙帝菲奥里著:《耶路撒冷三千年》,张倩红、马丹静译,民主与建设出版社2015年版,第003页。

题一直以来是西方政治学家和法学家所论述的重要问题。① 从亚里士多德到洛克再到孟德斯鸠,逐渐形成了今天西方分权理论的基本要素。美国宪法吸取了分权理论的精华,并对之进行了创造性的发展,形成了其独特的"三权分立"体制。三权分立的格局,是以野心对抗野心,以权力制约权力的具体形式。

美国宪法确立的是一种以自由主义、个人主义为思想原则的,注重保护少数和分权制衡的政治体制。② 司法权在宪法文本里并未被规定那么崇高的地位,毋宁说,司法权相对立法权和行政权来说,必定是羸弱的。联邦党人认识到:"司法权既无军权、又无财权,不能支配社会的力量与财富,不能采取任何主动的行动。故可正确断言:司法部门既无强制、又无意志,而只有判断;而且为实施其判断亦需借助于行政部门的力量。"③ 然而在后来的宪政实践中,联邦最高法院睿智的大法官们使司法权在美国分权格局中占据了举足轻重的地位,可以说,司法权与立法权或行政权混合威胁个人自由的情况没有出现,美国政治权力运行也能大体保持在宪法的框架之内。

法院作为宪法(某种意义上说也就是正义)的守护者的观念深入人心,这就使司法权拥有了来自道德上而非力量上的优势,也为司法权有力地制约立法权和行政权提供了基本支持。"像法律在私人领域以和平和秩序取代了私人暴力一样,宪政将政治纳入了法律程序,以制度化的法律程序在公共领域取代了宫廷政变和集团暴力,将围绕政治权力的斗争控制在和平与秩序的范围内。"④ 美国的司法独立,并不意味着司法权完全与政治无涉,恰恰相反,只有如此才能在动态中保持国家权力的均衡。

二、权力的制约

经验告诉人们,权力在运行中往往发生两个方向的异化:其一,权力的使用者滥用权力。主要表现为,权力的使用者超越权限或者不正确使用权力。为了私欲滥用权力,腐败就不可避免。其二,权力的使用者玩忽职守。权力源于权利,它是人民为了更好地保障和增进自身的利益而以明示或默示的方式转让一部分自身权利才凝聚成权力这一公共产品。权力的合目的性表明权力的所有者即人民与权力的使用者之间是一种委托关系,因此,权力的使用者不得怠于行使权力从而损害权力所有者的利益。为了防止权力滥用和玩忽职守,必须使权力制度化,建立完善的权力约束机制。

第一,以权利制约权力。权力起源于权利,服务于权利,这是以权利制约权

---

① 参见〔英〕M.J.C.维尔著:《宪政与分权》,苏力译,三联书店1997年版,第1页。
② 参见谭融著:《权力的分配与权力的角逐》,天津大学出版社1994年版,第1—29,149页。
③ 参见何宁生、支振锋著:《〈联邦党人文集〉导读》,四川教育出版社2002年版,第194页。
④ 参见程竹汝著:《司法改革与政治发展》,中国社会科学出版社2001年版,第59—60页。

力的逻辑前提。因此,在权力与权利相冲突时,应贯彻权利优先原则。但必须认识到,作为个体的权利在与强大的国家权力相对峙时,力量是极其微弱的。为此,一方面须保障个体权利的有效行使,另一方面须限制国家权力。不仅应适当分散国家权力以削弱其强度,同时还应当让国家权力的不同构成部分之间形成一定形式的制约平衡关系以自我抵消一部分强度。①

第二,以权力制约权力即权力分工。权力分工,也就是国家权力的配置,而国家权力的配置从整体意义上其目的就是为了以权力制约权力。权力分工的内容包括:横向分工、纵向分工、内部分工。其中的纵向分工首先体现为中央和地方的关系。在这个问题上,联邦制国家和单一制国家的思维方式大相径庭,在联邦制国家,一般认为联邦是由各州通过转让自身一部分权力而组成的,因此,凡联邦未通过联邦宪法和法律而获得的权力,理所当然地属于各州;而在单一制国家,一般认为凡中央未通过宪法和法律授予地方的权力都属于中央。

第三,以责任制约权力。权力不可自由选择和放弃,这是权力起源于权利的逻辑结论。权力行为的目的不在于权力行使者自身的利益,而在于公共利益和人民的权利,滥用权力或者怠于行使权力必然使公共利益和人民的权利受损,所以,权力必须行使,并且不可滥用,也不可放弃。在这个意义上,权力与义务相近,或者说权力内容内含着义务。作为义务,权力不履行或不正确履行,必然导致一定的责任。"责任与权力是同一事物之一体的两面。"②任何权力都不能脱离责任而独立存在。制约权力是责任的应有功能,实现责任与权力的平衡是法治的基本要求之一。因此,在授予权力的同时,必须设定相应的责任,确立责任法定原则;责任的轻重与权力的大小相适应,确保权责一致;规定严格、高效的程序及时追究违法行使权力的责任,做到有责必究。

第四,以程序制约权力。为防止权力运行中的任意性,必须制定详细并切实可行的权力行为规则。从微观上讲,任何一项权力均有四个构成要素:一是权力主体,即权力归属,也就是由谁来行使权力。二是权力客体,即权力控制和支配的对象。三是权力内容,实际上也可以说是权力的具体表现形式,如命令权、处罚权、裁判权等等。四是权力范围,即权限,它既包括地域上的范围和限度,也包括时间上的范围和限度;既包括横向权限,也包括纵向权限。从上述四个方面严格约束权力行为的行使,确保权力行为的合法性。

第五,以社会制约权力。权力的所有者退隐后,为防止权力的使用者不正当行使权力,必须通过一定的途径和方式对权力行为进行监督。对权力行为进行监督的前提是权力行为的公开性,立法、司法、行政等权力行为都必须向社会公

---

① 参见童之伟:《公民权利国家权力对立统一关系论纲》,载《中国法学》1995年第6期。
② 参见谢晖著:《法学范畴的矛盾辩思》,山东人民出版社1999年版,第265页。

开,同时,社会各方面的力量包括公民个人应当积极参与对权力行为的监督。

三、刑事政策的权力支撑

现代刑事政策的支撑依然是公共权力,只不过现代国家已将权力分割出了一部分,由国家一统的刑罚权分散一部分给市民社会及其个人,其比例的大小由国家的政治体制所决定。正是由于权力的分散才使得大量的具体的刑事政策的制定与实施成为可能。

从理论的研讨层面而言,基于对处理犯罪的传统做法,必须有国家权力的支撑才可行使刑罚权,由此推导出刑事政策也必须基于刑事权力才有效力。这依然是受刑事法学者狭窄的专业背景所限制。刑事政策最早是由刑法衍导出来的,其背后自然是刑事权力的支撑,但随着刑事政策对刑法的超越,支撑刑事政策的就不仅仅是刑事权力或是所有的权力而是国家与社会共同的权力以及公民个人的权利。

虽然目前还是主要的多数的刑事政策离不开国家权力,但是还有大量的具体的刑事政策是社会的、民间的,只要是对犯罪的反应即可。通常市民社会的做法有两种:一是排斥公权力的干预;二是直接作出对犯罪的反应。如许多国家的律师协会,通过明确律师执业规范、强化律师执业纪律、提高律师执业道德、对违反执业规范和执业操守的律师进行纪律惩戒直至吊销律师执照等方式,约束和规范律师的执业活动,事实上就排除了国家公权力对律师违纪违规乃至于违法行为的介入,使得国家没有必要专门针对律师的执业活动进行特殊的刑罚干预,其客观效果可能会更好。有的表现为社会自治反应对国家正式反应的替代,原苏联、东欧国家的"同志审判会"或"企业法庭"对轻微的犯罪案件的审判,美国20世纪60年代后许多地方出现的以诸如"居民纠纷调解中心""邻里审判中心""社区调解中心""社区委员会计划""城区法庭工程"等形式实现的对刑事案件的非刑事化处理即"转处",都是社会自治反应对国家正式反应的替代。①

随着社会的发展与变迁,国家权力可能会越来越多地被分散,米海依尔·戴尔玛斯—马蒂已为我们描述了由各种国家权力机构组成的社会而有可能出现的刑事政策的主要体系,因为人作为人,越来越体现其自主价值,只要不危害他人的利益,法律只在保障社会秩序正常良性运转的情况下尽可能少地限制个人的自由而扩大处置个人权益的权利;由此而结成的以个体平等的社会组织也会更多地处理组织内部成员的问题而无需动用国家公权力,其结果是社会更加和谐,国家公权力受到限制,虽然它在某种程度上依然起主导作用,但是必须在法律规范之内行使公权力。

---

① 参见梁根林著:《刑事政策:立场与范畴》,法律出版社2005年版,第31页。

第四节 刑事政策的法理前提

公民刑事权利的法律化是建立在理论前提基础上的,这些理论浩如烟海。在此,笔者将其简化,只勾勒出一明显的线条脉络,即从"契约论"到"正义论"再到"商谈论"。从人们的理性认识"天赋人权"到在此基础上如何实现公民的权利,以卢梭、罗尔斯、哈贝马斯为典型代表。正是这些法理前提的存在,才使得刑事政策有了理论根基。

一、以契约论为启蒙的权利学说

以契约论为启蒙的权利学说是在法律建制的权威一直被统治阶层所把握的背景下产生的,它将法律建制的基础从统治阶层的意志出发的重心向下发生了转移:肯定了人权的优先性和民众在法律建制中的地位。在某种意义上,卢梭将这次启蒙运动推到了极限,虽然其相对完善的权利和契约学说是有历史阶段性的,无法超越时空的局限。在这个阶段,权利的要求还在初级状态,它是尝试性的,也是奠定权利思想基础的阶段。但契约论的思路是建构主义的,18 世纪的哲学家们"主要感兴趣的并不在于使社会稳定,而在于要改变社会。他们并不追问是怎样成为它那现状的,而是要追问怎样才能使它比它那现状更好"[①]。

卢梭的《社会契约论》是西方 17、18 世纪资产阶级用以反对封建"君权神授"理论、争取平等自由的政治地位的思想武器,在此前提下,西方资本主义及其各项相应的制度才得以充分发展。因此,社会契约理论不仅是资产阶级民主共和国家在政治上与法律上获得正当化的基础,同时也是资产阶级国家以平等、自由为核心理念的法律制度得以确立并发展的先导,它更是现代刑事政策的法理根基。

卢梭认为人是生而自由平等的,认为在国家产生之前存在着原始社会。公意在卢梭的政治理论中占有极为重要的地位,社会契约论、主权理论和法律理论等都与公意密切相关。卢梭认为社会契约是基于公意产生的。在论述其成立的具体方式时卢梭提到了三个方面:第一转让,如此才可以做到对于所有的人的条件是同等的。第二,毫无保留地转让,这才能使"联合体"完美。如果一些人转让全部权利,而另外一些人只转让部分,那么后果就可能使社会或者国家变成另一些人推行暴政的工具。第三,只有全部转让,才能做到没有任何人奉献出自己,而人们可以从社会得到同样的权利,并增加社会的力量以及保护自己的利益。他认为只有通过这种方式建立的集合体才能体现人民最高的共同意志。而他之

[①] 参见〔美〕贝克尔著:《18 世纪哲学家的天城》,何兆武译,三联书店 2001 年版,第 94 页。

谓国家或者社会的产生也正是在这样一种严格规定的方式下通过协议而产生的。

卢梭还认为政府的产生,并不是契约的内容或契约本身的目的。政府只是人民为执行契约而创设的。他认为:"公共力量就必须有一个适当的代理人把它结合在一起,并使它按照公意的指示而活动;它可以充当国家与主权者之间的联系,它对公共人格所起的作用很有点像是灵魂与肉体的结合对一个人所起的作用那样。这就是国家之中所以要有政府的理由;政府和主权者往往被人混淆,其政府只不过是主权者的执行人"。政府就是在臣民与主权者之间所建立的中间体,它的职能就是使二者相互适应,它负责执行法律并维护社会的以及政治的自由。

就是上述这些建构性的学说,奠定了近代以来政治学及法理学的基础。但它也有时代的局限性,这些局限为后来者所不断弥补。

二、罗尔斯的《正义论》

罗尔斯的《正义论》是现代的权利思想,是在前现代权利思想——"消极"的权利观——加入了"积极"的权利思想,提出了社会财富分配过程中的正义要求,他的理论从"无知之幕"开始推论出正义的两个原则,又是从某种意义上,暗示了在事实上不平等的社会,人们在财富分配中应享有平等要求权。罗尔斯的正义理论之所以要继承并升华契约方法论,主要在于契约论术语的优点,这些优点在于:(1)契约论可以解释和证明正义论,正义论是合理选择理论的一部分,特别是在社会合作的利益冲突中,正义原则将被有理性的人们选择;(2)"契约"一词暗示着个人或者团体的复数,暗示着必须按照所有各方都能接受的原则来划分利益才恰当;(3)强调政治公开性是契约论的特点,公开性能需求也是正义原则的特点;(4)契约论是人际关系的一种思考方式;(5)契约论既可以作为证明程序,也可以作为一种比较手段。①

罗尔斯提出,正义不是个人品质问题,它的核心是社会制度的结构,是社会分配基本权利义务的方式,也是通过社会合作产生利益的方式。正义的社会结构影响着人们对社会的态度,他们的生活期待和他们所希望达到的状态和成就。罗尔斯认为,这个社会结构应该基于这样两个原则:第一,所有人都享有和其他人同样的基本自由体系相类似的权利和自由。第二,社会和经济的不平等必须符合处于最不利地位人的最大利益,在机会平等的情况下,公共职务和地位向所有人开放。

第一个原则针对公民与政治权利。为了保护这些权利和自由,平等享有这

---

① 参见何怀宏著:《契约伦理与社会正义》,中国人民大学出版社1993年版,第258页。

些权利的人首先要求制定一部宪法。宪法是旨在确保产生正义结果的正义程序。然而作为政治制度和政权形式，宪法不可避免地要受到政治、经济和文化因素的影响，不可能独自实现完善的程序正义，所以第二步是从可能的制度安排中选择能够导致社会正义的立法程序。在这个阶段，罗尔斯引入了著名的"无知之幕"理论。所谓"无知之幕"，是指参与制度设计的立法者不过是享有第一项原则所赋予的平等自由和权利的个人。他们不知道特殊情况，也不知道自己在未来法律结构中的地位。他们的最大利益就是把自己当作最后一个受益人，最后一个拿自己的那一块蛋糕的人。

第二个原则针对的是公民经济、社会与文化权利。如果说第一个原则指导社会政治资源的分配，第二个原则的使命是指导社会物质资源和管理资源的分配。这是比第一个原则更为困难的任务。至少在理论上，公民与政治权利的享有已经成为现代民主国家的基本政治原则，而物质资源的分配则不然。在很多国家里，公民与政治权利的分配是平等的，社会物质资源的分配则是不平等的，富人的富和穷人的穷同样令人触目惊心。

罗尔斯设计了四个政府功能来匡正这种现象。第一个功能是配给。其任务是保持价格体系的有效竞争性以防止垄断市场权力的形成，并且通过适当的税收和补贴作为效率调整的杠杆。第二个功能是稳定就业。要使想工作者和有能力工作者都能找到工作，并创造有效的社会需求为职业的自由选择提供保证。第三个功能是社会资源转让。保证社会的基本福利，对处于不利地位人群的需求保持敏感和反应的能力。当然，这个功能也包括对处于不利地位的群体的确认。一般说来处于社会平均水平之下并且没有良好预期的人群就是处于不利地位的群体。第四个功能是分配。通过对税收和财产权的必要的调整实现处于不利地位人群的适当的生活标准。①

三、哈贝马斯的商谈理论②

哈贝马斯的商谈理论是后现代法理思想。从哲学角度上，哈贝马斯的法理思想完成了"语言转向"，他是在前现代法理思想的权利维护及现代法律思想"财富分配的平等要求权"的基础之后，提出了丰富权利思想的学说。哈贝马斯的商谈理论更加提高了权利主体在法治社会中的主体性地位。同时，哈贝马斯对罗尔斯的理论批评，折射了罗尔斯理论的欠缺和不完善，即缺少建制化基础。而罗尔斯的理论则对经济系统和法律系统的某种理论进行整合，这具有开创性和奠

---

① 参见〔美〕约翰·罗尔斯著：《正义论》，何家宏等译，中国社会科学出版社2001年版。
② 参见〔德〕哈贝马斯著：《在事实与规范之间——关于法律和民主法治国的商谈理论》，童世骏译，三联书店2003年版。

基性。如果说它对社会有效并有益，可以长期地通过权力实现并逐渐嵌入人们的思想。

如何实现公民的权利并强化法律的有效性，这就是法律在制定过程中建制商谈机制——通过个体之间平等自由的讨论和商谈产生意见和理由——从而使法治原则建立在商谈性原则基础上来增加法律的有效性，也就是说将商谈机制规范化，这就是在事实与规范之间的商谈理论。

哈贝马斯认为在商谈理论中人权和人民主权重新统一在一起，两者互为前提，失去人民主权的单纯人权理论对于权利的建制有不少的欠缺。因此，法律拟订的民主原则必须和商谈原则结合在一起，这就是说基于商谈理论来重构权利学说，再用权利学说来重构法律建制，当然在法治国家的合法性问题上，这样的方式的重构可以增强法治国的合法性基础。这也意味着法律的建构消解了超越层次来源——基于自然法的基础，也弱化了从康德以来的法律和道德关系的直接关联。

哈贝马斯的商谈理论在国家法律建制中的优点是显而易见的。首先，法律作为一个社会的整合系统越来越面临复杂的社会变化的压力，简单固定的法律体系不能适应社会变化的需要，而这样的商谈法理可以在法律系统中镶嵌一种自动装置——用复杂对复杂，用社会自身对社会自身。这种商谈理论可以包容社会的复杂性，用商谈法理的灵活性和丰富性来解决法律系统所面临的压力，它将社会的复杂性和丰富性进行提纯和化约成商谈性机制，镶嵌在法律系统中，进而有针对性地化解了社会复杂性对法律系统的压力。其次，在人民主权和权力建制之间建立了理性的和有弹性的连接机制。人民主权在建立过程中要使得民意得到完全的表达，并且要防止民意的集中和爆发产生非理性力量，进而摧毁理性，这样在人民主权和权力建制之间需要一个既要包含民意的复杂性和丰富性，又要将理性的有序的道理和意见进行传导的环节，商谈理论因此产生。此外，商谈理论丰富了权利学说，提高了个人在社会中的主体性地位。

如果说卢梭提出了人人享有生而自由平等的权利，那么，罗尔斯则描述了正义实现的美好画面，而哈贝马斯则架起了一座从拥有到实现的桥梁——商谈。从提出问题、解决问题到解决问题的方法这一清晰的思路，使得刑事政策的理论根基已经被夯实，高楼大厦可以平地而起。

归纳起来，现代刑事政策存于特定的历史时空中，它完全取决于自己内化的价值理念，根植在肥沃的市民社会土壤里，不管几权分立，都必须存在权力的制约与分割这样的制度保障，其法理的根基更不容忽视，现代关于协调个人自由与维持公共秩序的学说也为刑事政策的制定与实施奠定了理论基础。而所有这些清晰明确了现代刑事政策在学科坐标体系中的位置，刑事政策所固有的意蕴自然顺畅地弥散开来。

第六章　刑事政策的维度

主体对客体的认识无一不带有主观的色彩。即使我们论证某一事物的功能是某一事物的固有属性,但这一事物本身就是我们主观所命名与赋予的,其固有属性也就含有主观味道了。"我思故我在"的哲学蕴涵在某种意义上放之四海而皆准,尤其是在社会科学领域。刑事政策本身也无法摆脱这样的命运,刑事政策的基本观念实际上就是我们对刑事政策的主观驾驭,我们试图靠近"自然法",靠近天赋的与生俱来的真理,以天道酬勤来鼓励我们自己,但我们所有的付出,所得出的结论,还有待于时间的检验。人类理性的进步没有尽头,同时人类理性的阶段与局限同样顺其自然,无法超越。

第一节　刑事政策的起点与过程支撑

一、刑事政策的起点

刑事政策的发端在于几千年的刑罚没有遏制住不断发展的犯罪,愈演愈烈的犯罪现象超出了社会可以容忍的范围,人们不再将解决犯罪问题的所有理想寄托在刑罚上,而是另外寻求对犯罪的反应方式。因此,刑事政策的逻辑起点是犯罪,如果没有犯罪,就不可能出现刑事政策。

(一) 犯罪现象

不同的观念决定不同的态度,态度又决定方法。人们对犯罪现象的认识决定了刑事政策的价值目标。根据犯罪学的研究成果,犯罪现象是指在一定地区和一定时期内发生的应受制裁或处置的严重危害社会行为的总和。犯罪现象的属性,是指为犯罪现象所固有的、不以人的意志为转移的一般共性。

1. 犯罪存在的当然性或是不可避免性

犯罪是社会的一种基本现象,就如同病痛在人体是一种基本的生理现象一样。现实中有一种误区,认为犯罪是正常社会现象的一种例外。人们对此进行道义评价以满足心智而不愿去接受这一现实甚至拒绝进行更理性的探索,原因有二:一是源于人类道德情感的误导;二是源于意识形态的羁绊。架起刑事实证学派与刑事人类学派桥梁的重要人物菲利,在分析犯罪的人类学、地理学、社会学系统成因的基础上提出了"犯罪饱和法则":"就像我们发现一定数量的水在一定的温度之下就溶解为一定的化学物质但并非原子的增减一样,在一定的自然和社会环境下,我们就会发现一定数量的犯罪。"①"每一个社会都有其应有的犯罪,这些犯罪的产生是由于其自然及社会条件引起的,其质和量与每一个社会集体的发展相适应。"②法国著名社会学家迪尔凯姆将犯罪视为个体表达方式与集体生活规定的差异或者反动,从而得出犯罪常态性的独到见解:"犯罪不仅见于大多数社会,不管它是属于哪种社会,而且见于所有类型的所有社会,不存在没有犯罪的社会。把犯罪归于正常社会学的现象,这不只是说由于人类具有不可纠正的恶习,所以犯罪就成为一种人们虽不愿意但又不可避免的现象;而且也是确认犯罪是社会健康的一个因素,是健康的社会整体的一个组成部分。"③

2. 犯罪价值的相对性

价值本身已被赋予主观色彩,因此,人们对犯罪价值的认识见仁见智。犯罪价值的相对性是指犯罪不仅仅具有负面价值,还具有正面价值。有学者认为,犯罪只有负面价值④。笔者认为,犯罪还具有正面价值。其表现如下:

(1) 对犯罪公正、及时的惩罚,有助于确立法律的权威,增进社会的团结。(2) 犯罪现象的存在与发展,能从一个侧面标示出社会机体存在的不适。(3) 犯罪现象是检验预防实践效果和刑事政策、刑事法律科学性的客观标准。(4) 在一定条件下,犯罪现象是推动社会变革和技术进步的刺激因素。

3. 犯罪控制的有限性

犯罪控制的有限性主要表现为:(1) 犯罪规律认识和把握的局限性。(2) 犯罪控制的社会资源投入的有限性。(3) 犯罪控制与其他社会实践的矛盾性。犯罪控制的有限性主要取决于犯罪现象的基本规律。

从犯罪学意义上研究犯罪现象,我们就会发现犯罪现象的基本规律。规律是指隐藏在事物表象背后,决定着事物必然发展趋向的事物之间内在的本质联系。犯罪现象规律即隐伏在犯罪数量、质量、结构等表象背后的犯罪现象存在和变动的一般过程和趋向,它深刻地反映着犯罪现象与一定的社会环境以及人类自身之间的关系。

(1) 犯罪现象必然律,是指犯罪现象不可避免而合乎逻辑地存在和变化的规律。

(2) 犯罪现象依存律,是指犯罪现象的变化与社会环境以及自然环境的变化之间存在依存关系或共变关系的规律。

---

① 〔意〕菲利:《犯罪社会学》,郭建安译,中国人民公安大学出版社 2004 年版,第 56 页。
② 〔意〕菲利:《实证派犯罪学》,郭建安译,中国政法大学出版社 1987 年版,第 43 页。
③ 〔法〕迪尔凯姆:《社会学方法的准则》,狄玉明译,商务印书馆 1995 年版,第 83—84 页。
④ 参见于志刚著:《论犯罪的价值》,北京大学出版社 2007 年版,第 340—440 页。

（3）犯罪现象概然律，是指犯罪现象从大量偶然性犯罪行为中求出的平均趋势发展变化的规律。

（4）犯罪现象饱和律，是在正常情况下，犯罪现象的总量以及增减幅度总是与一定的社会及自然环境保持相对稳定的比例关系的规律。[①]

我们再以犯罪学上的群体犯罪现象范畴为例，说明犯罪现象的客观性。

个体犯罪现象是指以个体行为表现出来的具体的犯罪现象。群体犯罪现象是指一定范围或地区的一定时间内的所有的犯罪现象，也称整体犯罪现象，其意义在于：

（1）群体犯罪现象范畴的提出，有利于认识犯罪的本质。在一定的社会生活条件下，犯罪的产生是必然的，不是偶然的，犯罪不是个别现象而是普遍现象。

（2）群体犯罪现象范畴的提出，有利于提示犯罪的根源。犯罪在本质上是社会现象而不是个人现象，犯罪归根结底产生于社会，而不产生于个人（身心之中）。

（3）群体犯罪现象范畴的提出，有利于认识犯罪现象的规律，建立科学的犯罪学理论体系。

（4）群体犯罪现象范畴的提出，有利于制定有效的犯罪对策。

犯罪现象既然如此，我们怎能抱有太多的奢望呢？我们只能心平气和地对待犯罪，就像我们对待自身的疾病。从心理学角度讲，就是把它作为我们日常生活的一部分。我们能做到的就是治病救人，使犯罪人重新回归到社会中来。

（二）犯罪人

从字面上理解，犯罪人就是实施犯罪的人。犯罪主体只能是人，或者说只有人实施危害社会的行为才被法律评价。现代社会崇尚个性自由发展，犯罪人也呈现出不同的特点，对犯罪人的认识是通过对犯罪分类进行的，归纳起来我们可以从九个方面认识犯罪人，并且通过对犯罪人的分类研究来制定具体的刑事政策措施，以期达到刑事政策目的。

1. 以犯罪人的性别为标准来划分

依此标准，犯罪人可以分为男性犯罪人与女性犯罪人。男女由于生理、心理不同，在犯罪原因、犯罪的类型及犯罪后的态度方面多有不同。对男女行为人分别进行研究，对于考察犯罪人的性别特征，不同性别的犯罪与社会进步、婚姻家庭制度的变革等方面的关系，以及对于采取有针对性的防控犯罪的措施，具有一定的意义。

2. 以犯罪人的年龄为标准来划分

依此标准，犯罪人可以分为青少年犯、中壮年犯和老年犯。这三类人由于年龄的不同，实施犯罪的动机、原因及犯罪后接受矫治的态度均不相同。对其进行

---

① 参见王牧主编：《新犯罪学》，高等教育出版社2005年版，第231—237页。

分类研究,有利于认识、预防和减少犯罪。如青少年犯罪大多属于激情犯罪,且可塑性较大,对之适用教育、保护性的政策,较之重刑惩罚,更有利于这一类犯罪的预防和这一类人的改过自新。

3. 以犯罪人的精神状态是否正常为标准来划分

依此标准,犯罪人可以分为常态犯罪人与精神异常犯罪人。前者指神智正常健全、具有辨认和控制自己行为能力的人;后者是指缺乏辨认和控制能力,精神状态不正常的犯罪人。将这两类犯罪人加以区别,有利于对后者采取有针对性的治疗和监护措施,预防此类犯罪的发生。

4. 以犯罪人反社会性的强度为标准来划分

依此标准,犯罪人可以分为初犯、偶犯、再犯、累犯和惯犯。这些犯罪人的犯罪心理、犯罪手段、犯罪的社会危害性以及矫治难度在多数场合下各有不同。其中,再犯、累犯与惯犯等重新犯罪者,具有犯罪经验,其社会危害性和矫治难度均大于前两者,是各国刑事政策打击的重点。初犯的年龄、初犯与再犯的关系、遏制重新犯罪等,成为各国研究的重点课题。

5. 以犯罪人实施犯罪的手段为标准来划分

依此标准,犯罪人可以分为暴力犯与智能型犯罪人。暴力犯一般直接侵犯公民的人身权利,使被害者身体或精神受到一定侵害,其犯罪的社会危害性和犯罪后果比较严重,所以一直是各国犯罪惩罚的重点。智能型犯罪人凭借权力地位、特殊职业、专门知识、经验或技术等实施犯罪,如利用计算机犯罪、利用生物科学犯罪、诈骗犯罪等。智能型犯罪人实施的犯罪特别是经济犯罪、金融犯罪等,也是需要我们认真研究和对付的犯罪类型。

6. 以犯罪人实施犯罪的需要倾向和动机为标准来划分

依此标准,犯罪人可以分为淫欲型犯罪人、贪利型犯罪人和游戏型犯罪人。这种分类有利于对犯罪动机、犯罪原因、犯罪规律和犯罪特点进行研究。其中,游戏型犯罪人常以追求享乐、寻求刺激为犯罪动机,把杀人、行凶、盗窃等视为一种充满刺激的游戏,因而其在犯罪动机、犯罪原因方面不同于传统的犯罪人,这就给预防和控制犯罪带来了新的课题,应当引起我们的重视和关注。

7. 以犯罪人实施犯罪时的情绪状态为标准来划分

依此标准,犯罪人可以分为激情犯罪人与预谋犯罪人。这两种类型既反映出了犯罪人行为时的心理状态和个性特征,也在一定程度上反映出其主观恶性或人身危险性。

8. 以犯罪人的组织形态为标准来划分

依此标准,犯罪人可以分为犯罪自然人和犯罪法人。目前我国正处于经济和社会的转型期,法人犯罪的不断涌现以及其对社会的危害程度之严重,已经成为刑事政策领域加以防控的犯罪现象。因此,这种分类有利于对这种犯罪施以

9. 以犯罪人的组织形式为标准来划分

依此标准,犯罪人可以分为个体犯罪人、团伙犯罪人、集团犯罪人。这种分类主要根据行为主体的情形划分犯罪类型,依此分析与之相适应的犯罪对策。

对犯罪人的划分可以使我们有的放矢,面对不同性质的犯罪人,采取不同的刑事政策。

确定犯罪人的类型就可以针对不同的犯罪人采取不同的刑事政策措施,不管是宏观措施还是微观措施都可以做到有的放矢并予以人道化处置。刑事政策的起点一定是首先面对犯罪现象和犯罪人,宏观措施大多考虑犯罪现象的存在,而且是通过对已然的犯罪的处理来表明对犯罪现象的态度,如"严打"。对犯罪人的刑事政策当然是对已然犯罪的处置与预防,对于未然犯罪的预防与控制则交给犯罪学去解决。这样刑事政策就有了一个明确的对象起点,我们界定刑事政策的范畴有了明确的界限。否则,刑事政策的内涵就会有扩大之嫌,会将所有的社会政策包容进来,比如社会治安综合治理,运用经济的、行政的、社会的等等手段预防及控制未然犯罪的发生。而刑事政策只解决已然犯罪的处置、预防与控制。

我们对犯罪现象及犯罪人有了客观的认识以后,才可以在此基础上研究刑事政策。

二、刑事政策的过程支撑

现代刑事政策的支撑依然是公共权力,只不过现代国家已将权力分割出了一部分,由国家一统的刑罚权分散一部分给市民社会及其个人,其比例的大小由国家的政治体制所决定。正是由于权力的分散才使得大量的、具体的刑事政策的制定与实施成为可能。

有学者认为:"刑事政策学是一门关于刑事权力的科学知识体系。换言之,刑事政策学的终极目的是为刑事权力的掌权者提供专门化的关于刑事权力的理论知识。如果这一命题能够成立的话,那么刑事政策概念的逻辑支点就自然是刑事权力。"[1]刑事权力适用于刑法范畴之内,但不适用于刑事政策领域。对待犯罪的处理由刑法发展到刑事政策,刑事司法权已不仅仅由法院行使,现代刑事政策已将其提前到公安及检察院等机关。如 2004 年 5 月浙江省高级人民法院、省高级人民检察院、省公安厅共同制定了《关于当前办理轻伤犯罪案件适用法律若干问题的意见》,据此,轻伤案件,当事人双方和解,被害人书面要求或者同意不追究犯罪嫌疑人刑事责任;犯罪嫌疑人本人确有悔罪表现,社会危害性已经消除,不需要判处刑罚。2005 年安徽省公安厅会同省高级人民法院、省高级人民

---

[1] 刘远著:《刑事政策哲学解读》,中国人民公安大学出版社 2005 年版,第 2 页。

检察院共同出台了《办理伤害案(轻伤)若干问题的意见》,与上述规定基本相同。2017年10月6日,最高人民法院、司法部联合出台了《关于开展律师调解试点工作的意见》,决定在北京、上海、广东等11省开展律师调解试点工作,虽然案件的适用对象仅仅限于民事案件和刑事附带民事诉讼案件,但律师调解达成协议可以被法院赋予强制执行力。这意味着公权力对私权利的认可并支持,以国家强制力作为私权利实现的强大保障,公民个人的权利得到最大限度的提升。随着社会经济发展,政治体制改革深化,社会公民的自治能力增强,有可能将案件的性质与数量扩大到可以律师进行调解的层面,如先从较轻微的刑事案件开始,向较重的刑事案件过渡,或对刑事案件进行分类后有针对性地适用。

随着社会的发展与变迁,国家权力可能会越来越多地被分散,米海依尔·戴尔玛斯—马蒂已为我们描述了由各种国家权力机构组成的社会有可能出现的刑事政策的主要体系,因为人作为人越来越体现其自主价值,只要不危害他人的利益,法律在保障社会秩序正常良性运转的情况下将尽可能少地限制个人的自由而扩大处置个人权益的权利;由此而结成的以个体平等的社会组织也会更多地处理组织内部成员的问题而无需动用国家公权力,这种方式省时省力省资源,其结果是社会更加和谐,对国家公权力的限制也会水到渠成。

第二节　刑事政策的功能与目的

一、刑事政策的功能

(一) 概述

功能是指功效、作用或是能力,它是一事物客观的表现,不依人的主观意志为转移,无论是否意识到,功能都是客观存在的,并且起着作用。刑事政策的功能就是刑事政策本身的效用或是作用。宏观刑事政策与微观刑事政策都有其重要的作用。从刑事政策本身可引申出刑事政策宏观上只有两大功能:一是对已然犯罪人的处置功能;二是对已然犯罪人的预防功能。

对刑事政策的理解不同,对其功能的认识也会存在许多差异。有学者认为,刑事政策的功能有二:一是政策导向功能,通过三个途径具体实现:第一,统一反犯罪斗争的思想认识;第二,明确反犯罪斗争的行动目标;第三,指导反犯罪斗争的具体行动。二是政策调控功能,主要表现在以下两个方面:第一,刑事政策对刑事立法、刑事司法与行刑处遇的调节,此为内部调节;第二,刑事政策对刑事法律与社会状况之间的调节,即外部调节。[①] 还有学者认为,刑事政策主要具有指

[①] 参见刘远著:《刑事政策哲学解读》,中国人民公安大学出版社2005年版,第89—94页。

引功能、调节功能和符号功能。前两种功能基本与上述相同,刑事政策的符号功能,主要体现在刑事政策对市民社会的影响上,即刑事政策所具有的影响公众看法、观念或者思想意识的功能。刑事政策的符号功能不在于刑事政策的实际作用或者物质性效果,而主要体现在对公众的安抚、威胁、一般性教育以及道德教化上。① 还有学者从社会转型的角度认为刑事政策具有守旧与创新功能、限制与扩张功能、明示与含糊功能和符号功能等。②

  刑事政策功能的确认首先取决于人们对刑事政策的定义。我们很多人对刑事政策望文生义,认为刑事政策就是政策的一部分,中国传统文化一直就是如此认识:政策高于一切,这一影响直至今天。由于刑事政策不仅仅是对刑事立法、刑事司法及刑事执行的反省及修正,刑事政策还是这些制度本身,其目的在于如何将犯罪人改造成为社会上的正常人,在社会中重新过正常人的生活,而不是调和事实与规范之间的差距。但刑事政策本土化后,确实具有中国特色。因为国外的刑事政策就是指对犯罪的具体的反应,而我国的刑事政策还包括对犯罪的宏观上的反应。即使宏观上的反应相当于我们同犯罪斗争的战略,但其意义也有根本的改变,因为现代意义上的刑事政策不是建立在专制与集权的基础上,而是建立在民主与分权的框架内,以人道主义为核心内涵的对犯罪反应的措施。

  其实刑事政策就是解决问题的方案、方式、方法,具体言之,刑事政策就是对已然犯罪有个交代,对已然的犯罪人如何处置,通过怎样的方法才能使其尽快回到主流社会所认可的行为方式,这有一个历史发展的过程。即使是宏观的刑事政策如我国的"宽严相济""严打"等也是解决具体犯罪的政策,每一起刑事案件都有宏观刑事政策的渗透,我们在此暂且不论这些宏观刑事政策的人道性、科学性、正当性、合法性。笔者并不否认刑事政策具有一定的导向功能,但是这种导向功能从逻辑的角度来论是属于处置功能下一个层次的功能,或者说是该功能的引申,这种导向不是完全作为策略的导向,而是具体措施的导向。换句话说,是落到实处的导向,是可以看得见摸得着的实实在在的措施,并在个案中充分体现出来。

  刑事政策本身就是解决已然犯罪的具体措施,它无需调控,无论是对内还是对外,因为对内刑事政策不同于犯罪对策,对外刑事政策不同于社会政策。这两个不同就决定了刑事政策只解决运用刑事政策本身所要解决的问题,无需对内协调,也无需对外协调,只要找到与犯罪及犯罪人相对应的措施就可以解决问题了。

  刑事政策的符号功能也不是我们所论证的刑事政策的功能。因为,按其要

---

① 参见侯宏林著:《刑事政策的价值分析》,中国政法大学出版社 2005 年版,第 113—115 页。
② 参见刘仁文著:《刑事政策初步》,中国人民公安大学出版社 2004 年版,第 151—155 页。

义，符号功能不在于刑事政策的实际作用或者物质性效果，而主要体现在对公众的安抚、威胁、一般性教育以及道德教化上。是否可以理解为，刑事政策在还没有适用之前或是说刑事政策的存在本身具有的功能，但是如果一个事物只有其存在却并不适用，它的真正的作用或实际的功能永远也不会体现出来。现代意义上的刑事政策也不是通过对犯罪人的惩罚来安抚被害人，刑事政策对被害人有具体的适用措施，如欧美的恢复性司法，将解决问题的主动权交给被害人和加害人，由被害人和加害人双方协商，如果达成协议，就不再追究被告人的刑事责任；再如对被害人的经济补偿，可通过被告人赔偿、国家补偿等方法安抚被害人，使其所受到的损害达到最小的程度。刑事政策本身已最大限度地考虑了被害人的利益，并通过具体的方案得到实现。刑事政策也不具有威胁的功能，因为刑事政策是最具人道化的措施与方式方法，给犯罪人以最人道的待遇，对于社会大众也就不存在威胁的情况。对公众的一般性教育及道德教化是普遍存在的，这不是刑事政策所独有，犯罪对策、社会政策也有这样的功能。更为关键的一点是只有通过对刑事政策的适用，刑事政策的功能才可淋漓尽致地体现出来。

（二）刑事政策的功能

1. 处置功能

处置功能是对已然犯罪人的处理，通俗地说就是行为人实施犯罪行为后应该得到怎样的对待。最初人们的理念是"杀人偿命，欠债还钱"以及"以血还血，以牙还牙"。在刑法领域内自古至今世界各国对犯罪的反应经历了报复刑、威慑刑、等价刑（报应刑）、矫正刑（教育刑）、折衷刑等几种方式，但依然没有解决犯罪问题，在这样的背景下，刑事政策应运而生。刑事政策就是通过包括刑罚措施在内的宏观上及微观上的措施处理犯罪及犯罪人。

处置功能是这样体现的：

（1）刑事政策对已然犯罪人适用

我们可将犯罪划分为未然犯罪和已然犯罪，前者是指尚未实施的犯罪，后者是指已经实施的犯罪。对于未经实施的犯罪，刑事政策解决不了，它是犯罪学所研究的范畴，刑事政策只能是针对已然的犯罪，即行为人实施危害社会的行为以后，该对其进行怎样的处置。人身体上有病不能不治疗，同样，人心理或是行为上有病也不能不治疗而任其自生自灭、害人又害己。

（2）刑事政策的适用过程

刑事政策的适用过程就是刑事政策适用于犯罪人的各个阶段及步骤。如果需要适用刑罚，就走刑事程序，立案、侦查、起诉、审判、执行。如果需要非刑罚方法处理，也要走刑事诉讼程序。如果是经济的、民事的、行政的处理方式那就用这些方式处理；如果是司法转处，则按司法转处规则进行。但有一点是必需的，无论是哪一种形式都要给予犯罪分子以人道主义的待遇。

（3）刑事政策的适用结果

通过对已然犯罪人适用刑事政策，使犯罪人得到了及时处理。与以往不同的是，尽量对犯罪人予以人道主义的待遇。刑事政策同时对被害人也有相应的措施规定，如犯罪人赔偿、国家赔偿或是其他如恢复性司法解决问题等，使被害人、社区乃至整个社会所受到的重创尽量恢复。

2. 预防功能

预防功能是指预防已然的犯罪分子再犯罪，是特殊预防，即再犯预防，它不包括一般预防，因为刑事政策做不到一般预防。一般预防是通过适用刑事政策措施而对社会上的潜在犯罪人产生威吓从而使他们惧怕刑罚而不敢犯罪。刑事政策的人道性决定了不能得出传统的一般预防结论，因为刑罚的一般预防是建立在威慑基础上的。

预防功能也有如下的体现：

（1）刑事政策对已然犯罪人适用

刑事政策面对的是已然犯罪，是指行为人在犯罪以后应该得到什么样的处置，它与对未然犯罪的犯罪预防正好相反。

（2）刑事政策的适用过程

这与刑事政策的处置功能第二点相同，在此不赘述。

（3）刑事政策的适用结果

刑事政策所有的人道化的处置有可能避免初犯者再次实施危害社会的行为。刑事政策应含在犯罪对策当中，犯罪对策既针对未然犯罪也针对已然犯罪；既预防控制初犯，也预防控制再犯，是对犯罪全方位的治理手段。刑事政策不具有刑罚的功能，因为两者建立的根基不同、价值理念不同、具体措施不同。

二、刑事政策的目的

（一）概念

所谓目的，"是指那种通过意识、观念的中介被自觉地意识到了的活动或行为所指向的对象和结果"[①]。黑格尔认为：目的是由于否定了直接的客观性而达到自由实存的自为存在着的概念。目的是被规定为主观的。因为它对于客观性的否定最初也只是抽象的，因此它与客观性最初仍只是处于对立的地位。那假定在先的客体对于目的也只是一种观念性的自在的不实的东西。目的虽说有它的自身同一性与它所包含的否定性和与客体相对立之间的矛盾，但它自身即是一种扬弃的力量，它能够否定这种对立而赢得它与它自己的统一，这就是目的的

---

① 夏甄陶著：《关于目的的哲学》，上海人民出版社 1982 年版，第 227 页。

实现。① 目的的形成过程和实现过程也是人们理性活动的过程。人们提出目的就是为了实现目的,这是主观见之于客观的过程。从目的的设定到目的的实现,既反映了人对客观世界的理性认识,也反映了人对自身需要的执着追求。对犯罪人实现人道主义处遇的过程与结果就是刑事政策的目的。

目的是主观的范畴,达到什么样的目的是基于对事物的本体认识。目的既是出发点也是归宿。有学者认为:"刑事政策的目的具有双重性,即惩罚犯罪和预防犯罪。"②

刑事政策之所以能够超越刑法(当然不是完全摒弃,而是将一部分刑罚吸收到刑事政策中来),就在于刑事政策的根基在于人道主义,是人道主义决定了刑事政策的目标不可能兼顾到特殊预防与一般预防,人道主义反对任何以人为手段的方式来达到主体的目的,只要是人,无论是生物的人还是社会的人,都要以人的态度对待他,我们不能通过刑事政策的实施来实现预防犯罪的目的。

(二)犯罪预防的含义

犯罪学范畴的犯罪预防是指:"最大限度地调动一切积极因素,以限制和消除犯罪行为发生的可能性为主要目的的行为的工程体系"。犯罪预防可分为"行为预防与情景预防、社区预防""初级预防、二级预防、三级预防""针对犯罪人的预防和被害人的预防"。"犯罪预防是人们对犯罪的理性反映","预防犯罪是治理犯罪的最根本途径"。③ 刑法学意义上的犯罪预防是指:"刑罚的目的所预防的犯罪,包括已然之罪和未然之罪,由于预防的对象有所不同,故将刑罚的目的划分为特殊预防和一般预防"。"特殊预防是指通过对犯罪分子适用刑罚,惩罚改造犯罪分子,预防他们重新犯罪",而"一般预防是指通过对犯罪分子适用刑罚,威慑、儆戒潜在的犯罪者,防止他们走上犯罪道路"。④ 两门学科各自从其学科属性出发对犯罪预防作出了注解,犯罪学意义上的犯罪预防实际上是指犯罪对策对于犯罪的预防,犯罪对策确实可以起到如此的预防作用。刑法学意义上的犯罪预防是传统的通过适用刑罚来预防犯罪,也可以起到特殊预防和一般预防的作用。因为传统的刑罚是对生命、自由、财产、资格的剥夺,因此其威慑力足以使社会上潜在的犯罪人望而却步。虽然理论上可以如此推理,但实践中是否尽如人意是另一回事,如果真达此目的,刑事政策也就不会破刑罚之土而出了。

刑事政策的目的也是基于刑事政策的定义,对刑事政策的不同理解一定会得出不同的刑事政策目的。上面探讨了刑事政策的功能,将其界定在特殊预防

---

① 参见〔德〕黑格尔:《小逻辑》,贺麟译,商务印书馆1980年版,第387页。
② 储槐植著:《刑事政策:犯罪学的重点研究对象和司法实践的基本指导思想》,载《福建公安高等专科学校学报(社会公共安全研究)》1999年第5期。
③ 参见王牧主编:《中国犯罪对策研究》,吉林人民出版社2004年版,第155—158页。
④ 参见高铭暄、马克昌主编:《刑法学》,北京大学出版社、高等教育出版社2002年版,第232—234页。

上。特殊预防是指再犯预防，它是刑事政策的功能，而不是刑事政策的目的。刑事政策的目的只能是通过适用刑事政策对犯罪人有一个人道主义的处置，真正实现犯罪人也是人的理念。犯罪学中的犯罪预防及刑法学中的犯罪预防都不能成为刑事政策学中的刑事政策的目的所在，因为根基不同、理念不同、学科不同。

人存在本身就是目的，人不能作为手段来运用并以此来达到某种目的。犯罪预防可以是刑事政策的功能，但是不可作为刑事政策的目的。耶塞克的论证值得我们在此借鉴：

（1）刑法哲学上应当禁止以人的生命或自由作为达成某种功利目的的工具，因为每个人在法律上均属于具有独立人格的法秩序主体，即使受到刑法之追诉或处罚，他也不是单纯的被追诉、受惩罚的客体。

（2）刑事立法政策上应当禁止设置残酷而不人道以及蔑视人性尊严和基本人权之刑罚手段及执行刑罚的方法。

（3）刑事追诉过程必须以尊重人性和人的尊严的方式进行。严禁以牺牲犯罪嫌疑人的尊严为代价，以诱供和逼供等方式强迫或变相强迫犯罪嫌疑人自证其罪。刑事诉讼的全过程应当是体现国家的人文关怀的过程，即使是对犯罪嫌疑人、被告人甚至是被定罪的人，也必须维护其人格尊严，给予他们进行充分辩解的机会。

（4）刑罚的科处和执行方式必须考虑被判刑人的个性，以负责任的态度人道地对待被判刑人，以便使其能够顺利地重返社会。以受刑人的再社会化为执行自由刑的最高标准，尊重受刑人的人性尊严，并应排除执行自由刑可能产生的不良弊端。①

上述论证在刑事法领域已基本达成共识。现代意义上的刑事政策更加凸显其人道主义的内涵，无论是国家、社会还是个人都不能凌驾在某个人之上，而且也不能通过对人适用的手段达到一定的目的，因为这是反人道的。

（三）实现对犯罪人进行人道主义处遇的过程与结果就是刑事政策的目的

对犯罪人实现人道主义的处遇是刑事政策的目的，其中的人道主义的含义就是指"人本身是最高价值"，就是要善待犯罪人。犯罪人也是人，只要是人不管他做了什么，他存在的本身就是任何其他东西所无法替代的，这与他侵犯他人权益给被害人所造成的痛苦需要公平与公正的处理不是一个层次的概念。

人权的确立为人道主义的实现提供了宪政制度基础。在刑事政策领域，刑事政策的发展也经历了由专制主义、自由主义、平等主义到人道主义的一个过程，法国的马克·安塞尔尤其将它提升到一个高峰。

---

① 参见〔德〕汉斯·海因里希·耶塞克等著：《德国刑法教科书》，徐久生译，中国法制出版社2001年版，第35—36页。

从表面看,通过适用刑事政策,包括刑罚、非刑罚手段及其他经济的、行政的、民事的等手段使犯罪人得到惩处,抚平由犯罪人带给被害人及社会的伤痛,重新恢复被犯罪破坏的社会秩序,重建由主流社会所确立的价值规范,或是一般预防及特殊预防,减少甚至消灭犯罪,使社会纯净美好。这不过是人类的美好理想,并试图通过适用刑事政策以期实现。但这仅仅是美好理想而已,因为无论采取什么样的措施,犯罪不会消亡,犯罪现象就如人体的疾病一样,只不过是社会疾病。实际上,刑事政策既然是对已然犯罪的被动处置措施,其目的就是对犯罪人以人道主义的待遇,在实施刑事政策的过程中,不以惩罚、预防为目的,惩罚已被我们所摒弃,预防又是不可能,况且人不是手段,人应该具有人的最高价值。因此在不得已的情况下,对犯罪人通过适用刑事政策达到对其人道主义待遇的目的,让他真正感受到人的价值所在,重塑犯罪人个人内在的价值系统,这对于提升整个社会的人道价值具有重要作用。

要实现这一目的必须要有相配套的措施,我国现行的刑事政策还不足以完全实现这一目的,刑事政策的研究一直在路上。

第三节　刑事政策的主体

现代汉语对主体有三个解释:一是事物的主要部分;二是哲学上指有认识和实践能力的人;三是法律上指依法享有权利和承担义务的自然人、法人或国家。① 我们使用的主体与上述三种解释不同,它是指制定刑事政策的主体和执行刑事政策的主体。换言之,就是由谁来制定刑事政策,刑事政策出台后由谁来具体执行。主体的确定关系刑事政策本身是否遵循人道性、科学性等原则,以及这些原则相冲突时其价值取向对刑事政策内容取舍标准的影响。

一、刑事政策的制定主体

(一) 制定主体的构成

在刑事政策萌芽时期,制定主体是国家及其权力代表机关;在刑事政策的发展期仍是如此;在刑事政策的发达期,即现代意义上的刑事政策的制定主体已有所扩大,由国家扩大到社会及社会团体。这三个时期分别以费尔巴哈时代、李斯特时代和马克·安塞尔及马蒂时代为代表。

政治国家作为刑事政策的决策主体和执行主体,主要是通过执政党、权力部门、附属机器制定和实施刑事政策,政治国家是刑事政策的基本主体。在政治国家和市民社会分化以前,政治国家甚至是刑事政策的唯一的决策和实施主体。

---

① 参见《现代汉语词典(第5版)》,商务印书馆2005年版,第1781页。

而现代市民社会与政治国家的相对独立与脱离,使得市民社会的各种组织,如被害人协会、社会调解与和解组织、村委会、居委会等社区团体,以及各种行业性组织、民间的保安机构等,不仅可能参与政治国家制定的刑事政策的执行,而且也能够直接制定和实施作用界域限于市民社会的刑事政策,在一些国家甚至出现了市民社会挤压政治国家传统的权力领域、市民社会的刑事政策替代政治国家的刑事政策的发展趋势。①

典型的市民社会是面对绝对权力而主张自己自由的社会。其存在的前提是:社会的基本结构是由自由的个体组成的。这种自由的个体在法律上的含义是每一个人都必须是平等的自主的人,他们可以自觉地认识到自己的责任,独自决定自己的行为,享有能自我控制的自主人格。② 由于利益的多样性,市民社会的人们根据自身的需要自愿组成了不同类型的群体,来对付权力专制或力量垄断。考察西方社会结构的组成,不难发现市民社会的群体主要是以各种等级集团的形式而存在的,由于这些等级集团蕴涵了不同类型个体之间权力利益的冲突,其群体关系就永远处于一种不稳定状态或潜伏的不稳定状态,没有一个集团阶级能够长期博得所有其他集团的效忠和服从。③ 西方国家正是由于市民社会的存在,才有其制定刑事政策的空间。

我国有学者认为:我国实际运行的类似市民社会性反应也是在国家的认可和调控下进行的。如农村的村委会依据全体村民基于村民自治的原则而制定的乡规民约,对村民中发生的诸如小偷小摸、邻里不和、婆媳矛盾、打架斗殴等轻微违法和民间冲突的调停、处理和制裁,已经成为被政治国家普遍认可的一种刑事政策实践。④

(二) 确立制定主体的价值取向

刑事政策的制定主体限定重于法治价值的实现。将其限定为"代表国家公权力的政府或机关或社会组织",此处强调的是只有具有国家公权力的或者国家公权力授权范围内的政府或机关及社会组织才具有制定"刑事政策"的资格,而社会组织也经法律认可。

刑事政策的制定关乎国家对待犯罪问题的态度以及犯罪对策制定及实施,如果将制定"刑事政策"的权力滥用,势必会影响国家民主法治建设,甚至于直接影响到国家经济的平稳发展和文化转型,使社会动荡不安。

一方面,制定刑事政策对刑事实体法、程序法、组织法都有重要的调节作用,

---

① 参见梁根林著:《刑事政策:立场与范畴》,法律出版社 2005 年版,第 14 页。
② 参见〔英〕《潘恩选集》,马清槐等译,商务印书馆 1981 年版,第 3 页。
③ 参见〔美〕昂格尔著:《现代社会中的法律》,吴玉章等译,中国政法大学出版社 1994 年版,第 54 页。
④ 参见梁根林著:《刑事政策:立场与范畴》,法律出版社 2005 年版,第 15 页。

比如，为刑事法划定犯罪圈的大小，为刑事执行程序确定原则，为组织法确立权力的分工。所有刑事法作用的最终客体，都是普通人或法人的违法或犯罪行为。因此，刑事政策与普通当事人关系更是极大，普通当事人的行为在一个时期不是犯罪，但或许在另一个时期就成为国家追究刑事责任的对象，性质也由"合法"转变为"违法"甚至"犯罪"，其处境也会相应地发生天壤之别。制定刑事政策这一活动是关系到社会中每个细胞的存在状态的，所以，对于刑事政策的制定主体必须加以严格限定，以防止权力滥用。

另一方面，正如孟德斯鸠在《论法的精神》中提到的那样，"一切有权力的人都容易滥用权力，这是一条万古不易的经验。……有权力的人使用权力一直到遇到界限时为止"。为了防止权力的滥用，近代行政法开始向"控权论"思想演变，即要求"以权力制约权力"，在政治体制上主张"三权分立"，在法律精神上强调"人民主权"。在"控权论"看来，法律不仅是政府推行管理、行使权力的工具，更是公民表达意愿、实现权利的手段；它不仅要求公民守法，也要求政府守法，要求政府在行使权力的同时不得侵害公民的各项权利，依法办事。① 但是权力被滥用的情况却有增无减，这须从权利的主体——人着手分析。

人是有私欲的动物，许多思想家都反复论证了人的这一自私性。休谟认为支配人生活的是意志、情感而非理性。他说："人类在其情感和意见方面很少受理性的支配，所以他们总是借比较而不借其内在的价值来判断各个对象。""这是灵魂的一种原始性质，类似于我们在自己身体方面的日常经验。"② 斯宾诺莎在其著作《神学——政治论》第六章坦然承认"人人都受个人贪欲的支配"。马基雅弗利和霍布斯则认为，贪图权力是人类的基本天赋和普遍倾向。经济学家弗里德曼亦强调，这个世界的圣徒追求自己的私利并不亚于魔鬼。美国人本主义心理学家马斯洛也坦言了人的这一不断上升的欲望：人是一种不断需求的动物，除短暂的时间外，极少达到完全满足的状态。一个欲望满足后，另一个迅速出现并取代它的位置；当这个被满足了，又会有一个站到突出位置上来，并提出了需要层次论。

在我国权力也易被滥用。因为，我国存在着一种"人情文化"，制度上也有一些缺陷，而且又处在社会转轨的特别时期。

法者先行，只有在解决刑事政策来源的正当性、配置的科学性、行使的合法性、目的的合理性时才能解决刑事政策优先的可行性。在刑事政策与现行法律规定相冲突时，第一要务是使该刑事政策体现在现行立法中。否则，就是对法治极大的破坏，也违背了公正的原则。这种价值取向就限定了中国目前刑事政策

---

① http://www.dsedu.net/teacher/ReadNews.asp? NewsID=1087.
② 〔英〕休谟著：《人性论》，关文运译，商务印书馆 1983 年版，第 409 页。

制定主体的现状。

因此，刑事政策的制定主体必须要严格限制在国家公权力以及国家公权力授权的范围之内。而且，应尽量地缩小制定主体的范围，使有可能滥用权力的主体减少到最小范围。

二、刑事政策的执行主体

(一) 执行主体的构成

刑事政策的执行主体的范围比刑事政策的制定主体的范围要宽泛一些，应包括国家、政府和机关组织、社会团体以及公民个人。

(二) 确立执行主体的价值理念

现代社会的一些理念其实已经向传统提出了挑战，或是赋予了新的内容，从而在制度的建立上根据更充分。

1. 功利与公正的关系

在法治社会，刑事政策"效率优先，兼顾公正"的价值目标与刑事法"公正优先，兼顾效率"的价值目标不是同一层次的，因而并不会形成对抗性的关系。[①] 在刑事政策这一层面，我们应当更多地优先考虑受害人利益，也就是强调对功利的关注度要优于公正。我国在刑事法领域过于强调刑罚的公正性而忽略了刑罚的功利性，导致两者之间严重失衡。因此我们在刑事政策层面应当主张对功利的重视程度优于公正，提高功利的地位，摆脱功利与公正之间的过度失衡的状态。我国现行《刑事诉讼法》规定了被害人有权决定对犯罪情节显著轻微的案件有决定是否起诉的权利，保障了被害人在刑事案件中的主动权。但是，这并不能改变在刑事司法程序中被害人的主体地位通常被忽略的事实。该规定只是规定了对于那些极其轻微的犯罪而言被害人具有是否追究其刑事责任的选择权，而绝大多数刑法规定的犯罪被害人是没有这种选择权的，他们在诉讼过程中，更多的是处于被动地位。因此，在具体案件的审判中，很难反映被害人的真实想法，达成被害人的主观愿望。

在一般情形下，国家对犯罪行为的处罚能够同时体现国家惩罚犯罪的目的和被害人希望犯罪人得到惩罚的愿望。但是，在现实中总会出现一些特殊的情形。有时在国家公权力需要惩罚犯罪人时，被害人并不希望犯罪人受到刑罚处罚，而是希望能够像解决民事纠纷一样在双方当事人之间达成协议，寻求一种利益的平衡。在我国现行的具体刑事诉讼程序中，被害人的许多要求得不到满足。整个司法模式完全是被告人与公诉机关的对抗，被害人的利益一定程度上被遗忘。例如，在人身伤害性案件中，一些被害人希望从犯罪人处得到较多的赔偿甚

[①] 参见侯宏林著：《刑事政策的价值分析》，中国政法大学出版社 2005 年版，第 223 页。

于将被告人绳之以法,他们希望能通过损害赔偿弥补自己受到的损失。尽管在该类人身性伤害案件中被害人可能不能再回复到犯罪行为发生之前的健康状态,但是相对而言可以相应地弥补或减少被害人因犯罪行为所受到的损失,尽可能将损失降到最低限度。对被害人而言,这比起将犯罪者定罪而被害人得不到任何物质补偿要实惠得多。

日本学者大谷实认为,保护被害人的刑事政策上的意义在于维持、确保国民对刑事司法在内的法秩序的信赖,由此而对预防犯罪和维持社会秩序作出贡献;相对于被害人保护的本体目标,推进犯罪人重返没有敌意的社会只是它的附属效果。[1] 被害人的权益受到犯罪行为最直接侵害,犯罪行为首先是对公民利益的违反,然后才是对国家和社会秩序的违反。在无被害人犯罪中,由于没有具体的被害人,所以对该类没有具体被害人的犯罪而言社会危害性较小,对于有被害人的犯罪,由于被害人受侵害的直接性和主要性,他们应当首先受到保护,他们对犯罪行为的主观态度和希望达成的对犯罪者的处理方式应当受到尊重。

有人担心,过于强调被害人的利益会导致刑法的功利性增加,而完全违背了刑事政策的公正性。笔者认为功利性和公正性并不是完全对立的,两者之间是可以相互协调的。强调功利性在有时可能与形式公正存在冲突,但只要将受害人的自主权通过立法规定控制在一定的范围内,不会影响到司法的实质公正。我们可以通过制度建构在功利性和公正性之间找到一个最佳的平衡点,且在某些情况追求功利是为了被害人的利益,其目的也是为了达到最大限度的实质公正。在刑事实体法中设定一定的条件对被害人的刑事自主权加以控制,使被害人能够得到一笔可观的赔偿,这在保障功利性的同时也体现了实质公正的刑法理念。突出功利性在某种意义上就是突出刑事被害人的地位,即加大个人对刑事政策执行的力度。

2. 民事与刑事关系

在刑事政策理念中,我们应当贯彻"民事优先,刑事其后"。刑法谦抑思想的核心词是谦让、抑制,它将刑法作为保护个人生活利益的最后手段。作为刑法最后手段性或补充性的思想,它包含刑罚合理、有限度使用的思想,所以将一个不法行为规定为犯罪,并动用刑罚加以制裁时,必须十分慎重。[2] 倘若某一不法行为用民事的或行政的手段就能加以控制并足以能够维持应有的公平正义,就不应将其规定为犯罪行为,不能动用刑罚的力量,只有在用民事的或行政的措施无法对抗不法行为时,才应当实施刑罚制裁。

在民事诉讼法律关系中,双方当事人在诉讼中起着主导作用。当事人提出

---

[1] 参见〔日〕大谷实著:《刑事政策学》,黎宏译,法律出版社 2000 年版,第 309 页。
[2] 参见包雯、李玉华等著:《21 世纪刑罚价值取向研究》,知识产权出版社 2006 年版,第 36 页。

的诉讼请求的内容决定了整个诉讼的审理范围和审理方式。民事诉讼程序的启动奉行不告不理原则,完全由当事人自己决定是否起诉,国家公权力在当事人向法院提起诉讼之前不会主动介入双方的纠纷,也不会限制双方当事人的起诉内容。公权力在民事诉讼中具有被动性,而且解决纠纷的内容尽量应在当事人起诉的范围内。在我国的刑事诉讼程序中,检控机关处于控方中的主导地位,他们并不能完全体现被害人的诉求。笔者认为,对于一些案件,国家公权力的介入应当是在双方当事人之间的矛盾无法协调需要公权力的介入时才应当启动刑事诉讼程序。国外的一些做法值得借鉴。

3. 个人与国家的关系

刑事政策的机能应当优先保障个人的人权,其次才是对国家及社会的保护。这并非提倡个人本位,而是强调对个人利益的重视。"社会结构的持续单一,再加上传统文化的惯性,新中国成立后人们的刑法机能观仍然是单纯的社会保护观、刑法工具观。"[1]新中国成立后很长一段时间内,由于过于强调国家利益而轻视个人利益,把个人完全当做维护国家阶级统治的工具,导致在司法实践中出现了大量侵犯人权的现象。在刑事诉讼过程中,应当保持个人与国家之间的平衡,遵循个人优先,国家其后的原则。在传统的刑事诉讼程序中,注重的是保护国家的公权力和国家的稳定,因此对犯罪行为采取严厉打击的态度。犯罪行为往往首先侵犯的是公民个人权利,国家通常是间接的受害者,在犯罪行为危害到社会稳定时才会危害到国家利益。对个人权利的保障更有利于较好地保障国家的稳定,两者之间是可以协调平衡的。在具体审理案件的过程中,我们应当把直接受到侵害的个人利益放在首位,其次才考虑间接受到损害的国家利益,这样才能更好地体现法律保障人权的价值理念。

这样的一些理念使得国家在尽可能的范围与条件下不断地后退,而主要由市民社会与个人化解由犯罪人造成的危害。

刑事政策执行主体的界定重于民主价值的实现,范围比制定主体的范围要宽泛一些,应包括国家、政府和机关组织、社会团体以及公民个人。

一方面,可以是国家、社会等公权力下的政府机构,也可以是由公权力授权下的机关、团体,即制定主体本身可以成为"刑事政策"的执行主体。制定出的法律只有制定者以身作则,带头模范地予以遵守,才能使社会中的其他成员在相应的法律制度约束下,保障法律的正确、全面执行,从而为全社会营造良好的民主法治氛围,最终有助于和谐社会的构建。

另一方面,政策的良好运行,不能单凭某一个机关或者政府,需要全社会集体的力量来推动。因此,得到社会、集体、组织,甚至公民的支持是一项政策是否

---

[1] 苏彩霞著:《中国刑法国际化研究》,北京大学出版社2006年版,第110页。

正常运行的根本。法律的实施是法律的生命,法律效力主要体现在司法效力上,只有通过司法活动法律效力才能真正得以显现。而司法活动有效实施的一个极为重要的条件,就是广大社会主体都能够认真地尊重、遵守、实施这些制度规章,即形成一个良好的社会大环境。否则,如果面对各种制度、规章,大家都努力去寻求各种变通、突破的空间和可能,甚至还把突破、变通的程度当做衡量一个人社会地位和社会活动能力大小的标准,如此,那些原本有着约束和警戒作用的各种制度规则必然会被架空、被践踏,越权、滥用权力的行为就会更加盛行和猖獗。而且从法律经济学的角度而言,这种行为提升了整个社会的运行成本。因为如果大家都不遵循现有各种规则,都按照自己拥有的社会关系资源行事,则会由于资源差异而导致成本和结果的不公。拥有社会资源较多的人,做事成本小却收益大;拥有社会资源较少者,做事成本大而收益小。于是,社会主体不仅要为寻找、搭建各种关系资源花费巨大成本代价,还需为扩大、比拼关系资源继续付出代价,从而使得法律更难以执行。

综上,我们认为,在刑事政策社会化的过程中,应当充分发挥民主的价值,发扬市民社会及其团体在刑事政策执行中的主体性作用。所以,刑事政策的执行主体,既应包括国家、政府,又应当包括机关组织、社会团体以及公民个人。

第四节 刑事政策的人道化、法律化与科学化

一、刑事政策的人道化

刑事政策是为了解决犯罪问题而制定并实施的,当刑罚不足以解决犯罪的时候,刑事政策闪亮登场。当它被法国刑事法大家马克·安塞尔极力推崇之时并以其人道主义的运动流行开来后,各国不断有新的刑事政策理论及刑事政策措施出现。所有这些刑事政策大多建立在人道主义原则之上,奉行这一原则已经是历史发展的阶段性极致。

(一)人道主义的概念

人道主义的基本含义就是把人当人看。这一看似简单的基本道理,也是人类经过几千年的发展才认识到的。我国自中华人民共和国成立以来一直对我们的社会是否需要人道主义存在争议,而在今天,这已成为不争的事实。

人道主义就是尊重和保障人权,归根到底体现为尊重人、理解人、关心人、爱护人、帮助人、发展人的人道主义文化,体现为尊老爱幼、扶贫帮困、团结互助、互相关心、平等友爱、融洽相处、共同发展的和谐人际关系,体现为热爱集体、热心公益、助人为乐、爱护公物、保护环境、遵纪守法的社会公德。人权保障在刑事法领域更倾向于强调对社会特殊群体的保护。保障人权是人类文明进步的重要标

志,我国刑法强调保障人权的刑罚的人道主义精神,刑事政策同样需要强调对人权的保障。刑事政策的制定应当立足于人的更好发展,必须确保对人权的充分尊重和保障。

笔者认为,人道主义的丰富内涵,主要体现在以下几个方面:

其一,人的宝贵价值。

世间万物人是最宝贵的,没有任何其他动物、植物、财物可以和人同日而语,可以和人进行比较,造物主集天地之精华将世间最具智慧的物种赋予了人,这已是全社会的共识。

其二,人的唯一价值。

人的生命总是以个体的方式呈现的,人首先是生物性,其次是社会性。人的个体的不可替代性、不可重复性或是不可再生性说明了人的唯一性。个人的唯一性决定了人相对于自己的唯一,这种人人的唯一使得人人享有相同的权利。"由于个人只是由于他唯一的人的资格才感到享有一切权利,所以他不能不承认同样具有人的资格的其他人的这种权利,正因为他是人,他才享有权利;所以只是人,即一般的人才享有权利;因此所有的人都享有权利。由此得出一个无可辩驳的、头等重要的、绝对正确的概念,即人人都享有一切权利。"①

其三,人的尊严价值。

人不同于其他动物就是尊严,这也是人成其为人的底线。等级的森严也已经过去,只要是人,人的尊严是相同的。"古人无法设想一个没有主人、没有奴隶、没有教士、没有贵族和没有国王的社会。现代人已经不再懂得什么是主人、奴隶、教士、贵族、国王了。他们认为自己就是自己的传教士,自己就是自己的主人。他们觉得自己就是贵族,自己就是国王。正因为这样,他们才成其为人。路德教育现代人摆脱教会的高贵;笛卡儿教育他们依靠自己去判断一切;卢梭教育他们把自己看成是唯一合法的主人。因而他们既非国王,亦非臣民,他们是人;他们既非无神论者,亦非教士,他们是人。人,这种资格在他们眼里表明了一切。任何东西都不能限制和束缚这种资格。它适用于各个时代,各个地点以及所有的世世代代和所有的民族。"②

其四,人的自由价值。

如果没有自由,也就不复有尊严。自由就在于维护人格的独立与尊严。"自由对任何人来说主要是在自我表现形式下生存的权利、行动的权利、根据基本性别和主要官能而自我发展的权利,而要充分行使这种权利,就一定要摆脱人压破人,人剥削人的局面。自由对每个人的直接含义就是公民有权一起来创立联邦

---

① 〔法〕皮埃尔·勒鲁著:《论平等》,王允道译,商务印书馆2005年版,第265页。
② 同上书,第264页。

政府。"①"使人自由,就是使人生存,换言之,就是使人能表现自己。缺乏自由,那只能是虚无和死亡;不自由,则是不准生存。"②

其五,人的幸福价值。

人的幸福就是人的自我满足感。如果个体总是不满足生活中处处是缺陷、不足、不幸或是灾难,人就不会有幸福感,其生存价值就会受到怀疑,他的幸福价值荡然无存,从而自感了无生存的意义。

刑事政策的人道化应当具有上述价值的体现,只有是人道的,才是最具有人性的,而人性又是千古不变的永恒。

(二) 刑事政策人道化的人性根据

由于不同的个体有着不同的人性欲求,因而在任何一个社会里,个人欲求的冲突是普遍存在的,社会矛盾也就由此产生,犯罪不过是个人欲求发生冲突的最极端的表现形式。而法律的目的就在于"平衡个人利益与社会利益,实现利己主义和利他主义的结合,从而建立起个人与社会的伙伴关系"③。在这样的客观人性中,每一个体应当具有宽容与宽恕的心理,既是为他人也是为自己。在这样的心态下我们可以理解天下所有的"好人"与"坏人",因为两者没有不可逾越的鸿沟,只是咫尺之遥的距离。既然如此,宽容与宽恕无论是作为个体的品质还是胸怀以及社会的共识都为人类所必需。

1. 宽容

按照《布莱克维尔政治学百科全书》的解释,宽容是指:"一个人虽然具有必要的权力和知识,但是对自己不赞成的行为也不进行阻止、妨碍或干涉的审慎选择。宽容是个人、机构和社会的共同属性"④。

宽容是人性的表现之一,无论在哪一领域,宽容大多是存在的。人之所以为人其完美性的体现就在于他的不完美,人不是神,人存在社会中总是要有过错,这也是认识论的基本原理。如果对于出现问题的人不去宽容,那么世界将会是一片混乱。宽容他人就是宽容自己。

宽容理念最早作为宗教领域的概念一直在蔓延,现已拓展到文学、艺术及其他一切人类社会的精神与物质范畴。宽容的发展脉络是始于宗教进而对思想、言行、行为、行为人进行宽容。法律、刑事政策皆属于人类的精神文化现象,因而也不断地受到宽容理念的渗透。翻阅从古至今的法律史、刑事政策史,从简到繁、从重到轻,尤其是启蒙运动以后世界各国关于刑事法律及刑事政策的制定其走向不言而喻,更有激进的理论家甚至主张废除犯罪与刑罚,取而代之的是社会

---

① 〔法〕皮埃尔·勒鲁著:《论平等》,王允道译,商务印书馆2005年版,第282页。
② 同上书,第13页。
③ 参见张文显著:《二十世纪西方法哲学思潮研究》,法律出版社1996年版,第129页。
④ 参见邓正来主编:《布莱克尔政治学百科全书》,中国政法大学出版社1992年版,第766页。

评价。从某种意义上这也与人类的不断宽容相吻合。

对于犯罪人的宽容可以从以下方面理解：

(1) 由个人到社会再到国家拥有不宽容的权力，但是在一定范围内却有了宽容。不宽容是自古以来由公正所致，人们直观地认为对犯罪人的宽容就是对受害人的最大不公与不平。但人类的几千年历史让人类不断反省，即使是视为天经地义的公平与公正也被重新审视，并赋予其新的内容及更为符合人性的解释。理论上的不断创新也为其奠定了坚实的基础。

(2) 被宽容者违反了社会主流价值观念，而且为国家以法律的形式所禁止。如果人们改变观念，就会制定出与以往不同的法律规定。观念的先行是人类得以发展的前提，只有观念改变人的行为才可改变。只有建立了宽容的意识，才会有宽容的刑事政策。

(3) 个人、社会、国家对犯罪人进行了宽容，即不再过分追究他们的责任，由国家、社会或其他人共同分担这一行为所造成的后果。

2. 宽恕

"宽恕的真正意思是宽恕那些不可宽恕的事情和不请求宽恕的人。这是对宽恕概念的一种符合逻辑的分析。宽恕应该是名副其实的、高尚的、胸怀大度的"[1]。"……宽恕那些不容宽恕的行为是人类理智的升华，或至少是将理智的原则具体化，这是一种人类心胸宽广的标志。宽恕就意味着自我超越。也许有人认为宽恕别人是没有必要的，甚至不相信宽恕会真的存在。但把不可能变为可能，这正是宽恕的可贵之处。"[2]

宽恕意味着人类以更博大的胸怀接纳人类自身。作为个体的人永远陷于二律背反之中，永恒地追求完美与个体本身永恒不完美如影相随，谁能摆脱这样的宿命而臻于至善至美？既然如此，即使他是真的罪大恶极，我们何不以宽恕之心对待之，其实，善待他人就是善待我们自己。

我国台湾学者张甘妹指出："刑事政策乃达到犯罪预防目的之手段，而此手段要有效，须先对犯罪现象之各事实有确实之认识，如同医生的处方要有效，首先对疾病情况所为之诊断要正确。"[3]对于犯罪在承认社会危害性是犯罪本质的前提下，承认犯罪的不可能消灭，任何社会都不可避免地存在一定数量和种类的犯罪，已成为各国刑法学界的共识。[4] 这是因为，犯罪根植于因人的本性欲求的冲突而产生的社会基本矛盾，因而只要有人类社会存在，矛盾就不可避免，相应

---

[1] 〔法〕德里达、卢迪内斯库著：《明天会怎样——雅克·德里达与伊丽莎白·卢迪内斯库对话录》，苏旭译，中信出版社2002年版，第208页。

[2] 同上书，第210、212页。

[3] 张甘妹著：《刑事政策》，台湾三民书局1974年版，第11页。

[4] 参见袁登明著：《行刑社会化研究》，中国人民大学出版社2003年版，第175页。

地,犯罪也就不可能彻底消亡。"只有是在全部由一个由圣人们组成的社会、一个模范的完美的修道院,在那里才可能没有纯粹的犯罪。"①实施了犯罪的人和没有犯罪的人都是同样正常的人。我们为何不宽恕呢?

即使是宽容与宽恕,也没有走出人类早已设定的"我们"与"他们"之间的界限,不是我们之间的宽容与宽恕,而是我们对他们的宽容与宽恕。分层是社会的必需,而恰恰是这种分层使人类的平等、公平与正义永远不可能实现,而在此基础上的进化——人道的推崇,也人为地平添了些许施舍的味道。

3. 心理转移

心理转移主要是指犯罪行为发生后,被害人已形成对犯罪人的仇恨,在这种情况下,如果国家更多地承担起对被害人的补偿,那么被害人对犯罪人的仇恨就可发生一定的心理转移,这种导向可以使犯罪人得到宽容和宽恕。

国家补偿理论一直为许多学者所主张。近代犯罪被害人补偿制度理论的先驱则是英国的边沁,经过意大利的加罗法洛、菲利等为代表的犯罪实证学派的主张,得以传播和发展。②第二次世界大战后,英国刑罚改革运动家 M. 弗莱女士提倡建立犯罪被害人赔偿制度。1963 年,新西兰设立了对暴力犯罪的人身被害人的补偿制度,这是对犯罪被害者采取国家补偿制度的最初的立法,后来被许多国家所确认。从 20 世纪 60 年代开始,新西兰、英格兰、美国、加拿大和澳大利亚等国家陆续开始对暴力犯罪的被害人实行国家补偿。

法律作为调整社会利益关系的规范体系,其本身就是特定价值观念的体现。任何一种法律制度,都要有其存在的理论基础,刑事被害人国家补偿制度作为一种新的法律理念,也有其制度设置的理论依据。其理论根据在于:

(1) 等值代替等量的赔偿观。

契约立法的背景性思维模式引发对刑罚设定目的的思考:社会契约成员以平等的身份即社会契约伙伴的身份进行协商,制定规范人们未来行为的法律规范,他们最关心的是将来一旦有人在社会交往中不遵守业已制定的法律,进而侵害自己合法利益的时候,如何妥善地解决这个纠纷,于是各自预设补偿被侵害的利益。后来,参加社会契约的成员发现,有的利益如某些物质形态表现出的财产等受损害后可以被恢复或者能得到弥补,有的利益如人的生命、健康、自由等一旦遭受损害就不能得到恢复,或者根本就不可能弥补到原来的状况。对于前者,契约成员可以在协商立法时就相互约定:由侵害者给受害者以同等的补偿;对于后者,人们只能根据原始的和固有的正义感和朴素的平等原则相互约定:由国家对犯罪人施加以否定性的评价即处以刑罚,给侵害者回报以侵害,实质上体现的

---

① 〔法〕迪尔凯姆著:《社会学方法的准则》,狄玉明译,商务印书馆 1995 年版,第 84—85 页。
② 参见杨正万著:《刑事被害人问题研究》,中国人民公安大学出版社 2002 年版,第 333 页。

是刑罚权的国家专属性。

但这种回报并没有给刑事被害人带来相应的物质利益的补偿,既然侵害者给受害者造成的损失已经不能恢复到原有的、绝对的平等状态,退而求其次,侵害者只能要求达到一种相对的、有实践意义的平等,这即是后来黑格尔所说的"等值"范畴。黑格尔反复说明:刑罚报复的平等不是直接表现为刑罚报复的损害与每一种犯罪行为的侵害的具体形式以及特性的完全的平等的等同,而是与犯罪行为所侵害的实质或者价值的相对的等同。这就产生一个新课题:犯罪的侵害和与刑罚强加给犯罪人的侵害是不同基础上的侵害,犯罪行为与刑罚的时间、空间存在一种天生的滞后与错位关系,它们之间的联系媒介又是什么呢?黑格尔把"侵害"列作是在不同形态下的犯罪与刑罚之间的共性,但这仍然无法比较不同种类的侵害之间的量的关系,但是黑格尔还是看到,"契约的对象尽管在性质上和外形上的千差万别,在价值上却是彼此相等的。价值是物的普遍物。"①

由此,在司法实践的层面上,等值代替等量具有可操作性:这种共同性的价值从一定层面上讲,可以在市场经济条件下通过货币这种价值符号作量的计算,也就是等值代替等量的赔偿观。

(2) 权利与义务对等的伦理基础。

现代法治社会的法律文化从本质上讲是权利本位。"权利本位的法律文化以权利为法的逻辑起点、轴心、重心,主张义务来源于从属于服务于权利,即应当对权利的确认、保护和实现为宗旨平等地设定、分配、强制义务。"②而"大凡在人们为了强制实施行为规则而建构起了诸如政府这类组织的地方,个人都有正当的理由要求政府对他的权利进行保护并且对他所受到的侵犯作出补偿"③。《世界人权宣言》第 22 条规定:"每个人,作为社会的一员,有权享受社会保障,并有权享受他的个人尊严和人格的自由发展所必需的经济、社会和文化方面各种权利的实现。这种实现是通过国家努力和国际合作并依照各国的组织和资源情况。"④被害人在其遭受犯罪行为的侵害时,更有理由获得社会的保障和国家的帮助。国家作为责任承担者,有义务尽一切努力,通过采纳和实行合适的刑事政策、刑事法律来实现被害人追求的公平和正义。

犯罪被害人参与国家的刑事诉讼,向国家作证,从而达到追究犯罪人刑事责任和维护自己合法权益的目的。"在司法程序上,被害人虽然有义务配合警察或者检察官侦查犯罪,但是被害人的基本需要如果不能得到最起码的满足,其履行

---

① 〔德〕黑格尔著:《法哲学原理》,范扬、张企泰译,商务印书馆 1982 年版,第 84 页。
② 张文显著:《法哲学范畴研究》,中国政法大学出版社 2001 年版,第 254 页。
③ 〔英〕弗里德利希·冯·哈耶克著:《法律、立法与自由》,邓正来、张守东、李静冰译,中国大百科全书出版社 2000 年版,第 180 页。
④ 《2000 年人类发展报告》,中国财政经济出版社 2001 年版,第 13 页。

作证等法定的义务也必然会受到影响。"①在刑事诉讼中,被害人已经对国家履行了义务,产生了相应的权利,国家也就相应地产生了对被害人进行保护和补偿的义务。

(3) 罚金与被害人补偿的非对称性设置。

罚金是犯罪人向国家缴纳的惩罚其犯罪行为的钱款,是一种把国家作为犯罪被害人看待的理念。世界各国有三种立法例:其一,如英国除谋杀罪之外,不论罪之轻重,都可适用;其二,如美国,主要适用于较轻的犯罪;其三,如日本,一概适用于轻罪。由此可见,各国刑法所规定的罚金刑主要适用于轻罪,偶尔适用于重罪,这种比较普遍,同时存在对较重的犯罪也适用罚金刑的倾向。②"在西方国家,罚金刑一般作为过失犯罪的感化手段和主要方法;过失犯罪的剧增,也是罚金刑被大量适用的原因之一。"③

罚金和没收财产将犯罪分子的非法所得收归国家所有,体现的是对国家利益的保护,我国和世界其他多数国家的刑法一样,规定了罚金刑,在司法实践中也大量地适用罚金刑。但从国家与个人的比较利益角度看,笔者认为更需要的是应该体现对个人合法的私有财产和个人权益的保护,不能只强调对国家利益的保护而忽略对个人利益的保护。两者利益保护的非对称设置体现的是刑罚理念的逆向思维,设置国家补偿制度,实际上就起到一种利益非均衡保护的纠偏作用。

(4) 犯罪人和被害人权利保护上的不平衡。

现行刑事政策和刑事立法都很重视对被告人(犯罪嫌疑人)权利的保护,如无罪推定、律师在侦查阶段介入的规定,审判过程中向被告人提供辩护、赋予其申请回避、上诉、申诉等权利以及免费指定辩护律师制度,等等。在实践中,犯罪嫌疑人、被告人和罪犯本位的思维方式导致政府用公众的税金来满足犯罪人在医疗、教育、职业法律心理等方面的各种需要,但犯罪被害人却要通过自己的奋斗来实现这些愿望。相对而言,对被害人人权的保护虽有所加强,如被害人诉讼主体地位的确立等,但对被害人实体权利的保护仍嫌不足,基本无法得到民事侵权那样的赔偿。国家补偿制度的建立实际上就是对刑事政策和司法制度中不平衡保护的部分纠正。

国家在强调以保障被告人权利为重心的同时,应转向寻求犯罪被害人与被告人(犯罪嫌疑人)双方权利共同保障的平衡,但在司法实践中却不尽如人意。例如,立法上,被害人权利保障往往被忽视;在对不予立案、决定不起诉以及免予

---

① 杨正万著:《刑事被害人问题研究》,中国人民公安大学出版社2002年版,第332页。
② 参见赵秉志:《海峡两岸刑法总论比较研究》,中国人民公安大学出版社1999年版,第610—611页。
③ 甘雨沛:《犯罪与刑罚新论》,北京大学出版社1991年版,第507页。

起诉处分的申请复议等程序中,被害人行使权利缺乏有效的刚性制约力量,导致其意见难以被作出决定的机关所接受,等等。此外,如果国家对犯罪嫌疑人、被告人或罪犯的权利和需要不能及时满足,很容易就被提升到人权保护的角度去审视,而对被害人的权利和需要不能满足的情况,人们却习以为常。

(5) 伴随利益法学角度的考量。

在权利本位主义的主导下,利益实际演化成为权利的语言表述。不是实在法的逻辑优先,而是生活的价值居首,尤其是人作为权利主体的利益优先。换句话说,犯罪被害人作为社会中的一员,其利益应被社会优先考虑,犯罪被害人是社会中的弱势群体,救助、帮助他们是国家与社会的责任。对犯罪被害人而言,法律对犯罪人的惩罚并不能真正解决问题。实际上,对那些针对国家的暴力犯罪(如伊拉克连续不断的爆炸案、马德里连环爆炸案、伦敦地铁爆炸案等)的犯罪被害人来说,他们更需要国家的救济。

(三) 刑事政策人道化的心理学根据

心理学研究表明,惩罚只能抑制人们明显的侵犯行为,但同时可能导致更多隐蔽性的侵犯行为,而后者的危害性更大。

如果国家的惩罚过多过重,是否也是在鼓励公民以暴力剥夺人的生命、健康及其他剥夺人身自由的方式解决问题呢?人的心理是可以被诱导被强化的,国家在此应承担起刑事政策导向的作用,越是人道的刑事政策越是在公民心中树立起人的尊严与价值,而这种尊严与价值又会促成刑事政策更加人道化,一种良性的循环从此蔓延开来。

刑事政策的人道化还取决于人们的态度,或许还有对犯罪人的偏见。态度是个体对某一特定事物、观念或他人稳固的由认知、情感和行为倾向三个成分组成的心理倾向。认知是指人们对外界对象的心理印象,包括有关的事实、知识和信念。情感是指人们对态度对象肯定或否定的评价,以及由此引发的情绪、情感,情感是态度的核心与关键,情感既影响认知,也影响行为倾向。行为倾向是指人们对态度对象所预备采取的反应,它具有准备性质。行为倾向会影响到人们将来对态度对象的反应,但它不等于外显行为。[①]

简单地说,社会中的人可以分为两种:一是犯罪人,二是非犯罪人。刑事政策人道化的关键问题之一还得取决于社会上非犯罪人对犯罪人的态度,这既是隐性的影响又可能是显性的影响。如果非犯罪人在认知、情感与行为倾向方面都是对犯罪人进行否定的话,比如认为犯罪是一种恶,从情感上对犯罪无比地愤恨,行为倾向上认为不杀不足以平民愤,等等。这种对待犯罪人的态度势必导致严厉的刑事政策出台,只有在重刑的适用中人们心中对犯罪的怒火才可平息,而

---

① 参见侯玉波编著:《社会心理学》,北京大学出版社2002年版,第95—96页。

且这种暂时的公平还会为人类的理性遮上求知与探索的双眼。因为循环往复的报应观只是人类发展史上的一个阶段,随着人们对各种关系认识的深入,许多观念随之改变。

偏见是人们以不正确或不充分的信息为根据而形成的对其他人或群体的片面甚至错误的看法与影响。偏见是与情感要素相联系的倾向性,它对他人的评价建立在其所属的团体之上,而不是认识上。从这一点来看,偏见既不合逻辑,也不合情理。① 个人在社会中的位置、利益驱使、个人的素质及修养决定了一个人对他人的态度或者是否有偏见。如果社会上大多数人对犯罪、犯罪现象及犯罪人都有某种程度的偏见,这种偏见着实是站在个人的立场上由其所在的团体决定的,没有用一个非常平和理性客观的观点来看待犯罪。公众如此尚有情可原,如果刑事政策的制定主体也存有偏见,那么所制定出的刑事政策就不会体现人道化。

（四）人道主义在刑事政策中的体现

1. 对犯罪人的人道

对犯罪人的刑事政策人道化首先体现在三大法律中——刑法、刑事诉讼法及监狱法。其次是一些行政的、经济的、民事的处置措施。

刑事法中实现轻刑化是人道主义的一个体现。如何实现？有学者认为应从以下几个方面入手②:(1)轻刑化的立法选择。第一,减少死刑,尽可能减少其可以适用的罪名及其具体适用的犯罪。另一途径是严格限制适用死刑的程序和增加死刑案件的救济程序。第二,减轻法定最低刑,使刑法中规定的刑罚能够适应同类犯罪中情节较轻而又没有其他减轻或者免除处罚条件的犯罪。第三,限制加重处罚的适用范围。在立法中应明确加以规定,没有特别指明的情形,法院就只能在基本刑罚之内选择适用的刑罚,而不能任意选择较高档次的法定刑。

（2）轻刑化的司法选择。第一,减少刑罚的适用,即尽量非刑罚化。通过不起诉和暂缓起诉缩小刑罚圈;通过非刑罚处理方法减少刑罚的适用;通过缓刑的适用减少刑罚的实际适用。第二,扩大非监禁刑的适用。监禁刑的问题在于:将犯罪分子与社会隔离,不利于犯罪人的改造与回归社会,影响罪犯的再社会化;监禁刑的主要执行主体是监狱,而监狱本身存在着与社会变革特别是市场经济的要求不相适应以致难以有效地完成对犯罪人的惩罚与改造任务;不利于社会经济发展,监禁刑的适用不但使监狱的运行费用增加而且使罪犯本应在社会上创造的财富丧失,更易使其产生对国家刑事司法系统的仇恨和报复心理;从行刑效果来看,有些犯罪人被释放后,并没有彻底改过,再犯屡见不鲜,许多重大恶性

---

① 参见侯玉波编著:《社会心理学》,北京大学出版社2002年版,第122—123页。
② 参见张智辉著:《刑法理性论》,北京大学出版社2006年版,第322—329页。

犯罪案件，都是在监狱服过刑的人所为。适用非监禁刑的好处在于：惩罚性较轻，花费的社会资源少，能够有效地降低刑罚成本；具有开放性，有利于犯罪人的再社会化；与驱逐出境、具结悔过、赔礼道歉、赔偿损失等非刑罚处理方法、非刑罚制裁措施相结合，能更好地达到行刑效果。

（3）改革刑罚执行制度。建立社会监督改造系统，使大部分被判刑人在社会上服刑，尽可能地使那些少年犯和罪行比较轻的初犯、偶犯不在监狱内服刑，以避免其在监狱服刑时可能受到其他重罪犯的感染而进一步强化犯罪意识，减少监狱的负面影响。要想扩大监外执行刑罚的范围，关键问题是监外执行的监督机制问题。如果没有有效的监督机制，监外执行刑罚就会形同虚设。

（4）严格遵守程序规则，加强人权保障。在刑事司法中保障人权最重要的，应严格遵守刑事法的规定。第一，坚持罪刑法定、罪责刑相适应和法律面前人人平等的基本原则。第二，尊重和维护诉讼参与人所应享有的合法的诉讼权利。第三，坚持侦查取证措施的合法化，严禁采取刑讯逼供和其他非法手段调查取证，禁止非法取得的证据在法庭上适用。第四，严格按照法律规定的期限办案、结案，减少对犯罪嫌疑人和被告人的不必要的羁押，杜绝超期羁押。第五，使侦查、起诉、审判等程序依法公开、公正，使社会公众了解整个过程和内容。第六，对被羁押人、服刑人严禁虐待、折磨，建立有效的错案纠正制度，充分保障被羁押人和服刑人在其合法权利受到司法权力侵害时能够享有及时有效的救济权利，并保障救济途径的畅通。

笔者认为，上述观点值得肯定，它从实体和程序两方面都体现了人道主义的内涵。另外，更重要的是拓宽对犯罪人处置的思路，即使是刑罚，也可以在执行方法上作良好的变通，当下许多国家的做法值得我们借鉴。例如，英国的社区刑（community sentence），就是指犯人在社区里服刑。相对监禁刑而言，社区刑属于非监禁刑。犯人服刑的"社区"通常是其原来生活的社区。根据英国 2000 年《刑事法院裁量法》第 35 条第 3 款的规定，法官在选择社区刑时应当符合以下两点要求：(1) 选择对罪犯最适合的社区刑；(2) 刑罚对罪犯自由的限制程度应当与其罪行的严重性成正比。①

采取非刑法或是非监狱法规定的制裁矫正措施，以一些行政的、经济的、民事的处置措施来取代刑事法是刑事政策对犯罪人人道化的主要趋势。如刑事和解、恢复性司法等等。

2. 对被害人的人道

传统的刑事政策对国家和社会利益、被害人利益、被告人（犯罪嫌疑人）利益的保护设置是不平衡的，原因就是对国家和社会利益的保护是以强大的国家权

---

① 参见杜江：《宽严相济刑事政策在英国社区刑中的体现》，载《西部法学评论》2008 年第 3 期。

力为后盾,处于一种事实上的优先状态。历史和现实也一再证明,权力的扩张和滥用是一种社会常态,基于控制和妥善运用国家权力的角度,也出于反面制衡等原因的考量,对待犯罪嫌疑人和罪犯的刑事政策问题一直就是国家和社会公众关注的焦点;对国家和社会利益的重点保护以及对犯罪嫌疑人和被告人高度关注的自然结果就是对犯罪被害人的忽视,甚至退化成为一种冷冰冰的漠视。当然这与犯罪被害人一般不与国家直接对立、不直接对社会造成危害的性质有关,但对承担维护社会正义、安定、秩序之职责的国家来说,应该关注被害人的权益。

20 世纪 60 年代,有学者和科研机构提出"犯罪被害人是被刑事司法遗忘的人"的观点,德国犯罪学家施奈德在这个问题上走得更远、理论也更激进,提出了犯罪被害人"二次受害"的观点。随着国际范围内的犯罪被害人学理论研究、被害调查和刑事政策的深入发展,对犯罪被害人的保护和在刑事司法中的地位问题,成为被害人学理论和刑事政策中的一个前沿课题。

犯罪被害人地位的界定体现着一个国家刑事政策的调整方向。进入 21 世纪以来,世界各国的刑事政策透明度越来越高,各国之间对犯罪被害人的关心与位置的重新摆正也存在一个相互借鉴、学习的过程。法国《刑事诉讼法》(2000年修正)在总则中加入了保护被害人权利原则,在第二篇专门规定了对被害人权利保护的规定;德国 1980 年通过的《被害人保护法》对改善被害人在刑事程序中的地位迈进了一大步;英国 2002 年提出司法改革白皮书《所有人的公正》就进一步完善被害人的权益提出了新的举措。总的来说,各国的现行刑事政策对犯罪被害人的地位问题多数有立法上的规定,赋予犯罪被害人以当事人的诉讼地位,设置了犯罪被害人的告诉、告发、请求等权利,一些国家还设立了代理出庭诉讼制度、被害人辩护制度,在轻微罪处分、起诉裁量、量刑等方面充分考虑犯罪被害人的意思和要求。

从功利主义角度而言,社会纠纷的处理是采取刑事还是民事方式并不重要,只要处理好纠纷、稳定社会秩序,为社会中的每个人提供一个健康生活的良好环境"以实现人类预期的目的",就是一种好的纠纷解决方式,也就是一个有效的刑事政策。现代刑事政策理论认为:公众关心违反国家强制规范者得到的道德或合适判决的报应,这种关心通过国家对罪犯的惩罚得以直接体现;另一方面就是对犯罪被害人被侵害的权利进行救济,以制度保障其权益。这已经成为当今世界刑事政策发展的一大趋势和潮流,是现代社会权利救济大众化的制度性要求。

刑事政策的调整和犯罪被害人地位的重新界定并不能解决犯罪被害人的所有问题。实践中,加强对犯罪被害人合法权益的保护,尤其是对犯罪被害人给予及时、有效的经济救济是一种效果非常明显的刑事政策。犯罪人赔偿、国家补偿以及恢复性司法模式下对犯罪被害人的救济,是三种不同的救济犯罪方式,也是目前人类所能寻找到的合理的、具有实用性的刑事政策。

现代刑事政策的制定应当体现人道性,要抑制非人道因素对刑事政策制定的影响。

二、刑事政策的法律化

不同语境下刑事政策的内涵与外延不同。人治背景下,刑事政策高于刑事法律;法治话语下,刑事政策必须被法律化从而成为法律。在一个法治的国家,无论是权力机关的作为与不作为,还是人们行为的准则及违法后承担责任的根据,皆以法律为准绳。

刑事政策就是国家社会以人道主义为宗旨对已然犯罪人战略的宏观的和战术的微观的被动处置措施。从此视角出发,刑事政策法律化则是逻辑演绎推理的必然结果。既然刑事政策是对已然犯罪的处置措施,那它就必须具有权威性,而法律或者说只有法律才具有这一特征。近代以来的法治要求只有法律才可认定行为人的罪与非罪,只有法律才可对犯罪人进行处罚,其他任何个人、团体、政党等等都无权对个人的人身(生命及健康)、自由、财产、资格等等进行剥夺,只有通过法律这一形式外观,才使得刑事政策具有了国家强制力的效力特征。

刑事政策应具有合法性,其既有符合规律性、正当性、合理性的意思,也有符合法律规定的意思。法律必须是良法,即必须是有正当性、合理性的法律,恶法是非正义的。

(一)刑事政策法律化的逻辑演绎

1. 人类的理性与权威的选择

通常认为,权威必然与理性对立,因为理性要求我们权衡所能意识到的各种行为理由,三思而后行。权威的本质要求服从,即使我们认为这种服从与行为理由相冲突。由此可见,服从于权威毫无理性可言。[1] 其实这只是表面上的悖论。法律是具有权威性的,而法律的制定正是人们理性的表达,所以遵守法律也就是服从于人们的理性,只不过是如何将个体理性与社会主流理性溶合在一起。上述的二律背反,如果发生在个体与主流社会冲突时应当如何解决?毫无疑问,遵从法律则意味着个体必须放弃按照自己意志判断行为的权利。刑事政策应当具有权威性,而法律是最具权威性的,合法性权威是法律的本质特征。因此,刑事政策的法律化成为一种必然。

法律的制度化特征表明:法律是一种社会制度。概括地说,在某一特定社会中,法律是拥有最高权威的指引系统和审判系统,在它具有功效的地方,它拥有有效权威。[2] 法律被理解为是一种重要的社会制度,这种社会制度对所有生活

---

[1] 参见〔英〕约瑟夫·拉兹著:《法律的权威》,朱峰译,法律出版社2005年版,第3—4页。
[2] 参见同上书,第39页。

在社会中并受法律规制的人(今天几乎遍及所有的人)具有重要意义。

个人对法律的尊重通常包括主要的认知性态度和主要的实践性态度,它们往往是不可分离地交织在一起。但是,在人们的思维和生活方面,它们基本上又是可以分离的。一个人可能拥有其中一种态度而缺乏另一种态度。相反的分离情况也是极为常见的。一国的居民对其邻国的法律拥有适度的认知性尊重,但缺乏实践性尊重。①

2. 和谐社会的政体需求

刑事政策的法律化取决于国家的政治制度,而我国目前所构建的和谐社会是政治制度的根基。和谐社会的基础并没有超出人类社会所共有的人的本性的需求。法国革命把政治归结为三个神圣的词汇:自由、平等、博爱,而这三个词汇也是与人的本性相对应的,如果本性完善,社会相对完善,国家的政治制度科学,刑事政策的法律化亦成为必然。我国社会主义核心价值观对此有更为深层次的概括。

自由、平等、博爱存在的根据是什么呢?与人的形而上学中的知觉一词相应的政治术语是自由;与感情一词相应的是博爱;与认识一词相应的是平等。人的知觉在生命的每时每刻都存在。这就是说,人是一个处于表现状态的生命体,人存在多久,这生命体就表现多久。然而人之所以表现,只是因为他的外部世界同时也在向他表现,因此人就产生知觉:他的生命的主观性为他带来了客观性。人的整个一生就是一系列的行动;即使人只在思想,他也在行动……用一个词表达人的表现的权利就是自由,自由就是有权行动。

自由不是我们平常理解的漫不经心,随心所欲。康德说:"一个人能够按照自己的表述去行动的能力,就构成这个人的生命。"②生命的含义就在于自由,康德所说的自由是由纯粹理性决定的选择行为,而那种仅仅由感官冲动或刺激之类的爱好所决定的行为,可以说是非理性的兽性的选择。③康德所言的自由有道德上的自由与法律上的自由之分,道德法则说的是意志自由,是一种内在的自由;而法律法则说的是行为自由,是一种外在的自由。④ 两者的区别在于,法律自由需要外在的强制力作保证,当一个人的行动破坏了他人的行动自由时,他就会受到强制力的制裁;而道德自由仅仅涉及一个人心灵自身的活动,人们不可能强迫一个人在其内心世界接受或者否定某种东西。因为强迫只有针对外部行为才是有意义的,而精神是不难用暴力使其就范的。所以,康德认为,道德自由是

---

① 参见〔英〕约瑟夫·拉兹著:《法律的权威》,朱峰译,法律出版社2005年版,第220页。
② 〔德〕康德著:《法的形而上学原理——权利的科学》,沈叔平译,林荣远校,商务印书馆1991年版,第10页。
③ 参见同上书,第13页。
④ 参见同上书,第14页。

人类存在的一个先验的共同需求,是一种纯粹理性的"绝对命令"。而法律自由则只有在文明社会才有可能,其原因在于:那种代表公共的、集体的和权威的意志的法律,能够约束每一个人,从而为所有的人提供安全和保证。① 人的自由是人的生存的价值之一,而只有法律可以保证每一个人的自由不被他人侵犯,因此人们选择法律,即使是政府行使权力,也要在法律规定的范围内进行。

但社会的人不仅仅是一个表现的人,也是一个与别人实际上相对联系的人;说这是一个人,因为他具有感情。他不仅行动,同时也有感情,就在他行动的时候,他的活动也是带有感情的。在公民自由的全部活动中,人就具有与这些活动相连的公民感情,用博爱一词足以表达可能产生或调节公民行动的感情。

作为行动的人,人们对他说自由,他从自身认识到这个词的真实性;作为感情的人,人们对他说博爱,他内心感到高兴。然而,他仍有一种官能尚未得到满足,它就是智慧,就是认识事物的需要。平等可以满足这种需要。只要智慧不介入,不表态,那么权利就只不过是一个不引人注目的萌芽,它只是潜伏地存在着。只有智慧才能把它表达出来,并公开宣布它的存在。平等是自然万物的萌芽,它出现在不平等之前,但它将会推翻不平等,取代不平等。因此每个公民所具有的信条就是平等,自我表现和行动的动机就是自由;正确行动的道德准则就是人类博爱。②

当人类个体拥有自由、平等、博爱的时候,社会就是一个和谐的社会,而由此产生的政治体制也是符合人性规律并对不完善的人性有一规则制约,刑事政策法律化的必然结局即时出现。

（二）宏观刑事政策的法律化

现行的我国宏观刑事政策都应当法律化,有些已经法律化。我们以"严打"为例,"严打"刑事政策的出台及其多年的适用,可以为我们展示我国的宏观刑事政策法律化的动态演变。

1979年11月全国城市治安会议上提出了要依法从重从快惩处严重犯罪的方针。1981年5月京、津、沪、穗、汉五大城市座谈会上再次提出:"对于极少数杀人犯、放火犯、抢劫犯、强奸犯、爆炸犯以及其他严重危害社会的现行犯罪分子,要继续坚决依法从重、从快惩处。"③1983年8月,党中央作出了《关于严厉打击刑事犯罪活动的决定》,明确了七个方面的打击对象,再次强调了依法"从重从快"惩处严重刑事犯罪分子的方针。这些政策实际上是在刑事领域的体现,还没

---

① 参见〔德〕康德著:《法的形而上学原理——权利的科学》,沈叔平译,林荣远校,商务印书馆1991年版,第68页。
② 参见同上书,第12—16页。
③ 最高人民法院研究室编:《人民法院参与社会治安综合治理工作实务》,人民出版社1993年版,第3页。

有上升为法律。1983年9月2日,第六届全国人大常委会第二次会议通过了《关于严惩严重危害社会治安的犯罪分子的决定》和《关于迅速审判严重危害社会治安的犯罪分子的程序的决定》,两个《决定》为"严打"提供了法律根据,实际上是党的政策转化成了法律。

我国现在适用的刑事政策是宽严相济的刑事政策,有学者把宽严相济的刑事政策概括为:"该严则严,当宽则宽,严中有宽,宽中有严,宽严有度,宽严审时。"①

这一刑事政策也在刑事法律中有所体现,如2005年最高人民法院《关于增强司法能力提高司法水平的若干意见》提出在认真贯彻宽严相济的刑事政策,严厉惩罚犯罪的同时,对具有法定从宽条件的,依法从宽处理;对具有减刑、假释条件的服刑人员,依法减刑、假释,并积极探索减刑、假释的公示和有条件的听证制度;对法律、政策界限不明确,可判可不判的,可杀可不杀的,应该根据具体情况,依法从宽处理。要进一步落实好防止超期羁押和超审限的有关通知要求和各项制度措施,巩固已有成果,防止新的超期羁押和超审限现象的发生。要切实通过司法活动将尊重和保障人权的原则贯彻到社会生活的各个方面。坚持以人为本的发展观,通过依法保障公民政治权利的行使,通过对经济关系的法律调节,通过在司法活动中弘扬精神文明建设的成果,促进全社会牢固树立尊重和保障人权的基本理念,努力营造尊重人、关心人、爱护人、帮助人的良好社会风尚。当然,许多具体细节还有待于进一步法律化规范化。

(三) 微观刑事政策的法律化

刑法领域所有刑罚种类及行刑中的措施如缓刑、减刑、假释等都属于刑事政策内容。刑法已经是法律的形式,其法律化无需论证。虽然现行法律中有许多不足,犯罪行为的非犯罪化处理可以有效弥补现行的刑事实体法和刑事程序法的缺陷。但是,非犯罪化处理使得司法实践操作具有超越于刑事立法之上不受法律约束的可能性,我们要采取相关的对策来解决这一问题,例如,在法律中对出罪的条件加以严格的限制等等。刑事政策的实施要以刑事法律的存在和遵循刑法的基本原则为前提,不能盲目地实施刑事政策。刑事政策的实行需要适宜的环境和一系列的制度保障措施,否则就可能会造成随意出入刑的局面出现。刑事政策应当体现刑事法律的规定,其实施要有相应的法律依据。

任何事物都具有两面性,刑事政策存在积极的一面,也必然存在消极的一面。"任何刑事政策的制定都不能违背已有的刑法基本原则和具体规则。"②如果没有相应的法律制度保障,那么刑事政策的实施则会缺乏根据。刑事法律是

---

① 马克昌:《宽严相济刑事政策刍议》,载《人民检察》2006年第19期,第17页。
② 陈叶华、叶利芳著:《刑事司法学》,中国方正出版社2004年版,第112页。

保障刑事政策得以顺利实施的前提,如果刑事法律规定不合理,那么再理想的刑事政策也会被架空而毫无用武之地。刑事政策的主要任务是改革刑法、刑事司法制度和刑罚体系,并在此基础上通过合理的研究和合理的实践有力地解决刑事政策的某些问题,如果可能的话,甚至可以创造比刑法"更好的东西"。① 因此,我们要对刑事法律中已经出现的和可能出现的不合理部分进行及时修改,使之能够更好地体现先进的刑事政策理念。

1. 非刑事化行为

非刑事化行为包括非犯罪化行为和非刑罚化行为两部分。非刑事化的理论依据在于刑法谦抑原则。所谓刑法谦抑原则,是指对具有公共危害性因而具有刑法干预必要性的行为,应当从刑法作为最后手段法、补充法、保障法、第二次法的属性出发,进行是否予以实际干预的考量。② 刑法应当是社会防御系统的底线,它应当作为保护个人权利的最后手段,只有在通过其他途径无法解决时才能够动用刑法来维护社会秩序的稳定。刑法应当体现一定的谦抑精神。因此,对于某些轻微的、不足以对社会造成危害的行为,或者是犯罪者已经悔过自新不可能再实施犯罪行为的情形就不应该动用司法程序。对于某些本来不应该施以刑罚的人以刑法来加以规制,既达不到改造人的目的,也会违背刑法保障人权的基本理念。

我国目前刑法体系中对入罪仍然采取一种谨慎的态度,我国刑法的犯罪圈较小。相对于一些对犯罪行为打击面广的国家而言,我国对于一些显著轻微的违规行为入罪较少,这一点是值得肯定的。但是,我国刑法至今规定了469个具体罪名,一些本应属于道德领域来约束的行为或者应当属于行政法、民法领域规制的行为仍然被规定在刑法中作为犯罪行为予以惩治,这集中体现在一些无被害人犯罪和一些经济类犯罪中。对于一些典型的无被害人犯罪,如赌博行为和组织卖淫行为,笔者认为应当使之非犯罪化,可以依靠道德的建设和民事行政处罚来规制该类行为。"尽管赌博会产生若干消极效应,但是以昂贵的刑罚加以规制,实在得不偿失,而且事实上总是屡禁不止。"③由于刑法对一些无被害人的犯罪行为的惩治不能达到预期效果,并不能很好地实现刑罚目的,笔者认为应当对该类行为进行非犯罪化处理。刑法对道德与宗教领域的占领空间应当尽可能降低到最小限度,尽量缩小犯罪圈的范围,使一些本不应包含在犯罪圈内的行为非犯罪化。

除了对具体罪名的非犯罪化探讨,在现行犯罪体系下我们可以在不改变具

---

① 参见何秉松著:《刑事政策学》,群众出版社2002年版,第450页。
② 参见梁根林著:《刑事政策:立场与范畴》,法律出版社2005年版,第106页。
③ 谢望原、卢建平著:《中国刑事政策研究》,中国人民大学出版社2006年版,第345页。

体罪名的情况下对罪名下的某些犯罪行为进行非犯罪化处理。笔者认为,对于符合犯罪构成要件的行为,如果该行为具备了特定的要素就可以对之非刑罚化,对该类行为在进入刑事诉讼程序后不予刑事处罚或者直接使之不进入具体的刑事诉讼程序。这主要出于以下几种考虑:第一,从被害人角度考虑。对于某些被害人有严重过错而导致犯罪人在激愤的情形下实施的伤害被害人的行为,犯罪人的可谴责性小。在案发后,被害人出于对自己严重过错的反省,可能原谅了犯罪人对其实施的犯罪行为,这时,双方当事人之间就形成了一个不希望刑事司法程序介入的合意。对于该类案件而言,即使触犯的是一个量刑很重的罪名,司法机关仍然不宜介入,并且在不介入的情况下也不会威胁社会稳定。第二,从犯罪人角度考虑。非犯罪化的处理方法一般适用于犯罪人实施犯罪行为时主观恶性较小的案件。例如,对于那些由于受害人严重过错才实施的犯罪行为,犯罪人再犯可能性非常小的案件,我们可以对犯罪人不予刑事处罚。第三,从犯罪情节角度考虑。对于犯罪情节轻微的情形,我们应尽可能使其免予刑事处罚。这与我国刑法所规定"但是情节显著轻微危害不大的,不认为是犯罪"有相通之处,但所囊括的"情节轻微"的情形应当比我国目前刑法所规定的"情节显著轻微危害不大"的范围要广得多。

2. 待犯罪化的行为

从社会发展的角度而言,非犯罪化与犯罪化也在不断地交叉进行。我们强调缩小犯罪圈并不意味着放纵某些应当受到法律严惩的犯罪行为,缩小犯罪圈的同时还要强调在条件成熟时对犯罪圈的适度扩大。随着社会的发展,国际交流的频繁,出现了许多新的社会矛盾,导致目前尚未被刑法规制的新型犯罪类型大量出现,一些会产生严重危害社会后果的犯罪行为的规制尚存在立法上的漏洞。在倡导非犯罪化的同时,我们对于不为刑法所规制的一些严重危害社会的行为也要尽可能使之入罪,以体现刑法的报应性和预防性。

我们可以建立一系列刑事制度,如刑事和解制度。我国《刑法》第 3 条规定了罪刑法定原则:"法律明文规定为犯罪行为的,依照法律定罪处刑;法律没有明文规定为犯罪行为的,不得定罪处刑。"由此可见,我国实行的是严格的罪刑法定主义,尽管保证了一般公正但忽视了个别公正。刑事和解在某些情况下会造成出罪的情形出现,即对于法律明文规定为犯罪行为的具体情形,可能不按照法律的规定定罪量刑。刑事政策优先时与我国现行的罪刑法定原则存在矛盾时如何处理?笔者认为,罪刑法定的精神实质在于防止司法专横和保障人权。罪刑法定的本质含义是不允许任意入罪,而不是对出罪的禁止,保障公民的自由和安全不被国家权力所侵犯。

司法机关违反法定程序随意出罪的情形应当是被禁止的,但对于有利于保障国家公权力和当事人的私权利平衡,体现被害人利益的少数出罪情形应当是为法律所允许的,它并不是任意出罪。为了更好地保障人权,体现刑法的基本价值理念和刑事政策的基本精神,罪刑法定的内涵应包括对特定情形下的出罪情形的允许。

我国在2012年修订的《刑事诉讼法》中首次规定了公诉案件的刑事和解制度,即第277条、第278条以及第279条,这三条基本构建了我国的当事人和解的公诉案件诉讼程序,即适用刑事和解的案件、适用条件及法律后果等,但没有刑事和解概念的规定,至今,我国《刑法》也没有任何关于刑事和解法律后果的专门规定,这一空缺只能通过《刑法》中的相关规定如第37条规定的刑事责任承担方式、第61条及第63条规定的量刑规定等来填补,与《刑事诉讼法》规定的刑事和解的程序相对接适用,实现实体与程序的对应。另外,我国认罪认罚从宽制度,不同于西方的辩诉交易制度,目前正处于实验阶段,等积累到一定程度,也会法律化。

监狱法领域的社区矫正制度也以法律的形式出现。从最高人民法院、最高人民检察院、公安部和司法部(以下简称"两院两部")2003年7月10日联合发布的《关于开展社区矫正试点工作的通知》,司法部2004年5月9日发布并于2004年7月1日实施的《司法行政机关社区矫正工作暂行办法》以及"两院两部"2005年1月20日发布的《关于扩大社区矫正试点范围的通知》和2009年9月2日发布的《关于在全国试行社区矫正工作的意见》,直至2011年2月25日《刑法修正案(八)》将管制、缓刑、假释由过去的由公安机关执行、考察、监督修改为"依法实行社区矫正",从此,社区矫正有了刑法上的依据。

三、刑事政策的科学化

刑事政策的法律化是首要的,它是刑事政策的形式,但又不仅仅是形式,在其中暗含了内容,没有法律化的刑事政策就不是刑事政策,只有法律化的刑事政策才具有正当的合法性,才可成为人们尊重的权威。刑事政策的人道化是刑事政策的灵魂,不具有人道化的刑事政策就失去了现代刑事政策的内核,或许会成为丧失生机与活力的僵硬模板。刑事政策的科学化为刑事政策的法律化和人道化提供正当的理由及根据。

(一)科学对刑事政策的渗透

科学包括自然科学和社会科学,但主要是指自然科学。自然科学中的数学、物理学、化学等,社会科学中的基本思想、规律、制度及人本身等都可能对刑事政策产生影响。

刑法学中的犯罪也是刑事政策学所要研究的犯罪,在构成犯罪的主观罪过方面,储槐植教授就将模糊数学理论引进到其中,称其为模糊罪过,即故意与过失都包括在同一犯罪里。① 他还将概率学理论借鉴到因果关系的研究中,认为偶然因果关系要使行为人承担刑事责任一定是高概率的结果,即行为引起结果的发生存在着高概率。② 武汉大学赵廷光教授用数学模型建立的量刑模式,也是自然科学对刑事法学的渗透。刑法主观主义主张的对犯罪人本性的挖掘与19世纪人们的科学观点有着内在的一致性:刑法主观主义理论不仅受自然科学中精神病学、医学的影响,同时物理学等学科对其辐射作用也是不可忽略的。刑法主观主义者认为,是一种"力"促使行为人现实地实施犯罪行为,这种力是一个隐喻,实际上是物理学中力学内容在刑法学中的引申,它包括生理的、心理的和病理的内容。犯罪的本质原因是生理的力、心理的力、病理的力和促使实施犯罪行为的最后条件以前之主观及客观的诸条件两者的统一体。③ 科学与技术的发展,也会从形式上改变庭审,从而更具有效率。例如,河南省首试三方远程庭审,通过远程音视频传输等技术,法官、公诉人、被告人分处法院、检察院、看守所三地,"足不出户""面对面"地参加庭审,20分钟内4起刑事速裁案件当庭宣判。④ 以前大量时间浪费在路上,现代科技解决了这些问题,既正义又效率。

科学包括很多方面的内容,我们平常总是谴责见危不救行为,其实这一行为背后有许多更复杂、深层的东西值得研究。心理学认为:不救助他人的原因之一就是有另外他人的存在。他人存在导致的结果使得一是责任扩散,即周围他人越多,每个人分担的责任越少,这种责任分担可以降低个体的助人行为。二是情境的不明确性,从决策分析过程来看,人们有时无法确定是否真正处于紧急状态。这时其他旁观者的行为就会自然而然地影响到该个体对情境的定义,进而影响到他的行为。假如其他人漠视该情境,或表现得什么事情也没有发生,我们也可能认为没有任何紧急事件发生。⑤ 在此基础上我们考虑犯罪化与非犯罪范围就要借鉴心理学的研究成果。

(二) 科学精神在刑事政策中的体现

科学性是指事物发展的内部规律,而发现事物发展的内部规律又需要一种科学精神,这就是刨根问底、探索、求真、理性、不迷信、不盲从。刑事政策的制定应遵循社会发展的一般规律,而不是刑事政策主体的主观想象、感情用事。比如我们要认识犯罪的基本规律是什么,只有认清犯罪的基本规律问题才有可能制定出预防控制犯罪的刑事政策,该刑事政策才有效益,否则将事与愿违。

---

① 参见储槐植:《刑事一体化与关系刑法论》,北京大学出版社2003年版,第198页。
② 同上。
③ 参见周光权:《法治视野中的刑法客观主义》,清华大学出版社2002年版,第118页。
④ 参见《河南首试三方远程庭审:20分钟内4起刑事速裁案件当庭宣判》,载法制网2017年10月12日。
⑤ 参见侯玉波编著:《社会心理学》,北京大学出版社2002年版,第86页。

1. 对犯罪原因的认识

犯罪学及犯罪心理学对犯罪原因的解释是多方位的,国外关于个体犯罪原因的学说归纳起来有:生物学的原因论、社会学的原因论、精神病理学的原因论、学习理论的原因论、多元性的原因论。研究犯罪现象,必须以科际整合观点,运用与犯罪问题相关的学科予以整合研究。例如,生物学方面的有关学科,遗传学、脑生物学、生物化学、心理药物学、心理生物学等;环境因素方面的有关学科,如环境心理学、社会精神医学、都市设计、工程学、社会学、人性学等。多元性犯罪原因论更能全面反映导致犯罪心理形成和犯罪行为发生的各种因素及其相互之间的关系。[1]

上述种种理论都有其合理的内核,从不同的视角关注犯罪的原因是什么。其实,犯罪原因是一个由引起犯罪结果发生的诸多因素彼此联系、相互作用而构成的多层次的系统。犯罪不仅具有个人生理、心理的原因,更有着复杂的社会原因。这些引起犯罪结果发生的诸多因素分属原因系统的不同层次,分别执行着不同功能。其中,既有决定犯罪存在和变化的因素,又有影响犯罪存在和变化的因素;既有在任何时空条件下都与犯罪相关的因素,又有在特定时空情境下才与犯罪相关的因素。

"犯罪原因的复杂性决定了国家只能做力所能及的事情,适用刑罚只能追求它可能实现的东西。"[2]任何刑事政策和社会政策都不可能完全消灭犯罪。以消灭犯罪为目标或者主要通过刑罚来遏制犯罪的刑事政策和社会政策,是违背基本犯罪规律的刑事政策。刑罚资源投入的多少和犯罪率的高低不可能成简单的、直线的反比关系。犯罪原因的多样化,决定了刑罚功能的有限性。

另外,对其他与犯罪相关问题的研究,也是制定刑事政策的根据。例如犯罪学的研究表明,房屋、街道格局状况会对犯罪的发生产生一定的影响,因而住房、街道的合理规划和设计可以对犯罪产生明显的预防、抑制作用。我们在研究犯罪对策时就可以考虑这样的现实状况,通过房地产开发商、物业管理公司等在住宅项目的设计、物业管理方面的周密考虑,达到减少犯罪的目的。

对待犯罪问题应有严密的理性思维,避免简单的情感逻辑思维。作为市场经济的动力的竞争机制能够促进资源的有效配置,推动生产力的提高,也可能驱使人们追求非法利润,实施经济犯罪。理性的社会不可能因噎废食,不可能因为某些有利于社会发展的因素导致与目的偏离的甚至是背离的结果而将这些因素扼杀在萌芽状态,例如,不能因为空难的发生而不拓展航空事业。

---

[1] 参见罗大华主编:《犯罪心理学》,中国政法大学出版社2003年版,第64—76页。
[2] 储槐植:《认识犯罪规律,促进刑法思想现实化》,载《北京大学学报》1988年第3期。

2. 对刑罚功能的认识

人类对刑罚的崇拜一直持续至今,虽然刑罚观在不断地发生改变,从报复刑、威慑刑、报应刑、教育刑及报应与教育相统一的折衷刑,到新社会防卫论,以及风靡欧美的恢复性司法等等,这些足以说明人们并没有摆脱对刑罚的过分依赖,相反,在某些国家或地区还有加强的趋势。

然而愈演愈烈的犯罪态势使人们认识到刑罚的功能是极其有限的,否则为什么刑罚愈重犯罪势头愈猛烈。人们之所以崇尚刑罚,主要是因为:第一,心理定势的影响;第二,尚未找到更好的替代措施;第三,整个人类文明的进程之路艰难而漫长。

现代社会已是多元的社会,从生活方式到价值理念都是多元的,人们只要在法律许可的范围内就可以任意选择自己的行为。例如青年男女可以未婚同居,同性恋合法化,等等。

(三) 科学方法在刑事政策中的运用

科学主义在政策的制定方面体现为,信息是政策制定的基础和依据,政策制定实际上就是在对信息进行搜集、加工和处理的基础上进行规划,得出相应的解决问题的办法和方案。政策的科学性与信息的全面性、真实性密切相关,建立在全面、准确的现实基础上形成的政策,才是符合科学主义的政策,才真正具有权威性和严肃性,最终能够为大众所普遍接受。科学主义在刑事政策制定过程中同样具有非常重要的作用。例如,日本学者大谷实认为,所谓科学主义是指刑事政策学必须立足于犯罪学等经验科学的研究成果之上的原则。构成近代刑事政策学基础的是科学地探求犯罪原则,并依此而实施对策的实证学派的方法,即科学的方法。[①] 在刑事政策的制定过程中,坚持科学主义原则,主要体现为以下几个方面:

(1) 刑事政策制定之前,应当进行科学的预测,以正确的理论为指导,按照科学的原则、程序和方法对未来情况进行估计,充分考虑某项刑事政策制定的利与弊,对未来情况的发展变化、方案的执行结果及其影响等进行预测分析,制定出正确的刑事政策,防止刑事政策制定上的失误。

(2) 犯罪学是刑事政策学的基础。刑事政策的制定应当建立在对犯罪现象进行客观分析的基础之上,与客观犯罪现象的研究紧密联系。刑事政策学既然是政策科学,则当然地在使用统计学等现代科学分析方法分析犯罪现象、解明犯罪原因的同时,也应当依据精神医学、心理学、教育学及社会学等行动科学的成果,探讨有效合理的对策。[②] 由此可见,刑事政策学是建立在对一系列行动科学

---

① 参见〔日〕大谷实著:《刑事政策学》,黎宏译,法律出版社2000年版,第15页。
② 参见同上。

学科的研究基础之上的,这些学科都具有科学性、严谨性,这就决定了刑事政策的制定也应当具备科学性。

(3)科学刑事政策的制定应当具备现实可行性。刑事政策制定的最终目的是为了让刑事政策能够解决现实的犯罪问题。如果制定出来的刑事政策违背客观规律,在实施过程中弊大于利时,事实上说明这种刑事政策是不具备可行性的,对这种刑事政策的实施会对社会产生消极影响。一言以蔽之,刑事政策在制定过程中对其科学性进行考量是一个基本原则。

(四)科学与人道的关系

科学本身是中性的,但科学掌握在人类手中,对人类的发展既可以有益也可以有害,既可让一个个体生活得更幸福,也足以让一个个体悲伤甚至灭绝。由科学到人道(或是人本)是人类走过的路径。人是唯一的终极性的目标,科学不过是手段,是使人类更幸福的手段,而人道才是人幸福的保障。

科学不是感觉,科学是由人的理性发现的。科学是客观理性的产物,但人也是感性的动物,人的理性与感性经常发生冲突,而感性更是人之所以为人的明显特征。

"人类社会的实践表明,人并不是完全意义上的理性人;人的思维机制一半是感性、一半是理性,并且感性的成分远远大于理性的成分。就一般意义上而言,在行为实践领域中,人的理性思维机制首先依赖于感性思维机制的定向、定位;理性思维可以在不同的层面、范围里计算利或害的大小、多少,但究竟什么是利、什么是害,这首先取决于人们的感觉。"[1]

当法律与人道相冲突时该如何选择?这是人类正在面临的两难选择,鱼和熊掌究竟哪一个被舍弃?可能还要取决于社会文明发展的程度,时下法律优先或许被更多的人所接受,将来人类达到更文明的程度,也许会有更好的选择。

---

[1] 张恒山著:《法理要论》,北京大学出版社2006年版,第412页。

第七章 刑事政策学中的基础理论

刑事政策学作为一门独立的学科是建立在犯罪学的研究基础之上的,其发展过程也是脱胎于刑法学和犯罪学。犯罪学对于犯罪现象及犯罪原因的若干实证研究为刑事政策学的发展提供了可靠的前提保障。因此,犯罪学中的一些基本理论也就成了刑事政策学的基础部分,这些基本理论或基本观念直接决定着刑事政策的发展方向及宏观刑事政策与微观刑事政策的制定。

第一节 犯 罪 观

简言之,犯罪观就是人们对犯罪的看法。基于认识论原理,人类对某一事物的认识总是由浅到深、由低级到高级的一个过程。从神学到自然科学再到人文科学的发展经历了漫长的时间旅程,从对犯罪的规范化认识到客观性认识也历经了几百年,由此奠定了对犯罪认识的学科性质,或者说对犯罪的发展性认识,决定了不同的学科框架:从刑法学到犯罪学再到刑事政策学。

一、犯罪观的演化过程

(一)前科学时代的犯罪观

前科学时代主要是指中世纪以前。从总体上来说,这一时期尚未产生系统、科学的刑事法学理论,但是,却存在着对有关犯罪问题的一些看法。主要有魔鬼说和不系统的自然说。魔鬼说认为,另外一世界的力量或灵魂控制了人类的行为,犯罪是魔鬼附身的结果。关于不系统的自然说,例如,古希腊哲学家柏拉图认为,不正义的行为是人的一种恶性的表现。在一个人的品行中,具有较善和较恶两个部分,如果较善的部分能控制较恶的部分而占优势,就要受到赞扬,反之就要受到责备。

(二)刑事古典学派的犯罪观

刑事古典学派是资产阶级启蒙思想的产物,其矛头直指封建司法的罪刑擅断,提出天赋人权、法治、民主的理论,反对封建、反对神学、反对罪刑擅断。刑事古典学派主要提出了罪刑法定、罪刑相适应及刑罚人道主义等主张,给法国《人权宣言》,1791年、1810年《法国刑法典》以及其他早期资产阶级刑法典以很大影响,对建立现代法治起了重要作用。

(三）刑事近代学派的犯罪观

19世纪中后期，犯罪日益严重。刑事古典学派理论不能合理地对此作出解释与处理。同时，在资产阶级启蒙思想的基础上，将自然科学的研究成果引入社会科学的研究领域，对犯罪的研究由注重演绎的方法，发展到综合运用人类学、生物学、物理学、社会学等实证研究。这样注重实证与操作、强调刑事政策的刑事近代学派应运而生。

刑事近代学派分为以龙勃罗梭、加罗法洛为代表的刑事人类学派与以菲利、李斯特为代表的刑事社会学派。前者提出了天生犯罪人论，应该对他们采取保安处分、死刑、流放荒岛、消除生殖机能等措施以预防犯罪。后者则认为，社会的弊端及其不良因素才是引起犯罪的真正原因。其行为人的刑事责任应当以其人身危险性为根据实行刑罚个别化；以国家、社会为本位，刑法应当注重社会保护机能。

（四）刑事现代理论的犯罪观

刑事现代理论的犯罪观是19世纪后半叶到20世纪50年代较为流行的犯罪观。这一学派包括规范责任论、新社会防卫论和人格责任论。

规范责任论主张，在通常情况下，人具有意志自由，能够根据利害判断来决定自己的行为。在这种情况下，行为人违反了应为规范和义务规范，而决定实施违法行为，因此应受责难。规范责任的结构要素为：心理事实、规范评价、期待可能性。

新社会防卫论反对主观主义的行为决定论，在很大程度上承认客观主义的意志自由。新社会防卫论认为，犯罪首先是行为人人格的表现，否定行为决定，承认意志自由，强调以行为人为中心。社会防卫论要求只要社会防卫法，而不要刑法，主张对行为人的一切预防或治疗的措施均由社会防卫处分来解决。

人格责任论认为，人受其素质和环境的制约，同时在这种制约下，人有行为的自由。在人格之中，既有行为自身所不能控制的部分，也有行为人基于其自由选择的部分。人格责任是行为责任、具有人格性的责任与人格形成责任的合并，行为责任是对现实行为的责难，人格形成责任是对危险性人格的责难。

（五）刑事后现代理论的犯罪观

20世纪60年代以后，犯罪学在美国得到了最迅速、最广泛的发展。人们对犯罪的认识更加客观与全面，视野更为开阔。主要代表性的理论有：

1. 社会学理论[①]

社会学理论主要观点概括为：(1)犯罪行为是一种社会现象，是由犯因性的社会条件造成的，其中不合理的社会制度、社会结构和社会过程所起的推动作用

---

① 参见吴宗宪：《西方犯罪学史》，警官教育出版社1997年版，第603—604页。

尤为明显。(2)犯罪行为的模式与犯罪人的社会经济地位、种族、性别和年龄密切相关。(3)社会变迁与犯罪行为有关。他们认为,现代社会中结构的变化,对人际关系和群体之间的关系有巨大影响,而这种影响又对犯罪行为起制约作用。(4)技术的发展及其对社会制度的影响,对犯罪的发生有重要作用。在社会上那些缺乏必要的社会教育而无任何一技之长的人,就有可能把犯罪看成是一种有吸引力的解决问题的办法,进行犯罪活动。(5)群体之间和人们之间的相互作用对犯罪的发生有重要影响。人们能从积极的人际互动中受益,也会从消极的人际互动中受害。

2. 标签理论[1]

标签理论的基本观点归纳为九个基本假设:(1)任何行为从固有性质来看都不是犯罪,行为的犯罪性质是由法律规定的。(2)犯罪的定义是由有权势的群体代表,包括警察、法庭、矫正机构和其他管理部门为了他们的利益而强制使用的。(3)一个人并不会仅仅由于违反法律而成为犯罪人。相反,他是因为官方当局的反应才被称为犯罪人,官方当局赋予他被抛弃者的身份,并且剥夺了他的一部分社会与政治权利。(4)把人们分为犯罪人和非犯罪人的做法,是与常识和经验性证据相矛盾的。(5)尽管许多人都同样地违反了法律,但是,只有少数一些人因此而被逮捕。犯罪行为本身并不能引起贴标签的过程,只有犯罪人在被刑事司法机关逮捕时,才开始了对他的标定过程。(6)由于法律实施中的制裁是针对整个人,而不仅仅是针对犯罪行为的,所以,刑罚因犯罪人特征的不同而有区别。(7)刑事制裁也因犯罪人的其他特征的不同而有区别,这些个人特征包括性别、年龄、职业状况、少数群体身份、是否为暂住者、受教育程度,等等。(8)刑事司法活动是以这样一种刻板观念为基础的,即犯罪人是一种被社会遗弃者——一种道德品质恶劣、应受社会谴责的故意用恶者。(9)面对公众谴责和坏人的标签,犯罪人很难保持一种积极的自我形象。他们会对此产生消极认同,产生更加严重的犯罪行为。

标签理论的研究者在探讨个人与社会的相互作用中,提出了重要的刑事政策建议。这些政策建议具有明显的针对性,更切合法律实践,在刑事立法和司法活动中产生了深远的影响。其刑事政策建议主要有五个方面[2]:(1)非犯罪化。非犯罪化是指减轻对社会危害性减少甚至消失的犯罪行为的处罚,将它们转变为合法行为的过程与现象。(2)转处。转处是指用社会福利部门等的咨询、工作训练、就业帮助等代替司法机关的审判等活动的社会运动和措施。(3)正当程序。通常指要求向当事人提供律师,律师不在场时不受审问,不采用非法获得

---

[1] 转引自吴宗宪:《西方犯罪学》(第二版),法律出版社 2006 年版,第 394 页。
[2] 参见同上书,第 403—404 页。

的证据等。(4) 非机构化。又称非监禁化,这是指将一些犯罪人在矫正机构中服刑转到社区内矫治的活动。(5) 赔偿与补偿。让犯罪人对犯罪行为的被害人进行赔偿,或者由国家对被害人进行补偿。犯罪人赔偿的具体形式多种多样,除了给遭受犯罪行为侵害的公民支付赔偿金之外,也可以判令犯罪人提供社区服务。这些刑事政策措施至今都有借鉴意义。

3. 一致论犯罪观[①]

一致论犯罪观认为,犯罪是被所有的社会成员都认为是有害的行为。确立犯罪的定义及刑罚的实体刑法,反映了社会主流的价值观、信念和意见。之所以使用"一致"这个术语是因为,它意味着大多数社会成员对什么是犯罪行为有共同看法。

4. 冲突论犯罪观[②]

冲突论犯罪观把社会看成是一个由不同群体(有产者、工人、专业人员和学生)组成的集合体。为了维护自己的政治权利,不同的群体有可能使用法律和刑事司法制度提高其经济和社会地位。因此,刑法被看成是保护有产者免受无产者侵害的法律。尽管穷人因为轻微的违法而进监狱,但是,富人却因为更加严重的犯罪而受到宽容的刑罚。

另外,还有一些代表性的理论学派,例如,犯罪生物学理论(不同于"隔代遗传",用更为发达的生物学理论来解释犯罪人独特的身体素质的形成原因)、犯罪心理学理论(研究人格、道德发展、学习、智力、精神疾病等与犯罪行为的关系)及其他理论(犯罪与人性、多学科型犯罪行为理论等等),他们对犯罪的认识,为我们今天重新审视犯罪提供了更多的参照视角。

二、当代中国犯罪观的分析方法[③]

犯罪观的基本内容是人们对犯罪本质特征的认识和义理的解释,以及对犯罪从社会、文化、法律的角度所作出的评价、谴责与非难。[④] 进一步说,犯罪观是人们关于犯罪的性质、作用和产生、发展、变化的原因和规律的认识、态度和倾向的总称。[⑤] 也有学者归纳道:"所谓犯罪观,就是指对犯罪的属性、犯罪的产生、发展、变化、消亡以及如何同犯罪作斗争的看法。"[⑥]这些描述非常简明和直观,可以作为研究问题的基本出发点,但只是说明了犯罪观的表面层次和概念内容。

[①] 转引自吴宗宪:《西方犯罪学》(第二版),法律出版社2006年版,第5页。
[②] 参见同上。
[③] 这一专题曾全文发表在《法学研究》2006年第2期,题目是《当代中国犯罪观的转变》。
[④] 参见李汉军:《犯罪观论》,载杨春洗主编:《刑法基础论》,北京大学出版社1999年版,第126页。
[⑤] 参见梁根林:《刑法改革的观念定向》,载陈兴良主编:《刑事法评论》(第1卷),中国政法大学出版社1997年版,第110页。
[⑥] 张明楷著:《犯罪论原理》,武汉大学出版社1991年版,第44页。

在进行学术研究时,人们习惯于将犯罪观放到一个更大的背景之下进行考察:犯罪观作为人们对于犯罪根本属性的基本假定,它与工具性知识框架[①]和犯罪学典范[②]一起都是犯罪学范式[③]——潜在于犯罪学理论中关于研究对象的意象性假定——的表现形式。

从大的方面来说,研究犯罪观无外乎两个角度:其一是结构式;其二是过程式。结构式分析就是对犯罪观横断面的研究,也就是分析犯罪观的结构。结构是什么?系统论认为,结构是系统内各要素的组织规则和形式,是要素间的关系,系统通过结构将要素联结起来。系统对要素的制约和要素对系统的作用都要经过结构的中介。结构通过对要素的制约,使系统保持稳定性,要素的变化被限制在一定范围内,这就是量变;一旦要素突破结构的制约,系统就会瓦解、转化,这就是质变。不过,系统结构是有高低层次之分的,低层次的要素并不会直接对系统发生作用,它必须先作用于高层次的要素,并通过它来影响系统整体。

犯罪观的结构就是联结犯罪观各要素的组织规则和形式。我们可以以三种主要特性来确定犯罪观的结构概念:(1)等级。犯罪观各要素从最小到最大,从低层次到高层次逐步归并。(2)关系。犯罪观的每一个要素都与其他同级或不同级的要素处在一组关系之中。(3)功能。犯罪观的每一个要素都具有一种它这一级的功能,也有一种与上一级要素有关的功能。结构式分析属于横向的、相对静止的分析。具体来说,犯罪观的结构通过主体要素、认识要素和评价要素及其相互关系体现出来。从这个角度看,犯罪观就是主体要素对犯罪的认识和评价。上述三要素对犯罪观都是必不可少的,它们构成了犯罪观结构的第一个层次。但仅有这种认识是远远不够的,结构式分析还要求我们寻找第二个层次、第三个层次直至最低层次的要素,并对各要素间的关系及其功能进行审视。

---

① 工具性知识框架是引进犯罪学研究的科学成果和概念系统,如生物进化论、系统论、自我、本我、超我、社会化、社会分层等。犯罪学引进的知识框架主要来自哲学、社会学、法学、心理学、生物学。借助一定知识框架,人们能从犯罪现象中洞察由常识无法洞察到的特征和规律。工具性知识框架与犯罪观既有联系又有区别。从一定犯罪观本身无法推导出具体的知识框架,而一定知识框架的选择又是一定犯罪观的具体表达。参见康树华等主编:《犯罪学大辞书》,甘肃人民出版社 1995 年版,第 281 页以下。

② 犯罪学典范是标志着犯罪学历史进步的科学成就。在犯罪学中,古典犯罪学、实证主义犯罪学都可以称得上是犯罪学典范。它们是某种新犯罪观或工具性知识框架的载体。由于某种犯罪典范的出现,人们得以通过新的犯罪观和知识框架看到按照以往范式所透视不到的东西。对犯罪学来说,重要的不是典范对一定具体课题提供了固定的答案,而是典范回答某种古老而又崭新的犯罪学问题时所采用的独特方式。正是这些独特方式为后人观察、描述、解释犯罪提供了新的起点和视野,成为人们效仿的范例。参见同上书,第 282 页。

③ 犯罪学范式从认识主体的角度影响着人们对犯罪现象的反映。犯罪学范式的方法论意义在于,它既是犯罪学自我认识的主要对象,又是在高度抽象的层次上对犯罪内部本质关系和过程的再现。犯罪学范式是犯罪学研究人员的共同语言和行为模式。依据一定范式,犯罪学研究人员才可能在主观上再现犯罪的各层面特征,并通过统一媒介交换意见、相互理解。犯罪学范式对犯罪现实的反映略去了若干经验细节,因而是犯罪现实的思维模型。透过犯罪学范式,研究人员能远离经验细节而触摸本质,在思维上获得对犯罪现实的简化和直观。参见同上书,第 282 页。

过程式分析是对犯罪观纵截面的研究，也就是分析犯罪观的过程。犯罪观的过程大到指人类社会犯罪观产生、发展、变化和消亡的过程，小到指某个国家或地区或全世界在一定时期内犯罪观发展和变化的动态，也可指某一个体或群体犯罪观形成、发展和演变的过程。对犯罪观的过程式分析属于纵向的、动态的分析，它向人们展示了犯罪观的脉络，使犯罪观呈现出"纤维束集合体"的特点。任何特定时期的犯罪观都不是孤立地存在的，过程式分析方法将过去、现在和未来一定时期的犯罪观串联起来，以期从历史事实中总结分析所蕴含的义理。

对犯罪观的立体分析以结构式分析为横轴，以过程式分析为纵轴，二者纵横交错，支撑起立体分析的大厦。应当看到，结构式分析和过程式分析都不是孤立的，两者之间存在极为密切的联系。结构是过程的内容，过程是结构的形式。犯罪观过程的动态正是通过犯罪观结构的发展变化表现出来的，同样，犯罪观结构的静态也是一定过程中的相对静止，是一系列变化中暂时的静止。没有结构的过程是形式主义，没有过程的结构是机械唯物主义，这两种片面认识都应该抛弃。只有把结构式分析与过程式分析结合起来，从动、静的结合上准确地说明犯罪观，才能较好地完成对犯罪观进行立体分析的科学构想。在某种意义上讲，犯罪观的转变式研究说明了社会价值观在由一元化向多元化推进，这或许也应合了当代中国深化改革、积极探寻发展的社会心态。

三、当代中国犯罪观的转变

（一）由绝对主义犯罪观向相对主义犯罪观转变

1. 绝对主义犯罪观

在哲学上，绝对的是指无条件的、永恒的、无限的。称某物为绝对是说它是无条件的或普遍的，反之则是相对的。在形而上学中，绝对作为一个专门术语，是指那些终极的、不变的、主宰性的以及包罗万象的单一实体。

绝对主义这一术语，在不同的领域有不同的指称，在犯罪学的研究中我们也引进这一术语，用以概括传统的犯罪观理论。多年来，绝对主义犯罪观是一种常识性理论，其要点共有以下四个方面：

第一，社会中存在着一种统一的、普遍公认的价值判断（或道德准则），所以每个社会成员都可凭借直觉分辨是与非、善与恶、正当与越轨。因为存在统一的价值判断，犯罪的概念就是绝对的，犯罪就是违反这种统一的、普遍公认的道德准则的行为，所以犯罪是一种恶，其本质特征是社会危害性。

第二，恶果必有恶因，恶因必致恶果的因果模式。犯罪原因都具有恶的性质，只有恶的事物才能导致犯罪。社会普遍肯定的、赞扬的、默许的事物不可能导致犯罪。即善的事物不可能导致恶的结果。这种理论又称"医学模式"（恶的原因导致恶的结果）。所以，绝对主义将探寻犯罪原因的目光集中在"恶因"上，从人出发,认为人本身存在着问题,如天生犯罪人、染色体异常等等;从社会环境出发,认为不良社会环境的影响、社会制度的弊端、堕落文化的影响、历史的流毒等等。而"善"的事物是不会产生犯罪的,如认为私有制和剥削制度是犯罪的根源,社会主义本身并不必然产生犯罪。①

第三,犯罪人与正常人有本质的(根本)的差别,是完全不同的两类人。如果想研究犯罪则首先必须要了解犯罪人,只有研究犯罪人才可能把握犯罪原因,犯罪人与正常人的区别主要体现在以下两个方面:(1)犯罪人与正常人之间在自然、生理、心理特征存在着差别,犯罪人身上存在生物性致罪因素,如精神病或其他病态。②(2)犯罪人的特性是受后天不良因素造成的,这些不良影响包括家庭、教育、媒体等,这些不良影响导致犯罪人实施犯罪行为。

第四,犯罪是可以消灭的。由于绝对主义认为在犯罪与正常行为之间存在一个统一的标准,而社会主义不存在犯罪的本源,随着社会主义制度的健全,逐步消除不良因素,排除残余的和外来的犯罪本源,犯罪行为是可以消灭的,特别是在共产主义实现以后,因为国家的消亡,犯罪自然不存在了。③

2. 相对主义犯罪观

相对是指有条件的、暂时的、有限的,哲学上的相对主义强调事物以及人的认识的相对性,它认为事物依靠一定的条件而存在,随着条件的变化而变化,人的认识总是相对的,一切真理、科学理论都具有相对性,而永恒的、客观的、普遍的原则和价值标准是不存在的。相对主义犯罪观与绝对主义犯罪观针锋相对,也有四个要点:

第一,社会上根本就不存在"统一的""普遍公认"的道德准则。所谓道德准则都是某一社会集团出于自己的利益、目的而提倡的。不同形态社会的价值标准不会完全相同,提出"自然犯罪"的加罗法洛也承认各个社会中的道德具有形式上的差别。在同一个社会中,由于社会成员利益要求的多样化,也很难存在单一的道德标准,价值观的多元化在每个社会都不同程度地存在,现代自由社会更是多种价值观并存并且互相激烈地碰撞着。

既然在社会中不存在统一的价值判断标准,那么所谓"犯罪是一种恶"也是相对于不同的价值标准而言的,所以,犯罪并不当然是一种恶。犯罪行为在本质上是客观存在的、自然的行为。犯罪并不意味着无序,相反,犯罪应该是一个社会的正常秩序的组成部分。

---

① 参见王顺安主编:《中国犯罪原因研究》,人民法院出版社1998年版,第29页以下。
② 参见皮艺军:《论犯罪学研究中的"价值无涉"原则》,载《政法论坛》1993年第3期。
③ 参见同上文,第121页。

第二,恶果不一定源于恶因,同时恶因也未必就导致恶果。相对主义认为并非恶的因素才能导致犯罪,正常的原因甚至受到社会肯定、默许的事物也可能导致犯罪,而所谓恶的事物也未必一定能诱发犯罪。社会文明在本质上也并不完全排斥犯罪,即使旨在教育子民的文化本身,也可能包含着与犯罪同质的因素。① 相对主义者探索犯罪存在原因的结论是犯罪根源于现实的社会。"探索犯罪之源时,如果不是立足于足下这块现实土壤,不是从现实社会结构、社会制度的矛盾,不是从现实社会关系的协调程度去找原因,目光仅仅注视着历史遗留和外部渗透,那就不可能真正找到社会主义社会犯罪之源的。"②

第三,犯罪人并不是特殊的人,犯罪人与正常人没有本质的区别。犯罪是正常人的一种正常的反应方式,人人都是潜在的犯罪人,人人都可能犯罪,犯罪并不是某类人特有的行为方式,而是每个人都可能实施的行为。③ 在这个意义上,可以说犯罪是"我们"的行为,而不是"他们"的行为,在犯罪人与非犯罪人之间不存在一种明确的二分法,犯罪行为只是一种或多或少、或轻或重的现象。④

第四,从行为上"消灭犯罪"的想法是不现实的。"理性化地、科学地看待犯罪,会发现它是一种与文明相伴的社会现象,一种与人性共生的类似动物性的行为。"⑤犯罪是与社会文明相伴生的现象,是一种必然的社会存在,"迄今为止的人类历史经验表明,犯罪可以控制,但无法消灭。这是由基本犯罪规律决定的。"⑥相应地,相对主义者提倡"犯罪控制"。"只要犯罪被控制在社会能容忍的范围内,只要犯罪仍在国家控制力所涉及的层面内,更为主要的,只要犯罪在社会控制范围内能够通过程序化方式得到有效公正的惩处与矫正,这个社会仍不失为一个有秩序的社会。"⑦

"犯罪"是人类在阶级社会里对所谓的"异常行为"的评价,当阶级消亡后,这类行为则被评价为"捣乱行为"等,两者的差别在实质上是评价主体有无阶级性。如果把犯罪看成阶级社会中国家和法的产物,到了共产主义社会,国家和法消亡,犯罪这种评价当然也就消亡了。

(二) 由科学主义犯罪观向人本主义犯罪观转变

1. 科学主义犯罪观

科学主义作为一个哲学派别,是指一种认为科学是唯一的知识,科学方法论是获取知识的唯一正确方法的观点。由于19世纪自然科学的巨大进步,科学主

---

① 参见白建军:《控制社会控制》,载陈兴良主编:《法治的使命》,法律出版社2001年版,第106页。
② 周良沱:《犯罪根源论》,载《湖北公安高等专科学校学报》2001年第3期。
③ 参见白建军:《控制社会控制》,载陈兴良主编:《法治的使命》,法律出版社2001年版,第104页。
④ 参见刘广三著:《犯罪现象论》,北京大学出版社1996年版,第40页。
⑤ 皮艺军著:《犯罪学研究论要》,中国政法大学出版社2001年版,第54页。
⑥ 储槐植著:《刑事一体化与关系刑法论》,北京大学出版社1997年版,第91页。
⑦ 蔡道通:《犯罪与秩序——刑事法视野考察》,载《法学研究》2001年第5期。

义在各学科领域产生了显著的影响。在犯罪学研究领域,在哲学上科学主义和达尔文的进化论(生物学领域中的科学实证主义)的影响下,以龙勃罗梭为代表的实证主义犯罪学派应运而生,创建了具有革命性的理论。科学主义在对犯罪问题的认识上追求科学的唯一性,其主要观点有:

第一,在研究方法上,科学主义者认为自然科学的方法是人类认识世界唯一正确和有效的方法,是一切认识方法的楷模,应该应用到人文科学、社会科学的一切研究领域。在犯罪学研究上也不例外,应该运用自然科学研究方法研究犯罪问题。所以,科学主义者采用解剖、试验、统计分析等方法研究犯罪,并努力将人类最新的自然科学成果应用于犯罪研究。随着自然科学的发展,科学主义表现出巨大的发展潜力,在基因技术高度发达的今天,仍有人通过基因技术说明犯罪的生物学原因。

第二,科学主义者认为自然科学知识是最精确、最可靠的知识,强调从自然因素去解释犯罪。无论是在犯罪原因还是犯罪对策的研究上,科学主义者将注意力集中在行为人身上。西方实证学派主张犯罪行为是由一定的因素决定的,反对自由意志论。至于决定因素则包括生物学、心理学、地理学、气象学等。[①]

第三,科学主义者认为自然科学知识可以推广至解决人类的一切问题,包括犯罪问题。西方实证派犯罪学提出许多刑罚的替代措施,并主张刑罚与犯罪人适应,而不是与犯罪行为适应,提出保安处分、不定期刑等措施。[②]

2. 人本主义犯罪观

人本主义,也称人文主义,一般在与"科学主义"相对的意义上使用,有时泛指一种以人为本、以人为目的和以人为尺度的思潮。[③] 人本主义的哲学流派强调人是哲学的出发点和归宿,肯定人的根本价值,捍卫人类的尊严,反对把人归结为科学理性的存在。在犯罪学研究中,人本主义者也表现出了强烈的人文关怀,其主要观点有以下两个方面:

第一,犯罪是社会不公正的结果,是社会的各种弊端造成了犯罪。犯罪人本身是社会弊端的受害者,个人尊严的丧失、个性受压抑、机会上的不平等等因素迫使犯罪人走向犯罪。社会心理对社会规范最基本的要求是公正,社会规范的公正有两层含义:其一是"一把尺子",即对同样的公民要给予同样的对待,执行同一规范;其二是"一体遵行"即同样的规范每人都要遵守。违背这些会给公民造成不公正的感觉,不公正的社会心理导致人们对社会规范失去敬畏并排斥,结

[①] 参见吴宗宪:《西方犯罪学》,警官教育出版社1997年版,第180页以下。
[②] 参见冯契、徐孝通主编:《外国哲学大辞典》,上海辞书出版社2000年版,第10、189页;任恩顺:《社会公正、社会规范与犯罪》,载肖剑鸣、皮艺军主编:《罪之鉴》(上),群众出版社2000年版,第563页以下;王顺安主编:《中国犯罪原因研究》,人民法院出版社1998年版,第29页以下。
[③] 参见冯契、徐孝通主编:《外国哲学大辞典》,上海辞书出版社2000年版,第10页。

果是社会规范软化,出现了大量的失范。①

第二,犯罪人是社会的人,其犯罪的原因应在社会因素中寻找,反对那种认为犯罪原因上带有科学主义倾向的自然、地理、生物因素影响的观点等。生理因素等在犯罪的原因体系中,如果起作用也只是次要因素,并且只有与社会因素结合才能发挥作用。自然因素不能决定犯罪的产生,犯罪是社会发展的产物,而不是自然发展的产物。②

(三) 由保守主义犯罪观向自由主义犯罪观转变

1. 保守主义犯罪观

保守主义是一种在政治生活中把坚持传统的、固有的和已确立的价值和实践放在首位的政治主张。③ 保守主义的基本特征是:希望维持现状,致力于维护一种既定的秩序以及那一秩序中的某些集团或阶级的领导地位,反对变革。在某种意义上说,保守主义者是性恶论者,他们总是强调存在于人们性格中与生俱来的邪恶、嫉妒、贪婪、暴力和自私。换言之,保守主义者相信人具有一种"缺憾性",而这正是保守主义思想中"最为古老也最广为人知的原则"。④ 保守主义犯罪观的主要内容有:

第一,社会秩序是合理的、无可挑剔的。传统的理论认为,社会主义制度不产生犯罪,而且为预防、减少乃至消灭犯罪提供了根本保证。因为我国社会主义制度在经济上是生产资料公有制,消灭了人剥削人的制度,政治上是中国共产党领导下的人民民主专政,思想上是以马列主义、毛泽东思想为指导。尽管社会主义在具体制度上不完善,但这又是旧制度的影响造成的,社会主义社会中存在的犯罪,也是因为旧社会的残余和外来腐朽思想和势力的影响。⑤

第二,坚持一元化和个人责任。保守主义犯罪观主张犯罪的对策关键就是加强社会主义思想教育,统一思想,抵制腐朽思想的影响;认为犯罪是因为犯罪人个人没能抵制残余的、外来的腐朽思想的腐蚀造成的,是个人主义和自私自利的思想和行为,因此坚持个人责任。对于一些严重的暴力犯罪,属于现阶段的阶级斗争,是敌我矛盾,应通过人民民主专政解决,对犯罪人实施专政措施(即刑罚)予以镇压,并青睐刑罚的威慑作用,存在刑罚扩大化和重刑主义倾向。

2. 自由主义犯罪观

自由主义是一种强调个人自由和平等的政治社会理论,其出发点是个人的

---

① 参见任恩顺:《社会公正、社会规范与犯罪》,载肖剑鸣、皮艺军主编:《罪之鉴》(上),群众出版社2000年版,第563页以下。
② 参见王顺安主编:《中国犯罪原因研究》,人民法院出版社1998年版,第29页以下。
③ 参见冯契、徐孝通主编:《外国哲学大辞典》,上海辞书出版社2000年版,第189页。
④ 参见王皖强:《论保守主义》,载《湖南师范大学社会科学学报》1998年第3期。
⑤ 参见王顺安主编:《中国犯罪原因研究》,人民法院出版社1998年版,第29页以下。

首要性而不是公众的首要性。按照自由主义观点,不管在何种特殊的政治体制中,个人都拥有生而具有的人权。无论是在公共生活中,还是在私人生活中,个人都拥有追求发展的权利。对此,社会和政府应予保护和促进,而不应强行压制个人的自由。尊重个人的权利是政府的使命,社会的多数人和多样化应该受到鼓励,在机会和资源的分配上应当平等和公正。当个人之间的利益出现冲突时,政治的作用应是为解决争端提供一种公平的程序。①

自由主义最基本的立场是强调个体的优先地位。自由是人的本性,人生而自由,放弃自由就等于放弃做人。自由主义的理论核心是个人主义,它的基本主张就是,个人先于社会,拥有不可剥夺的自由权。自由主义认为任何人都不可能比他人更加聪明,每个个体都是理性的个体,都有能力有效地选择自我生存的最适合的方式,任何人既无权也无能决定他人的生活,每个个体都可以自由地决定过自己想要的生活。② 自由主义犯罪观是与传统的保守主义犯罪观相对立的学说,它与"自由化"毫不相干,其目的是从事实出发,更好地认识、把握犯罪原因问题,对社会预防、控制犯罪是有益的。自由主义犯罪观的主要内容有:

第一,没有一种社会制度是完全合理的。社会主义国家的实践表明,犯罪现象不仅长期存在而且数量较多;不仅有"残余"和"外来"犯罪人,而且有大量新生的各种类型的犯罪人。犯罪现象非但没有减少或受到有效的全方位的社会控制,反而在几十年里有持续增长的趋势。因此,必须有勇气对犯罪学的传统观点提出质疑。③

第二,犯罪不是全部由于犯罪人的个人原因造成的。社会中存在的弊端是导致社会成员走向犯罪的主要原因,社会主义社会也存在犯罪的土壤。

第三,支持多元化和坚持社会责任论。自由主义主张多元主义,认为一个合理的社会应该容忍各种生活方式的存在。不同的宗教、不同的道德价值观应该在法律上具有平等的地位。一个国家的法制应该体现出这种宽容,不应强求思想和行动的统一,只要不侵犯他人的合法权益和社会公共利益,个人有选择生活方式的自由,这种自由不应被评价为越轨或犯罪。社会对犯罪应承担一定的责任,因此,对犯罪人的合法权益也要予以保护。

自由主义犯罪观认为,对付犯罪不能只靠无理性的暴力,而应该在制服犯罪的同时,要致力于消除各种社会弊端,以减少人们丧失理性的机会,从而成功地减少犯罪。因此,要动员全社会的力量,综合运用各种非法律的手段来对付犯罪问题,而不能仅靠刑罚等暴力手段。

---

① 参见冯契、徐孝通主编:《外国哲学大辞典》,上海辞书出版社2000年版,第551页。
② 参见杨洁:《自由主义与当代中国社会发展》,载《河南社会科学》2003年第1期。
③ 参见武伯欣:《社会主义制度同犯罪成因关系》,载肖剑鸣、皮艺军主编:《罪之鉴》(上),群众出版社2000年版,第572页以下。

(四) 由结构主义犯罪观向过程主义犯罪观转变

1. 结构主义犯罪观

作为哲学流派的结构主义的基本主张是,所有的社会现象——不管其表面显得如何多样——都是内在相关联的,按照某些未被意识到的样式组织起来。这些内在关系和样式构成了结构,而解释这些结构就是人文研究的目的。一般说来,一个结构具有整体、转换和自身调整的特性。结构主义又是一种方法论,强调结构而非实体,强调关系而非事物,主张事物仅作为一个意指系统的元素而存在。①

结构理论是对各种社会因素与犯罪之间的因果联系进行横剖面研究的理论,这往往是宏观理论。结构主义关于犯罪有以下主张:

第一,犯罪是多因素作用的结果。结构主义认为,人之所以犯罪,并非由单个因素决定,而是应当从整体出发综合内外因素。导致犯罪产生的因素一般包括个人的原因、社会的原因,还包括生物学、生理学、心理学、地理学、气象学等自然因素。

第二,多因素之间存在一种结构关系,每种因素在此结构中所起的作用不同。目前我国的学者大多主张犯罪多因素综合作用论,认为各因素不是单独地发生作用,而是相互联系、相互作用。大多数学者按照一定逻辑体系从不同的角度说明各个因素的作用地位,一般采用系统论将各因素形成一个系统,而系统作为一个整体,又具备了新的导致犯罪的功能。

第三,结构主义理论是对犯罪的一种静态分析理论。结构主义犯罪观着眼于社会整体,从宏观上将所有的致罪因素按照一定的逻辑结构综合起来,表明每种致罪因素的作用力,即使认为某一犯罪原因是动态发展的,也并不是从个体的成长过程着眼。因此,从整体上来看,它是一种静态分析理论。

2. 过程主义犯罪观

过程哲学认为宇宙是流动的演变过程,反对把世界看成是物体的综合和堆积,主张把自然界理解为活生生的、赋有生命的创始进化进程,理解为众多事件的综合或有机联系。②

在犯罪学研究中,过程主义理论一般是从微观上研究正常个体如何演变为罪犯的过程及其规律的理论,过程主义理论的研究目的是解释、分析个体走向犯罪的动态过程。其主要内容有以下几点:

第一,过程主义理论也主张犯罪是多因素作用的结果。这一点与结构主义理论是一致的。

---

① 参见冯契、徐孝通主编:《外国哲学大辞典》,上海辞书出版社 2000 年版,第 958 页。
② 参见同上书,第 270 页。

第二,过程主义理论强调各致罪因素在发展过程中的作用。过程主义理论也采用了罪因系统,其组建系统的逻辑结构是纵向的,认为犯罪原因因素只有在过程中才有意义,罪因系统也只有在过程中才有意义。与结构主义理论不同的是,过程主义理论并不说明犯罪原因的内部结构。

第三,过程主义理论是一种对犯罪动态分析的理论。过程主义理论不研究犯罪原因的结构和整体特征,而是以发展的眼光重视犯罪原因的过程性,研究犯罪因素在过程中所起的作用。①

（五）由国家控制的犯罪观向社会控制的犯罪观转变

在长期与犯罪斗争的过程中,人们逐步认识到以人类现有的力量和经验难以实现"消灭犯罪"的目标,无奈之中只能放弃"消灭犯罪"的幻想,进而选择了合乎现实和理性的犯罪控制概念,即只追求不使犯罪蔓延,努力将犯罪控制在正常度以内。②"犯罪控制以犯罪无法消灭为前提,也是一种不得已的理性选择。"③目前,"犯罪控制"的提法因其具有现实意义已经为我国越来越多的犯罪学学者所接受。④

关于犯罪预防与犯罪控制的关系,笔者认为,区分犯罪预防与犯罪控制的理论意义和实践意义均不大,而且两者也难以区分。犯罪事先预防措施同时也是在控制犯罪,犯罪的事后控制又何尝不是在预防犯罪,如果说有区别也仅仅是表达的角度不同而已,犯罪控制从对犯罪的规模出发,犯罪预防从犯罪的时间出发。前述两者的区别可以视为狭义上的区别,在广义上,犯罪预防可以包括犯罪控制(前述主张区别两者的学者持如此观点)⑤,犯罪控制亦可以包括犯罪预防。笔者在广义上使用犯罪控制这个概念,它包括犯罪的事先控制(狭义的犯罪预防)和犯罪的事后控制(狭义的犯罪控制)。

社会控制即靠社会自身的机制控制犯罪,国家控制即依靠国家力量控制犯罪。由国家控制的犯罪观主要有以下内容:

---

① 参见金其高:《犯罪原因的过程性》,载肖剑鸣、皮艺军主编:《罪之鉴》(上),群众出版社2000年版,第458页以下。

② 参见储槐植著:《刑事一体化与关系刑法论》,北京大学出版社1997年版,第66页以下。对于"正常度"的界定,储槐植教授从衡量对象(犯罪的量和质以及它们之间的关系)、衡量主体(社会公众)、衡量依据(外国和本国情况)、衡量方法(抽样调查、民意测验、专家评估)、衡量结论(定性结论)等角度作了细致的论述。

③ 储槐植:《任重道远:犯罪学基础理论研究》,载同上书,第1页以下。

④ 当前出版的犯罪学教材中,大多采用了犯罪控制的观点。

⑤ 赵宝成先生称在其著作中使用的犯罪预防也是一个概括性术语,是指犯罪控制以及与之相对的狭义的犯罪预防活动和措施的总和。赵先生为犯罪预防所下的定义为:指国家、社会(群体、组织)和个人所采取的旨在消除犯罪原因、减少犯罪机会、威慑和矫正犯罪人,从而防止和减少犯罪发生的策略与措施的总和。笔者认为,用该定义来定义犯罪控制也未尝不可。参见储槐植、许章润等著:《犯罪学》,法律出版社1997年版,第269页。

(1) 强调"国家至上"的理念。国家至上理念是一种以国家权力为核心,以权力至上为价值追求的意识形态观念。其内容包括:第一,国家是客观精神的最高阶段,国家理念作为意志的实体性的统一,是绝对不受他物推动的自身目的,意志向国家理念的推进活动,实质上是国家这一伦理理念自我认识和自我实现的过程。第二,国家是社会的最高形式,它居于至上的地位,拥有对社会的最高权力。第三,意志的各种形式的活动都以国家理念的伦理精神为自己的目的,并因此获得实体性的自由和存在的价值,成为国家整体的不可缺少的部分。[①]

"国家至上"的理念将国家利益神圣化,在对犯罪的控制上明显表现出了以下倾向:第一,刑事法网严密。为支持国家的统治,国家将模糊的、极为弹性的、过于广泛的和不准确的规定引入刑法领域,将一切违反统治者主流道德的行为评价为犯罪。第二,重刑主义。国家为了惩罚和消灭犯罪,一味地加重刑罚,突出刑罚的威慑作用,在犯罪面前彰显国家的力量。第三,漠视个人权益。与个人利益相比,国家利益占绝对优势地位,在国家至上理念的支配下,国家可以公然凌驾于任何法律之上,凌驾于任何个人权利之上,为了国家利益可以牺牲任何个人利益。法律制约国家权力、保护公民权利的功能严重弱化,最终沦落为国家权力的工具。

(2) 国家控制的内容包括司法控制和综合治理。司法控制是司法机关通过刑事司法活动控制犯罪。司法控制是国家控制的重点,这是由于它有专门的职能部门,最容易兑现,且由国家强制力作为保证,具有最强的控制力。

犯罪控制的模式转型是为了扭转司法对犯罪控制不理想的局面,将控制的重点从特定的人群和行为转向社会秩序,这一点依靠消极的司法权是难以实现的,只能依靠积极的行政权。因此,犯罪控制走向司法与行政联合的综合治理模式。就当前来看,综合治理仍然是依靠国家的力量,仍属于国家控制的范畴,它要得以长期有效地发挥作用,必须以社会资源的高度集中和政府权力的强化并对此进行统一调控为前提,否则,其作用难以发挥。[②] 在高度集中的计划经济体制下,依靠国家力量进行综合治理能够发挥积极的作用,但在市场经济体制下,人、财、物均自由地流通,政府的控制力度严重弱化,综合治理的效果也面临着考验。

"控制犯罪的最优(理想)方案是控制社会。社会控制的好,犯罪就少,社会控制的最好,犯罪就最少。"[③] 良好的社会控制能够对犯罪起到釜底抽薪的作用,减少国家控制犯罪的巨大开支,是对犯罪控制最具有基础性的模式。社会控

---

① 参见严励:《国家本位型刑事政策模式的探讨》,载《社会科学》2003年第9期。
② 参见康均心:《我国现代化进程中的犯罪控制》,载肖剑鸣,皮艺军主编:《罪之鉴》(下),群众出版社2000年版,第942页以下。
③ 储槐植著:《刑事一体化与关系刑法论》,北京大学出版社1997年版,第72页。

并不排斥国家控制的作用,广义上的社会控制包括国家控制。社会学将社会控制方式分为两类:硬控制与软控制。硬控制,又称强制控制,主要由法律、制度及其设施组成。软控制不依赖强制而是依靠社会心理、社会舆论进行施控,包括舆论、风俗、道德、信仰和信念等。硬控制与国家控制有所重叠,而软控制至少应当包括以下主要内容:

首先,社会控制的关键是公众的参与,使对犯罪的控制成为"日常性"的活动。人们在设计、建设建筑物的时候就会考虑到防火的要求并放置一些必备的消防器材,火灾造成的损失并不比犯罪造成的损失大,但是日常生活中预防犯罪的需要却往往被忽视,这在一定程度上也不能不说是社会控制方略的失误之处。控制犯罪不应该仅仅追求影响国家刑事政策制定的目标,还应当普及犯罪学知识,让犯罪学成为公众生活的教科书。① 社会主体无论是一定的群体还是个体,如果在其活动中都能意识到控制犯罪的需要,那么社会控制就能取得较为理想的效果。

其次,社会控制的重点应是轻微的犯罪和越轨行为。一方面,国家控制将力量集中在重大刑事案件上,有利于提高国家控制的效益,发挥国家控制的作用,而且对于重大的刑事案件,也只能依靠国家的强制力量予以控制;另一方面,对于一些轻微的刑事案件和越轨行为的有效控制,对控制重大犯罪具有基础性作用。所以,将社会危害性小的轻微犯罪和越轨行为交给社会,使其在社会自身力量的控制下自生自灭,符合社会软控制的特点,也有利于提高控制犯罪的效益。

从上述犯罪控制模式由司法控制向综合治理再到社会控制的发展过程可见,司法控制的重点在于通过惩罚犯罪人实现控制犯罪,而综合治理和社会控制则着眼于对社会秩序的控制,我们同时还可以看出一条由惩罚主导型犯罪观向控制主导型犯罪观转变的脉络。

犯罪观转变的结果是多元的犯罪观并存,这种并存不仅是指在宏观上多种犯罪观并存于当代社会,不同的社会主体可能持有不同的犯罪观,而且在微观上,多种犯罪观也可能并存于同一个社会主体,每个社会主体可能持有不同的犯罪观,从而对犯罪这一复杂的社会现象形成多角度的认识。盲人摸象的故事为人所尽知,在纷繁复杂的犯罪面前,我们又何尝不是盲人?从古至今,无数有识之士从某一特定角度出发付出了艰辛的努力去探索犯罪的面目,得出了所谓的片面但却深刻的结论。人类恐怕只能通过无数个片面的多元的认识才能"摸清"犯罪的轮廓,进而"摸清"犯罪对策的轮廓。

如前面所述,我们采取了把结构式分析与过程式分析结合起来的立体分析方法。以过程式分析为纵轴,我们看清了当代犯罪观转变的脉络:在对犯罪的根

---

① 参见刘广三:《略论犯罪学的现实功能》,载《烟台大学学报(哲学社会科学版)》1997年第4期。

本属性的认识上由绝对主义犯罪观向价值中立犯罪观转变、由科学主义犯罪观向人本主义犯罪观转变、由保守主义犯罪观向自由主义犯罪观转变、由结构主义犯罪观向过程主义犯罪观转变;在对犯罪控制的认识上由国家控制的犯罪观向社会控制的犯罪观转变进而由惩罚主导型犯罪观向控制主导型犯罪观转变,由宏观控制犯罪观向微观控制犯罪观转变。以结构式分析为横轴,我们分层次地分析了每种犯罪观的内容和结构。

第二节 犯罪概念

研究和把握犯罪的概念,是刑事法律科学的一个重大问题。研究犯罪的概念,主要就是回答"犯罪是什么"的问题。对这个问题要给出科学的答案,相当困难。长期以来,关于什么是犯罪的问题,古今中外的刑法学者和犯罪学者提出了种种定义,众说纷纭,莫衷一是。刑事政策学意义上的犯罪概念是建立在刑法学及犯罪学对犯罪概念研究的基础之上的,因此,我们首先从刑法学和犯罪学的角度探讨犯罪概念,最终得出刑事政策学意义上的犯罪概念。

一、刑法学上的犯罪概念

(一)刑法学关于犯罪概念的各种学说[1]

1. 犯罪的形式界定

犯罪的形式界定,是指犯罪成立的规范标准定位于具体的、外在的、有形的、直观的、刚性的特征,主要有刑事违法说、刑事惩罚说、刑事违法与刑罚惩罚说以及刑事违法、刑事惩罚与刑事起诉说等几种学说。

2. 犯罪的实质界定

犯罪的实质界定,是指将犯罪成立的规范标准定位于抽象的、内在的、无形的、隐含的、柔性的特征,主要有权利侵害说、法益侵害说、义务违反说、法益侵害并义务违反说、规范违反说、法益侵害并规范违反说以及社会危害性说等几种学说。

3. 犯罪的双重界定

犯罪的双重界定,是指以立体维度的视角剖析、揭示刑法所规定的犯罪的基本特征。犯罪的形式界定基于实然法的意义,指导刑事司法;犯罪的实质界定基于应然法意义,指导刑事立法。这一观点提出了应然与实然、立法与司法、形式与实质等相互交融的犯罪剖析视角。

---

[1] 参见张小虎:《犯罪论的比较与建构》,北京大学出版社2006年版,第15—21页。

4. 形式界定与实质界定的统一

在刑法规范的框架内,犯罪的形式界定与实质界定并不是冲突的,两者可以共存于犯罪概念的同一理论体系和同一刑法立法中。犯罪的形式,显现于法条的外衣,描述着犯罪的轮廓;犯罪的实质,贯穿于法条的内部,阐明着法律的精神。

上述观点无疑拓宽了我们的视野、打开了我们的思路。刑法学意义上的犯罪概念,不论是形式的还是实质的,都要依存并表现在刑法规范的框架之内。

(二)大陆法系与英美法系关于犯罪概念的形式与实质

在大陆法系和英美法系两大法系刑法理论中,犯罪概念、犯罪构成要件、犯罪成立条件具有基本一致的意义。大陆法系刑法理论将犯罪成立条件表述为构成要件符合性、违法性、有责性三个要件,而实质意义存在于其中的违法性判断。违法性意味着行为对于法的秩序的无价值,包括形式违法与实质违法。其犯罪概念的实质意义贯穿于犯罪成立条件的定罪过程。行为不符合构成要件,固然不具有违法性,也无从论及其实质意义;行为符合构成要件,具有形式违法性,通常可以视作实质违法性也存在;行为符合构成要件,但存在违法阻却事由,则违法阻却事由基于实质性违法性的缺乏,排除了行为的违法性;行为符合构成要件,尽管存在某种事由,但是该事由具有实质违法性,则不能阻却违法。由此可见,大陆法系的犯罪实质性判断较为清晰。

英美法系刑法理论的犯罪成立条件表现为犯罪本体条件与责任充足条件两个层次,而实质意义渗透于其中的定罪过程。犯罪本体条件,是刑法分则规定的各种具体犯罪的抽象描述,包括犯罪行为和犯罪心态两个要素。责任充足条件,是指行为成立犯罪除了符合犯罪本体条件外,还必须不能进行合法辩护。行为符合犯罪的形式意义,可以视作也具有犯罪的实质意义;但是,即使行为符合犯罪的形式意义,倘若缺乏实质意义,也不能成立犯罪。相对于大陆法系而言,这种犯罪实质性的判断,轮廓不够清晰。

(三)我国刑法规定的犯罪概念

1. 法律规定

我国《刑法》第13条规定:"一切危害国家主权、领土完整和安全,分裂国家、颠覆人民民主专政的政权和推翻社会主义制度,破坏社会秩序和经济秩序,侵犯国有财产或者劳动群众集体所有的财产,侵犯公民私人所有的财产,侵犯公民的人身权利、民主权利和其他权利,以及其他危害社会的行为,依照法律应当受到刑罚处罚的,都是犯罪,但是情节显著轻微危害不大的,不认为是犯罪。"

我国刑法上的犯罪理论是20世纪50年代从苏联直接引进的,刑法学界也正是在全面学习苏联刑法犯罪概念的基础上开始对我国刑法犯罪概念的初步探讨的。

2. 问题所在

我国刑法规定的犯罪概念所存在的问题主要表现在：

(1) 我国《刑法》第 3 条明确表述了罪刑法定原则："法律明文规定为犯罪行为的，依照法律定罪处刑；法律没有明文规定为犯罪行为的，不得定罪处刑。"因此，罪刑法定应是犯罪唯一的标准。而我国《刑法》第 13 条对于犯罪的规定却引入了两个不同的标准，即社会危害性与刑事违法性的双重标准，这在逻辑上不免陷于混乱。

(2) 罪刑法定一直就被视为当代刑法的精神，与社会危害性是对立的。社会危害性标准的引用容易导致司法权的膨胀，从而为刑事类推的适用打开方便之门。

(3) 社会危害性本身具有模糊、笼统、不确定性[1]，什么叫做"严重的社会危害性""一定程度的社会危害性""轻微的社会危害性"，这些均无一个明确的标准，直接导致犯罪程度的难以确认，并容易引起司法认定的混乱。

(4) 在犯罪概念的用语上也存在着缺陷。我国《刑法》第 13 条中用了这样的句子："一切……都是犯罪，但是情节显著轻微危害不大的，不认为是犯罪。"既然用了"一切"，在外延上就包括了所有的危害列出项中的全部行为，这与但书是自相矛盾的，两者只能取其一用之。另一方面，但书是不必要的，因为刑法条文明确写出了"依照法律应当受刑罚处罚的"，这完全可以把但书的内容包含进去。所谓概念，就是反映事物本质属性的思维形式，是对某一类客观事物的语言表达方式。所谓犯罪概念，就是反映犯罪这一客观事物本质属性的思维形式，是对各种具体的客观存在的犯罪的一种语言表达方式。当我们界定一个概念时，首先必须明确它将在哪个领域内适用，它要解决的是什么问题。从逻辑上讲，概念需要解决的是"是什么"的问题，而不是"怎么样"和"为什么"的问题。我国现行刑法上的犯罪概念却力图既要回答"什么是犯罪"，又要回答"为什么是犯罪"，从而使本已明确的是非标准变得模糊难辨。

(四) 犯罪概念再定义

基于以上认识，笔者更倾向于我国现行刑法中的犯罪概念应取形式概念，以严格贯彻罪刑法定原则，可将其表述为："犯罪是符合刑法规定，应当承担刑事责任的行为。"

1. 犯罪是符合刑法规定，即"法定性"的行为

(1) 从逻辑上讲，犯罪并非是违反刑法的行为，而恰恰相反，是符合刑法规定的行为。犯罪行为人违背的是暗含在刑法中的禁止性规范。我们平时所讲的犯罪的"违法性"这一提法并不科学。犯罪概念"法定性"表述严格地遵循了这一

---

[1] 参见樊文：《罪刑法定与社会危害性的冲突》，载《法律科学》1998 年第 1 期，第 27 页。

刑法规范的逻辑顺序。

(2) 从罪刑法定层面上看,违法性是危害性的表象,法定性则是罪刑法定的反映。罪刑法定原则要求不依照法律的规定不得处罚任何人,即以犯罪和刑罚为内容的刑法规范的制定与适用都必须遵循法律的规定。只有法律规定为犯罪的行为才是犯罪;只有行为人实施了被法律规定的禁止行为,才是犯罪。

(3) 从刑法价值之一——自由层面上看,人是自由的存在物。以"法定性"代替"违法性"是人们将视野从积极自由转向消极自由的体现。积极自由是"从事……的自由"(free to),指人行动时不受间接的强制;消极自由是"免于……的自由"(free from),指人行动时不存在直接的强制。犯罪概念"法定性"表述正是基于消极自由的理性选择,给公民以更广泛的自由空间。没有消极自由,也就没有真正的积极自由。

2. 犯罪是应当承担刑事责任的行为

刑事责任是法院依法确定行为人违反了刑事义务并且应受谴责后强制行为人承受的刑事负担。[①] 它不仅是一种法律后果,而且吸纳了刑事义务和行为人应受谴责的心理状态。刑事责任是因犯罪行为而产生的,是一种严格的个人法律责任,只能由犯罪人本人承担,不可转嫁,也无法替代。

刑罚和刑事责任均由犯罪行为而产生,共同构成犯罪概念必不可少的一部分。刑罚和刑事责任的关系表现为以下几方面:第一,刑事责任存在与否决定着刑罚的存在与否。刑事责任与刑罚在质上具有单向的同一性。行为人对其行为不负刑事责任时,根本不存在适用刑罚的可能;只有在行为人对其行为应负刑事责任的前提下,才有适用刑罚的可能。第二,刑事责任的大小决定着刑罚的轻重。在立法过程中,立法者也正是按照刑事责任的大小来对刑法分则设定刑罚的。刑事责任重的则刑罚重,刑事责任轻的则刑罚轻。同时,刑罚的轻重也可以反映刑事责任的大小,刑事责任和刑罚在量上具有双向的统一性。第三,刑罚是实现刑事责任的基本方式。从古代刑罚是刑事责任唯一实现方式到近现代,刑事责任方式出现多样化的趋势,这正是刑法趋向文明、人道的表现。例如保安处分被引入刑法领域,是近代刑法发展的具有划时代意义的重大突破。

3. 大多数犯罪是应受刑罚惩罚的行为

并非所有的犯罪都是应受刑罚惩罚的行为。换言之,并非犯罪的法律后果就是刑罚。免予刑事处分及非刑罚制裁措施也是实现刑事责任的方式。随着非刑罚化趋势的发展,这两种实现刑事责任的方式所占的比重将越来越大。但就目前而言,刑罚还是实现刑事责任主要的、基本的方式。

总之,犯罪是符合刑法规定,应当承担刑事责任的行为。这一犯罪的形式概

---

① 参见冯军:《刑事责任论》,法律出版社 1996 年版,第 33、122、123 页。

念虽然没有规定社会危害程度,但并不会导致扩大刑法的打击范围。因为,形式概念严格遵循罪刑法定,法典中规定的诸犯罪行为必是社会危害性达到了犯罪程度的行为。如果情节显著轻微危害不大,那法律也就不会再规定此种行为构成犯罪了。另外,我国刑法条文采取了"定量模式",即在具体犯罪构成中包括了一定的数量要件,有些是直接规定了数量限制,例如盗窃罪、诈骗罪、抢夺罪等。

二、犯罪学上的犯罪概念

(一)犯罪学与刑法学的犯罪概念考察

在中国犯罪学研究中,应当如何定义犯罪,理论上有多种见解。对于犯罪学犯罪概念与刑法学犯罪概念的关系,刑事科学领域有两种归纳:

1. 统一说与各别说[①]

统一说主张犯罪学犯罪概念与刑法学犯罪概念应当是一致的,犯罪学的犯罪概念不应当突破法定的犯罪范畴。

各别说主张犯罪学应当有其自身独立的犯罪概念,犯罪学的犯罪概念不受刑法规范的局限,而应突破法定的犯罪范畴具有更广泛的意义。

2. 等同说、包容说与交叉说[②]

等同说认为刑法学犯罪定义也就是犯罪学的犯罪定义,即犯罪学研究的社会危害行为,必须是刑法上已经构成犯罪的行为。

包容说认为犯罪学中的犯罪与刑法学上的犯罪,都以刑法的规定为依据,二者基本相同,但前者又不局限于刑法规定的范围,其犯罪概念中还包括违法行为和某些不良行为。

交叉说认为犯罪学中的犯罪概念与刑法学中的犯罪概念各自服务于不同的研究目的,它们在内涵和外延上既不相互包容,也不等同,而是一种交叉关系。在内涵方面,犯罪学的犯罪概念以严重的社会危害性为唯一要素,不受刑事违法性制约;在外延上,犯罪学上的犯罪包括绝大多数的法定犯罪、准犯罪(如精神病人实施的危害行为)和待犯罪化的犯罪。

上述学说各有道理。统一说囿于时代的局限,无法将思路打开,而仅仅将犯罪概念限定在刑法学的体系范畴中,将规范上的犯罪与事实上的犯罪没有区别开来。各别说走出了狭窄的视野,找寻到了犯罪学犯罪概念的定位,但是,尚未说明两者的关系。等同说混淆了刑法学与犯罪学的学科性质,忽视了犯罪学所特有的研究对象和学术职能。包容说虽然指出了犯罪学与刑法学中的犯罪概念应有所区别,但这种区别的提出仅仅是为了满足犯罪学对犯罪动态过程进行完

---

① 参见张小虎著:《犯罪论的比较与建构》,北京大学出版社2006年版,第3—4页。
② 参见张远煌主编:《犯罪学》,中国人民大学出版社2006年版,第12—13页。

整分析的实用需要,而不是基于二者对犯罪有着各自不同的独立理解,尚未把握二者的本质区别。刑事科学发展至今,交叉说强调犯罪学应当有自己的区别于刑法学的犯罪概念,并且其立论基础是确认犯罪学有着不同于刑法学的特殊学科使命,具有一定的客观性与科学性。笔者倾向于交叉说。

(二)犯罪学上的犯罪概念

迄今为止,在回答"犯罪是什么"这个问题的过程中,所产生的有影响的观点至少有数十个,其中具代表性的有二十多种[①],这些观点,是人类在解决"犯罪是什么"这个问题方面主要智慧的反映,体现了人们在社会发展的不同阶段对于犯罪问题的认识深度和广度,对我们研究和界定犯罪的概念有宝贵的借鉴作用,其中大都包含有合理因素,有的还包含有真知灼见。归纳起来,他们无非是从下列几个角度来认识犯罪概念的:一是伦理角度;二是刑法角度;三是刑法与社会角度;四是社会角度;五是犯罪的本质、阶级性的角度。但是,就犯罪学上所研究的犯罪而言,这些认识角度都没有充分地考虑到犯罪学自身的特点和研究需要,因而都不能精确地成为犯罪学上的犯罪概念。

在刑法上,之所以要给犯罪下一个定义,主要是基于罪刑法定主义的要求,为了科学准确地进行定罪量刑,同时也是为了保障无罪的人免受国家的刑事追究。而在犯罪学上,之所以要给犯罪下一个定义,是为了便于对犯罪进行研究,至少使人们在讨论问题时有共同的出发点,在认识和比较不同时空范围内的犯罪状况时有共同的客观基础。刑法学是一门规范学,它要以刑事法律的有关规定为依据展开研究;而犯罪学是一门事实学,它是以客观存在的社会危害事实为依据的,不管这种事实是否被刑法规定为犯罪。例如,我国刑法规定年满14周岁杀人才构成犯罪,如果不满14周岁,即使杀了人也不认为是犯罪,因为这是刑法典规定的。而犯罪学不仅要研究年满14周岁的杀人行为的原因及预防,也要研究不满14周岁的杀人行为的原因及预防,尽管刑法上并不认为这类行为是犯罪。

犯罪学上所研究的犯罪原因和预防并不仅限于严格意义上刑法所规定的犯罪行为的原因和预防,而包括所有严重危害社会的行为的原因和预防。我们还可以换一个角度来认识这个问题。例如,某地发生了一例明显的他杀案件,凶手尚未抓获。这在犯罪学上就是一起犯罪案件,并且应当在犯罪状况的统计指标上反映出来。但在刑法上这是不是犯罪尚不可知,因为可能凶手年龄不满14周岁,也可能凶手是精神病人。可见,犯罪学上的犯罪不能仅以刑法上规定的犯罪为限。同时,犯罪学的研究历史也表明,从来没有一个犯罪学家把自己的研究范围局限在刑法上所规定的犯罪范围之内。但是另一方面,完全抛开刑事法律的

---

① 参见刘广三:《犯罪现象论》,北京大学出版社1996年版,第17—18页。

规定,仅从社会意义上来看待犯罪学上的犯罪也是片面的,因为犯罪毕竟是一种社会法律现象,是对危害社会行为及行为人进行法律评价的结果。离开了法律特别是刑法的评价,人类的所有行为都无所谓犯罪。那种在犯罪学研究中极端的"反法律主义"倾向必须摒弃。

鉴于此,可以认为,犯罪学上的犯罪包括绝大多数法定犯罪以及虽然未被法定为犯罪但类似法定犯罪带有犯罪性并且严重危害社会的行为。

(三) 功能性犯罪定义[①]

在犯罪学上,并不需要回答什么行为应当被判定为犯罪以及如何对之进行惩罚的问题。因为这是一个刑法问题,是刑法的任务所在。犯罪学上的犯罪要回答的是哪些行为应当被视为犯罪来进行研究以期找到预防控制这类行为的有效途径问题,实际上它所解决的是犯罪学所研究的犯罪范围问题。

1. 功能性犯罪定义的内涵

按照功能性犯罪定义,所有具有严重的社会危害性的行为都属于犯罪学所研究的犯罪范围。社会危害性是犯罪的本质属性,是功能性犯罪定义的基本内容。犯罪学并不是研究所有社会危害行为的,而是研究具有严重的社会危害性的行为。当然,具有严重的社会危害性的行为并不一定都被法律规定为犯罪。相反有些不具有严重的社会危害性的行为却仍然被法律规定为犯罪。这正是功能性犯罪定义与法定犯罪定义的区别所在。这里至少涉及两个基本问题:第一,什么是社会危害性? 第二,什么是严重的社会危害性,即如何衡量社会危害性?

危害,是使对象的利益受到损害或使之处于危险状态。那么,对象的利益是什么? 简言之,对象的利益是通过各种社会关系表现出来的各种需要。所以,它具有许多个侧面,衡量社会危害性的尺度也有许多相应的侧面。

(1) 对象的利益或需要可以分为公共利益、群体利益和个人利益。根据这个利益序列,使公共利益(即所有人共同生存、发展的客观条件)受到损害或对其构成危险的行为,应当被视为社会危害性最大的行为。这类行为理应成为犯罪学研究的中心。使特定群体的特殊利益受到损害或威胁的行为是社会危害性较大的行为,犯罪学一般也应对其进行研究。对特定个人特殊利益的损害或威胁的行为,只构成较小的社会危害性,甚至不具有社会危害性,这类行为不属于犯罪学研究的犯罪范围。至于哪些利益是公共利益,哪些利益是特定的群体利益,哪些是个人特有的利益,在很大程度上依社会历史条件而定,不同的时空条件下会有一定的区别。

从这个角度来看,功能性犯罪定义揭示了犯罪学上的犯罪是指使公共利益、群体利益受到损害或威胁的行为。

---

① 参见刘广三:《犯罪现象论》,北京大学出版社1996年版,第21—35页。

(2) 对象的利益或需要还通过经济关系、权力关系、道德关系表现出来，因而又可分为经济利益、政治利益和精神文化利益，或者分为对财富的需要，对权力的需要和对赞誉、声望、尊敬、肯定评价的需要。显然，对人来说，这些利益或需要的重要性和价值依次为经济利益、政治利益和精神文化利益。

这个定序关系又决定了，使一个社会现存的经济关系、制度以及社会经济发展受到损害或对其构成危险的行为，是社会危害性最大的行为。这类行为犯罪学应着重进行研究。其次，对社会中的现行政治制度、权力关系构成损害或威胁的行为，是社会危害性较大的行为，犯罪学一般也要研究。最后，危及社会的一定精神文化生活行为，有些具有一定的社会危害性，有些不具有社会危害性，对这类行为犯罪学不一定要进行研究。

从这个角度来看，功能性犯罪定义揭示了犯罪学上的犯罪是指使一定社会现存的经济利益、政治利益受到损害或威胁的行为。

(3) 对象的利益或需要还可以分为生理、安全、生存、健康、劳动等基本需要和归属、求知、娱乐、审美、交往等高等需要。前者当然是最重要的需要，而后者次之。使前者受到损害或威胁的行为具有严重的社会危害性，犯罪学必须对之进行研究。而使后者受到损害或威胁的行为有些具有一定的社会危害性，有些不具有社会危害性，犯罪学对这类行为可以不进行研究。

从这个角度来看，功能性犯罪定义揭示了犯罪学上的犯罪是指使对象的生理、安全、生存、健康、劳动等基本需要受到损害或威胁的行为。

此外，还可以根据其他各种标准，对危害对象的利益或需要进行各种划分。如整体利益与局部利益、长远利益与眼前利益、对秩序的需要和对正义的需要等等。总之，社会利益具有多种客观属性，社会、人与各种利益之间也有多种价值关系。不同社会历史条件下的这些价值关系，就是说明所谓社会危害性的根据和比较不同危害程度的根本尺度。各种行为是否应当被视为犯罪学上的犯罪，都不是也不应当是根据某个人或集团的凭空想象，而是也应当是社会得失的科学计算和自觉权衡的结果。

2. 功能性犯罪定义的外延

功能性犯罪定义的外延实际上就是其形式。在刑法中，犯罪定义的基本形式就是刑法分则及有关补充规定中的具体条文，这些条文所规定的行为就是法定犯罪定义的外延。凡是在这以外的行为，任何人都无权把它判决为犯罪并处以刑罚。但是，在法定犯罪定义以外的行为，犯罪学是否需要对之进行有针对性的研究则另当别论。甚至犯罪学是否需要对所有的法定犯罪都展开研究也值得探讨。而这些问题正是功能性犯罪定义的外延所要解决的。严格来说，功能性犯罪定义本身并没有严谨的形式，它只为说明哪些行为应当属于犯罪学上的犯罪范围提供一个客观标准。具体分析功能性犯罪定义的外延，包括以下几个方面：

（1）绝大多数法定犯罪。之所以说是绝大多数法定犯罪，不说是所有的法定犯罪，是因为法定犯罪当中包括一些"待非犯罪化"的犯罪。而所谓待非犯罪化的犯罪是指，不具有或已经失去严重的社会危害性，应当非犯罪化为一般违法行为或正当行为，但仍未被非犯罪化而具有刑事违法性的行为。这类行为既然不具有或已经失去严重的社会危害性，犯罪学当然就没有必要去研究这类行为的形成原因、表现方式及其对策。因而它也就不是功能性犯罪定义外延的组成部分，而是有些历史条件下法定犯罪定义的组成部分。之所以说有些历史条件下，是因为待非犯罪化的犯罪的实际范围或有无并不是一成不变的。这也从另一个角度说明，犯罪具有相对性。

（2）准犯罪。所谓准犯罪，是指那些不具有应受刑罚处罚性因而未被法定为犯罪，却具备严重的社会危害性因而应当作为犯罪来研究的行为。这种行为如不满法定最低刑事责任年龄的少年实施的严重危害社会的行为、精神病人实施的严重危害社会的行为、自杀行为、滥用麻醉剂行为等等。

功能性犯罪定义之所以认为这些行为属于犯罪学上的犯罪，主要是出于以下几方面考虑：

首先，从表现形式上看，这些行为类似法定犯罪。其中有些行为的手段、方式、后果、危害程度等都与法定犯罪无异，只是由于法律对行为主体的刑事责任年龄或刑事责任能力的规定才使其不成为法定犯罪；还有些行为是由于其他种种原因使立法者认为对此没有实施刑罚处罚必要的，因而不成为法定犯罪。凡此种种，无一不昭示出这类行为与法定犯罪之间千丝万缕的联系，或许也可以将它们称为"犯罪性行为"。

其次，从客观效果说，这些行为也都在不同程度上对社会构成了比较严重的危害。例如，少年犯罪问题，已形成世界性严重社会问题，其社会危害性是不言而喻的。少年犯罪的社会危害性还不仅仅表现在行为本身对社会造成的直接损害，因为实施各种犯罪对少年身心所带来的潜在危害是无法估量的。而且，从行为本身来看，许多少年犯罪与成年人犯罪并无本质区别。很难说差几天不满14周岁的少年实施的故意杀人行为就不是危害社会的行为，而14周岁刚满几天的少年实施杀人行为才是危害社会的行为。所以犯罪学把这些行为也作为犯罪来研究是有理由的。

再次，从犯罪本身的产生、发展、变化的规律上看，绝大多数法定犯罪都是由一些一般违法行为或其他越轨行为逐渐演变而来的。个体之所以最终走上犯罪道路，也往往是先有一定的越轨、违法行为，而后才转化为实施严重危害社会的犯罪行为。从某种意义上说，绝大多数法定的犯罪行为只是许许多多越轨行为、危害社会行为中最严重的一种。因此，犯罪学把一些轻微危害社会的行为和严重危害社会的行为视为一个渐进的动态系统来研究,对犯罪学上的犯罪进行扩大理解是符合犯罪原因研究和犯罪控制研究要求的,是由犯罪学本身的特点所决定的。

(3)待犯罪化的犯罪。所谓待犯罪化的犯罪,是指具有严重的社会危害性,应当法定为犯罪但未被法定为犯罪的行为。待犯罪化的犯罪不同于准犯罪。二者都具有一定的社会危害性,都不具有刑事违法性,所不同的主要是是否具有应受刑罚处罚性和是否应当法定为犯罪。准犯罪不具有当罚性,因而不应当法定为犯罪。当罚不当罚,一是看行为社会危害性的严重程度,二是看对行为人施以刑罚是否有意义。待犯罪化的犯罪对社会的危害性并不亚于许多法定犯罪,而且对其处以刑罚有实际意义。所以待犯罪化的犯罪应当法定为犯罪,但由于立法者的意志和立法技术上的原因使其暂时未能成为法定犯罪。可以说,待犯罪化的犯罪是应当法定为犯罪的合法行为。

从某种程度上说,待犯罪化的犯罪由多到少的过程正是反映了我国刑事法律日臻完善的趋向。社会上或多或少地存在一些合法的、不被人们视为犯罪的危害社会行为,正因为它们不具有刑事违法性,它们对社会的实际危害才更加不容忽视。待犯罪化的犯罪是功能性犯罪定义的重要组成部分。犯罪学对这种犯罪进行研究,不仅仅是由其本身的特点决定的,而且是发展、完善刑事立法和刑事司法实际工作的需要。

功能性犯罪定义实际上是仅仅以严重的社会危害性去划分什么应当是犯罪、什么不应当是犯罪的一种尺度。按照这种认识,犯罪只是严重危害社会的行为,包括绝大多数法定犯罪、待犯罪化的犯罪和准犯罪三部分。这三类行为又可统称为实质犯罪。可见,功能性犯罪定义所指的这些行为,是自成一体,具有共同本质(严重的社会危害性)的独立的客观存在。这些行为是否被称为犯罪可以由人来定,但它们是否存在,是否具有共同本质,却是不依立法者和学者的主观意志为转移的。

实质犯罪与法定犯罪的关系是交叉关系。二者的重合部分时大时小,理论上还可能有二者完全重合的情况,即最佳的犯罪定义。但从司法实践的实际情况来看,二者在关系上绝对重合几乎是不可能的,因为很多准犯罪行为确实没有施以刑罚处罚的必要,而且任何刑法在被适用过程中,都很难避免存在待非犯罪化的犯罪。同时,随着时空条件的转移,从动态的刑法学的角度来看,社会总是需要对某些表现出严重社会危害性的行为进行犯罪化,以使之纳入刑法规范的调整范围之内。而这些正是法定犯罪与实质犯罪不重合的原因所在。

3. 功能性犯罪定义的功能

(1)功能性犯罪定义依据犯罪的共同本质——严重的社会危害性,勾画出犯罪现象的实在轮廓,这对以后整个犯罪学研究的各个环节都是十分重要的。这一实在轮廓的划定,不仅具有方法论上的指导意义,而且更重要的,是它初步明确了犯罪学的研究范围,使不同阶层、不同风格、不同国别的犯罪学研究人员在探讨问题时具备了一个共同的聚焦点。如果缺乏这一轮廓,仅仅以人们主观上划定的界限为准,就可能把一些实际上是犯罪的行为排除在研究范围之外,也可能把不是犯罪的行为仍当作犯罪来研究。

(2) 功能性犯罪定义对犯罪学直接为刑事立法、刑事政策服务具有重要意义。我们知道,作为事实学的犯罪学是从自成一体的严重危害社会行为本身去研究犯罪的,它主要不是间接地从法律条文中去研究已被定义为犯罪的行为。因此,功能性犯罪定义不仅能从本质上回答刑法为什么把某些行为法定为犯罪或不法定为犯罪,而且能为刑法应当对哪些行为犯罪化或应当对哪些行为非犯罪化提供理论根据。而各种行为的犯罪化或非犯罪化正是动态的刑事立法和刑事政策立、改、废的过程。这并不是说犯罪学与刑事立法和刑事政策是指导与被指导的关系,而是说,功能性犯罪定义并没有给人们提供一个绝对严格的、可供操作的定罪标准,它所指的行为就是经常在发生变化的实际的严重危害社会的行为。因此,它比无法朝令夕改的刑法规范更为活跃。刑事立法尽可能缩小法定犯罪与实质犯罪的不一致,实际上是缩短法定犯罪定义与客观实际之间可能存在的距离。

(3) 功能性犯罪定义基本可以结束人们几千年来关于犯罪概念问题的纷争。特别是在犯罪学上,它给人们提供了一个明确的概念坐标系,从而省却了人们在犯罪概念问题上所投入的过多而又无谓的时间和精力,同时也是对有关犯罪概念问题研究成果的一次总结。这与其说是功能性犯罪定义的贡献,倒不如说是人们经过几百年代代相沿的思索之后在犯罪观上的一场彻底的革命。

(四) 有关的概念释义

1. 犯罪行为

犯罪行为是指一种个别的犯罪的作为或不作为(个别现象)。犯罪学着重从下列角度研究犯罪行为:(1) 把犯罪行为作为犯罪心理演化过程的一个阶段进行研究,如犯罪意识—犯罪动机—犯罪行为—犯罪结果;(2) 研究犯罪行为方式,从中发现规律和特点,为制定预防和控制犯罪的政策提供依据;(3) 研究某一犯罪者的具体犯罪行为方式,为改造该罪犯提供帮助。

犯罪学上的犯罪行为的构成要素一般包括:(1) 犯罪意向。即犯罪分子实施犯罪行为的意图。犯罪行为是其征表。(2) 犯罪时间。犯罪时间包括两层含义:一是犯罪行为的起始时间和终止时间;二是犯罪活动的延续时间。犯罪行为在不同的时间有不同的分布表现,并呈现出某种规律性的特征。只有掌握了犯罪行为发生的时间规律和特点,才能从时间因素上有效地预防和控制犯罪行为的发生。(3)犯罪空间。即犯罪人实施犯罪行为的处所和范围。犯罪行为总是发生在一定的空间内,并且在不同的地区有不同的分布表现,并具有某种规律性。研究犯罪空间就是发现犯罪行为与空间的关系,从而确定其原因,寻找对策。(4)犯罪对象。犯罪对象包括实施犯罪行为的犯罪人自身,也包括目标物和被害人。(5)犯罪工具。即犯罪人达到犯罪目的必需的物质媒介。(6)行为方式。即犯罪人实施犯罪行为的手段和方法。犯罪的行为方式不同,体现出的犯罪特点也不同,对其所采取的政策也不同。

2. 犯罪人

犯罪学意义上的犯罪人是指实施了危害社会的行为,应当对其采用防治措施的人。它不同于刑法意义上的犯罪人。区别在于:(1)刑法意义上的犯罪人,必须是具备刑事责任能力的人。因年龄、精神状况等因素而不具备刑事责任能力的人,不能成为刑法意义上的犯罪人。而犯罪学意义上的犯罪人却不受刑法上类似规定的限制。(2)刑法规定的犯罪人,必须是实施了刑法禁止行为的人。而犯罪学意义上的犯罪人,则不仅包括实施了犯罪行为的人,也包括实施一般违法的人,甚至还包括某些具有不良行为的人。(3)刑法意义上的犯罪人,必须是根据刑法规范应受刑罚处罚的人。而犯罪学意义上的犯罪人,则不仅包括应受刑罚处罚的人,也包括应接受教育改造及其他矫治措施的人。

3. 犯罪活动

活动,照通常的理解,就是人对周围世界积极关系的一种特殊形式,其内容是对客观世界的改变和变革。狭义地讲,活动,不同于一个单独的行为,是行动的一定体系,是由一个共同目的联系在一起并且执行一确定职能的一些行为的总和,它是作为它所追求的那些目的和它由之出发的那些动机的整体而存在的,这种动机和目的表现着个人总的倾向性,通常带有综合性和完备性的特点。所谓犯罪活动是指以一致动机、共同目的和密切内在联系结合一起的类似的故意犯罪侵害行为的重复,它意味着一系列犯罪行为的体系,意味着带有一般反社会目的行为的确定路线。

4. 越轨行为

越轨行为是指一种社会生活中普遍存在并经常发生的违反社会规范的行为,又称异常行为或离轨行为、偏离行为。越轨行为按其性质和程度不同,可分为道德越轨行为、纪律越轨行为和法律越轨行为等,又可分为偶发性越轨行为和习惯性越轨行为。犯罪学经常需要探讨社会越轨行为的各种表现方式及其成因、预防和治疗。

三、刑事政策学意义上的犯罪概念

刑法学意义上的犯罪概念无论怎样徘徊于形式与实质之间,其根本性之处还在于罪刑法定。犯罪概念的法定性是由刑法的规范性决定的。无论行为具有多大的社会危害性只要刑法未将其在刑法典中规定下来,该行为就不能用刑法评价,对行为人就不得定罪量刑。

犯罪学是事实学,这就决定了犯罪学意义上的犯罪概念不同于刑法学意义上的犯罪概念。犯罪学意义上的犯罪概念从功能性犯罪定义出发,将犯罪界定为一切对社会有害的行为,内容涵盖了法定犯罪、待犯罪化的犯罪、准犯罪、待非犯罪化的犯罪。它不受制于规范,而具有开放性的体系。

现代意义上的刑事政策是建立在限制国家权力、保障公民个人权利基础上的、旨在解决犯罪问题的各种方式方法,而刑事政策学的研究对象就是刑事政策。刑事政策学意义上的犯罪概念应该就是犯罪学意义上的犯罪概念。刑罚是刑事政策的主要的基本的内容,但不是唯一的内容。刑事政策不仅仅要考虑如何对付规范意义上的犯罪,还要考虑非规范意义上的犯罪,以及用刑罚以外的手段来解决犯罪问题。在某种程度上,刑事政策学意义上的犯罪概念就是犯罪学意义上的犯罪概念。

但刑事政策学意义上的犯罪概念并不完全等同于犯罪学意义上的犯罪概念。由学科性质决定,犯罪学的主旨在于犯罪预防,这种预防既包括对已然犯罪的预防,也包括对未然犯罪的预防,而其核心主要在对未然犯罪的预防,即将还未出现的犯罪消灭在萌芽状态或是控制其发展及蔓延。而刑事政策学中的犯罪是指已然犯罪,是已然的犯罪学意义上的犯罪概念,刑事政策是一种事后处理措施,只有当各种犯罪行为发生以后,刑事政策才去解决问题。但它又不是刑法学意义上的犯罪概念,而是对其有所扩大。

第三节 犯罪原因

从犯罪学角度而言,如何制定正确的刑事政策来遏制犯罪,解决犯罪这一社会问题,维护社会秩序的安定,是各国政府共同努力的方向。

遏制犯罪需要对症下药,要想制定正确的刑事政策以处理犯罪,必须以分析研究已发生的大量犯罪的产生原因为前提和基础。从哲学角度看,犯罪原因与犯罪对策之间是认识世界和改造世界的关系,"认识是改造的前提,改造是认识的价值目标。没有犯罪原因的正确认识就没有科学的犯罪对策。"[①]因此,回顾犯罪原因理论流派的主要观点及其演变,对各种理论中的合理成分加以吸收,并以之指导我国刑事政策的制定就成为必要。

---

① 储槐植:《刑事一体化》,法律出版社2004年版,第29页。

一、犯罪原因的概念与特征[①]

(一) 犯罪原因的概念

犯罪原因是指引起犯罪的一切现象的总和。犯罪原因一般是从广义与狭义两个方面理解：一是与犯罪结果相对而言的犯罪原因。这里的"犯罪结果"不是刑法意义上的犯罪结果，而是指犯罪原因引起的犯罪行为或是犯罪现象。这种意义上的犯罪原因，可以称为"广义犯罪原因"或是"总体犯罪原因""整体原因"。二是与犯罪结果和其他因素相对而言的犯罪原因。这里的"其他因素"是指同样对犯罪结果发生作用的犯罪条件和犯罪相关因素等。这种意义上的犯罪原因可以称为"狭义犯罪原因"或者"部分犯罪原因""特殊原因"，是其中对犯罪行为或者犯罪现象的产生具有更大作用的那部分犯罪相关因素。本书所说的犯罪原因，大多是指广义犯罪原因。

(二) 犯罪原因的特征

1. 时间顺序性

犯罪原因的时间顺序性，是指犯罪原因先于犯罪而存在的特性。作为犯罪原因的现象，是指那些在犯罪产生之前就已经存在的现象。任何犯罪原因，都必然是在犯罪发生之前就已经存在的现象。在犯罪行为发生后出现的现象，只能是引起以后犯罪现象的原因。

2. 内容复杂性

犯罪原因的内容复杂性，是指犯罪原因包含着许多各不相同的成分和内容的特性。(1) 犯罪原因包含着多种多样的因素。对于任何特定的犯罪行为或者犯罪现象而言，引起它们的往往不可能是一种因素，而有可能是多种相关因素，其作用有大有小。(2) 犯罪原因因素是动态变化的。这种变化不仅体现在它们对于犯罪行为的作用和影响方面，也体现在自身的存在状态方面。(3) 犯罪原因因素之间充满了相互作用。任何原因因素只有在影响犯罪人的心理时，才能对犯罪行为的发生产生实际作用。人有自己的心理和主观能动性，犯罪原因因素不可能不通过犯罪人的心理而直接引起犯罪行为。

3. 相互差异性

犯罪原因的相互差异性，是指引起不同犯罪的犯罪原因各不相同的特性。个人心理结构的差异性，使得即使是相同的原因也有可能产生不同的结果。不仅实施犯罪的每个人或者每个犯罪群体之间充满了差异性，个体犯罪行为与社会犯罪现象之间充满了差异性，而且，引起每个人或者每个犯罪群体的犯罪活动，都可能有非常独特的犯罪原因。

---

① 参见张远煌主编：《犯罪学》，中国人民大学出版社 2007 年版，第 184—186 页。

因此，在认识犯罪的过程中，对于犯罪原因进行类型分析和论述，只有相对意义，仅仅为认识特定犯罪的原因提供某种指导、认识线索或者参考框架等方面的作用，而不能代替具体犯罪的具体原因，不能机械地将犯罪原因学说生搬到具体的犯罪中。科学的做法是，应当在关于犯罪原因的一般原理或者类型分析的指导下，进一步认识具体犯罪的原因。

下面将大致遵循各犯罪流派的产生顺序，并分中外两部分，对不同犯罪原因理论学说的主要观点进行回顾并作简要评析。

二、西方犯罪原因理论流派的演变及主要观点

（一）超自然主义犯罪原因观

受宗教神学的影响以及认识能力的局限，早期人们倾向于用超自然主义学说来解释犯罪发生的原因，并形成最早犯罪原因理论学说——超自然主义犯罪原因观。根据这种学说，犯罪和越轨行为产生的原因在于超自然外力的作用，是鬼神在作怪。

以现代人的眼光来审视这种学说，这种超自然主义的，或者说是神学的犯罪原因观或许非常荒谬，当代文明社会和国家也不会将其作为制定刑事政策的理论依据加以考虑。然而，该观点的产生却存在着历史的必然，对此，我们可以借助孔德提出的人类理智发展的三阶段论对这种历史的必然加以诠释。

孔德认为："我们的各部门的知识依次经过三种不同的理论状态，即神学的或虚构的状态，形而上学的或抽象的状态，以及科学的或实证的状态。换言之，人的精神在其各部门的研究中，依次使用三种不同的或相反的哲学方式，即最初是神学的方式，然后是形而上学的方式，最后是实证的方式。"[①]这便是孔德著名的人类理智发展的三阶段论。该理论可广泛适用于对包括人们对犯罪原因认识过程在内的各种社会现象的解释。

根据孔德人类理智发展三阶段论，人们对犯罪产生的原因的研究也要依次经历神学的方式、形而上学的方式和实证的方式三个阶段。超自然主义犯罪原因观的产生便是人们在第一个认识阶段用"神学的方式"对犯罪原因进行研究的结果。在中世纪以前，宗教神学统治着整个西方社会，对犯罪原因的研究与对其他学术问题的探讨一同沦为宗教神学的附庸，以神学的方式去阐释犯罪原因就成为历史的必然。

（二）刑事古典学派的犯罪原因观

随着文艺复兴和启蒙运动的开展，人类社会开始冲破宗教神学的束缚，而开始理性地思考各种社会现象，在这一大的历史背景之下，产生了影响至今的刑事

[①] 转引自陈兴良：《刑法的人性基础》，中国方正出版社1996年版，第146页。

古典学派。在对犯罪原因的解释上,刑事古典学派学者摆脱了超自然犯罪观的影响,冲破了宗教神学的束缚,采取了更为理性的人本主义的自然解释,他们将犯罪归结为人自由意志的产物。

刑事古典学派以康德、黑格尔、贝卡利亚和费尔巴哈为代表。虽然他们均将犯罪的原因归结为人的意志自由,但在意志自由论的大前提中,还存在康德、黑格尔所主张的"先验的意志自由"与贝卡利亚、费尔巴哈所主张的"感性的意志自由"的区别。[①]

尽管存在着"先验的意志自由论"与"感性的意志自由论"的区别,刑事古典学派在用意志自由来解释犯罪原因这一点上是相同的。以此为前提,刑事古典学派认为,在理性的法庭上,只存在着一个个平等的、抽象的人,"构成犯罪的唯一根据就是行为的客观危害,而没有必要再考虑犯罪人的主观因素与主体因素"[②]。

根据孔德提出的人类理智发展的三阶段论,超自然主义犯罪原因观是人们在对犯罪原因的认识过程中第一阶段的认识成果,而刑事古典学派提出的意志自由论则是人们在对犯罪原因的认识过程中第二阶段,也就是"形而上学的哲学方法"阶段的认识成果。

笔者认为,将刑事古典学派在犯罪原因观上的意志自由论与孔德提出的人类理智发展的三阶段论中的第二阶段相联系是贴切的,尤其是康德、黑格尔之"先验的意志自由论"更符合第二阶段的特征。相对而言,贝卡利亚和费尔巴哈之"感性的意志自由论",特别是贝卡利亚关于犯罪的根源——人生而具有的趋利避害的本性——消灭不了,只能被引导的观点,在一定程度上超越了第二阶段,更有进步性。

(三)科学的犯罪原因观

刑事古典学派对犯罪原因的论述并没有解决犯罪这一社会问题,相反,随着社会的发展,犯罪现象更加多样化,对社会的破坏更加严重。人们开始对刑事古典学派对犯罪原因的论述提出质疑,并尝试另辟蹊径,探寻对犯罪原因更为科学的解释。

18、19世纪自然科学获得重大发展,受自然科学的影响,人们开始将自然科学领域追求精确实证的研究方法引入社会科学领域,这一方法论的改进使社会科学面目一新。在对犯罪原因的研究上,学者们也逐渐采用实证的研究方法,并从不同角度对犯罪原因加以论述。与前期犯罪原因研究成果相比,这一时期犯罪原因研究成果日趋科学化。以学者具体研究方法、研究角度以及观点的不同

---

① 转引自陈兴良:《刑法的人性基础》,中国方正出版社1996年版,第31页。
② 同上书,第38页。

为标准，我们可以将该时期产生的犯罪原因理论分为以下几大类：

第一类，犯罪统计学派的犯罪原因观。

比利时学者柯特勒（1796—1874，也称"凯特莱"）开辟了用统计学的方法分析犯罪现象的先河。此后，德国学者迈耶、艾廷根也用统计学的方法对犯罪进行了研究。

柯特勒作为犯罪统计学派的代表人物，其在对犯罪原因的研究上，虽然抓住了许多因素，但论述的并不具体，也未能形成一个体系。但是，该学派将统计的方法运动到犯罪学领域，这一研究方法的改进给犯罪学研究领域注入了新的活力，它引导后期犯罪学研究者跳出形而上研究方法的圈圈，开始从不同角度对犯罪原因进行实证研究。

第二类，刑事实证学派的犯罪原因观。

这一时期对犯罪原因研究影响最大的学派为刑事实证学派。它由意大利人类学家、精神病学家龙勃罗梭首创，并在其两个学生——菲利和加罗法洛——的研究下得到发展。在犯罪原因理论上，以龙勃罗梭和菲利两人的观点影响最大。

龙勃罗梭对犯罪原因的研究使犯罪学发展成为一门专门的学科，他所提出的犯罪原因理论对后世产生着深刻的影响。

尽管龙勃罗梭的理论从一开始提出就遭到一些学者强烈的反对，但龙勃罗梭所得出的每一个结论——即使有些或许非常荒谬——都是他在严格的实验、观察和分析之后作出的。这种研究方法为以后研究犯罪原因的学者所广泛采用，并成为日后犯罪原因理论得以深入发展并日趋多样化之根源。

菲利对犯罪原因的阐释从其对刑事古典学派学术观点的批判开始。

菲利首先批判了刑事古典学派的意志自由理论。根据生理学和心理学的科学研究成果，菲利否定了人类意志是自由的，一个人犯了罪是因为他想要犯罪的观点。菲利认为："人之所以犯罪，完全是由于其处于某种特定的人格状态和某种促使其必然犯罪的环境之中。"①

在研究方法上，菲利认为，刑事古典学派采取形而上的研究方法，忽视了对各个罪犯具体情况的研究，从而将犯罪这一复杂的社会问题简化为单纯的法律问题。

从菲利对刑事古典学派的上述批判以及上文对龙勃罗梭犯罪原因理论的阐述中可以看出：与刑事古典学派相比，刑事实证学派一个重大的进步就是把对犯罪原因的研究由抽象的犯罪现象转移到对具体的犯罪人研究上来。在这一点上，菲利的观点更加明朗化。在此基础上，菲利提出："犯罪有其自然原因（这里的"自然"是相对于"超自然"而言的。——笔者注），它处于罪犯的自由意志的数

---

① 〔意〕恩里科·菲利：《实证派犯罪学》，郭建安译，中国人民公安大学出版社2004年版，第155页。

学点之外。除去法律现象(其本身值得研究)以外,每一犯罪行为首先是一种自然的和社会的现象,研究犯罪应当从此着手。"①

按照此一思路,菲利提出他著名的犯罪原因三要素说,他认为:"无论哪种犯罪,从最轻微的到最残忍的,都不外乎是犯罪者的生理状态,其所处的自然条件和其出生、生活或工作于其中的社会环境三种因素相互作用的结果。"②犯罪是由人类学因素、自然因素和社会因素综合作用而成的一种自然的社会现象。

在犯罪原因三要素理论的基础上,菲利提出了著名的犯罪饱和理论。菲利认为:"每一个社会都有其应有的犯罪,这些犯罪的产生是由于自然及社会条件引起的,其质和量是与每一个社会集体的发展相适应的。"③

菲利关于犯罪原因的三要素理论为其犯罪学理论中最为闪光的部分,该学说一提出便在世界各国犯罪学研究领域产生了巨大的影响。他所归属的实证主义学派,首先研究犯罪的自然起源,然后研究它的社会和法律后果,以便通过社会和法律手段,提供能够对各种犯罪原因产生最大效果的各种补救措施。④

第三类,德国·奥地利学派⑤的犯罪原因观。

菲利的学说通过其学生李斯特在德国得到发展,并形成了以李斯特为代表的德国·奥地利学派。李斯特在柯特勒的犯罪统计学、龙勃罗梭的犯罪人类学以及菲利的犯罪原因三要素等理论的影响下,试图将犯罪原因理论中的素质说和环境说统一起来,并提出犯罪是由个人原因和社会原因所造成的,该理论被称为"二元论"的犯罪原因理论。

此后,李斯特与比利时的普林斯(Adolphe Prins,1845—1919)及荷兰的哈麦尔(Gerald Anton Van Hamel,1842—1917)一起设立了国际刑事学协会(IKV),以国际刑事学会为媒介,李斯特的"二元论"犯罪原因论在世界各国得到传播并产生了深刻影响。

(四)犯罪生物学派的犯罪原因观

犯罪生物学是通过研究犯罪人的生理和心理特征,来阐明犯罪原因的一门学科。根据日本学者大谷实的总结概括,可将犯罪生物学分为犯罪精神医学、深层心理学、体质生物学、遗传生物学和染色体异常与犯罪五类。⑥

犯罪生物学派对犯罪原因的阐释在诸多犯罪原因理论中独树一帜。

---

① 〔意〕恩里科·菲利:《实证派犯罪学》,郭建安译,中国人民公安大学出版社2004年版,第157页以下。
② 同上书,第159页。
③ 同上书,第183页。
④ 参见吴宗宪著:《西方犯罪学》,法律出版社2006年版,第130页。
⑤ 此"德国·奥地利学派"是采日本学者大谷实的观点,见〔日〕大谷实:《刑事政策学》,黎宏译,法律出版社2000年版,第42页。
⑥ 参见〔日〕大谷实:《刑事政策学》,黎宏译,法律出版社2000年版,第43页以下。

(五) 刑事社会学派的犯罪原因观

这里所称的刑事社会学派,是对用社会学的方法来研究犯罪的学者的统称。根据发展历史阶段及研究角度的不同,可将刑事社会学派分成传统刑事社会学派与新刑事社会学派两大类。

1. 传统刑事社会学理论的犯罪原因观

与早期非社会学理论不同,传统刑事社会学理论认为:犯罪的根源既不在于人的自由意志,也非犯罪人本身生理或心理因素的作用,它强调的是产生犯罪的社会条件,传统刑事社会学主张:"人为致使犯罪行为在我们社会中如此猖獗的首要原因是直接的社会环境。"[①]

最早重视用社会学的方法来解明犯罪原因的是以拉卡萨尼(A. Lacassagne,1843—1924)、塔尔德(Gabriel Tarde,1843—1904)、迪尔凯姆(Emile Durkein,1858—1917)为代表的法国学派。

法国学派的研究成果对日后美国犯罪社会学理论的发展起到了不可忽视的作用。从社会学的角度研究犯罪原因,是社会不断发展、个人与社会关系越来越密切这种状况的必然结果。但是,作为历史性的成果,传统刑事社会学派的犯罪原因理论也有其不足之处,这主要表现在以下几个方面:

首先,传统刑事社会学派几乎将研究的重点都放在杀人、抢劫、盗窃等传统型的犯罪上,对于白领犯罪、政治犯罪等在当代社会中有着重要影响的犯罪形态研究不足,其理论也难以对这些新的犯罪形态进行有效的说明。

其次,传统刑事社会学派一直重视对社会下层阶级的研究,强调贫困与犯罪的关系,认为"贫穷产生犯罪"。但是,"许多研究表明,没有任何特定的阶级比其他任何阶级显然更易于犯罪——无论从数量上、还是从严重性上讲都是如此。"[②]

再次,传统刑事社会学派缺乏对犯罪产生的政治、经济和历史根源的深入研究,而且,传统刑事社会学派的大部分理论都无法解释为什么处于同样情形的人,有些犯罪而有些没有犯罪。

最后,传统刑事社会学派的犯罪原因理论并不是关于解释犯罪的特殊理论,而是解释一般社会现象的理论。

2. 新刑事社会学派的犯罪原因观

新刑事社会学派可分为标签论和激进派犯罪学。

所谓标签论,是指在社会中,人类行为都是具有社会属性的,没有任何人类行为本来就是越轨的或者是犯罪的,犯罪是被人类社会组织定义和规定的结果。

[①] 〔美〕D. 斯坦利·艾兹恩、杜格·A. 蒂默:《犯罪学》,谢正权等译,群众出版社1989年版,第16页。

[②] 同上书,第24页。

与传统刑事社会学派的犯罪原因理论相比,标签论的犯罪原因观有了很大的进步——该理论注意到了导致犯罪产生的政治因素。

但是,标签论也有其自身的缺陷,这主要表现在以下几个方面:第一,标签理论绝大部分是对于"派生的越轨行为"的解释,在解释"基本的越轨行为"①方面就显得无能为力。第二,标签理论将研究重心放在贴标签者与被贴标签者之间的直接冲突上,"没有充分考虑到面对面的贴标签冲突在其中发生的更广泛的社会和历史背景"②。第三,标签理论的许多观点是对非犯罪越轨行为的解释,但是,"实际情况可能是犯罪和非犯罪的越轨行为需要有十分不同的社会处理程序"③。第四,与传统社会学派一样,标签理论也被批评为是关于一般行为的理论,而不是仅仅用来解释犯罪这一社会现象的特殊理论。

与传统刑事社会学理论以及标签论的犯罪原因观相比,激进派犯罪学的犯罪原因观最大进步或者说是优点在于,它强调犯罪产生的历史与社会结构的根源,这使得激进派犯罪学成为"犯罪学上最真正的社会学观点"④。此外,对传统刑事社会学理论和标签论忽视的法人犯罪、政治犯罪等传统型犯罪以外的犯罪形态,激进派犯罪学也进行了分析研究,并阐述了其产生原因。⑤但激进派犯罪学犯罪原因理论中也同样存在着缺陷。

从以上对各种犯罪原因流派的介绍中可以看出,正是因为学者观察社会的角度和研究方法的不同,才产生了丰富多样的理论成果。这些理论学说各有优点又有自身的不足。然而,如果能对这些理论进行整体性思考,就不难发现,不同学术观点之间应该可以得到很好的互补。

三、我国关于犯罪原因的研究

20世纪20年代初,随着西方政治、经济、文化的渗入,中国也开始出现了犯罪学的研究,但基本上是介绍、翻译西方的犯罪学著作,关于中国犯罪问题的专门研究则较为零散,数量也很少。在新中国成立后的三十年间,犯罪学领域几乎无人问津,直到20世纪70年代末80年代初,随着青少年犯罪研究的深入,犯罪学才真正作为一门独立的科学逐渐建立起来。随着犯罪学的发展,犯罪原因的研究也日益深入,学者们从不同的角度提出了种种主张,并初步形成了各自的理论体系。

---

① 基本的越轨行为是指可能违反一项规则或法律的"最初的"行为。派生的越轨行为是指基本的越轨行为贴上犯罪标签后,行为人所实施的与该标签内容相符合的行为。详见〔美〕D.斯坦利·艾兹恩、杜格·A.蒂默:《犯罪学》,谢正权等译,群众出版社1989年版,第28页。
② 同上书,第31页。
③ 同上书,第33页。
④ 同上书,第40页。
⑤ 参见同上书,第38页以下。

我国著名学者周密在其《论证犯罪学》中对我国已有的犯罪原因论作了初步总结，为保持论证的完整性，本书也将对这些理论作些简要介绍。[①]

（一）社会变迁理论

社会变迁论是中国社会学、犯罪学教授严景耀先生在20世纪20年代中后期提出的一种犯罪原因理论。严先生在"有关中国犯罪的情况既缺乏专著书籍，又无可靠资料借以参考"的情况下，从1927年开始连续数年深入监狱去搜集第一手资料，并在其1943年写成的《中国的犯罪问题与社会变迁的关系》一书中，提出了犯罪原因的社会变迁理论。

根据社会变迁理论，社会变迁往往导致人们对新的社会环境失去适应能力，使传统的社会控制手段失去效能，因此在社会发生突然的、猛烈的变动时，犯罪现象就会不可避免地发生和增多。

（二）阶级斗争论

新中国成立以来，阶级斗争论曾一度是我国法学领域唯一的犯罪原因理论。这一理论认为，犯罪是阶级社会特有的现象，是随着私有制、阶级和国家的出现而产生的。生产资料私有制导致社会分裂为两大对立的阶级，他们在阶级利益上的冲突，导致了剥削与反剥削、压迫与反压迫、统治与反统治的斗争，犯罪正是阶级斗争集中体现之一。

阶级斗争论的理论依据来源于马克思恩格斯关于犯罪定义的论述，马克思主义认为，犯罪是孤立的个人反对统治关系的斗争。犯罪具有鲜明的阶级性，犯罪行为就是反对阶级压迫的行为，阶级斗争是产生犯罪的决定性甚至是唯一的原因。

近年来，面对犯罪日益增多，而阶级斗争已不再是我国社会主要矛盾这一基本状况，越来越多的学者认为，阶级斗争论不能对复杂的犯罪现象作科学合理的解释，也无助于犯罪预防与惩治。目前，我国犯罪学界普遍认为，阶级斗争是产生犯罪的重要原因，但却不是唯一或者决定性原因。

（三）矛盾冲突论

矛盾冲突论认为，任何社会都存在着矛盾，每个人都生活在矛盾之中。由于人们在政治素质、道德水平、思想修养、法制观念、文化知识等方面的差异，矛盾有可能被缓解，也有可能被激化，后一种情况下，往往导致大量犯罪发生。

我国社会主义初级阶段仍然存在大量矛盾，各种矛盾冲突更为明显。这些矛盾在一定条件下被激化并导致严重冲突时，就会引发犯罪。因此，社会中大量存在的利益差异和冲突才是引发犯罪的真正原因。

---

① 参见周密：《论证犯罪学》，北京大学出版社2005年版，第142页以下。

(四) 抑制系统功能弱化论

根据抑制系统功能弱化论,抑制系统分为内、外两个部分。内抑制系统是人们自身的抵抗能力,它包括承受引诱、处理冲突、摆脱纠纷、避免冒险的能力,也包括心理素质、意志力和信念等;外抑制系统指社会、国家、社区、家庭和其他社会群体对自己成员的约束力,以及促使自己的成员自觉接受和遵守公认行为规范的能力。

抑制系统功能弱化论认为,如果内外抑制系统功能都受到削弱,社会就会动荡,犯罪就会增多。因为,人生来就具有趋利避害的本能,这种本能在犯罪者中表现得尤为突出。一方面,犯罪者的目的是为了达到某种满足(趋利);另一方面,他又要设法逃避良心的谴责和法律的惩罚(避害)。对于"利"与"害"的权衡,由于人的素质不同,其标准也就各不相同。一般情况下,一个人的利欲越强烈,恐惧感就越小,犯罪可能性就越大;如果他的利欲很淡薄,而且恐惧感较大,犯罪的可能性就极小,甚至不会犯罪。"利"与"害"孰轻孰重,主要取决于抑制系统功能的强弱。而抑制的过程,实质上是对"利欲"的调节过程,它通过道德、法律等各种行为规范和个体意志、信念等,不断对由于各种刺激引起的失衡心理(即欲求不满心理)进行调节。如果抑制系统功能减退,人们的趋利本能就会增长,犯罪行为就会增多。

(五) 本能异化论

本能异化论作为一种犯罪原因学说,其目的在于解释不同时空条件下各种犯罪形态产生的终极原因。

本能异化论认为:人的本能活动在升华为创造性劳动、促成意识的产生、创造一个社会的同时,也创造出自己的对立面——一个扼制自身的强大的异己力量,并为有待改造的非规范行为创造出日益严密的规范体系。

在本能异化论者看来,社会化是使人性弃恶从善的根本途径。越轨者向社会学习的不是越轨冲动,因为这种冲动任何人都存在,他们向社会学习的只是越轨的方式。正常人向社会学习的只是用以克服内心越轨冲动的社会规范,并使之内化。

本能异化论试图要证明的是,人的生物属性是不可抹杀的,本能的异化和升华不应被视为本能的消失。本能起源于人类同其他生物共同具有的原始欲求,但在人类尚未构建自己的社会之前,尚处于动物系统之中时,其本能活动就已区别于其他生物,具备了能接受社会化生活、学会劳动的潜能。人类本能之所以没有像其他生物那样完全固守自己的行为,恰恰是社会的出现对本能进行了前所未有的改造,使本能在人这一社会生物身上被抑制,非本质属性的机能得以升华。

所谓人的本能行为,也就是指人类在社会生活中基于低级欲求、丧失或缺乏意识控制的接近本能的行为,它所遵循的"快乐原则"和"个人中心主义"是与客观的社会存在和社会价值规范直接对立的。因此,人的本能行为一旦被外化,就有可能被社会定为非规范行为,其中就包括犯罪。因此,犯罪的本源在于本能异化。基于上述理由,本能异化论认定,犯罪产生的终极原因存在于人类社会诞生之初,而非源于阶级社会。

为论证其观点,本能异化论采取了还原法和回溯法。还原法,即期望透过现实的典型的犯罪形态的表象,把犯罪简化或还原为它的原始形态——在属性上与犯罪类似的非规范行为。只要承认犯罪不是一蹴而就的,而是从初级形态演进而来的,那么就不能不去分析犯罪形成之前的越轨行为。回溯法则是把人与社会的发展放到动态环境中去考察,把二者的发展看成是历史的过程。它遵循以下两条线索:其一,个体发生史线索。即沿着个体社会化的轨迹,从成人期向婴儿期回溯,去发现个体是如何从本能的非规范的生物人演变成理智的规范化的社会人,以及个体如何从快乐原则和个人中心主义转向现实原则和集体中心主义。其二,种系发生史线索。即回溯到人类社会诞生初期,追溯原始社会人类最初的越轨行为的产生。在人类社会创立之初,劳动生产和群体生活的社会规范以及各种道德、宗教、禁忌、舆论等行为规范就被创造出来。这些规范都是原始人类本能活动的异化物和异己力量,都是为了扼制自身的非规范行为的。沿着这条线索,我们可以寻找到犯罪的原始形态,原来它在人类尚处于"人"与"非人"之间的原始社会初期,就广泛地存在于非规范行为之中。阶级社会中刑法上所指的犯罪,不过是"人类进入阶级社会后对非规范行为的一种新的称谓超出了统治阶级容忍度的、用刑法标定出来的一类严重的非规范行为"[①]。

(六) 综合动因论

综合动因论是运用辩证唯物论的系统观点研究个体犯罪原因的一种理论。它认为,个体犯罪原因是一个整体系统(母系统),这个系统是由若干个相互联系和相互作用的主体内外因素(子系统)所构成,从而形成多层次多维度的原因网络结构。作为整体系统的个体犯罪原因,具有主体内外因素所单独没有的新质特性,由于各组成因素之间的相互作用,个体犯罪原因处于一种动态变化之中。

综合动因论注意到了个体犯罪原因的整体性、层次性、结构性和动态性四个方面。所谓整体性,是指影响个体犯罪的主体内外因素是一个有机的整体,因而应当从整体出发去考察各因素在影响个体犯罪中的作用。所谓层次性,是指人们要注意整体与层次及层次与层次之间的相互联系,并注意各层次因素之间的质的差异及其在整体中的不同作用。所谓结构性是指人们要注意各种因素之间的结构方式及其对原因整体的作用和影响,不同的个体犯罪原因,是由不同的构

---

① 参见周密:《论证犯罪学》,北京大学出版社2005年版,第143页以下。

成因素、构成因素的不同比例以及因素的不同构成方式所决定的。所谓动态性,是指由于个体犯罪原因系统的形成是一个过程,因此要用发展变化的观点看待个体犯罪原因。

(七) 四维结构犯罪原因加犯罪场论

四维结构犯罪原因加犯罪场论的基本观点是:犯罪作为宏观社会现象,其产生有其社会原因;犯罪作为微观个人行为,其发生必有其个体原因。

犯罪的社会原因存在于现实的社会结构之中,它包括生产方式结构(社会存在)和社会意识两个方面。生产方式结构方面的犯罪原因主要是生产资料私有制、生产力发展引起的矛盾、特殊形式的阶级斗争和贫困等。作为犯罪现象发生原因的社会意识一般可统称为反社会意识,实践中主要表现为私有观念、剥削思想、损人利己、精神文明断裂、公德意识低落,以及外来消极文化等各种形式。在犯罪社会原因结构体系中,生产力状况在犯罪原因系统中处于最深层次的地位,生产方式结构原因与社会意识原因之间是社会存在与社会意识、决定与被决定、作用与反作用的关系。

犯罪的个体原因包括心理结构和人生观两个方面,我们可以从认知结构、情感结构和需要结构三个方面去分析个体犯罪原因在心理结构方面的特殊表现。认知结构特征如极端的自我中心倾向、知识水平低下、愚昧无知、分析能力和判断能力低下等;情感结构特征如情感的低级性、非社会性、易变性和偏执性等;需要结构特征则表现为需要结构扭曲、畸形,需要强度恶性膨胀等形式。人生观方面的原因在犯罪的个体原因结构中占有更为重要的地位,犯罪人的人生观的基本特征是极端利己主义,一般表现为追求物质享受,自由观不受法律约束,道德观水准低下、混乱等形态。犯罪动机是心理结构和人生观两个方面的个体原因的结晶,是内在心理与外部行为的临界点。在犯罪个体原因结构体系中,个性心理结构特征和人生观特征所处的地位不同,它们分属犯罪个体原因结构中的不同层次;前者处于基础层次,后者处于最高层次,同时,二者之间还存在着控制与反馈的内在关系。

犯罪原因产生犯罪效应的特定领域,或者说,犯罪原因实现为犯罪行为的特定领域,就是"犯罪场",它由以下四种因素构成:

(1) 时间因素。时间因素对犯罪产生的影响,我们可以分以下两种情况来论述:第一,季节、月份不同,不同犯罪的发案率也往往不同,夏秋季节的性犯罪增多,强奸案发案数最高的是6、7月份,最少的为11月份,12月份和1月份渐增,2月份无明显变化,从3月份至5月份渐趋上升,发展到6、7月份达到高峰期。冬春季节昼短夜长,入室盗窃案件较多发生。第二,白天与黑夜对犯罪的发生也有不同影响,一般地说,夜晚犯罪率高于白天。

(2) 空间因素。空间因素对犯罪产生的影响,也可以从以下两个方面来加以说明:第一,地形、地势条件不同,往往对犯罪的影响也不同。第二,农村环境和城市环境对犯罪的影响也有差异,城市犯罪率远远高于农村。

(3)犯罪侵害对象有关情况。这属于犯罪被害人学的专门研究课题。

(4)犯罪控制机制弱化情况。这是犯罪场中影响力最强、影响面最宽的因素。犯罪控制机能弱化情况主要通过以下几个方面表现出来:第一,社会总需求大于社会总供给,在一定积蓄上造成了商品生产过程的困难和经济流通领域的失控;第二,社会分配不公,削弱了社会内聚力;第三,人、财、物大流动,社会流动性增大,社区凝聚力下降,削弱了传统控制机制;第四,企事业单位、机关、团体等内部管理制度不健全,或虽有规章但无人监管,给犯罪分子造成了有机可乘的条件;第五,法制不完善;第六,法制观念淡漠;第七,对某些犯罪惩治不严;第八,思想工作削弱。

时间因素、空间因素属自然方面的因素,犯罪侵害对象有关情况、犯罪控制机制弱化情况属社会方面的因素。

需要注意的事,犯罪场本身既不是犯罪的社会原因,也不是犯罪的个体原因,但它又是发生犯罪必不可少的条件,是犯罪原因系统的必要组成部分。控制犯罪场与减少犯罪的社会原因和个体原因对控制犯罪具有同等重要价值。

除上述七种影响较大的犯罪原因论之外,我国学者还提出过以下几种有关犯罪原因的学说:

(1)犯罪源流论。犯罪源流论由我国学者夏吉先生提出。所谓犯罪源流论,"简单说来,就是从人类社会的进化论出发,研究犯罪因素的源泉及其流经的发展的理论。"[①]犯罪源流论又包括犯罪源存在论、犯罪流存在论、犯罪源流多元论、犯罪源流规律论和犯罪原因链论五个分论。

(2)多种消极因素综合论。该理论学说是我国学者在对青少年犯罪研究之后提出的一种犯罪原因理论学说,根据多种消极因素综合论,在社会主义条件下,青少年犯罪之所以发生,是多种消极因素作用的结果。从社会历史原因看,主要是指"十年动乱"的后遗症;从思想意识方面的原因来看,外来的资产阶级思想的侵蚀是诱发青少年犯罪的一个重要因素;从犯罪者个人原因来看,对各种人的情况要作出具体分析,有的人是为了钱而铤而走险,有的人是对党对社会主义不满等等;从我们的工作上来看,许多单位管理不善,有许多漏洞和失误,也是目前极少数的犯罪分子之所以能够兴风作浪的一个重要原因。[②]

(3)四因动态系统论。根据四因动态系统论,任何犯罪行为的发生,其原因都不是孤立的、单一的,而是多种罪因相互作用的结果。犯罪行为的发生不仅取

[①] 夏吉:《犯罪源流规律论》,载《宁夏社会科学》1989年第6期。
[②] 参见曹漫之主编:《中国青少年犯罪学》,群众出版社1988年版,第172页以下。

决于犯罪行为人的需要、利益、观点、价值观和动机,而且取决于形成和实现犯罪动因和目的的社会环境,还取决于实施犯罪时的行为环境。只有上述各种因素的相互联系和相互作用,犯罪行为才可能发生。社会主义社会之所以会发生犯罪,正是由于行为人的人格缺陷、不良需要、社会环境因素和行为环境因素四个因素相互作用的结果,它是一个动态的发展过程。

人格缺陷是犯罪产生的主观原因,或者说是近因;不良需要是导致犯罪行为发生的内在根据或者源泉,是犯罪的动因;人不是生来就犯罪的,社会环境对犯罪人人格缺陷和不良需要的形成产生重大影响;任何犯罪行为都是在一定的时间、空间内发生的,因而每个犯罪行为都会出现在特定时空。时空显现包括时间、地点,以及犯罪现场中的人、事、物等等。这些因素对犯罪人的感情、意识和意志都会发生影响,它们是犯罪发生的条件,我们称其为犯罪行为环境因素。[①]

(4) 远正近负效应论。该理论是我国学者周路在探讨犯罪与现代化关系中提出的犯罪原因论。所谓远正近负效应论,即犯罪是社会主义现代化进程中必须付出的代价。根据该理论学说,现代化进程对于社会稳定的影响既有正效应又有负效应,远期以正效应为主,近期以负效应为主。后来周路又提出"双重效应论",其主要观点是社会转型和市场经济对社会稳定的影响具有积极和消极两重性。[②]

这种把犯罪增多视为现代化的必然结果的观点遭到不少人的反对。然而,不承认经济发展了犯罪率有所上升的事实也不客观。所以现代化与犯罪的关系问题并未在理论界形成共识。

在我国犯罪学研究初期,学者在翻译整理国外研究成果的同时,逐步形成了自己的犯罪原因理论体系,并取得了如此丰厚的成绩。然而,与国外在该课题上研究成果相比,我国学者有关犯罪原因理论,在理论深度上显得单薄,在研究方法上多限于文献分析法,缺乏针对我国社会中存在的各种犯罪现象的实证研究,对自然科学研究成果的应用也不多,这种情况限制了我国犯罪原因理论研究的发展,无法为国家应对犯罪,制定科学的刑事政策提供理论上的支撑。

犯罪问题的解决需要整个社会的努力,犯罪学研究对犯罪问题的解决贡献不可低估。国家之间犯罪形势存在诸多差异,为解决我国面临的犯罪问题,需要在深入研究国外已有研究成果的基础之上,针对我国犯罪形势,采取多种研究方法,对我国犯罪现象作进一步深入研究,以期对刑事政策的制定提供参考。

[①] 参见魏平雄:《社会主义社会个体犯罪原因研究》,载《政法论坛》1988 年第 4 期。
[②] 参见周路:《警惕过高的代价》,妇女出版社 1988 年版。

第四节　犯罪人被害化现象描述

一、问题的提出

　　刑事政策是以人道主义为理念，全方位地关注刑事案件中的每一个人。有时我们只看到犯罪人的犯罪结果，并将全部责任归咎于犯罪人，却忽视了导致行为人犯罪的原因及过程，而这些恰恰是制定及执行刑事政策必须关注的问题。因此，这一课题也就成为了刑事政策学的研究对象。

　　人们通常认为，犯罪行为的实施过程是犯罪化过程与被害化过程的有机统一。其中，犯罪化过程是指犯罪人受各种内外因素的影响形成了犯罪意识从而实施犯罪行为的过程，即犯罪人犯罪化；被害化过程是指被害人在遭受各种犯罪行为的侵犯后其合法权益受损的过程，即被害人被害化。但是，犯罪人何以被害化？犯罪人怎样由犯罪主体演变成为被害化主体？犯罪人被害化是否有悖于人们的常理思维？在此，我们具体描述犯罪人被害化现象，从另一视角唤起人们对犯罪人的重新认识，以期制定出更为公平、公正与人道的刑事政策。

　　我国目前尚无对犯罪人被害化的专题研究，只是在犯罪学、刑事诉讼法学、刑事政策学的相关论著中对这一问题有所涉及。犯罪人是实施了危害社会的违法犯罪行为的人，其犯罪行为的实施过程是一个侵害他人合法权益、破坏国家法律秩序的犯罪化过程。在此犯罪化过程之中，行为人由一般人演变成为受国家刑事法律所规制的犯罪人，这一犯罪人犯罪化的过程为大家所普遍认知。但是，人们常常忽略了在此犯罪人犯罪化的过程中，自始至终也是犯罪人被害化的过程。犯罪人被害化过程比犯罪化过程的时间范围跨度广，是一个始于犯罪人犯罪行为实施之前，一直延续到犯罪人犯罪后的定罪、量刑、处遇、刑满释放后回归社会。犯罪人被害化的动态过程，可以分为犯罪人事前、事中、事后被害化三个阶段。

　　由于犯罪原因是多方面的，犯罪人实施犯罪行为并不仅仅是其自由意志选择的结果，犯罪人犯罪行为的实施背后往往受到各种外在因素的影响，它们往往成为犯罪人被害化的源头。制度等外因导致犯罪人事实上成为社会缺陷与矛盾的替罪羊，承担了本应由国家、社会、他人承担的部分责任。犯罪人事前被害化是指犯罪人在犯罪行为实施之前受经济、社会环境、政治、文化、他人等外在因素的影响，从而实施了犯罪行为，最后犯罪的后果又完全归因于犯罪人个人的被害化过程。

　　犯罪人事中被害化是立法、司法过程中犯罪人的合法权利受到侵犯的动态过程。与犯罪人事前被害化相比，犯罪人事中被害化的时间段是在犯罪人犯罪行为实施完毕后进入司法程序时开始,其各项权利受到立法和司法侵犯的被害化过程。首先,犯罪人在立法上的被害化主要体现为立法制度的不合理,包括刑事实体法和刑事程序法制定上的相对欠缺所导致的犯罪嫌疑人权益得不到相对有效的立法保障。其次,犯罪人在司法上的被害化,主要体现为公、检、法机关从案件立案之日起到法院作出生效判决之日止所受到司法机关的有些不公正待遇,在此过程中司法机关对犯罪人的各项权利在某些方面没有充分有效地保障。立法和司法上的不公导致最终的审判结果不公,使得对犯罪人的行刑罚不当其罪,最终犯罪人受到的惩罚完全超过了其应受惩罚的限度范围。概而言之,犯罪人事中被害化是指犯罪人因各种原因,其合法权益在立法、司法过程中得不到有效保障,受到不公正的司法待遇及定罪量刑过重的被害化过程。

犯罪人事后被害化主要体现在犯罪人处遇和再社会化方面。在犯罪人处遇方面,犯罪人被害化体现为其在狱中的合法权利有些得不到保障,监禁刑的过量适用以及过度封闭的监狱环境造成犯罪人缺乏基本的生活技能。在再社会化方面,犯罪人回归社会后,社会仍可能对犯罪人存在一定的歧视和偏见,被害人及其家属对犯罪人实行报复措施等问题也在所避免。这些都是犯罪人在事后的被害化体现。一言以蔽之,犯罪人事后被害化是指犯罪人在行刑过程中受到不公正处遇和出狱后受到一定程度的排挤,难于融入社会的被害化过程。

综上,犯罪人被害化是一个于犯罪行为发生之前就已经存在,延续到犯罪人刑罚执行完毕回归社会以后,包括事前、事中、事后被害化的一个动态过程。这一过程是一个包括犯罪人在犯罪行为实施之前受各种因素的影响,在犯罪行为实施后受到立法、司法的不公正对待,在定罪量刑后受到不公正处遇和回归社会后受到不公正社会待遇的动态被害化过程。

二、犯罪人被害化的动态过程

(一)事前被害化的表现形式

1. "替罪羊"理论

犯罪人实施犯罪行为不仅是其自身自由意志选择的结果,其中也往往渗透着各种外在因素的影响,犯罪行为的实施通常与社会整体环境、经济、政治、文化、他人等因素密切相关。犯罪人是犯罪行为的实施者,却最终承担了除自身责任外应当由国家、社会、他人承担的责任,于是犯罪人在一定程度上成为整个犯罪人惩罚机制中事实上的间接被害者,成为国家、社会、他人责任的"替罪羊"。

在对犯罪人的惩罚机制中,往往忽略了贫困问题、文化问题、政治体制问题、社会地位问题、他人虐待问题等在犯罪行为的发生中所起的作用,而导致由于这些因素所产生的责任在一定程度上转嫁给犯罪行为的实施者——犯罪人,这一责任转嫁的过程就是犯罪人事前被害化的过程,犯罪原因的存在也就是犯罪人事前被害化的表现形式。在此,我们并不否认行为人的个人责任,只是探讨其外在的并使其受害的原因和过程。

2. 犯罪原因理论之历史回眸

在犯罪原因一节中,我们对西方犯罪原因理论流派作了简要介绍。综合各学派的观点,犯罪不仅包括个人原因,如心理因素、生理因素、人格因素,还包括其他相关因素,如社会环境因素、经济因素等等。不同层次的犯罪原因与犯罪人个人因素相结合产生了犯罪行为,我们不能将犯罪行为的出现完全归咎于犯罪行为的实施者。

3. 我国犯罪人事前被害化的表现形式

犯罪人实施犯罪行为,不仅受个人原因和自然原因的影响,社会原因作为犯罪的深层次外部原因是犯罪人事前被害化的重要表现。王牧教授指出:犯罪根源在社会,而不在犯罪人的个人身心之中。[①] 社会对行为主体产生潜移默化的影响,致使行为人在各种社会因素的作用下结合其自我意志的选择而实施某种犯罪行为。由于犯罪人个体的差异,犯罪环境的差异,各外在因素在具体犯罪行为的发生过程中的影响力并不相同,影响力的大小决定我们应该在多大程度上将犯罪行为的发生归咎于犯罪人本人。笔者拟从社会因素、经济因素、政治因素、文化因素、被害人因素五个层面剖析犯罪主要原因。

(1) 社会因素

社会因素是促使犯罪人实施犯罪行为的一个重要诱因,是犯罪人被害化的重要表现之一。其中,社会政策的不合理和社会结构的缺陷是两个主要的方面。

社会政策是公共政策的一个重要领域,是公共政策中与公民福利、社会公平有关的政策,旨在满足人们难以通过市场机制实现的个人需要和社会需要,是国民经济的二次分配,它主要包括社会保障政策、劳动就业政策、教育政策、公共医疗卫生政策、公共住房政策、个人性社会服务政策等等。[②] 成熟完善的社会政策的制定和执行可以使社会财富实现公平合理的二次分配,从而缓解社会分配中不公平、不合理现象,使人们安居乐业而没有后顾之忧。如果社会政策不健全不完善,或者某项关系国计民生的政策缺失,有可能使社会中的一部分人失去保障,迫使他们通过非正常途径甚至是犯罪行为的实施来获得生存和发展的机会,成为社会的不稳定因素。

社会结构不平衡主要体现在贫富差距和城乡发展不平衡两个方面。首先,中国经济飞速发展,然而随之而来的是我国贫富差距不断拉大,社会弱势群体逐

---

① 参见王牧:《犯罪根源是理论逻辑上的一种指向》,载王牧主编:《犯罪学论丛》第一卷,中国检察出版社 2003 年版,第 253 页。

② 参见庄华峰、杨钰侠、王先进:《社会政策导论》,合肥工业大学出版社 2005 年版,第 1 页。

渐形成。受金钱困扰是社会弱势群体的一个重要特征。在我国,贫困人口占据社会相当大的比例,这部分人由于社会分配的不合理容易出现社会越轨行为。如果把我国的社会结构视为一座金字塔,那么大部分人都处于塔基。这样的金字塔形社会结构是一种极其不稳定不平衡的社会结构。"弱势群体面对花天酒地、挥霍无度的暴富阶层,其社会心理感受是最强烈的了。而另一方面,弱势群体还必须面对改革深化带来的新的压力。"①处于塔基人数过多,易导致该部分人对社会分配不公的怨恨,引发犯罪。其次,社会结构不平衡还体现在我国城乡发展不平衡方面。农业基础薄弱,城乡经济发展不平衡易导致处于弱势地位的农民心理失衡,促使农民为摆脱这种社会结构不平衡的压力而蜕变成为犯罪人。

(2) 经济因素

随着改革的不断深入,社会主义计划经济逐步向市场经济转轨,在此过程中经济体制的发展并不是十分健全,不同利益主体之间冲突和矛盾日益加剧。一方面,在巨大经济利益的诱惑下,一些人不惜违背法律铤而走险实施犯罪行为,引发了犯罪越轨行为的大量出现。另一方面,经济发展不平衡使得一些人很难通过正当的途径去获取自己的生存权,贫困促使一部分人迫于生存的压力实施犯罪行为。

(3) 政治因素

中华民族经历了漫长的封建专制时期,当时高度集权的政治体制与人身不自由和人权不平等相对应,人们的思想和行动都是不自由的,于是社会越轨行为大量出现。相对于封建专制政治体制而言,现代社会政治与民主具有高度统一性。我国政治体制已经逐渐脱离了传统封建社会专制专权的束缚,向着民主政治自由的方向逐步迈进。然而,我国现代民主政治体制还需要不断健全和完善。

(4) 文化因素

塞林的文化冲突理论是犯罪学中的一个重要理论,他指出了文化冲突是导致犯罪发生的一个重要原因。文化冲突导源于文化变迁、文化传播、文化精神的异质、亚文化群体特异的精神信念及其符号实践。② 文化冲突包括传统文化与现代文化之间、农村与大城市的行为规范之间的冲突,这些冲突都是犯罪行为发生的持续动因。

我国目前处在社会转型时期,伴随着经济、政治体制改革的进展,文化也出现新旧更替的状况,其中的冲突和矛盾不可避免地存在,如现代文化观念对传统文化的冲击,西方文化与我国文化之间的差异等等。当现代文化与传统文化发

---

① 周良沱:《犯罪学群论》,中国人民公安大学出版社 2007 年版,第 203 页。
② 参见任翔、李冰洋:《文化冲突与行为失范》,载《中国人民公安大学学报(社会科学版)》2006 年第 2 期,第 64 页。

生冲突时,人们往往容易盲从某一种误导的文化,导致文化观念的迷失,价值观发生颠倒和错位,致使社会越轨行为的出现。消极、落后、低俗的文化是导致犯罪发生的一个重要诱因。很多犯罪人都是由于受被污染的文化环境,如信仰的迷失、价值观错位的影响而实施犯罪行为。当西方文化与中国文化出现冲突时,可能在一种文化中被认为是合法的行为在另一种文化中却被归入犯罪行为并受到刑法的处罚。①

(5) 被害人因素

被害人往往是犯罪动机形成的一个重要原因,客观上导致了犯罪行为的发生。犯罪人与被害人有时处于一种互动状态,如被害人通过暴力、或者是出于自己的过错导致犯罪人实施犯罪行为。然而,在刑法理论中对犯罪行为的评价主要是以犯罪人为中心进行的,其过错的追究往往直接指向犯罪行为的实施者犯罪人,而不考虑被害人引发犯罪行为的因素。沸沸扬扬的"许霆取款案"正是被害人作为一个重要诱因导致犯罪发生的典型案例。②

(二) 事中被害化的表现形式

1. 立法对犯罪人的事中侵犯

无论是刑法还是刑事诉讼法在立法上都应当做到惩罚犯罪和保障人权相统一。我国传统的刑事立法以社会为本位,忽视了对人权的保障。现代刑事立法在观念上有了很大的改进,处于逐步由"国家社会本位"向"个人本位"的转变过程中,更加突出保障人权与惩罚犯罪的并行不悖。尽管如此,我国目前刑事立法仍然存在一定的滞后性,具有一些缺陷。

(1) 刑法立法对犯罪人的侵犯

刑法对犯罪人的侵犯不仅体现在整个刑法体系上的重刑倾向所带来的对犯罪人的不公,而且体现在一些具体罪名的设定之中。

---

① 电影《刮痧》就充分体现了中西方文化的差异。在电影《刮痧》中许大同的父亲为孙子刮痧,却导致许大同被美国人以虐待儿童罪告上法庭,许大同被美国法庭宣布为危险人物,遭到美国警方的逮捕,最终矛盾冲突由一个美国人到"唐城"亲自体验了一次"刮痧"得以圆满解决。然而,中美文化的冲突并不总以喜剧落幕,2004 年 3 月 8 号,一对父母陈宇、张智慧因没有把握美国文化的内涵而在美国对孩子按照中国式的管教方法来教育,被分别以虐待儿童罪和对儿童造成伤害罪以及没有及时制止虐待儿童罪判罪量刑。参见徐惠芬:《现实版〈刮痧〉案宣判,华人夫妇被判入狱》,载《新闻晨报》2004 年 3 月 13 日。

② 24 岁的山西小伙子许霆,利用 ATM 机故障多提了近 17.5 万元钱款,一审被人民法院判处无期徒刑。这一判决遭到了公众的广泛质疑。在该案中,被害金融机构的 ATM 机出现故障就是许霆实施盗窃行为的一个重要诱因,银行的疏漏和过错在先,具有不可推卸的责任,然而银行对其过错只是以道歉结束了其责任,而许霆则被判处无期徒刑。于情于理,此案的一审判决结果让人难以接受。2008 年 3 月 31 日,广州市中级人民法院对该案重审,判处许霆 5 年有期徒刑,追缴所有赃款,并处 2 万元罚金。相对于一审判决而言,二审判决具有一定的进步性,但是笔者认为该案的主要过错在于被害人一方,该案中许霆因被害人引发犯罪行为而承担了刑事责任,在某种程度上,使得许霆处于事实上的被害化。

第一,死刑罪名设定过多。

我国目前是世界上规定死刑罪名数量较多的国家,这在一定程度上体现了我国的重刑主义倾向。刑法中的刑罚不仅要面对犯罪人保护国家,也要面对国家保护犯罪人。① 我国目前立法的特点在于,面对犯罪人保护国家的功能强化,而面对国家保护犯罪人的功能相对弱化。国家希望通过重刑来达到威慑犯罪的效果,从而制止人们去实施该类犯罪行为。姑且不论该种措施的客观实际效果,这种通过以牺牲个人权利为代价来换取社会安定的做法在一定程度上造成了对犯罪人权利的侵害。

第二,赌博罪、侮辱尸体罪、传播淫秽物品罪等罪名的设立。

一些社会危害性较小没有具体被害人的犯罪行为的实施更多的是对伦理、道德准则的一种侵犯,其所具备的社会危害性更应当受到道德的谴责而不是刑法的规制。如赌博罪、侮辱尸体罪、传播淫秽物品罪等等。伦理、道德或宗教直接相结合,实宜委诸伦理、道德或宗教等社会规范处理,不宜临之以刑罚制裁。② 将这些原本应属于道德谴责范围内的行为划入现行刑法规制的范围内,使得一些可罚可不罚的行为被纳入犯罪圈,这样做不仅浪费了司法资源,而且侵害了被纳入刑法规制范围内的犯罪人的合法权益。因为刑法是最严厉的制裁措施,受到刑法规制会带来一系列消极的不良效果。这些都使得本不应被划入犯罪圈的犯罪人在立法上被害化。

(2) 刑事诉讼法立法对犯罪人的侵犯

第一,关于无罪推定的立法规定。

我国在立法上确立了无罪推定的原则,是立案、侦查、起诉、审判的任何一个阶段都应该遵循的原则。

然而,我国立法所规定的无罪推定与完全意义上的无罪推定尚存在一定的差距,具体体现为我国刑事诉讼法立法在规定无罪推定原则的同时,又规定了犯罪嫌疑人如实供述的义务。如我国《刑事诉讼法》第 118 条中的规定:犯罪嫌疑人对侦查人员的提问,应当如实回答。除此以外,我国非法证据排除规则只排除刑讯逼供等非法方法取得的言词证据,而实物证据并不排除。这样一来,无罪推定原则缺乏沉默权规则等相关制度的有力支撑,在司法实践中就难以得到落实。

第二,立法给予侦查机关的权力过大。

"我国刑事立法授权重于限权。一部刑事诉讼法,对国家专门机关行使权力限制不够,特别是授权侦查机关权力方面表现得过分慷慨,导致警察权过大,如

---

① 参见〔德〕拉德布鲁赫:《法学导论》,米健等译,中国大百科全书出版社 1997 年版,第 96 页。
② 参见熊永明、胡祥福著:《刑法谦抑性研究》,群众出版社 2007 年版,第 318 页。

在强制措施和侦查羁押期限方面,赋予侦查机关太多、太大的权力。"[1]侦查机关的权力太大体现为:一是我国刑事诉讼立法所规定的强制措施,除逮捕需要由检察机关批准外,拘传、取保候审、监视居住、拘留等强制措施都由侦查机关自行决定和执行;二是搜查、扣押、勘验、检查等侦查行为都由侦查机关自行掌控。立法上侦查机关权限过大使得司法实践中非法搜查、超期羁押、违法使用强制措施,甚至刑讯逼供现象屡禁不止,这些侦查机关滥用权力的行为都是对犯罪嫌疑人权利的侵害。

第三,起诉阶段的法律规定。

我国现行《刑事诉讼法》规定了法定不起诉、证据不足不起诉、酌定不起诉三种不起诉的形式,其中我国检察机关的自由裁量权集中体现在酌定不起诉的立法规定上。然而,我国在立法上酌定不起诉的范围过窄,规定了酌定不起诉只适用于微罪的情形。我国在起诉制度上采纳的是起诉法定主义为主的立法政策,这使得检察机关在起诉上的裁量权较小,不起诉的诉讼分流功能较弱。这一立法规定在一定程度上吸收了起诉便宜主义的合理内核[2],但是起诉便宜主义在我国刑事诉讼立法上的体现过于微弱,对检察机关的限制过多而赋予检察机关的自由裁量权过小。

检察机关的酌定不起诉不仅范围小,而且受到上级检察机关严格的监督控制,这些使得其在司法实践中较少得到适用。

第四,公诉案件刑事和解制度已有规定,但应当扩大适用对象。

我国目前法律所认可的刑事和解制度体现在自诉案件中,公诉案件的刑事和解在刑事诉讼法中有规定,但力度仍需要提升。一般观念认为,刑事案件一旦进入公诉程序,不管当事人是否希望和解,法院都将按照诉讼程序进行审理并判决。如此不仅不利于被害人获得有效赔偿以弥补其因犯罪行为所遭受的损失,化解犯罪人和被害人之间的矛盾;也不利于对已经悔过、人身危险性小的犯罪人的矫正,保障犯罪人合法权益。

第五,关于再审程序启动权的立法规定。

我国目前无论是法院还是检察院都有权利提起再审。法院对于无论是有利于还是不利于犯罪人的再审程序,都有提起的权利。这一立法规定在一定程度

---

[1] 张建伟著:《冤错案件与一事不再理原则》,载陈光中、陈泽宪主编:《比较与借鉴:从各国经验看中国刑事诉讼法改革路径——比较刑事诉讼国际研讨会论文集》,中国政法大学出版社2007年版,第445页。

[2] 起诉便宜主义,又称为起诉裁定原则,与起诉法定主义相对。其基本含义是,检察机关在追诉犯罪过程中拥有一定的自由裁量权,对于具备法定追诉条件的刑事案件,可以斟酌各方面的情况,在认为对犯罪人不起诉更为适宜时,可以作出不起诉的决定。这种决定一旦生效,即相当于对被追诉人的无罪判定。载刘家兴、王国枢、张若羽等:《北京大学法学百科全书·刑事诉讼法学》,北京大学出版社2001年版,第329页。

与法院的中立地位相违背,不利于司法公正的顺利实现和犯罪人权利的有效保障。

2. 司法对犯罪人的事中侵犯

(1) 与立法相关联的犯罪人司法被害化

刑事司法依赖于刑事诉讼程序立法,立法的缺陷与不足能够在司法上得到一定的反馈。刑事诉讼立法从立案到审判过程中一系列问题的存在致使司法过程中的立法权力保障体系缺位,导致在具体司法操作过程中的犯罪人被害化。主要体现在以下几个方面:

第一,有罪推定思维在司法实践中仍然大量存在。有罪推定在司法过程中体现为侦查机关在侦查过程中对犯罪嫌疑人采取刑讯逼供、威胁、引诱、欺骗等手段获取证据的情形仍然大量存在;审判过程中法官对犯罪嫌疑人易产生先入为主的有罪论断。

第二,侦查权的扩张行使。立法给予侦查机关的权力过多,易导致司法过程中侦查机关在行使拘传、取保候审、监视居住、拘留和逮捕五项强制措施时,在采用询问、勘验检查、鉴定、侦查实验等一般侦查手段时都缺乏有效的监督制约,导致在侦查过程中侵犯犯罪嫌疑人人权的现象出现。

(2) 控辩双方力量不均衡

从司法程序结构角度讲,刑事司法程序基本格局的理想状态就是控辩均衡对抗和法官居中裁判的格局,而控辩均衡对抗是关键性的程序机制。[①] 然而,我国目前的状况是在刑事诉讼程序中,控辩双方力量严重不均衡。控方处于强势地位,而辩方则处于相对弱势地位,这一不均衡的结构所带来的消极后果就是公权力对犯罪人和被告人权利的侵犯,使得他们的合法权益在诉讼过程中得不到有效保障。

第一,检察机关处于相对强势地位,具体体现为:首先,在我国,公、检、法三机关分工负责、互相配合、互相制约,检察机关既是审判监督者又是公诉人。这一双重身份的存在使得控辩双方的力量不均衡,控方的力量相对强大。尽管刑事诉讼法对公诉人的法律监督地位进行了一定的限制,但是这些限制还远远不能与刑事诉讼立法上控方的优先地位相抗衡。其次,检察机关行使追诉权过程中对犯罪嫌疑人权利的侵犯。检察机关追诉权的不正当行使也使犯罪人被害化。如因犯罪人认错态度良好,犯罪的危害性小等等原因,被害人与犯罪人达成了谅解,希望能够尽可能使犯罪人受到较轻的处罚甚至免于追究犯罪人的刑事责任。然而,检察机关并不完全代表被害人的利益,而是代表国家行使公诉权,这样一来检察机关在不违背法律规定的情况下,对犯罪人予以追诉或者是按照

---

① 参见马贵翔:《刑事司法程序正义论》,中国检察出版社2002年版,第221页。

法定刑较重的罪名予以追诉,违背了犯罪人和被害人的主观和解意愿。

第二,我国刑事诉讼辩方权利受到诸多限制,刑辩难成为困扰我国司法实践的一个痼疾。我国刑事诉讼法对刑事辩护律师的权利作出了相关保护性规定,但这些权利相对于辩方权利所受到的限制相比,还远远不能有效保护辩方的利益。这些因素都使得辩方在程序上相对于控方而言处于不利地位,使得控辩双方对抗失衡的局面出现。

(3) 审判机关对犯罪人被害化的影响

在审判过程中诸多因素会导致犯罪人被害化。首先,法官对犯罪人产生先入为主的偏见是犯罪人被害化的表现之一。一些法官在开庭审理前违反规定接触案卷,致使在开庭时已经形成了对犯罪嫌疑人先入为主的有罪论断,缺乏对待刑事被追诉人客观公允的态度。其次,司法的僵化也是导致犯罪人被害化的原因。由于法官知识的相对有限性和片面性,一些法官在审判案件时没有充分利用自由裁量权,发挥自己的主观能动性,缺乏对法律规定的灵活变通,对被追诉人有时会作出超过其应受惩罚限度范围的严厉判决。

审判机关在行使审判权时也易受到来自外界的干扰和影响。这些干预包括行政权力机关对审判机关的非法干预,立法机关对审判机关的不当干预,舆论压力对审判的不当影响。这些因素都可能导致司法人员恣意、专断、滥用权力,导致审判结果的不公,致使犯罪人被害化。

党的十八届三中、四中全会对全面深化司法体制改革、全面推进依法治国作出了重大战略部署。2014 年 1 月以来,习近平总书记主持召开了 38 次中央全面深化改革领导小组全体会议,其中 27 次涉及司法改革议题,共通过 48 个司法改革文件,改革的力度、广度、深度也前所未有。公检法司的改革都在进行中,其根本目的在于让每一个人感受到司法的公平与正义,犯罪人的事中被害化有所减少。比如,全国法院普遍实行"谁审理、谁裁判、谁负责"的新型办案机制,取消案件审批,确立独任法官、合议庭办案主体地位。地方法院直接由独任法官、合议庭裁判的案件占案件总数的 98% 以上,审委会讨论案件数量大幅下降。[①] 这样就让每一位法官的自由裁量权落到实处,以责任追究制度防止司法审判权力被滥用。司法回归司法规律,减少了当事人的受害程度。

(三) 事后被害化的表现形式

1. 犯罪人处遇中的被害化

综观我国目前关于犯罪人处遇的研究,研究方向集中在未成年人司法处遇的范围内,而对一般犯罪人的处遇问题则相对关注较少。关于犯罪人处遇,存在广义和狭义之分。首先,广义上是总的"人(罪犯)的处置"的意思。与此相对,狭

---

① 参见李少平著:《人民法院深化司法体制改革的理论与实践》,载《中国应用法学》2017 年第 5 期。

义上特别将以罪犯的重返社会为目的,对应于每个罪犯人格和需要的处置称为罪犯的"处遇"。因此,可以说仅就自由刑服刑人的改造自新而言,行刑、矫正和处遇大致是同一含义的用语。① 如在日本,广义上的犯罪人处遇制度分为三种:司法处遇、设施内处遇和社会内处遇。狭义的处遇则只包括设施内处遇和社会内处遇。其中设施内处遇包括审前羁押、审判前关押、警察署附属留置场、教育活动和教诲等;社会内处遇包括假释、保护观察、改造紧急保护以及恩赦等。在此,我们探讨狭义范围内的犯罪人处遇制度。

(1) 设施内处遇中的犯罪人被害化

关于设施内处遇,我国目前所存在的一个严重问题是对犯罪嫌疑人的权利保障不力,尤其是对犯罪人采取监禁措施的人性化程度不够。尽管我国监狱法对犯罪人权利进行了相关立法保护,然而在实践中犯罪人这些权利的行使往往受到重重障碍。

有学者指出:监禁刑不仅不能矫正犯罪人,反而可能使犯罪人变得更坏。② 这体现了交叉影响对犯罪人的作用。监禁刑有时不仅达不到使犯罪人有效改造的目的,反而使犯罪人在行刑过程中掌握了不少新的犯罪技巧,由犯罪新人变成犯罪技术熟练的"师傅"。这样一来,对犯罪人采取监禁措施离它改造犯罪人的初衷越走越远,一定程度上使得犯罪人在监禁过程中被害化。

(2) 社会内处遇中的犯罪人被害化

我国目前的社会内处遇措施包括减刑、假释、管制等。社会内处遇是实现刑罚轻刑化的一个有效途径。社会内处遇能够使犯罪人更好地社会化。然而,我国在这方面仍然存在一些问题。

一是社会内处遇措施在司法实践中难以被有效适用,即我国设施内处遇难以向社会内处遇措施转变。我国目前关于减刑、假释适用越来越严格,法官可能为逃避责任承担而放弃对犯罪人采取减刑、假释措施。

二是社会内处遇措施缺乏多样性,表现在以下几个方面:第一,在种类上缺乏多样性,社会内处遇尚存在结构性缺失。我国目前处遇方式少,如在立法上尚不存在保护观察和社会服务制度的规定。社会内处遇措施的缺失不利于犯罪人在处遇过程中的权利保障。第二,参与群体上缺乏多样性。我国缓刑、假释主要是公安机关执行,所在单位或者基层组织起配合作用。事实上,单位或者基层组织在监督过程中往往不能有效配合而使其监督作用流于形式。我国目前的社会内处遇缺乏行政机构、司法机构、民间机构、组织以及个人的积极有效参与。第

---

① 参见〔日〕森本益之、濑川晃、上田宽、三宅孝之:《刑事政策学》,戴波、江溯、丁婕译,中国人民公安大学出版社 2004 年版,第 134 页。
② 参见何显兵:《社区刑罚研究》,群众出版社 2005 年版,第 72 页。

三,实施方式上缺乏多样性。我国社会内处遇措施的实施方式单一,主要是采取监督方式,且在监督过程中缺乏对犯罪人的深入了解。除监督功能以外,在教育、帮助犯罪人的功能方面都有欠缺,不具备专业性和体系性。这些因素对犯罪人在回归社会后较好地融入社会,达到使犯罪人在经历社会内处遇的惩罚后改邪归正、不再实施犯罪行为的目的等都是不利的。

2. 犯罪人回归社会后的被害化

(1) 社会对犯罪人的侵犯

与被害人受到社会的普遍同情形成鲜明对比的是,犯罪人从实施犯罪行为开始,便被贴上了犯罪人的标签,回归社会后仍然会受到社会的歧视和排挤,难以为社会所接纳。如犯罪人回归社会后难以获得平等的就业机会。社会公众对罪犯的仇视具有错位性,不完全合理。① 社会公众的仇视往往导致一系列不良后果,致使犯罪人被害化。一些犯罪人因难于融入社会而实施犯罪行为,结果在犯罪行为实施完毕回归社会后,社会仍然不能为他们提供一个很好地融入社会、弃恶从善的渠道,反而将他们进一步推向痛苦的深渊,再一次不为主流社会所接纳。如此一来,可能形成犯罪人再次走上犯罪道路的恶性循环。犯罪人在此过程中,不仅在事前由于被害化社会原因实施犯罪行为,回归社会后进一步被害化,这一过程是对犯罪人的一种潜在侵害。

(2) 被害人及其家属对犯罪人的报复

被害人及其家属的报复不仅体现在事中被害人利用自己的弱势地位博得社会的广泛同情,影响司法机关在审理案件过程中的中立地位,致使犯罪人被处以重刑;还体现在犯罪人事后被害化过程之中,即被害人及其家属对回归社会后的犯罪人的仇恨、报复的心态和行为举止,有的被害人及其家属甚至以对犯罪人实施犯罪行为的形式来报复。这些报复行为都是犯罪人在回归社会过程中所可能受到的伤害,使得犯罪人在回归社会过程中被害化。被害人及其家属之所以会报复犯罪人,有以下几种主要原因:一是长期以来所形成的"以血还血、以牙还牙"的等量报应刑理念让人们通常认为犯罪人应当受到与其对被害人所造成的伤害相同强度的刑事处罚,被害人及其家属没有意识到犯罪背后的深层次原因,而是将自己因犯罪行为出现所承受的痛苦完全迁怒于犯罪行为的实施者。当被害人及其家属所期待的国家公权力机关应当给予犯罪人承受相同限度痛苦的刑罚没有出现时,他们就会认为司法机关对犯罪人的处罚力度不够,从而产生复仇的情绪,抵触甚至伤害回归社会后的犯罪人。二是被害人在法院作出有效判决后,得不到与其所受损失相一致的赔偿或者补偿。尽管国家对犯罪人已经实施

---

① 参见高艳东:《现代刑法的逻辑起点:社会应接受罪犯和容耐犯罪》,载王牧主编:《犯罪学论丛》第四卷,中国检察出版社2006年版,第93页。

了刑事制裁措施,但是被害人经济上的损失并没有因为刑罚处罚和犯罪人的道歉得到有效弥补,如此一来,犯罪人得不到被害人及其家属的谅解,受到被害人及其家属的报复。

三、小结

犯罪人被害化现象大量存在,无论在立法、司法层面,还是在被害人、社会反应层面上都有所体现。这就需要我们针对犯罪人被害化现象出现的各种不同情况对症下药,采取相关措施对其进行有效预防。惩罚机制如果企图仅通过惩罚犯罪人达到维护社会稳定的目的,将责任完全转嫁给犯罪人,往往并不能真正解决犯罪深层次的问题,致使犯罪现象仍然有增无减。立法、司法、处遇阶段往往不能较好地保护犯罪人的利益,致使犯罪人被害化需要我们采取相关措施对犯罪人被害化现象予以有效防范。我们不仅要从思想观念入手,促使人们思想观念的转变,如执法观念、对被害人看法的转变等等,还应当对犯罪人的权利进行事前、事中、事后的全方位保护,有效平衡犯罪人和被害人之间的矛盾和冲突,客观公正地对待犯罪人。

第五节 犯罪是一种评价[①]

犯罪是一种主观的认识,是国家、社会、个人对犯罪的反应。"犯罪"本身就是一种否定性的价值评价,评价的过程就是一个价值判断的过程,是特定的主体根据其特定的价值观念和规范标准作出的,而其背后起到更为基础性决定作用的是评价主体的利益。犯罪概念的确定又为进一步评价犯罪提供了充满浓厚主观色彩的观念基础,人们进而又可以将更具有伦理色彩的"恶"作为犯罪的属性,人们对犯罪和犯罪人的认识难免产生种种较为极端的看法,进而影响人们对犯罪存在、犯罪原因的探讨,最终导致在刑事政策上产生某些偏激的做法。

一、国家的评价

国家对犯罪的评价主要通过刑事立法和刑事司法活动表现出来。在宏观上,国家通过刑事立法将某类行为评价为犯罪,并作出程度不同的否定;在微观上,国家通过刑事司法对某个具体的行为作出的评价,实际上是把国家的立法评价具体化。但是,国家在评价犯罪上也具有很大的个性。

（一）国家对犯罪进行评价的共性内容

国家对犯罪的评价之所以带有很大的共性,是因为不同国家在对待犯罪这

[①] 本部分主要参考刘广三、单天水:《犯罪是一种评价》,载《北大法律评论》第6卷第2辑,北京大学出版社2005年版。

个问题上存在着共同的利益,国家对犯罪的评价能满足国家的一些共同的需要。

1. **国家需要从评价和打击犯罪的活动中获得政权存在的正当性基础**

政权存在的正当性无非是政权的存在要得到民众的接受、认同和支持,"君权神授"和"主权在民"的宣传也都是为了获取民众精神上接受和支持该政权的统治。从这个基本观点出发,我们可以这样认为,国家作出的对犯罪的评价和打击的行为在很大程度上也是为了获取民众的认同和支持,也就是为了获得政权存在的正当性。其理由主要有以下两点:

第一,国家通过对犯罪的评价争取民众的支持。首先,对于严重地侵犯民众人身安全和财产安全的行为,每个国家一般都要将其评价为犯罪,以表明国家对这种行为的否定态度。国家的这种否定性评价无疑维护了民众的利益,从而能够获得民众对其统治的支持。其次,国家通过将上述行为评价为犯罪并予以打击,表明了自己同犯罪的对立,体现出在犯罪面前国家与民众同仇敌忾,使民众逐渐将国家列入同一个阵营,在感情上更能接受这个政权的存在和统治。再次,国家通过利用其强大的力量评价和打击犯罪,能够有效地保护民众的人身安全和财产安全,犯罪的存在使民众对国家产生了依赖感,从而现实地感觉到国家存在的必要性。

第二,国家需要通过作出与社会的道德具有一致性的评价而获得民众的道德伦理支持。如前文所述,每个国家一般都要将严重地侵犯民众人身安全和财产安全的行为评价为犯罪,如杀人、强奸、抢劫等暴力犯罪,这也可以说是不同国家评价犯罪的一个共同点所在。这个共同点似乎给人一种感觉,就是有一些犯罪能够超越特定的国家而存在。也许正是这种感觉使犯罪学的先驱加罗法洛无法满足于犯罪的法律概念,而去积极地探寻独立于某个时代的环境、事件或立法者的特定观点之外的犯罪的社会学概念,最终加罗法洛通过情感分析提出了"自然犯罪"的经典概念。[1] 正是因为国家对犯罪的评价具有正当性,一个国家动用刑事手段镇压对手的反抗就意味着要比赤裸裸的武装镇压更能获得民众的理解,所以,"从古到今,任何一个专制政府,要压迫他的对手第一步所要做的就是用刑事程序"[2]。

2. **国家需要从评价和打击犯罪的活动中获得政权存在的合法性基础**

国家出现以后,公力救济逐步取代了私力救济在社会救济手段中的主导地位,逐步排斥并禁止个人对犯罪的私刑报复,国家对犯罪的刑罚权逐步取得了垄断的地位。既然国家要禁止社会成员个人对犯罪的私刑报复,那么评价和惩罚

---

[1] 参见〔意〕加罗法洛:《犯罪学》,耿伟、王新译,中国大百科全书出版社1996年版,第20页。
[2] 孙长勇:《沉默权》一文中易延友博士的评论,载陈兴良主编:《法治的界面》,法律出版社2003年版,第16页。

犯罪也就成为国家的一项义不容辞的义务。从社会契约论的角度来看，人们为了克服自然状态下的种种弊端，"要寻找出一种结合的形式，使它能以全部共同的力量卫护和保障每个结合者的人身和财富"。这种结合的形式就是国家，国家是由人们以平等的资格订立契约让渡自己的权利产生的。① 国家的统治权就来源于社会成员权利的让渡，国家既然接受了这种让渡的权利，就要承担保障每个在其统治下的社会成员的人身安全和财产安全的义务。国家为了履行这项义务必须首先要将侵犯民众人身和财产安全的行为评价为犯罪并对其予以严厉惩罚，这是一项更为前提性的义务。从国家存在的物质基础来看，国家所有的物质力量都是民众所提供的，但民众的纳税不会是没有任何目的就白白地缴纳给国家的。要求国家保障自身的安全无疑是民众纳税的目的之一，国家既然接受民众的纳税，就有义务满足民众的安全需要。但在强调国家的义务上，自由主义者走向了极端，在自由主义者看来，"国家的主要任务——如果不是说唯一的——是关心公民的'负面福利'，即保障公民的权利不受外敌的侵犯和不受公民之间的相互侵犯"②。不仅如此，他们将国家评价犯罪的标准严格地限定为是否侵犯了公民的安全，他们认为，国家可以惩罚哪一些行为，也就是说，可以把哪一些行为作为罪行提出来，国家追求的终极目的无非是公民的安全，除了那些违反这个终极目的的行为外，国家也不允许限制其他的行为。③

3. 国家评价和打击犯罪是维护社会秩序的需要

秩序是一切社会得以生存与发展的基本前提，是所有的国家都孜孜以求的目标。对于国家而言也不例外，国家通过评价犯罪，向人们表明国家期待人们应该选择什么行为，不应该选择什么行为，并且国家依靠具有威慑力的刑罚作为后盾强制性地建立和维护国家所选择的社会秩序。所以，国家通过评价犯罪建立并维持最有利于自身存在和发展的社会秩序。

（二）国家对犯罪进行评价的个性内容

1. 国家对犯罪的评价受国家性质和政权组织形式的影响

国家评价犯罪总是为了自身的存在和发展，而国家性质和政权的组织形式总是直接或间接地、或多或少地影响着一个国家政治和经济的利益要求，当然也

---

① 参见〔法〕卢梭：《社会契约论》，何兆武译，商务印书馆1980年版，第22—24页。
② 〔德〕威廉·冯·洪堡：《论国家的作用》，林荣远、冯兴元译，中国社会科学出版社1998年版，第60页。
③ 参见〔德〕威廉·冯·洪堡：《论国家的作用》，林荣远、冯兴元译，中国社会科学出版社1998年版，第143页。应当指出，洪堡作为自由主义者，他认为人在国家中处于中心位置，他理想的国家就是自由主义的"守夜人"的国家，他完全否认国家的独立的利益。这一点如果说对反对封建专制还有积极的意义，那么意义也仅限于此，因为它不仅与现实不符，在社会发展中也难以实现。公民的安全不会是国家评价犯罪的唯一标准，任何一个国家都会有自己独立的利益，国家也会将侵犯这些利益的行为首先评价为犯罪，如政治犯罪。

就不可避免地影响到国家评价犯罪的"目光"。不同性质的国家对犯罪的评价也会有所不同。例如,在奴隶制社会中,奴隶主杀死奴隶的行为一般不会被评价为犯罪,奴隶的反抗却往往被评价为犯罪;而到了标榜自由、民主、平等的资本主义社会,故意杀人的行为一般都要被评价为犯罪,自由、安全、反抗压迫则是公民的基本人权。

政权的组织形式,也就是政体,是指特定的国家采取何种原则和方式去组织政权机关。政权组织原则的不同会直接影响到国家政权利益的表达方式,从而影响到国家对犯罪的评价。

2. 国家对犯罪的评价受该国经济制度和经济发展水平的影响

一个国家的经济制度与国家的利益息息相关,国家总是要通过评价犯罪推行有利于自身利益的经济制度,巩固自身统治的物质基础,经济制度的不同也就会导致国家对犯罪评价的差异。例如,我国计划经济时代曾将长途贩运等行为评价为投机倒把罪,而在市场经济条件下,这种行为却是国家大力提倡的搞活经济的行为。

国家评价还受到经济发展水平的影响,经济发展水平的高低会影响到国家评价犯罪时的容忍度。例如,我国刑事司法中,盗窃罪的构成数额在不断地提高,就是因为随着我国经济的发展,我国容忍了低数额的盗窃行为,也就不再将这些行为评价为犯罪。现在,我国各个省市几乎都有自己本地区的盗窃罪的构成数额,这也是因为各个省市的经济发展水平不同,导致各个省市对盗窃罪的容忍度不同。

3. 国家评价受到社会对犯罪的评价的影响

如前文所述,国家在评价犯罪时必须要得到社会的道德伦理支持。但是在不同的社会中,国家要适应不同的道德伦理要求,因而对犯罪的评价亦会有所不同。纵观所有的犯罪,就社会道德伦理对国家评价的影响这一点而言,社会风化犯罪无疑是最敏感的。如法国在1986年修改了刑法,将亵渎圣物罪、通奸罪、妨碍公共风化罪、行乞罪、流浪罪、堕胎罪等等不再评价为犯罪。[①]

社会的伦理道德最终还是要通过社会的评价才能体现出来。国家对犯罪的评价要受到社会伦理道德的影响,其实就是受到社会对犯罪的评价的影响。社会的伦理道德变化首先要通过社会对犯罪的评价体现出来,其次再由社会的评价去影响国家的评价,可见,与国家评价相比,社会评价是更基础性的。社会的各种评价都能对国家的评价产生或大或小的影响,而其中起决定作用的是社会主流的价值观。

---

① 参见冯亚东:《理性主义与刑法模式》,中国政法大学出版社1999年版,第12页。

4. 国家评价犯罪受政权组成人员的影响

无论是在宏观上国家通过立法将一类行为评价为犯罪的过程中，还是在微观上通过司法活动将一个具体行为评价为犯罪的过程中，国家政权组成人员都发挥着不可忽视的作用，国家在评价犯罪上难免要受到国家组成机构和人员的利益观、价值观的影响。如在立法上，美国麻醉品管理局的官员们为了提高自己的社会地位和权力，发动了大规模的宣传活动，竭力把服用大麻与暴力犯罪联系起来。在司法上，这种影响表现得就更为明显了，作为一种职业的司法活动，犯罪的存在实际上是司法官员生存的条件，这在某种程度上会导致司法官员通过评价犯罪故意营造犯罪严重的气氛，以求增加社会的投入。而且，司法过程中司法官员个人的影响就更大了，如腐败的司法官员也许会因为受贿对某个犯罪行为作出违反刑事法律的评价。

5. 国家评价犯罪受人类认识能力的影响

一些行为是因为人类在提高了认识能力之后，才将其评价为犯罪的。如滥伐树木的行为，在古代没有将这类行为评价为犯罪，是因为没有认识到这种行为与环境恶化之间的关系。现代社会，人类认识到这一点之后，就将这类行为评价为犯罪。所以，由于每个国家科学技术发展水平的不同，导致认识能力的参差不齐，从而对部分犯罪作出迥然不同的评价。

(三) 国家对犯罪进行评价的特点

1. 国家评价犯罪有严格的程序

因为国家的评价对构建社会秩序发挥着巨大的作用，并且总是与刑罚后果相联系，关系着行为人的自由和生死，因此，国家的评价必须要有严格的程序。在宏观上，国家评价某类行为依照严格的立法程序制定刑事法律。在微观上，刑事司法机关评价具体的行为，也要遵守严格的刑事诉讼程序。在现代民主社会中，对诉讼程序提出了更高的要求，程序不仅要求严格，而且还要有充分的民主性、公正性。

2. 国家对犯罪的评价具有权威性

国家的评价由专门的国家机关来进行，所以是正式的、权威的。国家在评价犯罪上严格的程序本身就是权威性的一个保障，国家又通过刑罚强制推行这种评价，进一步强化了评价的权威性。所以说，在对犯罪的评价中，国家的评价最具有权威性。

3. 国家的评价具有明确性

因为国家的评价总是与刑罚后果相联系，所以要求国家的评价必须是明确的。国家评价的明确性是对现代刑法的一项基本要求，它充分体现在刑法的基本原则——罪刑法定原则之中。国家对犯罪评价的明确性包括国家评价要具有明确的刑事违法性、有明确的罪名、有明确的犯罪构成和明确的刑罚。

二、社会民众的评价

除了国家之外,社会民众也是一个重要的评价犯罪的主体。社会民众对犯罪的认识体现在关于犯罪的社会意识之中,包括体现在传统文化之中的对犯罪的直观经验性的反映。

(一) 社会对犯罪进行评价的共性内容

社会的评价最终来源于社会成员个体对犯罪的评价,它通过社会舆论、新闻媒体,甚至是大众的口头交流等正式或非正式的形式表达出来。社会对犯罪的评价出于满足以下几点需要:

(1) 社会需要通过评价犯罪维持和加强社会团结。法国著名社会学家迪尔凯姆认为,任何社会的组成都要求社会成员作出一定的牺牲,取得一定的一致。如果没有人们永久的昂贵的牺牲,社会就不可能组成。这些牺牲体现在集体意识要求之中,他们是个人取得社会成员资格的代价,对这种要求的满足是给个别社会成员提供一种集体认同感,这是社会团结的重要来源,但是,更重要的是一些人无法满足集体意识的要求,这些人数量很大,但没有大到包括社会大部分的程度,这就使得大部分满足集体意识的人产生一种优越感,认为自己是良好的,正确的,使自己与那些道德上低劣的、不能满足这些要求的违法犯罪者形成对照。这种优越感、良好感、正确感是社会团结的主要来源。[①]

(2) 社会需要通过评价犯罪明确道德的界限,促进道德的完善。根据迪尔凯姆的观点,人们衡量行为的道德标准往往是含糊不清的,社会并没有提供一个明确的划分,去判断行为是否符合道德规范。而犯罪的存在,使人们心目中确立了道德的界限。特别是国家通过用刑事法律规定犯罪,用刑罚处理犯罪人,更加清楚地确立了道德的最低界限。[②] 诚然,迪尔凯姆的论述是针对国家的评价而言的,但对社会的评价同样适用,因为社会评价对国家评价具有基础性的作用,国家的评价无非是用法律的形式将社会的评价表达出来。

社会通过评价犯罪,在人们心目中明确了罪恶的典型,刺激着人们的罪恶意识,这对道德完善具有不可低估的作用。

(3) 社会需要通过评价犯罪维护全社会共同的利益。尽管社会成员的利益纷繁复杂,却也有许多共同之处。人的利益源于人的需要,根据马斯洛的研究,人的需要可分为安全、归属、爱、尊重、自我实现等几个由低到高的层次,当低层次的需要满足后,人才会产生更高层次的需要。就全体社会成员来说,尽管需要的层次有所不同,但最低层次的安全需要是他们一致追求的。所以,我们可以得

---

① 参见吴宗宪:《西方犯罪学》,警官教育出版社 1997 年版,第 160 页。
② 参见同上。

出这样的结论:对安全的需要是全社会的共同利益。在评价侵犯社会公共安全的行为上,社会表现出很大的一致性,每个社会都需要将侵犯社会公共安全的行为评价为犯罪以维护全社会的共同利益。这类犯罪大都属于加罗法洛所谓的"自然犯罪"行列,正是社会对这类行为评价的一致性,才产生了不同国家评价的一致性,这类行为才会"被所有文明国家都毫不困难地确定为犯罪并用刑罚加以镇压"。

(二) 社会对犯罪进行评价的个性内容

社会对犯罪的评价更具有个性,不同形态的社会对同样行为的评价可能差异极大,甚至截然相反。在同一个社会中,不同的阶级、不同的阶层、不同的党派、不同的民族等对同一行为的评价也可能有差异,甚至是激烈冲突的,表现出相当程度的混乱,这种局面是由以下几种因素决定的:

(1) 社会对犯罪的评价依据的道德标准不同。在不同形态的社会中,道德标准肯定不是完全相同的,提出"自然犯罪"的加罗法洛也承认各个社会中的道德具有形式上的差别。而社会评价犯罪依据的主要标准就是道德标准,不同社会道德的差异当然会直接导致不同的社会对犯罪作出不同的评价。

在同一个社会中,由于社会成员利益要求的多样化,也很难存在单一的道德标准,价值观的多元化在每个社会都不同程度的存在,现代自由社会更是多种价值观并存并且互相激烈地碰撞。而拥有相同或者相近的理想和利益的社会成员自然结成一个社会群体,在对人的行为的社会评价上,这种特定的群体能够表现出相当的一致性。但每个社会群体都在努力表达用自己的群体价值标准对犯罪作出的评价,以影响国家的评价,并努力使自己的群体价值标准上升为国家评价犯罪的价值标准。于是,各个社会群体之间呈现出互相竞争的状态,社会对犯罪的评价也呈现出百家争鸣的局面。

不过,在任何一个社会中,社会成员的大多数一般会产生共同或相近的利益要求,积淀成共同的价值标准,结成在价值观念上占主导地位的社会群体,我们将其称为主文化群体,其他的社会群体则被称为亚文化群体。国家在评价犯罪时依据的往往是社会主文化群体的价值标准,亚文化群体的社会成员虽然是从事自己认为是正当的行为,却往往难以避免被社会主文化群体和国家评价为犯罪的后果。

(2) 社会评价犯罪受到社会成员利益的影响。利益对社会评价犯罪的影响是更深层的,因为任何一个社会群体的价值标准无非都是基于成员需要和利益而形成的。每个社会群体努力提高自己的价值标准的影响力无非也是为了维护自己的利益。

一个行为侵犯了某些人的利益,就会引起这些人的憎恨。但是,当一个被社会主文化群体或国家评价为犯罪的行为能满足特定人的利益和需要时,这些人就会对其表现出无比的宽容甚至是认同。这样的例子是很多的,例如,在走私严重的地区,群众和当地政府部门都得到了一定的利益,因而部分群众甚至是某些政府部门都对当地的走私犯罪持宽容态度。还有,使用盗版的知识产品也给许多人带来了巨大的实惠,因而他们在心理上对侵犯知识产权的犯罪行为也是认同的。因为对犯罪的评价受到利益的影响,而社会中的利益要求又是复杂的,所以,社会对犯罪的评价也具有复杂性的特点,对相同的行为可能会作出不同的甚至是完全相反的评价。

(3) 社会对犯罪的评价受到国家评价的影响。如前文所述,犯罪的社会评价对国家的评价具有基础性的作用,但是,国家的评价对社会评价的影响作用也是不容忽视的。毕竟国家的评价是最具有权威性的,国家的评价总能对本国各个社会群体的价值标准产生影响,而且,国家对某一社会群体的价值标准的选择会改善这个群体的社会地位。在国家政权的更迭时期,往往会出现这种情况,原来在社会中处于亚文化群体地位的社会群体,因政权的改变而成为社会的主文化群体。既然国家的评价对社会的评价有不容忽视的影响作用,那么对犯罪的社会评价就会因为国家性质的不同而有所改变。

(三) 社会对犯罪进行评价的特点

与国家评价相比,社会对犯罪的评价有以下特点:

(1) 社会对犯罪的评价没有任何程序。对犯罪的社会评价往往只是社会成员对犯罪评价的一种表达,没有一个专门的评价机关,并且带有很大的随意性,也就没有程序性要求。

(2) 对犯罪的社会评价没有权威性。社会的评价与刑罚的后果没有必然联系,也就没有强制性,而且还会受到其他社会群体的怀疑,所以,这种评价与国家评价相比没有权威性。

(3) 对犯罪的社会评价具有模糊性。社会评价犯罪时,往往从被评价的行为危害到自身利益出发,带有过多的情感因素,评价的结果也显得宽泛、多变,缺乏国家评价的明确性。

(四) 小结:国家评价与社会评价之间的互动

作为统治机构的国家与构成统治对象的社会之间存在着相互制衡的关系,国家通过怀柔和镇压的手段介入社会,社会一方面为国家浸透,另一方面对国家的介入具有退避、抗议和忠诚的选择值。[①] 国家评价与社会评价的相互影响与

[①] 退避指社会对国家的介入抱否定态度,同时在社会向国家反馈的可能性方面也持否定态度。抗议指社会抗议和反对国家的介入,要求改变国家的介入,社会能够对于国家的压迫、剥夺或放置表达不满。国家越是权威主义的强行勒索,社会中就越会蔓延这样一种现象——表面忠诚而实际人心背离。忠诚指社会至少在当时接受国家的介入,在压迫严厉的体制下,至少表面忠诚是几乎所有人的唯一选择值。参见〔日〕猪口孝:《国家与社会》,高增杰译,经济日报出版社 1989 年版,第 19、92—99 页。

政治体制也不无相关,在专制体制下,国家是社会的绝对代表,社会绝对服从国家的专制统治,国家评价也对社会评价具有主宰作用,而社会评价对国家评价却只有微弱的影响。

资产阶级启蒙运动以来,"社会"的地位被资产阶级思想家发现并日益得到重视,社会本体论得以逐步确立,社会评价对国家评价的影响也逐渐增大,而国家评价对社会评价的影响相对减弱。至近现代实现宪政的国家,国家与市民社会分离形成二元制社会结构,市民社会自治程度提高,社会私权利扩张,并通过种种途径限制国家公权力的滥用和扩张,要求国家权力服务于市民社会,而维护和保障其自由权利,现代意义的"法治"在此基础上才得到实现。① 相应地,社会评价对国家评价的影响也一再增强,两者之间的互动日益明显。应该指出,马克思主义同样主张社会对于国家的优位,马克思在《法兰西内战》、恩格斯在《家庭、私有制和国家的起源》、列宁在《国家与革命》中都表达了国家应服务于社会并历史地消亡而实现社会自治的思想。所以社会评价对国家评价影响力的增强体现了社会发展的方向,只有在民主的体制下,国家评价与社会评价才能实现较为良性的互动,本书也主要限于在现代民主体制之下探讨两者之间的互动。

1. 国家的立法评价与社会评价的互动

国家通过刑事立法以法律形式确定犯罪和刑罚的标准,表达出国家对各类行为罪与非罪的评价和对各类犯罪否定程度上的评价,并将这种评价体现为人人必须遵守刑法规范,在强制力的保障下,国家评价对社会评价发挥着巨大影响,这一点在前文已经具体分析过。

在刑事立法过程中,最终选择将哪些行为评价为犯罪以及给予这些行为多大程度的否定评价其实是国家和社会多种力量相互博弈的一个结果。国家作为一个实体,其各个机关和当权派会试图左右立法机关作出符合自身利益的评价,而社会的评价也要汇集成不同的声音以各种方式努力地去影响立法者的目光,一般说来,社会评价对立法评价的影响力度要取决于一个国家的民主程度。所以,社会评价最终总能不同程度地转化为国家的立法评价,国家的立法评价在不同程度上也是社会评价的法律化、定型化和规范化。

2. 国家的司法评价与社会评价的互动

国家的立法评价能否在被应用、贯彻、执行等一系列活动中得到延伸,最终还有赖于一个从立法到司法的刑事活动过程,通过司法机关对个案的评价来对社会评价产生具体的、现实的影响。

国家的司法评价不仅仅是在具体的个案中落实国家的立法评价,立法评价

---

① 参见马长山:《西方法治产生的深层历史根源、当代挑战及启示——对国家与市民社会关系视角的重新审视》,载《法律科学——西北政法学院学报》2001年第6期。

有赖于实际操作的司法人员根据其对立法评价的理解和对待裁判行为的认识进行裁判,司法机关甚至司法人员对犯罪的评价所产生的影响也不容忽视。立法评价只有通过解释才能在具体的案件中得到贯彻,司法机关和司法官员在适用法律的过程中,会根据自己对犯罪的评价解释和适用法律。司法评价最终也能影响到立法评价,这其实是司法评价与立法评价之间的互动。

司法机关和司法人员对犯罪的评价不可避免地要受到社会评价的影响,如在裁判一个案件时定罪与量刑都要考虑社会的反应如民愤等,所以,在司法活动中,社会评价也会以正式的方式如申诉、上访等或非正式的方式如媒体评论等对司法评价产生影响,并通过影响司法评价影响国家的立法评价。

社会评价的反作用还可以通过一种方式表现出来,当国家评价与社会评价严重抵触时会遭到社会的顽强抵抗,立法评价(法律)得不到社会成员的自觉遵守,司法评价(判决)的执行困难重重,国家评价失去权威性。其结果是要么国家在一定程度上改变其评价以迎合社会,要么就被颠覆。

三、对上述评价的反思

(一)认为犯罪是一种恶仅仅是评价的一种结果

多数人认为犯罪是一种恶,是因为犯罪行为具有社会危害性,"社会危害性的基本意义在于危害了社会的利益。就这一含义来看,它只是一定的社会利益集团对妨害自己生存秩序的行为的一种感受和评价;……社会危害性以行为的存在为前提,……但却并不意味着可以是孤立的行为本身包含的现实;它只是反映着与行为主体相对立的社会主体的客观利益现实。行为是否危害社会、行为的诸多属性中哪一点或哪一方面危害了社会,是由具体的、现实的社会利益所决定的。"①我们之所以认为犯罪行为具有社会危害性,仅仅只是相对于人类社会的存在而言的,是人们对犯罪行为的自然属性与自己的利益之间所形成的一定价值关系的评价。② 例如,人类对动物的猎杀行为,历史上很少将这种行为评价为具有社会危害性,但是到了现代,大多数国家都认为猎杀野生动物行为具有社会危害性,而将这种行为评价为是一种恶——犯罪。原因很简单,古代由于野生动物资源丰富,而人类的捕猎能力有限,因此那时人类的捕猎行为远远不会造成野生动物的灭绝而危及人类自身的利益。现代科技则使人类捕猎能力迅速提高,造成野生动物的迅速减少甚至灭绝,危及到了人类的生存利益,因此才认为这种行为具有社会危害性。

评价主体选择将哪些行为评价为犯罪的出发点是自己的利益,评价主体在

---

① 冯亚东:《理性主义与刑法模式》,中国政法大学出版社1999年版,第12页。
② 参见同上书,第15页。

评价犯罪时对犯罪的否定程度依据的也是犯罪对自己利益的侵害程度。对同一个行为,不同的国家和不同的社会可能作出不同的评价,国家和社会对犯罪的评价,就这样一直处于一种不断变化的复杂状态之中。但是,被评价的行为没有变化,变化的只是评价主体的利益要求和价值标准,在评价不断变化的运动过程中,被评价的行为是相对静止的,而评价则是在运动着的,可见犯罪是在与评价主体的利益关系中存在和变动。① 从这个角度出发,我们与其说犯罪是以社会危害性为本质特征的行为,不如说是犯罪这个概念表达了评价主体与被评价的行为之间的利益对立关系。

我们可以将对立的观点大致这样归纳:犯罪作为一种客观存在的社会现象,与其他社会现象相比,特殊的本质是社会危害性,其本性就是一种给社会制造痛苦的恶,否则,为什么在人类历史上有那么多行为始终、普遍地被认为犯罪?可以说,是其行为的属性决定了人们对它的评价。

应当承认,被评价为犯罪的一类行为,其存在都会侵犯到某些社会主体的利益,对某些社会主体利益的侵犯性可以说是这类行为的特殊本质,这类行为也因此进入了评价主体的视野。对于利益被侵犯的评价主体而言,无疑会对这种侵犯性作出"危害性"的价值判断,进而将其评价为一种"恶"。但是,能否将部分评价主体所作出的这种"危害性"的评价推而广之称为"社会危害性",却是一个值得我们怀疑的问题。社会危害性是指对社会秩序和社会关系具有破坏作用的行为对社会造成损害的事实特征,对部分评价主体的利益具有危害性的行为却未必对其他大多数评价主体同样具有危害性,甚至有时这种"危害"对其他大多数评价主体甚至整个社会的存在和发展是一种有益的行为。所以,对这种侵犯性行为的评价因为评价者利益的不同无时不处在冲突和变化之中,并非所有的侵犯性行为都会被评价为犯罪,被评价为犯罪的行为也并非都具有所谓的社会危害性。

笔者亦不否认的确存在那么一部分行为始终、普遍地被评价为犯罪,这是因为人类作为社会动物,只有在群体中才能产生和生存,所有的评价主体包括国家和社会都是赖以社会而存在的。群体的存在必然要具有最基本的秩序,否则群体就存在解体的危险而最终威胁每个个体的生存。评价主体的群体生存方式决定了对最基本秩序的保护成为评价主体的共同的基本利益,侵犯这种最基本利益的行为当然会遭到普遍的谴责,评价主体在主观上会作出"社会危害性"的价

---

① 这就是储槐植教授主张的关系犯罪观。储槐植教授认为,犯罪本质(利益损害)与犯罪原因(利益冲突)统一在"利益"上,利益是一种关系。从本体层面上阐述关系犯罪观,说明犯罪在"关系"中存在和变动,犯罪的原因和本质统一在"关系"中。操作层面上关系犯罪观由犯罪的内部关系和犯罪的外部关系组成。参见储槐植:《刑事一体化与关系刑法论》,北京大学出版社 1997 年版,第 115—129 页。根据储槐植教授的观点,犯罪与评价之间的关系应该属于犯罪的外部关系。

值判断,并且将其评价为犯罪。但是笔者同时也敢断言,无论是罪与非罪的评价还是对某种具体犯罪的否定程度评价,没有一种犯罪评价无时不处于冲突和变化之中,以故意杀人罪为例,尽管故意杀人的行为被普遍评价为犯罪,但是同时奴隶主杀死奴隶的行为却被奴隶制国家所认可,欧洲中世纪决斗场的杀人却被视为一种荣耀,而历史上对故意杀人罪惩罚程度的不断变化则表现出评价主体对其否定程度的不断变化。行为的存在始终是客观的,评价中这种无所不在的冲突和变化至少也可以说明"社会危害性"或"恶"不是这类行为固有的属性,而仅仅是在评价中存在。

所以,我们可以这样说,被评价为犯罪的行为在本质上是客观存在的、自然的行为,是没有是否具有社会危害性之分的。人们称犯罪的本质特征是社会危害性,是人们将这种客观的、自然的行为所产生的作用同自己的利益要求联系起来,又以自己一定的价值标准作为参照,对被评价的客体与自己的需要和利益之间所形成的价值关系进行评价的结果。本节以评价主体为出发点去接触犯罪,在一定程度上,这种视角顺应了人类认识犯罪的发展方向,纵观目前在西方最流行的三种犯罪观:一致论犯罪观、冲突论犯罪观和互动论犯罪观,尽管内容不尽相同,却无不是以评价主体为出发点。[①] 由此出发去探求犯罪行为的本质,并尝试着对犯罪的评价进行再评价,揭示因评价主体的利益和价值观的不同而带来的对犯罪评价的差异和局限以及评价对犯罪产生的双面影响,正是笔者所要努力的方向。

社会生活中,人们对事物的认识,总是包括两方面的内容:一方面是事实判断的过程,这是人们认清事物固有的自然属性,探知事物内在的规定性和外在的结构的认识过程;另一方面是价值判断的过程,这是人们认清事物的存在同自己的生存和发展的利害关系,从而对事物进行价值评价的过程。事实判断是价值判断的前提,价值判断是事实判断的目的。[②] 这就是休谟提出的充满着真知灼见的事实——价值二元论,在对犯罪的认识和评价上,又何尝不是如此?至此,我们可以看出:有人认为犯罪是一种恶,犯罪的本质特征是社会危害性,属于人们对犯罪的价值判断。既然犯罪的社会危害性这个价值判断都在不断的变化之

[①] 一致论犯罪观认为犯罪是被所有的社会成员都认为是有害的行为,确立犯罪的定义及刑罚的实体刑法反映了社会主流的价值观、信仰和意见。冲突论犯罪观认为社会是一个由不同群体(有产者、工人、专业人员和学生)组成的集合体,为维护自己的政治权利,不同群体有可能使用法律和刑事司法制度提高其经济和社会地位。犯罪的定义是受财富、权力和地位的控制的而不是由共同的道德观念或对社会分裂的恐惧决定的,是一个为了维护有权者和上层阶级的地位而损害穷人利益的政治概念。互动论犯罪观认为犯罪的定义反映了特定司法区域内拥有社会权力的人们的偏好和意见,这些人可以利用其影响力把自己的是非标准强加给社会其他人。犯罪是被社会宣布为非法的行为,并不是由于它本质上邪恶或不道德而成为犯罪,而是由于社会这样标定它,它才成为犯罪。参见吴宗宪:《西方犯罪学》,法律出版社1999年版,第5—8页。

[②] 参见冯亚东:《理性主义与刑法模式》,中国政法大学出版社1999年版,第19页。

中,那么犯罪就更不是一种固有的、一成不变的恶了。

如果要坚持认为犯罪实质上就是一种绝对的"恶",那么还要有一个前提,就是与犯罪对立的评价主体依据的价值标准是绝对的善、绝对的正义。但是什么是正义？正义有着一张普洛透斯似的脸,变幻无常,随时可能呈现出不同的形状并且具有极不相同的面貌。① 正义(善)尚且如此,那么犯罪就永远是一种绝对的恶吗？

所以,对犯罪的评价浸透着评价主体的利益和价值观,认为犯罪是一种恶仅仅是一种评价的结果,一旦认为犯罪是一种恶的观念在人们头脑中定型并积淀下来,未来生活中在对同一类客体的认识上事实判断和价值判断也就融为一体了。事实本身就意味着一定的价值,而价值也就表现为活生生的事实。② 结果是只要提及犯罪人们就想到了恶,只要提及恶人们就联想到犯罪。由于历史的积淀,犯罪这个名称承载了越来越多的恶的价值评判,"恶"成为了犯罪的当然含义,犯罪成为了人间罪恶的代名词。这对客观的评价犯罪带来了以下消极的影响：如果表明自己是与犯罪势不两立的,就能获得对自己"善"的评价,而这正是一般人所追求的,可见对犯罪的评价本身就能给评价主体带来利益。所以,犯罪的评价主体在评价犯罪时在很大程度上难免倾向绝对化的观点,总是给予犯罪彻底的否定评价,总是力图与犯罪"划清界限",将犯罪排除于文明之外,"把犯罪人的心理品质、行为方式认定为是与常人截然不同的犯罪人特有的心理和行为模式。从而在犯罪人与守法人之间人为地划定一条难以逾越的鸿沟,不承认潜在犯罪人的存在。"③

对犯罪的评价作为社会对犯罪的一种反应与犯罪之间是互动的。犯罪互动理论主要包括以下内容：第一,所谓互动是指包括刑法意义上的犯罪在内的所有越轨行为与社会反应之间的相互作用。第二,互动主要是受社会规律支配的社会行动主体之间的相互作用。第三,互动中更前提性的影响过程是环境与个体之间的刺激反应过程,其次才是人性本身对行为的驱使过程。第四,互动中的犯罪不完全源于恶因,互动中社会对犯罪的反应也不是天然的正义,互动过程和伦理取向不完全相关。第五,互动主要是正常人的思维、需要、价值、方式与社会反应之间的相互作用,其次才是犯罪行为模式与社会的否定评价之间的互动。④ 根据互动理论,我们不仅要关注犯罪对国家和社会的评价的影响,还应该关注国家和社会的评价对犯罪的影响。

---

① 参见[美]E.博登海默著：《法理学：法律哲学与法律方法》,邓正来译,中国政法大学出版社1999年版,第252页。
② 参见冯亚东：《理性主义与刑法模式》,中国政法大学出版社1999年版,第23页。
③ 皮艺军：《论犯罪学研究中的"价值无涉"原则》,载《政法论坛》1993年第3期。
④ 参见白建军：《控制社会控制》,载陈兴良主编：《法治的使命》,法律出版社2001年版,第104页。

从积极方面看,评价本身对犯罪而言就是一种控制,因为无论是国家还是社会公众,对犯罪的评价都是否定的和谴责的,即使是犯罪者本人在实施犯罪行为时也往往带有一种罪恶感,这种罪恶感是控制犯罪的重要情感因素。另一方面,我们更应该看到国家和社会的评价所带来的消极后果。

(二) 对国家评价的反思

第一,国家在评价犯罪中获得正当性和合法性基础,容易导致一个国家刑事政策上的泛刑主义和重刑主义。因为既然评价犯罪可以获得民众的拥护,国家会尽可能地将所有的社会民众评价为犯罪的行为全部评价为犯罪,以获得社会的道德伦理支持,这就会导致泛刑主义。国家评价犯罪的否定程度是通过刑罚表现出来的,对犯罪的惩罚越严厉似乎就越能表明国家与犯罪"势不两立"的态度之坚决和"为民除害"的愿望之强烈,再加上对刑罚威慑力的迷信,就自然而然地将一个国家的刑事政策引向了重刑主义。特别是在犯罪率上升,社会治安形势恶化的时候,"面对公众和决策者的指责,立法机关和司法机关本能的反应就是加重刑罚"①。

第二,国家对犯罪的评价具有滞后性而可能成为历史发展的绊脚石。如政治犯罪是一个国家首先要评价为犯罪而且否定程度最高的行为,但是,政治犯罪却未必具有社会危害性,对这类行为的评价恐怕是国家评价本身永远难以愈合的创伤。

第三,国家对犯罪的评价可能会刺激某些犯罪的发生。国家在将一类行为评价为犯罪时,会增加实施这类行为的危险性,提高这类行为的机会成本,同时也提高了这类犯罪行为的价格,给实施这类行为者带来更为丰厚的利益,这反而刺激了这类犯罪行为的发生。从这个意义上讲,国家对犯罪的不当评价可能会为胆大敢为的犯罪人指明犯罪的方向。

(三) 对社会评价的反思

第一,社会评价的混乱状况会使社会成员无所适从并导致犯罪的多发。如前文所述,社会评价犯罪的价值标准是在不断地发展变化的,即使在同一个社会形态中,每个社会群体也都会依据自己群体的价值标准去评价犯罪,特别是在价值多元化的今天,更不存在一个全社会普遍奉行的价值标准,这就使得社会对犯罪的评价也是复杂多变的,社会评价的多变性和多样性造成了社会评价混乱的局面。其结果是,在社会变迁时随着社会的价值标准发生变化,社会成员会无所适从,进而导致犯罪的发生。在同一个社会中,即使社会成员遵守一个文化群体的行为规范,也可能会被主流的文化群体评价为犯罪,"亚文化"理论就是从这个角度解释犯罪原因的。

---

① 梁根林:《合理地组织对犯罪的反应》,载同上书,第136页。

第二,社会对犯罪的评价本身同样可以刺激和诱发犯罪。"标签论"者认为,社会给某些确有一定越轨行为的人贴上"越轨者"的标签,反而刺激和促进了"初级越轨者"向"次级越轨者"的恶性转化,导致犯罪行为的不断增多。笔者认为"标签论"可以解释一部分人走向犯罪的原因,社会评价在有些时候的确会刺激犯罪的发生。①

如前面所述,当犯罪能满足部分人的某种需要的时候,他们对犯罪的评价往往是宽容甚至是认同的,这种评价更能刺激犯罪的发生。例如,在许多情况下,通过非法渠道、非法手段比合法方式要有效、快捷得多,消费者也常常因需要的满足而忽略消费行为的法律和道德性质,对犯罪所提供的非法商品和服务予以认可和接受甚至是追寻,他们的这种行为是对"犯罪市场"最强有力的支持和激励。②还有,人们对公务人员的腐败行为可能会恨得咬牙切齿,但是当腐败的筵席上有自己的一双筷子的时候,人们对腐败行为却表现出莫大的宽容,这种宽容的态度恰恰是诱发职务犯罪的心理基础。

四、结论

被评价为犯罪的行为在本质上是客观存在的、自然的行为,是无所谓善、恶的。从犯罪产生的心理动力来看,如前文所述,国家与社会民众的犯罪评价都会在一定程度上刺激犯罪的发生,也就是说,我们每个人的行为都或多或少地与犯罪之间有着某种联系,每个人对满足自己需要的追求(欲望),都在一定程度上对犯罪的发生负责,而欲望同时又是社会文明发展的动力,社会文明在本质上也并不完全排斥犯罪,即使旨在教育子民的文化本身,也可能包含着与犯罪同质的因素。③"理性化地、科学地看待犯罪,会发现它是一种与文明相伴的社会现象,一种与人性共生的类似动物性的行为。"④因为"人的欲望与物质文明是水涨船高的关系,欲望永远超前于现存的文明程度,一旦这个规律被打破,人的欲求受到空前的压制而萎缩,这个社会的文明也必然会出现相应的停滞和萎缩"⑤。所以,欲望在推动社会文明发展的同时也不可避免地催生了犯罪。犯罪从行为上是无法消灭的,我们不得不容忍犯罪的存在,并在一定程度上加以控制。

---

① 笔者对"标签论"的研究结论并不完全赞成,因为其结论并不具有一般性,即标签论无法解释为什么很多被标签为"越轨者"的人却没有走上犯罪道路的问题。参见刘广三、徐永芹:《"标签论"述评》,载《江苏公安专科学校学报》2000 年第 6 期。
② 参见皮艺军:《再论犯罪市场》,载《政法论坛》1998 年第 3 期。
③ 参见白建军:《控制社会控制》,载陈兴良主编:《法治的使命》,法律出版社 2001 年版,第 106 页。
④ 皮艺军:《犯罪学研究论要》,中国政法大学出版社 2001 年版,第 54 页。
⑤ 同上书,第 19 页。

第二编　实然刑事政策

第八章　实然宏观刑事政策
第九章　实然微观刑事政策

第八章　实然宏观刑事政策

宏观刑事政策是最具中国特色的刑事政策,它既不同于西方的刑事政策观念,也不同于我国传统意义上的刑事政策。它不同于西方刑事政策之处在于它依然有明显的政党、政府的政策在刑事领域中体现的痕迹,如"宽严相济"的刑事政策;它不同于中国传统意义上的刑事政策之处就在于它在一定程度上已将这种政策法律化,如"严打",这一刑事政策出台后,全国人大常委会随即颁布《关于严惩严重危害社会治安的犯罪分子的决定》《关于迅速审判严重危害社会治安的犯罪分子的程序的决定》。自新中国成立以来,宏观上的刑事政策已有很多,我们在此仅选择三个宏观刑事政策进行分析。

第一节　评析"严打"

"严打"究其性质而言属于宏观的刑事政策范畴,它是国家面对愈演愈烈的犯罪现象和犯罪人作出的积极的反应,它要达到的目的是解决犯罪问题,从而在客观上预防犯罪、控制犯罪、减少犯罪甚至消灭犯罪,至于是否能够实现这一美好理想则另当别论。

"严打"作为我国一项刑事政策自1983年实施以来,尽管至今在司法实践中仍被执行着,一大堆让人眼花缭乱的数字在时刻说明着"严打"取得的辉煌战果,理论界还是在不断地反思,"严打"到底是利大还是弊大?是暂时还是永远?是理性的体现还是感情的冲动?人们在不停地询问,不停地思索。

一、"严打"刑事政策的背后

作为一项刑事政策,"严打"的提出有着深刻的历史背景。刑事政策的背后有着深厚的文化底蕴与精神状态。每一现象的背后都是如此,不是某个人的表面的行为。

人类的理性达到何种程度才能游刃有余地制定刑事政策、执行刑事政策,而不是不停地更换刑事政策。社会的进化在理性主义的框架内进行,到底是"幼稚的理性主义"还是"批判的理性主义"在起着至关重要的作用。① 前者认为,人生

---

① 参见〔英〕哈耶克著:《法律、立法与自由》,邓正来译,中国大百科全书出版社2000年版,第1—7、32—35页。

而具有智识和道德的禀赋,认为个人理性至上,能使人审慎思考而构筑文明,因此所有的社会制度都是而且应当是审慎思考设计的产物。后者则相反,认为人的理性是有限的,无论是在理解自身运作的能力上还是在认识社会生活的作用方面,因而构筑文明是不可能的,文明只能经由不断试错、日益积累而艰难获致。在人类的发展史上,还是"批判的理性主义"占主导地位。以刑罚的脉络为例,由最初的报复刑到威慑刑、报应刑、教育刑、折衷刑①,以及至今风靡欧美的"新社会防卫论"②、"恢复性司法"③,人们会理性地选择适合自己的各种制度。可是人类的理性发展是极其有限的,而且在这有限的过程中,人类在判断自己理性能力方面还不断出现幻觉,对问题的认识存在着偏差,从而走向理性的反面。初衷也许是善良或高尚的,而结果却是相反。

"严打"是历史阶段的产物,"严打"的出现有其坚实的现实基础,面对我国转型时期严峻的犯罪形势,执政者不可能无动于衷,他们最直接的反应就是严厉打击刑事犯罪,以求立竿见影。在我国,一般人所理解的刑事政策一直是我们党同敌对阶级和各种犯罪作斗争的长期历史经验的总结,是治国的重要手段,"严打"就成为执政者扭转社会治安状况的首选,而这一严厉打击刑事犯罪的做法及结果恰恰符合民众朴实的报应情感、报应观念,民心所向是"严打"刑事政策得以存在的重要原因。

无论我们对"严打"采取什么样的态度,都不容否认它是人类理性发展到这一阶段出现的,它不以人的意志为转移。任何一项刑事政策所带来的效果无论好与坏、对与错都是人类社会发展过程中所要付出的代价,关键是要我们作出及时的反应,充分发挥人的主观能动性,尽快返回到正确的理性轨道上来,探寻有效而合理的方案,以推进国家和社会整体反犯罪战略的科学化和法治化。

二、关于"严打"的争议观点概览

我国第一次"严打"时间为1983年8月至1987年1月底;第二次"严打"始于1996年4月;第三次"严打"开始于2001年4月,为期两年。

人们对每一事物的看法见仁见智,我们还是按照学界通行的归纳方法,将1983年以来人们对"严打"的认识分为三种:

1. 肯定说

肯定说认为"严打"是必要和及时的,理由如下:

(1) 客观形势的需要。面对严峻的社会治安状况,国家不可能无动于衷,

---

① 参见邱兴隆:《刑罚理性评论》,中国政法大学出版社1999年版。在该书中,作者将人类的刑罚史划分为五个阶段,即报复刑、威慑刑、报应刑、功利刑(教育刑)、折衷刑。
② 该理论由法国学者安塞尔提出。
③ 参见李卫红:《犯罪被害人经济救济》,载《当代法学》2007年第3期。

"乱世用重典"已成为我们民族的法律文化,被潜移默化地沿袭下来,一到"乱世"我们就应当用重典治理国家。

(2) 民众的需要。"严打"的短期效应是不容忽视的,在"严打"期间,犯罪分子的嚣张气焰被打掉,他们将犯罪行为暂时收敛起来,犯罪率有所下降,公众具有安全感,大家可以安居乐业。

(3) 政权的需要。面对公众安全感的缺乏,政府不可能置之不理,否则公众就会对政权产生信仰危机,就会动摇统治根基。因此,人民民主专政的政权自然也就选择了"严打",以满足公众对政权的功能需求,政权自身的正当性于是也得到了论证。

2. 否定说

否定说否定"严打"的理由如下:

"严打"不能从根本上控制犯罪。有学者论证,"严打"无助于社会治安的根本好转,否则也不至于一打再打。"严打"的局限性是相当明显的。第一,"严打"不经济。第二,"严打"给惩治犯罪的工作增加了更大的难度。第三,严刑峻法可能使犯罪者在对抗秩序的道路上越走越远。第四,"严打"易于导致社会不公。

3. 折衷说

折衷说认为,"严打"有严重的弊端,但也存在着现实的合理性,但需要修正。犯罪原因的多元性导致犯罪预防对策的多样性,"严打"只是一种事后预防手段,它不是最佳预防犯罪手段,而且有可能导致严刑峻法及观念上的认识误区。但受犯罪饱和性影响,"严打"又是控制犯罪的一种不可或缺的手段。作为不可或缺手段的"严打"必须修正,修正后的"严打"指的是:当犯罪率已达最高犯罪率水平(超过公众、政府的容忍度),政府在法治范围内,最大限度地调动司法资源,把犯罪率压到最高犯罪率水平线以下的刑事政策手段。[①]

上述观点只能说明人们从不同的角度透视"严打",得出不同的看法及结论。其实,我们揭开"严打"的面纱,就会看到它的本来面目。在"严打"实施的过程中,有些做法和我国刑事法律中的若干规定是一致的。

三、"严打"与刑事法律中若干规定的一致性

"严打"的含义就是依法从重、从快严厉打击刑事犯罪。纵观历次"严打",提出的口号都是相同的,尽管实际中的操作略有不同。最后一次"严打"与以往的最大不同就是在强调一切依法进行的同时,将依法进行真正地落到实处。这可以说是"严打"本身的进步。中央部署"严打"整治时就明确指出:"要在法律规定

---

① 参见汪明亮著:《"严打"的理性评价》,北京大学出版社 2004 年版,第 102、196—205 页。

的量刑幅度内从重,在法定期限内从快进行打击"[①],强调依法和从重从快是不可分割的整体;依法是"严打"斗争取得良好社会效果的保障。为此,中央还专门确立了"两个基本"的办案原则,即"事实基本清楚,证据基本充分"。实际上,就是有了足以认定案件性质的事实及证据,防止出现冤、假、错案,每一起案件都经得起时间的检验,使犯罪者心服口服。所有这些方针与做法,都是与刑事法中的基本原则相一致的。

1. "严打"与惩办和宽大相结合的刑事政策

"严打"就是在贯彻惩办与宽大相结合的刑事政策。惩办无疑是在"严打"的范畴之内,宽大政策也一直贯穿于整个"严打"过程中。在"严打"整治初期,宽大的政策就被多次强调。如1985年4月3日最高人民法院工作报告提出:"对具有自首或检举揭发、确有立功表现等从宽情节时,依法从宽处理,务必政策兑现。对判决生效以后,罪犯在检举揭发其他犯罪分子的罪刑时,同时交代本人余罪可以不予加刑。主动交代出重罪、罪该处死的,可以不判死刑,检举重要案犯立功的,依法予以减刑,对多年流窜作案的要犯,只要自动归案或其家属、亲友动员归案,均可依法从宽处理。"这一规定很显然充分体现了惩办和宽大相结合的刑事政策。2001年的"严打",全国各地的做法略有不同,但主流还是基本上贯彻这一方针政策。以上海为例,上海市高级人民法院等机关先后通过了《关于处理自首和立功具体应用法律若干问题的意见》和《关于严打整治期间对在押、收容人员兑现宽严政策的通告》,对刑法概括性的规定加以量化,以保护犯罪人的合法权利。

"严打"过程中体现的宽大政策具有一定的特征,随着立法的不断完善,从过去的政策性内容逐渐演化为刑法条文的构成部分,如立功,作为一项量刑宽大的制度成为刑法中的重要组成部分。而在最初的"严打"整治中,包括立功在内的宽大政策具有较强的随意性,不能做到完全的公平与公正,刑法的权威性受到质疑,同时也不利于保护犯罪人的合法权利。但随着人们认识的深入,在"严打"期间,也不断地体现宽大的刑事政策。

2. "严打"与罪刑法定原则

"严打"与罪刑法定原则也是相一致的。罪刑法定的含义是:法无明文规定不为罪,法无明文规定不处罚。我国《刑法》第3条体现了罪刑法定原则,从积极与消极两方面界定了罪刑法定的范畴。罪刑法定原则是刑法的灵魂,没有任何政策可以逾越。

1997年修订的《刑法》,可以基本满足当前打击严重危害社会治安犯罪的需要,有些不足的地方,也可以通过司法解释的方式解决。现行《刑法》所设立的刑

---

① 参见中共中央于1983年8月25日作出的《关于严厉打击严重刑事犯罪活动的决定》。

事法网比较严密,至今已设有 469 个罪名,大部分犯罪都有可供选择的刑种与刑度,基本不需要在刑法典之外增设新罪,基本不需要在法定的刑种与刑度之外再提高严重危害社会治安犯罪的刑种与刑度。

纵观几次"严打",人为地法外定罪量刑占所有的刑事案件的比例很少,出现的偏差大多也是过失所致,而非故意所为。

3. "严打"与罪责刑相适应原则

"从重"是严打的内容之一。所谓依法从重,是指在社会治安形势严峻的情况下,对几类严重危害社会治安的犯罪分子在法定刑的幅度内予以从重处罚。那么,社会治安形势严峻能否成为从重处罚犯罪的合法根据呢?

我国《刑法》第 5 条规定了罪责刑相适应原则,其基本含义就是:刑罚的轻重应当与犯罪分子所犯罪行和承担的刑事责任相适应。这是我国刑法的一项基本原则。

因此,对犯罪分子判处刑罚时,其刑罚轻重就必须与犯罪事实、犯罪性质、犯罪情节和对社会的危害程度相适应。在一定的历史时期,犯罪的时间、地点、手段等犯罪情况或者社会治安状况的变化影响着社会危害性的程度,对犯罪分子所处的刑罚也因此而受到影响,"同罪异罚"不可避免。我国《刑法》第 61 条规定:对于犯罪分子决定刑罚的时候,应当根据犯罪的事实、犯罪的性质、情节和对于社会的危害程度,依照本法的有关规定判处。其中,对于社会的危害程度,是指犯罪行为对于社会的危害的大小。作为犯罪的本质特征,犯罪的社会危害程度,决定着犯罪的有无,也决定着犯罪的轻重。因此在对犯罪人进行处罚时,它是最主要的根据。而犯罪的社会危害程度,是由犯罪事实、犯罪性质和犯罪情节决定的。此外,在评价犯罪的社会危害程度时,还要适当考虑国家的政治、经济和社会治安形势。因为国家的政治、经济和社会治安形势,能够影响行为的社会危害性程度,在社会治安形势严峻的情况下,严重危害社会治安的犯罪应当比社会治安正常时期判处相对较重的刑罚,这正是与其所犯罪行和承担的刑事责任相适应的。我国《刑法》第 61 条的规定,就是当前从重处罚严重危害社会治安的犯罪分子的法律依据。

从刑法学的角度看,从重处罚不违背而且符合罪刑相适应原则。从重是在法律所规定的范围之内,是指对那些特定的具有严重社会危害性的行为从重处罚,对应当判处死刑的犯罪分子,必须坚决地判处死刑。这也是罪责刑相适应原则的要求。在司法实践中,要避免两种片面情况的发生:其一,只为从重,而对犯罪分子处以顶格刑罚。如对某一杀人犯罪,依其社会危害性程度和犯罪人刑事责任的大小,判处 10 年有期徒刑就够了,为了从重,却判处最高刑死刑,这与罪刑相适应原则相违背。"严打"中的从重,不是漫无限制地从重处罚,而应当根据该罪刑的社会危害性程度和犯罪人的刑事责任的大小,相应选择从重的刑种和从重的刑度。其二,只为从重,无视犯罪人犯罪后表现好的态度。犯罪人犯罪后表现好的态度是影响犯罪人刑事责任大小从而属于考虑从轻处罚的因素,如果具有这样的态度,在量刑时可以或者应当从轻加以考虑。如果为了从重,对犯罪人表现好的态度视而不见,仍然同样从重,这也不符合罪刑相适应原则,其结果是不利于犯罪分子悔过自新,不利于治安形势的好转。

4. "严打"与程序公正

"从快"是严打的内容之一。从快是指根据刑事诉讼法和有关法律、法规的程序,在法定时间内迅速而及时地办案,及时侦查、及时起诉、及时审判、及时执行,尽快处理结案。我国刑事诉讼法对办案期限有具体的规定,从快就是要在保障案件质量的前提下,在法定期限内尽快办理结案。这也与惩罚犯罪的及时性相符合。对案件的从快办理,一方面有利于及时收集、固定证据,从而及时侦破案件,惩罚犯罪;另一方面,从快对于预防犯罪也有重要的意义。大量事实表明,犯罪人作案后,对其惩处越及时,越能起到震慑的作用。及时惩罚不仅能使犯罪人具体感受到法律的威严,而且能使社会上的不良分子产生一种违法必受惩罚的强大心理压力,从而起到一般预防和特殊预防的作用。同时还可以增强公众的安全感和对公安机关的信任程度。但是从快的幅度不可强求一致,在依法从快的前提下,有的可能快一些,有的可能相对慢一些,这主要是根据案件复杂程度和社会影响的情况而定的。有的案件事实清楚,证据充分,或社会影响更大,其从快的速度就要更大一些;有的案件比较复杂,其从快的速度就要宽一些。而且,办案速度从快的要求对于不同的办案环节和过程,其要求也不太一样。有的环节工作难度小一些,速度相应就快一些,有的环节工作难度大一些,速度从快的要求就应宽一些。

从快与程序公正并不矛盾。犯罪人的人权不仅仅体现在刑法所保护的实体权利,同时还体现在保障实体人权的刑事诉讼程序上,即程序权。公民所享有的程序权在某种意义上说比实体权利更为重要,其实质是保护个人免受国家滥用权力的侵犯。

四、"严打"的历史阶段性

尽管"严打"有和我国的刑事法律规定相一致的地方,但"严打"本身毕竟带来了一系列副作用,主要表现在:

第一,人们寄希望于"严打",却忽视了平时依法打击犯罪,而事实证明"严打"不是万能的。

第二,"严打"极有可能导致严刑峻法。在司法人员素质较低的情况下,可能出现为了"从快"而不择手段、刑讯逼供或是变相的刑讯逼供的现象。重刑主义观念在"从重"的激发下可能会变成每个个案被告人被判重刑的现实。

第三,打击犯罪与保障人权应并重,强调前者有可能忽视后者。"严打"从某一方面更加强化了国家本位价值观,不利于个人利益的保护。

第四,形势需要第一,很难保障司法独立。有些地方在"严打"过程中实行公、检、法联合办案,违背了司法活动的自身规律。

为了克服"严打"的负效应,我国"严打"本身,也是一次比一次更理性,一次比一次更趋向于法治化。随着人类更加理性化、人性化、国际一体化,"严打"这一刑事政策将不再使用。这一时期的到来要伴随下列问题的尽快解决。

1. 理论研究的成熟

(1) 刑事政策的研究。学界对刑事政策下了种种定义,对一些基本问题或是国家出台的刑事政策进行研究,取得了阶段性的成果。笔者认为,刑事政策不过就是对犯罪的反应,是在犯罪出现后所采取的宏观的、战略的措施或是微观的、战术的措施。刑事政策是针对犯罪后的犯罪现象及犯罪人,基于犯罪学上我们对犯罪现象及犯罪人的认识,我们将刑事政策的直接目标只能界定在使犯罪人尽快回归到社会中来。当然,刑事政策的目标也是有层次的,笔者并不否认刑事政策的终极目标,但人们首先要解决刑事政策的直接目标。确定刑事政策的直接目标后,人们就可制定更加切实可行的刑事政策。我国有学者认为,刑事政策是国家或执政党根据犯罪态势对犯罪行为和犯罪人运用刑罚和有关措施以期有效地实现惩罚和预防犯罪目的之方略。从其横向结构而言,包括定罪政策、刑罚政策和处遇政策;从其纵向结构而言,包括基本刑事政策和具体刑事政策。基本刑事政策是指,在较长时期内在犯罪控制全过程中起主导作用的刑事政策,具体刑事政策是指在犯罪控制的某一领域或某一阶段中起作用的刑事政策。"严打"就是一项具体刑事政策。笔者认为,"严打"不是一项具体刑事政策,它属于宏观上的刑事政策,它对所有的刑事犯罪都适用。

刑事政策追求刑罚的社会效果,意在保护社会和保障人权,同时也在一定程度上对刑事立法和刑事司法具有一定的导向和调节作用。刑事政策就是法律,就是对已然犯罪的处理。只有法律化的刑事政策才具有效力,才是真正意义上的刑事政策。正是由于刑事政策的重要性,其制定者更应采取审慎的态度,不能只顾眼前利益,而应以科学的精神、人道的理念制定并贯彻实施。

(2) 刑罚功能的研究。刑罚的功能是极其有限的。千百年来,国家从来没有停止适用刑罚,但是犯罪从来没有因此而减少。究其原因就在于,犯罪是一种极其复杂的社会现象,是社会的诸种病症和犯罪者个人因素综合作用的结果,对由于社会原因所导致的犯罪,就应着手解决社会问题,而不是将所有的责任加于个人身上,让个人承担所有的责任。这也是社会在推卸责任,国家在推卸责任,以至于侵犯公民的基本权利。

犯罪是一个社会的必然现象,它的产生和发展同整个社会生活的各个层面紧密联系在一起,虽然我们探讨了犯罪原因,不能得出实证的准确的结论,但从中我们可以确定犯罪原因是极为复杂的。犯罪存在的客观必然性,决定了它只能被抑制在一定限度之内,而这种限度是在被社会认可的范围以内。如果期望刑罚可以消灭犯罪,那无疑是将人类的美好理想建立在海市蜃楼之上,结果只能是越来越失望。无情的现实已经在不经意中证明了这一点。

理论和实践证明,单凭刑罚,不可能完全有效地威慑和控制犯罪,不仅如此,有时还会产生"烙印化"和制造"两次犯罪"的副作用。因此,刑罚不是也不应当是社会对付犯罪的首选和最佳手段。

(3) 犯罪现象的研究。人们早已丢掉消灭犯罪这一不切实际的幻想,而承认犯罪具有社会常态性,即肯定某种程度犯罪率是社会的常态。菲利的"犯罪饱和"理论已经说明,犯罪在一定社会中是呈饱和状态的。我国有学者总结出我国(主要是近二十年来)的犯罪规律,而且这些规律将继续支配我国的犯罪现象,兹将这些规律作命题的方式表达如下[①]:

其一,总犯罪率:社会现代化程度与总犯罪率呈正相关的关系。如现代化起步阶段伴随着犯罪高峰;总犯罪率的不断增长(但在相当长时间内仍低于西方主要发达国家水平);犯罪高峰后常常跟随着一个犯罪率的稳定时期;社会变迁的加速时期犯罪率会大幅度增长;犯罪率因国内政策的变化而波动;区域性的现代化成熟会使该区域的犯罪率趋于稳定;等等。

其二,犯罪类型:现代化促进财产犯罪逐步替代传统暴力犯罪优势地位的过程。如:现代化初始阶段传统暴力犯罪与财产犯罪均有明显增长;有组织犯罪的不断增长并逐渐形成具有黑社会性质的犯罪势力;无受害者型犯罪的增长等;犯罪行为中的科技含量不断增加;法人犯罪的增长;等等。

其三,犯罪区位:现代化促进犯罪向城镇集中过程。如大城市的综合犯罪率和重大犯罪率普遍高于一般城市;沿海经济发达地区犯罪率高于一般内陆地区;大城市的低阶层居民和流动人口聚居区常为犯罪高发区;城郊区和城镇的犯罪率高于农村社区,甚至接近城市的犯罪率;农村社区的犯罪率缓慢攀升但低于城镇的犯罪率;等等。

其四,犯罪人口:现代化过程中往往出现犯罪人口的低龄化和性别差异缩小的倾向。如青少年犯罪的较大幅度增长;流动人口犯罪率的增长;初犯年龄的偏低趋势;女性犯罪不断增长;等等。

我们对犯罪现象的理性认识,有助于国家理性地决策。对犯罪现象的科学评估,可以有效地缓解我们对国内犯罪的人为恐惧心理,从而避免用政策替代法律或仓促立法等社会控制中的非理性行动。基于上述的认识,"严打"不可能解

[①] 参见宋践:《当前我国犯罪及其控制》,载《法学研究》2001 年第 3 期。

决犯罪问题,犯罪防控是一项复杂的系统工程,即使是从治标的角度出发,急功近利的做法也不会取得显著的成效,更不用奢谈治本了,况且其代价是得不偿失。

2. 司法实践的成熟

最初决定"严打"的时候,"严打"政策在立法、司法等多个领域均被体现,而当前的"严打"政策更多的是倾向于在司法实践中严格依法进行,司法实践中的定罪、量刑及行刑都要纳入法律的范畴之中,司法绝对不能逾越立法,即使是在严打的刑事政策下,仍是如此。

另外,公安机关、检察院、法院从事司法工作的人员,在办案的过程中,素质不断提高,他们严格依法办案,不越雷池一步。这与制度的制约有很大关系。第一,《国家赔偿法》制约司法人员以事实为根据,以法律为准绳办案,否则,办错案就要依法被追究责任。第二,行政法规的实施,制约司法人员不能办错案,否则将受到各种相关的行政处理。第三,司法工作的神圣以及司法人员较高的社会地位,使他们具有神圣的使命感,而且不想失去这样的职位,因此他们认真办案,以期回报社会。

在这种情况下,无论"严打"与否,实际上已经对正常的司法没有太大的影响,因为无论是否"严打",司法人员都是在法律的范围内从事司法工作,"严打"的口号提与不提,这样的刑事政策是否实施,没有根本的影响。成熟的司法将恪守立法,严格依法办事,我们的社会与国家将不会有逾越立法而依刑事政策办案的司法行为。

3. 社会稳定、平和的心态

随着各项社会制度的建立与健全,人们的心态渐趋稳定与平和。要解决社会矛盾,必须具有良好的社会政策。我们目前急需考虑的问题有:妥善地处理失业问题和各种突发事端;通过法律途径进行社会资源的再分配,缩小贫富悬殊,以取得人们对改革合理性的认同;提高司法公开程度,遏制腐败,以增强大众对社会改革的信心。另外,还要设法铲除腐败滋生的土壤。一个社会是由多重结构组成的大厦,有它的经济结构、政治结构、法律结构,一层一层,可以无穷地向上伸展。但是决定整座大厦稳定的,是它深埋在地下的看不见的部分,即它的基础。社会学家说,社会公认的价值标准和道德标准,公平和公正的概念,其重要性就相当于大厦的基础,没有人看得见它,但一旦它受到侵蚀,全社会都能感到危机。当多数社会成员置身其中而认为社会是公正的,那么,他们就会心情舒畅,整个社会就会呈现出安定团结的大好局面。人们解决问题的方式是心平气和的,不可能再用"严打"这一风风火火的方式来解决社会治安问题。

"严打"有其历史的合理性(这也是遵从黑格尔的逻辑:凡是现实的都是合理的),在特定的时期、特定的国情,提出"严打"是一种必然选择。但随着社会的发展,人们将会更理性地审视刑事政策,而不是只见树木,不见森林。如今,我国的司法实践更趋成熟,制度的规范及司法人员素质的提高,使得司法在立法的范围之内,保护公民的合法权益和保障公民的人权不受法外侵犯并驾齐驱;社会的稳定、人们心态的平静,使得过去那种大规模的急风暴雨式的运动失去了社会基础和群众基础,人们会选择现代意义上的法治,依法治国不再是一句空谈,而是人们行为的准则。

"严打"是犯罪后国家对行为人的一种态度及措施,在犯罪学意义上还有犯罪预防理论,其中主体预防是很重要的一个方面。① 以预防腐败犯罪为例,其中人性定律、理性定律及情感定律应当扎根在官员们的心中,要让官员们认识到人性的弱点并主动加以控制;发挥理性的作用,结果制约行为,承担腐败犯罪的最终结果是刑罚而不是阶段性的享受;对配偶对家人的情感及责任远胜于第三者带来的瞬间快感,因为前者恒久一生,后者有可能毁于一旦。我国是对贪腐官员惩罚最严厉的国家之一,这些年被处以极刑的贪官最多,被判刑的贪官更是难以计数。即便如此,也没有遏制住腐败,一般预防没有效果,几乎各大网站每天都有腐败落马官员的报导。② 与其事后惩罚,不如事前预防。从某种意义上说,腐败犯罪就是国家公职人员利用手中的公权力满足种种私欲的行为。多少年来,人们一直在探讨全方位地预防腐败犯罪的发生,如高薪养廉、干部异地交换、培养高尚的道德情操、反腐机构的专门化、反腐立法的体系化、规范公共权力行使等等,目前已取得阶段性成果。

第二节 宽严相济的刑事政策

一、思想溯源

一种理论或方针的提出与制订都不是无源之水,都有其思想基础。而宽严相济方针的思想源泉就是由中国古代的中庸思想发展而来的折中思想。这种思想最早见于中国儒家的经典《中庸》一书。其中最有代表性的一句名言是:"中也者,天下之大本也。"这句话的意思就是说,万事万物的存在都包含有中的道理和法则,而认识和把握了这个法则叫做"折中"。

我国学者在介绍西方国家的刑事政策趋向时,一般都认为是"轻轻重重"。这里的"轻轻"就是对轻微犯罪,包括偶犯、初犯、过失犯等主观恶性不重的犯罪,处罚更轻;"重重"就是对严重的犯罪,处罚较以往更重。由此可见,"轻轻"是指

---

① 参见李卫红:《预防为主——以腐败犯罪的主体预防为例》,载《中国监狱学刊》2014年第5期。
② 参见新华网、正义网、新浪网等。

轻者更轻,而"重重"是指重者更重。因此,"轻轻重重"也被称为是两极化的刑事政策。这种"轻轻重重"的刑事政策,对轻者与重者加以区分,然后对轻者与重者采取不同的刑事措施,既符合预防犯罪的功利要求,又合乎罪刑均衡的刑法原则。在西方国家普遍实行的"轻轻重重"的刑事政策有其合理性。根据"轻轻重重"的刑事政策,在不同犯罪态势下,轻轻与重重又具有不同的侧重。例如,在社会发展较为平稳的时期,更为强调的是"轻轻"刑事政策,即"轻轻重重,以轻为主"。进入20世纪后,特别是第二次世界大战以后,在西方国家刑罚轻缓化成为一种普遍的理想。因此,"轻轻"的刑事政策不再是只包含"轻罪轻刑"这样一种简单的内容,而是包括非犯罪化、非刑罚化、非司法化。一般说来,刑事诉讼程序存在费时费力的弊端。监禁特别是短期监禁更存在着明显的弊端。所以,从简易、经济效率出发,符合现实的要求,将轻微的危害行为,如先前的违警罪,排除其刑事犯罪的性质,不诉诸刑事诉讼程序,只处行政罚款。美国的"转处",加拿大的"非司法化",则使"非犯罪化""非刑罚化"更向前迈进一步。通过某些非官方机构和团体的帮助和调停,避免使违法或轻微的犯罪行为诉诸司法程序,进行社会化处理。这种"轻轻"刑事政策的实行,表明了刑罚人道主义精神,同时也体现了刑事政策从国家本位向社会本位演变的某种征兆。当然,近二十年来随着犯罪的大幅度增长,尤其是出于反恐的需要,西方的刑事政策也有所调整,开始从"轻轻重重,以轻为主"向"轻轻重重,以重为主"转向。我国学者曾经对美国加州"三次打击法"进行了介绍,认为这是具有美国特色的严打法。"加州三次打击法"以橄榄球的"三振出局"为喻,提出了"三次打击然后出局"的口号,即三次实施暴力重罪的重罪犯应处以终身监禁且没有假释,以体现对重新犯重罪者的严厉惩治。在"三次打击法"下被判决的被告人,将在监狱中度过大幅度累加的刑期,他们所服的刑期将远远超过其他的犯罪行为人。因此,"三次打击法"具有明显"重其重者"的倾向。当然,由于西方国家大多数已经废除死刑,保留死刑的国家对死刑适用也是严格限制的。因此,所谓"重重",也是相对的,人权保障的法治底线是绝对不能突破的。[①]

西方法律理念对我国宽严相济刑事政策的影响主要表现在以下两个方面:

第一,人权观念对宽严相济刑事政策的影响。

中国传统法文化中所关注的重点一直是放在公权力上,对私权利存在着一定的忽视。这种状况,必然使得法律在实践中表现为重刑轻民。但是,西方权利观念的引入使得个人权利不断受到关注。从清朝末年沈家本修律开始,随着民法和商法的出现,一系列私法的原则开始在中国出现,特别是在《大清新刑律》中,个人权利受到了极大的重视。它主张人与人的平等,这些对中国传统刑法中

---

① 参见陈兴良:《宽严相济刑事政策研究》,载《法学杂志》2006年第1期。

只重视君主权利、家族权利和家长权利的观念给予了极大的冲击。而对个人权利的重视,必然使得在处罚个人行为中的一些重刑思想受到攻击,沈家本就在这样的基础上,对重刑进行了揭露和批判,主张效法西方资产阶级国家的轻刑主义,宽严相济的文化中日益注入了对人性的关怀。在清末修律的过程中,人本主义、社会本位的观念逐渐浸润到国家本位的法律之中。之后,随着民主思想在中国的传播,使得宽严相济出现了一个重大变化。

第二,自然法思想对宽严相济刑事政策的影响。

西方人权观念之所以能够在中国产生巨大的影响,这与中西文化中类似的自然法思想是有着密切关系的。众所周知,法律文化之间,被移入观念所面临的环境是我们移植成功与否的一个重要因素。资产阶级自然法中关于个人权利的重视观念,对于我们今天所认识的宽严相济的文化内涵的确立有着很大的意义,而它和传统中国宽严相济理论赖以存在的儒道思想之间也有着共通之处。自然法理论首先提出存在一个合乎天理、公道与正义的、普遍的、永久的真理或原则,这是作为一切行为、一切制度的规范与法律形式。这种法律是超越于整个社会的政治制度和实定法而存在的。在中国的传统法律文化中,也有着与其十分相似的论述。比如,儒家追求的大同社会,道家提出的"道法自然",这些和西方自然法中追求的自然和谐的社会目标有着极大的一致性。中国古代最重要的文献体系有"经"和"史",由于"'经'是理想,是标准,是用来匡正现实社会的根据",因此,这种理想往往有些东西在现实中被忽略,所以,中国传统文化中的自然法思想仅仅成为了人们描绘的一种理想社会,而与现实有所脱离。但是,由于有着这样类似的文化背景,中国传统社会的自然法与资产阶级的自然法之间尽管有着阶级、时代等的巨大差异,两者之间的共通之处,还是为西方自然法的传播奠定了基础,并成为其得以接受的土壤。在资产阶级自然法思想中,反对死刑、提倡教化为主等显示了其对重刑主义的排斥,这些对中国的宽严相济思想是一种极大的补充。这为中国法律的近代化打下了基础,也使得宽严相济的思想有了自己新的内涵。[1]

二、历史发展脉络

宽严相济刑事政策最初是在残酷的革命战争年代从对敌斗争的角度提出来的:

第一阶段:第一次国内革命战争时期。在这一时期,《中华苏维埃共和国惩治反革命条例》确立了对反革命分子分别不同情况适用不同的刑罚,对于那些危害人民的重大反革命分子可以直至判处死刑;但对那些胁从、坦白自首和立功的

---

[1] 参见程鸿勤:《"宽严相济"法律文化的思考》,载《北京政法职业学院学报》2006年第1期。

分子,可以减轻或免予刑事处分。惩办与宽大两方面的政策思想在这一条例中已开始有所反映,但尚未明确提出惩办与宽大相结合的政策。

第二阶段:抗日战争时期。抗战时期提出了"锄奸政策",其主要内容为:坚决地镇压那些坚决的汉奸分子和坚决的反共分子,非此不足以保卫抗日的革命势力。但是绝不可多杀人,绝不可牵涉任何无辜的分子。对于反动派中的动摇分子和胁从分子,应有宽大的处理。对任何人,应坚决废止肉刑、重证据而不轻信口供。对于叛徒,除罪大恶极者外,在其不继续反共的条件下,予以自新之路。延安整风期间,毛泽东同志提出了著名的"九条方针"①,其中明确提出:争取失足者,就是对于一切大小特务、叛徒、或被日本被国民党一时利用普遍分子(占多数),原则上一律采取争取政策,即宽大政策。其中罪大恶极,反复无常,绝对坚决,不愿悔改者,自应处以极刑。按照上述精神,各抗日根据地政权先后制定了一系列刑事法规,如陕甘宁边区《抗日时期惩治汉奸条例》《抗战时期惩治盗匪条例》等。在中央提出的这些政策和法规所体现的精神中,惩办和宽大相结合的政策已初步形成,既强调对各种犯罪分子镇压的一面,同时也提出要有宽大的一面。

第三阶段:解放战争时期。1947年10月毛泽东同志起草的《中国人民解放军宣言》提出:"对于蒋方人员,并不一概排斥,而是采取分别对待的方针。这就是首恶者必办,胁从者不问,立功者受奖。"在这一历史时期,惩办与宽大刑事政策内容已经较为充实、具体了,在抗日战争时期初步形成的基础上又前进了一步,明确提出镇压和宽大相结合的刑事政策,1949年9月21日,毛泽东同志在《为争取国家财政经济状况的基本好转而斗争》一文中提出:"必须坚决地肃清一切危害人民的土匪、特务、恶霸及其他反革命分子。在这个问题上,必须实行镇压和宽大相结合的政策,即首恶者必办,胁从者不问,立功者受奖的政策,不可偏废。"

第四阶段:新中国成立后。新中国成立后镇压和宽大相结合演变为惩办和宽大相结合的刑事政策。在新中国建立初期开展了"镇压"和"肃反"斗争,制定了《惩治反革命条例》,开展了"三反"和"五反"斗争,制定了《惩治贪污条例》,这些法规都充分地体现了惩办和宽大相结合的政策,使这一政策法律化。在同反革命和其他刑事犯罪作斗争的过程中,更多的是直接依据和运用这一政策,不断总结经验,使这一政策的内容更加丰富完整。②

---

① 参见《关于审干的九条方针和在敌后的八项政策》,载《毛泽东文集》(第3卷),人民出版社1996年版。
② 参见杨春洗主编:《刑事政策论》,北京大学出版社1994年版,第231页以下。

三、法律化体现

（一）刑法典中对宽严相济刑事政策的规定

1979年《刑法》第1条规定："中华人民共和国刑法，以马克思列宁主义毛泽东思想为指针，以宪法为根据，依照惩办和宽大相结合政策，结合我国各族人民实行无产阶级专政和进行社会主义革命和社会主义建设的具体经验及实际情况制定。"

1997年修订的《刑法》删除了这一规定。对此有学者认为，我国刑法不再规定惩办与宽大相结合刑事政策，并不意味着刑罚对于这一刑事政策的否定——没有充足的理由否定，但是，我们不应当忽视立法者在《刑法》中删除这一规定的意义，不能简单地将这一变化理解为实质上无"变化"。因为，"变化"是客观存在的，所以，立法者的政策性选择即"删除"本身应当是有意义的。[①]

1997年以后的十个《刑法修正案》，扩大与缩小犯罪圈，废除部分经济犯罪、妨害社会管理秩序犯罪的死刑以及部分犯罪的轻刑化都是宽严相济刑事政策的体现。

（二）司法解释中宽严相济刑事政策的体现

（1）最高人民检察院、最高人民法院、公安部1986年9月13日发布的《关于严格依法处理反盗窃斗争中自首案犯的通知》。该《通知》规定："各级人民法院在召开从宽处理自首的犯罪分子的宣判大会时，应同时适当宣判一些犯罪情节严重、拒不认罪的从严处罚的案犯，以充分体现宽严相济的政策，进一步扩大社会效果。"

（2）最高人民法院办公厅、最高人民检察院办公厅、公安部办公厅、国家税务局办公室《关于印发〈关于办理偷税、抗税刑事案件具体应用法律的若干问题的解释〉宣传提纲》。该《宣传提纲》指出："各地法、检、公、税机关要严格依据刑法、税法等有关规定，认真执行《解释》，正确区分罪与非罪、此罪与彼罪的界限。对案件的处理，要遵循该宽则宽、该严则严、宽严相济的原则，要惩办少数，教育多数，并坚持'惩罚'与'预防'相结合的方针。依照刑法惩处的只是那些偷税、抗税情节严重的极少数犯罪分子。对于那些伤害、杀害税务人员、打砸税务机关或者用其他方法危害公共安全和社会治安、扰乱公共秩序的犯罪分子，要依照刑法的有关条款，构成故意杀人罪的，定故意杀人罪；构成故意伤害罪的，定故意伤害罪；该适用全国人大常委会《关于严惩严重危害社会治安的犯罪分子的决定》的就要适用《决定》，坚决依法严惩，该重判的要重判，决不手软。"

（3）公安部印发《〈关于开展追捕逃犯工作的意见〉的通知》。该《通知》规

[①] 参见何秉松主编：《刑事政策学》，群众出版社2002年版，第355页。

定:坚决贯彻依法"从重从快"的方针。对抓获的各类逃犯,要依法严惩。要充分发挥法律、政策的威力,体现宽严相济。要宽出气派,严出威风。凡投案自首的,予以从宽处理。对协助捕获逃犯,或检举揭发重大逃犯线索的有功人员,应给予奖励。

(4) 最高人民法院 1997 年发布的《关于认真抓好禁毒专项斗争中审判工作的通知》。该《通知》规定:各级人民法院在打击毒品犯罪的活动中,要严肃执法,坚持从重从快的"严打"方针,对走私、贩卖、运输、制造毒品的犯罪分子,不论数量多少,都应当依法追究刑事责任。对毒品犯罪分子适用刑罚时,要注意加大打击力度,对罪大恶极的毒品犯罪分子要坚决依法判处死刑。同时,注意严格执行惩办与宽大相结合的政策,做到宽严相济,对于具有自首、立功情节应予从宽处理的犯罪分子,依法予以从宽处理。在审理毒品案件时,要在确保办案质量的前提下,努力提高办案效率,缩短办案周期,快审快结,及时惩处犯罪分子。

(5) 最高人民检察院 2005 年发布的《关于进一步深化检察改革的三年实施意见》。该《意见》规定:在检察工作中进一步完善贯彻"宽严相济"刑事政策的工作机制和工作制度。针对轻微犯罪和初犯、偶犯、过失犯罪等主观恶性不深、人身危险性小的犯罪嫌疑人的特点,完善立案侦查、审查逮捕和审查起诉工作机制。最高人民检察院研究制定相关指导意见。

(6) 最高人民法院 2010 年 2 月 8 日发布了《关于贯彻宽严相济刑事政策的若干意见》,对人民法院在刑事审判工作中如何更好地贯彻落实宽严相济的刑事政策,提出了具体、明确的要求。指导司法实践办案,当宽则宽,当严则严,严中有宽,宽以济严,宽中有严,严以济宽。其中,既有依法从严的列举,比如对于国家工作人员贪污贿赂、滥用职权、失职渎职的严重犯罪,黑恶势力犯罪、重大安全责任事故、制售伪劣食品药品所涉及的国家工作人员职务犯罪,发生在社会保障、征地拆迁、灾后重建、企业改制、医疗、教育、就业等领域严重损害群众利益、社会影响恶劣、群众反映强烈的国家工作人员职务犯罪,发生在经济社会建设重点领域、重点行业的严重商业贿赂犯罪等,要依法从严惩处。也有依法从宽的列举,比如,对于所犯罪行不重、主观恶性不深、人身危险性较小、有悔改表现、不致再危害社会的犯罪分子,要依法从宽处理。对于其中具备条件的,应当依法适用缓刑或者管制、单处罚金等非监禁刑。同时配合做好社区矫正,加强教育、感化、帮教、挽救工作,等等。

(7) 最高人民法院 2017 年 4 月 1 日起实施的修订的《关于常见犯罪的量刑指导意见》,开篇明确指出:"为进一步规范刑罚裁量权,落实宽严相济刑事政策,增强量刑的公开性,实现量刑公正,根据刑法和刑事司法解释等有关规定,结合审判实践,制定本指导意见。……3. 量刑应当贯彻宽严相济的刑事政策,做到该宽则宽,当严则严,宽严相济,罚当其罪,确保裁判法律效果和社会效果的统一"。

四、宽严相济刑事政策诠释

为正确理解我国刑法中宽严相济的刑事政策,我们需要对宽严相济刑事政策中的三个关键字:"宽""严"和"济"加以科学界定。

宽严相济之"宽",当然来自惩办与宽大相结合的宽大,其确切含义应当是轻缓。刑罚的轻缓,可以分为两种情形:一是该轻而轻,二是该重而轻。该轻而轻,是罪刑均衡的应有之义,也合乎刑法公正的要求。对于那些较为轻微的犯罪,就应当处以较轻之刑。至于轻罪及其轻刑如何界定,则应根据犯罪的具体情况加以判断。该重而轻,是指所犯罪行较重,但行为人具有坦白、自首或者立功等法定或者酌定情节的,法律上予以宽宥,在本应判处较重之刑的情况下判处较轻之刑。该重而轻,体现了刑法对于犯罪人的感化,对于鼓励犯罪分子悔过自新具有重要意义。在刑法中,轻缓的表现方式也是多种多样的,包括司法上的非犯罪化与非刑罚化以及法律上各种从宽处理措施。

宽严相济之"严",是指严格或者严厉,它与惩办与宽大相结合中的惩办一词相比,词义更为确切。我国学者储槐植教授曾经提出"严而不厉"的命题,将"严"与"厉"分而论之,指出:"严"与"厉"二字含义有相同的一面,常常一起连用;它们也有不同的一面,"严"为严肃、严格、严密之意,"厉"为厉害、猛烈、苛厉之意。储槐植教授之所谓"严而不厉"是在不同含义上使用这两个字,严指刑事法网严密,刑事责任严格;厉主要指刑罚苛厉,刑罚过重。宽严相济中的"严",当然包括严格之意,即该作为犯罪处理的一定要作为犯罪处理,该受到刑罚处罚的一定要受到刑罚处理,这也就是司法上的犯罪化与刑罚化。与此同时,宽严相济之严还含有严厉之意。这里的严厉主要是指判处较重刑罚,当然是指该重而重,而不是指不该重而重,当然也不是指刑罚过重。

在宽严相济刑事政策中,该宽则宽,该严则严,对于"宽"与"严"加以区分,这是基本前提。因此,宽严相济是以区别对待或者差别待遇为根本内容的。区别对待是任何政策的基础,没有区别就没有政策。刑事政策也是如此,它是建立在对犯罪严重性程度的区别基础之上的。当然,宽严的区别本身不是目的,区别的目的在于对严重性程度不同的犯罪予以严厉性程度不等的刑罚处罚,由此而使刑罚产生预防犯罪的作用。刑事古典学派的经典作家们已经深刻地揭示了罪刑之间保持适当比例能够防止更大犯罪发生这一重要的刑法原理。孟德斯鸠指出:"在我们国家里,如果对一个在大道上行劫的人和一个行劫而又杀人的人,判处同样的刑罚的话,那便是很大的错误。为着公共安全起见,刑罚一定要有一些区别,这是显而易见的。在中国,抢劫又杀人的处凌迟,对其他抢劫就不这样。因为有这个区别,所以在中国抢劫的人不常杀人。在俄罗斯,抢劫和杀人的刑罚是一样的,所以抢劫者经常杀人。他们说:'死人是什么也不说的'"。在此,孟德斯鸠阐述了对犯罪是应该有区别的,没有区别就会导致犯罪人犯较重之罪,有区别则能够引导犯罪人犯较轻之罪。对此,贝卡利亚也作了论述,指出:如果对两种不同程度地侵犯社会的犯罪处以同等的刑罚,人们就找不到更有力的手段去制止实施能带来较大好处的较大犯罪了。由此可见,这些经典作家所倡导的罪刑均衡原则本身蕴含着刑事政策的精神。

宽严相济,最为重要的还是在于"济"。这里的"济",是指救济、协调与结合之意。因此,宽严相济刑事政策不仅是指对于犯罪应当有宽有严,而且在宽与严之间还应当具有一定的平衡,互相衔接,形成良性互动,以避免宽严皆误结果的发生。换言之,在宽严相济刑事政策的语境中,既不能宽大无边或严厉过苛,也不能时宽时严,宽严失当。在此,如何正确地把握宽和严的度以及如何使宽严形成互补,从而发挥刑罚最佳的预防犯罪的效果,确实是一门刑罚的艺术。①

五、问题所在

(一)宽严相济刑事政策与刑罚结构的构建

宽严相济刑事政策首先意味着应当形成一种合理的刑罚结构,这是实现宽严相济刑事政策的基础。关于刑罚结构,我国学者储槐植教授作了专门研究,认为刑罚结构是刑罚方法的组合(配置)形式。所谓组合(配置)形式,是指排列顺序和比例份额。排列次序是比重关系的表现,比重是量的关系,但量变会引起质变,比列不同,即结构不同,则性质不同。刑罚结构决定刑罚运行的内部环境,构成整体刑罚功能的基础。刑罚结构概念的提出,表明我们对刑罚发生作用机制在理解上的深化。事实已经表明,刑罚是作为一个体系而存在的,正是刑罚的这种体系性构成特征,使各种刑罚方法形成一个具有内在逻辑结构的整体而发生作用。

(二)我国刑罚结构对宽严相济刑事政策的体现及其存在的问题

我国刑罚体系由主刑与附加刑构成,主刑包括管制、拘役、有期徒刑、无期徒刑和死刑;附加刑包括剥夺政治权利、罚金和没收财产。从这些刑罚方法的性质上来划分,资格刑、财产刑、自由刑(包括剥夺自由刑和限制自由刑)均齐全,而且主刑与附加刑之间的关系也较为协调。对于这样一个刑罚体系,我国刑法学界以往一般都持肯定的态度,认为我国刑罚体系是科学合理的,具有宽严相济的特征。其要义为:构成我国刑罚体系的刑种,无论是主刑还是附加刑,都是有轻有重,如主刑既有轻刑管制和拘役,也有较重的有期徒刑,亦有重刑无期徒刑,更有最重的死刑。附加刑的各个刑种也是轻重有别。这表明,我国刑罚体系具有宽

---

① 参见陈兴良:《宽严相济刑事政策研究》,载《法学杂志》2006年第1期。

严相济的特点。这一评价从表面上看似乎言之成理,但从实质上分析则言之失当。笔者认为,从我国刑罚实际运作的状况来看,我国刑罚体系存在着结构性缺陷,这就是死刑过重,生刑过轻。一死一生,轻重悬殊,极大地妨碍了刑罚功能的正常发挥。《刑法修正案》的实施对此有些改变(参见后文关于废除部分死刑及适用终身监禁的论证)。

(三)宽严相济刑事政策的贯彻执行问题

根据官方统计数字,1989年8月15日最高人民法院、最高人民检察院《关于贪污、受贿、投机倒把等犯罪分子必须在限期内自由坦白的通告》发布到10月12日,全国共有13644名犯罪分子到检察机关自首,其中县处以上干部317人;退出赃款和赃物折款人民币8557万元。另外,1919名在押人犯在《通告》的感召下,坦白交代过去未交代的罪行,检举揭发其他犯罪分子。这是最高人民法院、最高人民检察院、公安部、司法部1989年10月15日在北京召开的新闻发布会上,通报全国贯彻《通告》情况时宣布的。在此次新闻发布会上,当时的最高人民法院副院长林准说,各级人民法院对贯彻执行《通告》都很重视,采取了许多具体措施,利用各种宣传工具和宣传形式,广泛宣传《通告》,大造舆论声势,做了很多工作。与此同时,各级人民法院严格按照刑法和《通告》的规定,抓紧审理已经起诉到法院的经济犯罪案件,并及时选择了一批自首坦白、检举立功被从宽处理和拒不交代罪行被从严判处的典型案件,大范围地进行宣传,兑现政策,就案说法,大大增强了《通告》的政策感召力和震撼力。

由于中国传统文化中重刑主义、报复主义的影响,以及当代中国的民风与国情,在真正贯彻执行宽严相济的政策时还有很多的阻碍,如在死刑存废上的争议,在对非暴力犯罪不采用死刑的讨论,以及刑期的长短等问题上,"严"依然占据主导地位。所以,在今天,我们仍然有必要探讨宽严相济在中国存在的必要性。基于刑事政策过分强调惩办的一面,而忽视宽大的一面,两者显然失衡。惩办的一面通过三十余年不断加重的刑罚和此起彼伏的'严打'政策体现得淋漓尽致,而宽大的一面却体现甚少。

2017年5月,最高人民法院《关于常见犯罪的量刑指导意见(二)》(试行)中规定:"对于醉酒驾驶机动车的被告人,……情节显著轻微危害不大的,不予定罪处罚;犯罪情节轻微不需要判处刑罚的,可以免予刑事处罚"。《新京报》2017年11月30日刊登过一案例:浙江温州男子醉驾并与他人发生碰撞,在符合不起诉条件下,他自愿完成30小时社会服务,最终拿到了检方的"不起诉决定书"。让符合不起诉条件的犯罪嫌疑人参加公益服务,对其帮教,从而实现以购买公益服务的方式落实醉驾不起诉,这是其承担刑事责任的一种方式。也是"宽严相济"刑事政策的贯彻执行,这一宏观刑事政策被具体化到个案中。

党的十八届四中全会以后,司法机关认真贯彻认罪认罚从宽原则,它是宽严相济刑事政策的具体化,是贯彻落实以审判为中心的刑事诉讼制度改革的科学举措,也是司法制度的一项重大改革,具有提升刑事诉讼效率、健全刑事诉讼结构、完善刑事诉讼程序、推动刑事诉讼制度改革的战略性意义。

第三节 死刑刑事政策

历经数千年血腥历史,在人们对死刑的威力已经习惯于深信不疑的时候,意大利刑法学家贝卡利亚于1764年在其《论犯罪与刑罚》一书中第一次明确提出了废除死刑的意见。从此以后,人们开始对国家的死刑权提出质疑,国家不能再任意适用死刑,死刑刑事政策也逐步纳入刑事法理论讨论范围。

死刑政策作为国家重要刑事政策之一,在许多方面有待于法律化。

一、新中国建立后中国死刑政策概貌

我国当前死刑政策具有一定历史延续性,理解当前我国死刑政策就需要了解新中国成立之后我国死刑政策制定的概貌。对此,我国学者将新中国建立后我国死刑政策的演变划分为以下几个阶段:

第一阶段:新中国建立之后到1979年刑法典颁布这一历史时期。

新中国建立后我国并没有立即制定刑法典,在1979年刑法典出台之前,我国刑事司法基本上处于依据政策、单行法律文件和司法解释进行裁判阶段。这一历史时期,中国基本上处于毛泽东时代,当时刑事立法和刑事司法深受毛泽东思想的影响,在死刑政策的制定上更是如此。了解这一历史时期中国的死刑政策就要了解以毛泽东同志为代表的党的死刑政策主张。

新中国建立后毛泽东同志的死刑思想散见于20世纪50年代的《关于镇压反革命》《镇压反革命必须实行党的群众路线》《关于"三反"、"五反"》《论十大关系》等文中。[①] 毛泽东同志的这些论述,被学者们概括为:杀人要少,但是决不废除死刑和必须坚持少杀,严禁乱杀的死刑思想。这一思想奠定了新中国建立后我国保留死刑、慎杀、少杀死刑政策的基础。

第二阶段:1979年刑法典制定到1981年。

1979年,新中国第一部刑法典出台。这部刑法典在总则中设专节对死刑作了规定,将死刑的适用范围限定在罪大恶极的犯罪分子;规定对审判时怀孕的妇女不得适用死刑;对犯罪时不满18周岁的未成年人原则上不得适用死刑;规定了严格的死刑核准程序;保留并完善了死缓制度。刑法典分则中,在反革命罪、

---

① 参见《毛泽东文集》(第六集),人民出版社1999年版,第158、198页;《毛泽东文集》(第七集),人民出版社1999年版,第37页。

危害公共安全罪、侵犯公民人身权利、民主权利罪、侵犯财产罪四类罪中规定了28个死刑罪名,其中15个死刑罪名是反革命罪,并且对这28个死刑罪名大多规定了诸如对国家和人民危害特别严重,情节特别恶劣,致人重伤、死亡,使公私财产遭受重大损失等限制性条件;并且,在对个罪设定死刑的同时,在同一量刑幅度上还规定了无期徒刑、10年以上有期徒刑以供选择适用,没有绝对死刑的罪名。

整体而言,1979年刑法典较好地贯彻了保留死刑,坚持少杀,防止滥杀的死刑政策。

第三阶段:1981年至1997年。

1979年刑法典显然不足以应对我国改革开放以来出现的第一次犯罪高潮。1979年刑法典颁布不久,我国旋即开始以单行刑法的形式对其进行补充修订。自1981年起,陆续颁布了《关于惩治军人违反职责罪暂行条例》等23个单行刑法,这一系列单行刑法的颁行,使得我国刑法中死刑规定的格局、死刑适用程序等均发生了重大变化。这集中体现在以下几个方面:

(1) 死刑的适用范围急剧扩张。随着单行刑法的陆续颁布,我国刑法中可以适用死刑的分则章数从最初的4章发展到7章,增加了破坏社会主义经济秩序罪、妨害社会管理秩序罪和军人违反职责罪,从而使适用死刑的章数占到了总章数的78%;单行刑法对52个罪名规定可以适用死刑,从而使这一时期的死刑罪名总数达到80个左右,占同时期罪名总数的31%,这是一个相当高的比例。

(2) 死刑适用的程序性限制被弱化。1981年全国人大常委会《关于死刑案件核准问题的决定》、1983年修改的《人民法院组织法》以及随后的最高人民法院《关于授权高级人民法院核准部分死刑案件的通知》中,将杀人、强奸、抢劫、爆炸等严重危害公共安全和社会治安案件的死刑核准权,下放到高级人民法院行使,死刑核准权的大范围下放,同时期的其他刑事立法也放宽了死刑适用的程序性条件,如1983年全国人大常委会《关于迅速审判严重危害社会治安的犯罪分子的程序的决定》,对死刑案件又突破了1979年《刑事诉讼法》对于上诉、抗诉等期限的规定,将有关期限大大缩短,使得死刑案件的程序性约束进一步削弱。

(3) 出现了以死刑作为绝对确定法定刑的条款。例如,1991年全国人大常委会《关于严禁卖淫嫖娼的决定》、1991年全国人大常委会《关于严惩拐卖、绑架妇女、儿童的犯罪分子的决定》、1992年全国人大常委会《关于惩治劫持航空器犯罪分子的决定》等,这些单行刑法对劫持航空器罪、拐卖妇女、儿童罪、绑架妇女、儿童罪、绑架勒索罪、组织他人卖淫罪、强迫他人卖淫罪等罪名在适用上规定了绝对死刑。

在这一时期,我国的死刑立法急剧膨胀,死刑的适用范围扩大,死刑适用的程序性限制被大大弱化。对此,学者认为:"我们可以负责任地说,这一时期我国的死刑政策已经由原来的尽量减少适用转变为死刑扩张适用。"①

第四阶段：1997年修订的刑法典。

1997年3月14日，第八届全国人民代表大会第五次会议修订了1979年刑法典。与1979年刑法典相比，1997年修订的刑法典显得更为慎重，对原来的死刑规定作了一些修改和调整。

刑法总则中的修改主要体现在以下几个方面：(1) 修改了死刑适用的基本条件，将1979年刑法典的罪大恶极修改为罪行极其严重；(2) 缩小了死刑适用对象的范围，删除了1979年刑法典"已满16周岁不满18周岁的，如果所犯罪行特别严重，可以判处死刑缓期两年执行"的规定，将不满18周岁的犯罪人完全排除在死刑适用范围之外；(3) 放宽了死缓减为无期徒刑或者有期徒刑的条件，严格了死缓犯执行死刑的条件，将死缓减刑条件由1979年刑法典的确有悔改或者确有悔改并有立功表现降低为没有故意犯罪，将死缓期满立即执行死刑的条件由抗拒改造情节恶劣查证属实修改为故意犯罪。

刑法分则，除削减了盗运珍贵文物罪、流氓罪、破坏武器装备、军事设施罪等少数几个死刑罪名外，其修改主要是调整了死刑罪名适用死刑的条件。这体现在两点：(1) 提高了某些犯罪的死刑适用标准，如贪污罪、受贿罪；(2) 明确了某些犯罪判处死刑的标准，如盗窃罪、抢劫罪、强奸罪等。另外，还将掠夺、残害战区无辜居民罪的犯罪构成修改为仅限于战时，并且在死刑的量刑幅度内增加了10年以上有期徒刑作为死刑的选择刑种。

1997年修订的刑法典虽然基本维持了既有的死刑规模，但是它也并没有完全继承1981年以来的死刑立法例，而是削减了少数几个罪名。学者们认为："这种变化尽管是微小的变化，但却表明，1981年以来的死刑扩张适用的趋势在1997年修订的刑法典中戛然止步了。"②

第五阶段：1997年以后。

我国1997年修订的刑法典颁布之后，至今已有10个刑法修正案出台。其中，2011年的《刑法修正案（八）》取消了13个罪名的死刑、75岁以上老人不判死刑等等，刑法学对它们的研究也已步入新的里程。2015年的《刑法修正案（九）》取消了走私武器、弹药罪、走私核材料罪、走私假币罪、伪造货币罪、集资诈骗罪、组织卖淫罪、强迫卖淫罪、阻碍执行军事职务罪、战时造谣惑众罪9个死刑罪名，同时还进一步提高了对死缓罪犯执行死刑的门槛。

2005年，最高人民法院发布的《人民法院第二个五年改革纲要》提出收回死刑复核权的要求；2006年9月29日，最高人民法院将关于提请审议《人民法院

---

① 张文、米传勇：《中国死刑政策的过去、现在和未来》，载《法学评论》2006年第2期。

② 同上。

组织法》修正案草案的议案提交全国人大常委会；10月27日，全国人大常委会开始审议这一修正案草案，并于10月31日表决通过了关于修改《人民法院组织法》的决定。这一刑事司法上的变革表明我国在限制死刑上的一大进步。

从以上对新中国建立以后死刑政策的回顾中，可以看出，新中国建立后，虽然不同历史阶段在死刑适用上有细微的差异，但是我国一直坚持了保留死刑、限制死刑适用的死刑政策。这一死刑政策在我国今后较长一段时间也不会发生变化，下文将对此作出详细说明。

二、我国死刑政策解析

新中国成立以来我国一贯采取保留死刑、限制死刑的政策，同时我国死刑政策又是朝着废除死刑政策发展。对此，我们可以从以下三个层次加以论证。

（一）我国保留死刑的原因

在我国之所以采取保留死刑政策，我国学者总结出以下几个方面的原因[①]：

（1）废除死刑的物质基础尚不具备。在生产力发展水平相对落后的我国，社会物质文明程度比较低下，这种物质文明的程度直接决定了整个社会淡薄的生命意识和人权意识，因此犯罪的发生，只会凸显犯罪对社会造成的危害，而轻视人的生命价值。同时，死刑又是一种被视为最节约成本的刑罚支出。"如果一下子彻底废除死刑，将原判死刑的均改为长期监禁，则监禁数量会骤然增多，经济成本瞬间大大提高，而我国现有的经济水平不足以支撑如此迅速膨胀的自由刑。"[②]

（2）严峻的治安形势使死刑的存在成为必要。在我国社会转型、经济转轨的过程中，许多犯罪呈现出不断上升的趋势，各种严重危害社会治安的恶性刑事案件的发案率居高不下，极大地危害了人民群众的生活秩序，这是我国社会变革过程中所必须付出的代价。在我国，"刑罚世轻世重"的刑法理念根深蒂固，在严峻的犯罪态势下，国家往往容易采取严厉的刑事政策。而且，死刑具有不可忽视的威慑力，死刑的适用对于应对严峻的社会治安情况具有见效快的优势，这也促使我国政府采取保留死刑的政策。

（3）缺乏废除死刑的民众意愿。一方面，我国曾历经两千多年的封建社会，人的生命价值尚未引起人们普遍的、足够的重视。另一方面，对于最严重的犯罪给予最严厉的社会报复的道义报应观念在我国仍深得人心。在我国，国民心中不仅没有形成生命无价的观念，而且，面对各种恶性犯罪，不杀不足以平民愤等

[①] 参见龙洋：《关于我国死刑政策与死刑限制的反思与重构》，载《理论导刊》2005年第11期。

[②] 赵秉志、郭理蓉：《死刑存废的政策分析与我国的选择》，载赵秉志主编：《刑事政策专题探讨》，中国人民公安大学出版社2005年版，第292页。

喊打喊杀的声音一片,在我国废除死刑存在很大社会阻力。正如我国学者指出的,在我国不存在废除死刑的社会可行性,在我国一味盲目地追求文明、人道,废除死刑,缺乏广泛的社会认同,一下子断然废除所有的死刑,会不会引起公众的普遍反对甚至导致短时间内私人报复的泛滥? 从某些国家死刑废除的反复来看,这种担心恐怕不是杞人忧天。①

(4) 我国缺乏废除死刑的技术可行性。技术的可行性在一定程度上受到立法的民主化程度的制约。在我国目前的立法过程中,在"部门起草""专家论证"之后,"领导审阅"是不可或缺的一环。至于领导采纳哪些、不采纳哪些,可能会完全超出专家学者的理性思考范围。这也是死刑的立即废除在具体操作上最为困难的一步。不过,这在实质上已经不属于技术范围的问题。②

(二) 我国采取限制死刑适用政策的原因

我国刑法虽然保留了死刑,但是又必须限制死刑的适用,这主要是基于以下理由:

(1) 严格限制死刑,是由我国刑罚性质和目的决定的。对犯罪分子适用刑罚的根本目的不是报复,死刑剥夺了犯罪人的生命,如果扩大死刑适用范围,将使得我国刑罚教育改造的性质无法体现,刑罚最终将沦为赤裸裸的报复。

(2) 死刑剥夺的是犯罪分子的生命,是一种利害攸关的刑罚,其自身确实存在不可避免的弊端。如果说,保留死刑是为了发挥死刑的优点,那么限制死刑、慎用死刑则是为了避免死刑的缺陷。只有严格地限制其适用,才可以尽可能地利用死刑对犯罪产生强烈的威慑力,使其最终被废除前,现实地、功利地为我们惩治犯罪发挥最大的作用。因此,在保留死刑的基础上,严格限制死刑,"从理论基础而言,是从死刑的优劣得出的必然结论"③。

(3) 限制死刑适用是中国决策层领导必须承担的政治责任。"执政者的使命就是维护人民的根本利益。生命又是人民利益的根本,维护公民的生命(包括被指控犯有可能适用死刑的犯罪的公民的生命),也就是维护人民利益的最重要内容。而死刑的适用的范围过宽或者标准过低,与公民生命权的维护无疑是相悖的。因此,严格限制死刑适用是国家最高决策者所应该承担的政治责任。"④党政领导只有承担起这个责任,才能赢得民心。正如毛泽东同志指出:"杀人不要太多,太多则丧失社会同情。"⑤如果不限制死刑适用,就容易出现滥用死刑的

---

① 赵秉志、郭理蓉:《死刑存废的政策分析与我国的选择》,载赵秉志主编:《刑事政策专题探讨》,中国人民公安大学出版社 2005 年版,第 291、292 页以下。
② 参见同上书,第 293 页。
③ 龙洋:《关于我国死刑政策与死刑限制的反思与重构》,载《理论导刊》2005 年第 11 期。
④ 吴大华、王飞:《限制死刑的理性思考》,载《政治与法律》2005 年第 3 期。
⑤ 《毛泽东文集》(第六集),人民出版社 1999 年版,第 121 页。

现象,国家在刑罚适用上就失去了民众的支持。

(三)我国最终将采取废除死刑的政策

废除死刑是不可逆的世界潮流,我国死刑政策也必将逐步从保留死刑、限制死刑向废除死刑过渡,这主要是基于以下理由:

(1)废除死刑经济基础的建立。正如前文所指出,要废除死刑需要一定的经济基础。这主要表现为以下两个方面:其一,经济的发展会唤醒民众对于生命价值的关爱和尊重。经济基础决定上层建筑,衣食足则知荣辱,物质文明得到提高后,处于温馨惬意生活状态的人们才有可能思考、关注和珍惜生命个体的价值,才有可能形成相对理性的报应观念和刑罚价值观念,从而使废除死刑的阻力得以减少。其二,经济的发展使国家将死刑政策的焦点从经济的角度更多地转向人权保障,国家不再会出于监禁刑耗费了大量的社会资源而考虑对犯罪人重新适用死刑。

(2)废除死刑理论基础的构建。废除死刑的声音发端于西方社会,学者从不同角度对死刑废除政策进行论证,这些理论的传播深入人心,对在我国构建废除死刑的理论基础,推动死刑废除的进程具有重要意义。西方社会主要是从以下几个角度去否定死刑存在的合理性的:

第一,社会契约论的角度。意大利刑法学家贝卡利亚指出:生命是人类最宝贵的权利,"有谁愿意把对自己的生死予夺大权奉予别人操使呢?每个人在对自己作出最小牺牲时,怎么会把冠于一切财富之首的生命也搭进去呢?"[①]死刑是国家对公民发动的一场非正义的战争,它不符合构建国家的基石社会契约论的精神。

第二,从功利主义角度否定死刑存在的合理性,其代表是边沁。"边沁以功利主义刑罚理论为标准,对死刑与终身监禁的利弊得失进行了比较与权衡,认为死刑剥夺的是人的生命,终身监禁剥夺的是人的自由,而人的生命价值大于人的自由,因此,死刑是一种代价大于终身监禁的刑罚。而另一方面,附加苦役的终身监禁单身监禁的威慑作用与剥夺再犯能力作用并不次于死刑。据此,边沁认为,死刑代价大于且效果同于终身监禁,因而是一种不必要的浪费之刑,进而主张废除死刑而以终身监禁取而代之。"[②]

第三,从实证的角度否定死刑存在的必要性,其代表是著名犯罪学家菲利。菲利指出:"统计资料实际上已经表明,严重罪行的周期性变化与判处和执行死刑的数量无关,因为它是由完全不同的原因决定的。在托斯卡纳地区,已有一个世纪没有适用过死刑,但它仍然是严重罪行数量最少的地区之一;在法国,尽管

---

① 贾宇主编:《死刑研究》,法律出版社2006年版,第53页。
② 陈兴良:《死刑备忘录》,武汉大学出版社2006年版,第127页以下。

一般犯罪和罪犯的数目增多了,但有关谋杀、投毒、杀父母和杀人的控告却从1826年的560起下降到1888年的430起,而执行死刑的数量在同期也从197次减少到9次。实证分析往往比单纯的逻辑推理更具有说服力。"①

第四,从死刑错误不可避免性和死刑作用可替代性否定死刑存在的必要性,其代表人物是德国著名刑法学家李斯特。李斯特认为,死刑判决的风险,即在可能的误判情况下,是无论如何也没有办法补偿的。李斯特虽然承认死刑具有保安效果,但又认为这种保安效果可以通过其他办法来达到。因此,死刑不具有存在的必要性。② 储槐植教授认为,"死刑有没有用? 死刑好不好? 这种纯理论的死刑正当性争议没有意义。随着祖国强盛,物质文明和精神文明程度提高,再有若干年(少则5年,多则10年),46个死刑罪名再减2/3,将成事实。"③

上述死刑废除论的传播,为废除死刑提供了坚实的理论基础,当它们为大多数学者、政治家乃至社会大众所接受时,必然会成为推动死刑废除进程的重要力量。

(3) 废除死刑的社会基础的建立。所谓废除死刑的社会基础,主要是指社会对国家采取废除死刑政策的接受,这一过程需要国民死刑观念的转变。

死刑是最为残酷的刑种,其对人类的人道主义观念的冲击也最大,它不符合刑罚人道主义倾向。随着人道主义观念的深入人心,死刑最终将被社会大众所否定,从而促使国家采纳废除死刑的政策。

到目前为止,世界多数国家加快了废止死刑的步伐,"世界上2/3以上的国家已在法律上或事实上废止了死刑。即使在保留死刑的国度里,也有越来越多的国家倾向于严格控制和慎重适用死刑。"④在立法上,减少适用死刑的罪名,提升死刑的适用标准;在司法上,严格限制死刑适用,对于应当判处死刑的犯罪分子,为其找到不判处死刑的理由,以减少适用死刑的数量。

2010年6月13日,最高人民法院、最高人民检察院、公安部、国家安全部和司法部联合发布《关于办理死刑案件审查判断证据若干问题的规定》和《关于办理刑事案件排除非法证据若干问题的规定》,严格地规定了死刑适用的证据标准。2011年2月25日通过的《刑法修正案(八)》,更进一步废止了13种经济性、非暴力犯罪的死刑,并原则上取消了75周岁以上老年人犯罪的死刑,这些标志着中国现阶段的死刑制度改革取得了突破性进展。

2013年11月12日中国共产党第十八届中央委员会第三次全体会议通过

---

① 陈兴良:《死刑备忘录》,武汉大学出版社2006年版,第129页。
② 参见陈兴良:《死刑备忘录》,武汉大学出版社2006年版,第130页。
③ 参见储槐植著:《1997年刑法二十年的前思后想》,载《中国法律评论》2017年第6期,卷首语第2页。
④ 参见彭新林著:《论前科与死刑的限制适用》,载《华东政法大学学报》2017年第2期。

了《关于全面深化改革若干重大问题的决定》,内容之一是明确提出要"逐步减少适用死刑罪名",2015年8月29日全国人大常委会《刑法修正案(九)》废止了走私武器、弹药罪等9个罪名的死刑,《刑法》规定有46个死刑罪名。此外,《刑法修正案(九)对重大贪污受贿犯罪增加终身监禁措施,其目的在于进一步严格限制该类犯罪死刑的适用,在司法实践中已被适用,在学界引起反响,这是对死缓罪犯执行死刑门槛的加高。这些有目共睹的成就,值得称道,今后,我国要进一步在立法上大幅度取消死刑罪名、继续严格死刑适用的标准和规格,死刑制度朝着严格限制和逐步废止方向的改革,这是大势所趋。

三、我国死刑政策执行中存在问题

在我国目前所处的历史阶段以及所面临的社会环境下,采取保留死刑、限制死刑,并朝着废除死刑方向发展的死刑政策是正确的。然而,这一科学的死刑政策如果得不到正确执行,不仅危害公民的生命安全,也将在国际上对我国刑事司法造成不良的影响。下文将我国死刑政策在制定过程中所存在问题进行详细分析。

(一)我国死刑政策执行过程中所存在的观念误区

迷信死刑的威慑力,认为死刑可以起到杀一儆百的作用,这种观念上的误区是导致我国死刑政策执行所存在问题的根源。

死刑究竟有多大的威慑力是数百年来刑事法学者争论的焦点之一,随着人们在该问题上研究的深入,答案越来越清晰。在功利主义学者边沁、实证派犯罪学家菲利及其学生李斯特的论证中,死刑相对于其他刑罚不可比拟的威慑力作用被否定。"联合国在1988年和1996年组织的两次关于死刑与杀人罪的关系的调查中,都得出结论说,没有证据支持死刑比终身监禁具有更大的威慑力。"[①]中外刑事司法史中一些具体的实例也证明了上述结论,一些废除死刑国家的经验表明,废除死刑并不会导致犯罪率的上升,如加拿大在1975年,也就是废除死刑的头一年,谋杀罪的比率为每10万人中3.09人,但到1980年下降到2.41人;1999年,也就是废除死刑后的第23年,下降到1.76人,比1975年低了43%。我国刑事司法实践从相反的角度,证明了增加死刑的适用也并不能导致犯罪率的下降,如我国的伤害罪1982年全国共发生20298件,1983年增设死刑后,1993年伤害案件增加到64595件,增长3.18倍;重大盗窃案1982年发生14404件,1983年对盗窃罪增设死刑后,1993年增加到301848件,增长20.66倍。1997年我国修订刑法典时,废除了普通盗窃罪的死刑,当时许多人担心盗

---

① 贾宇主编:《死刑研究》,法律出版社2006年版,第54页以下。

窃罪将成倍增长,但几年过去了,事实并非如此。①

早在新中国建立初期甚至于中国整个刑事司法史之中,特别是在社会犯罪形势严峻的历史时期,我国刑事司法机关习惯于通过对罪犯适用死刑来威慑犯罪,以求起到杀一儆百的功效。然而,这些具体的数字打破了长久以来死刑威慑力深不可测、不可替代的神话。这就要求我国刑事司法机关在死刑的适用问题上,必须严格执行法律,严格遵循限制使用死刑的精神,而不能以威慑犯罪作为滥用死刑、扩大死刑适用范围的借口。

(二)立法在执行限制死刑政策上存在的问题

与1979年刑法典相比,1997年修订的刑法典在贯彻执行限制死刑政策上有着巨大的进步。然而,社会形势的发展变化,刑事立法也应相应有所变化,在当前社会背景和国际局势之下,1997年修订的刑法典在执行限制死刑政策上又存在诸多问题。

我国学者作出了如下统计:从罪名上看,1997年修订的刑法典的死刑罪名广泛分布于分则除渎职罪一章以外的其他各章之中,死刑适用的章数占分则总章数的90％以上,死刑罪名的绝对数达到68个;从刑法条文上看,约有6个条文规定死刑为绝对刑,占全部死刑条文的10％以上。② 与世界其他国家相比,我国有关死刑的罪名和条款是偏多的。这些大量的死刑罪名和条款,是刑事司法大量适用死刑的依据,这一立法现状,不符合当前我国限制死刑政策。

(三)司法在执行限制死刑政策上存在的问题

我国《刑法》第48条规定:"死刑只适用于罪行极其严重的犯罪分子。……""罪行极其严重"是一个弹性的规定,我们很难对其作出严格的限定,而只能交给法官自由裁量。在一定程度上,我们可以这样说,被告人的生死取决于法官一念之间。法官如果缺少悲天悯人的情怀,缺乏对限制死刑精神的深刻理解,那么,只要存在死刑,死刑就可能被滥用。

我国历代统治者都迷信刑罚的威慑力,早在春秋战国时期,法家学派就主张严刑峻法,通过杀戮来遏制犯罪,商鞅就提出"以刑去刑"的重刑理论。他认为:"禁奸止过,莫若重刑"③。这是我国重刑主义开端。

重刑主义传统并没有随着历史而消逝,它对当前我国刑事司法仍产生着重大影响。在面对严重刑事犯罪时,我国法官更倾向于对被告人选择适用死刑。因而大量刑事犯罪都被归入"罪行极其严重"一类,我国限制死刑的刑事政策在刑事司法中并没有得到很好的执行。

---

① 贾宇主编:《死刑研究》,法律出版社2006年版,第54页以下。
② 参见龙洋:《关于我国死刑政策与死刑限制的反思与重构》,载《理论导刊》2005年第11期。
③ 张国华:《中国法律思想史新编》,北京大学出版社1998年版,第140页。

四、完善我国限制死刑政策的建议

上述问题关系到被告人的生死,也关系到我国刑事司法的国际声誉,因此必须得到妥善解决。针对我国立法和刑事司法在执行限制死刑中所存在的问题,我国学者提出诸多完善建议,笔者将这些完善意见总结如下:

(一)有关死刑立法的完善

限制死刑的适用应从完善刑事立法着手,在刑事立法方面,我们可以从以下几个方面去努力:

(1)削减适用死刑的罪名。限制和削减死刑罪名,直至最终废除死刑,此为国际刑事立法的潮流所向,也是我国已经签署并有待批准的《公民权利和政治权利国际公约》对待死刑的基本立场。根据该《公约》的规定,死刑只适用于最严重的犯罪。联合国经济及社会理事会秘书长关于死刑的第六个五年计划曾列举并调查的对不属于最严重的犯罪却适用死刑的情况有:毒品犯罪、强奸罪、绑架罪、经济犯罪、职务上的犯罪、宗教犯罪等。因此,为尽可能地使国内法符合《公约》限制死刑的慎刑要求,我国应将可以判处死刑的犯罪加以严格限制,只对危害国家安全罪、危害公共安全罪和侵犯公民人身权利罪适用死刑,而对并不危及人身权利和国家安全的经济犯罪、财产犯罪等非暴力犯罪的死刑则应逐步地削减直至废除。[①]

(2)进一步限制适用死刑的对象。我国《刑法》第49条规定:"犯罪的时候不满18周岁的人和审判的时候怀孕的妇女,不适用死刑。审判的时候已满75周岁的人,不适用死刑,但以特别残忍手段致人死亡的除外。""审判"一词在我国的刑事诉讼法中仅指人民法院的审理判决阶段。然而,对《刑法》第49条中的"审判",我国司法解释作出了扩张解释,审判时怀孕的妇女包括了从立案时起至刑罚执行完毕前怀孕的妇女。这是贯彻刑罚人道主义观念的结果,也符合我国限制死刑政策之精神。这一做法也是与国际上普遍的做法相一致的。联合国经济及社会理事会于1984年5月25日批准的《关于保护死刑犯权利的保障措施》及外国的有关立法,都将新生儿的母亲、精神病人以及老年人不纳入死刑适用对象的范围,更彻底地体现刑法对死刑的限制和刑法的人道主义精神。

(3)我国最高人民法院已收回死刑复核权。但是,死刑复核权收回之后,如何更加完善我国死刑复核程序是目前我国学者讨论的焦点。在该问题上,我国学者提出以下建议,笔者在自身理解基础之上,对这些建议加以简要说明:首先,在我国确立死刑案件二审制度,并要求死刑案件二审必须一律开庭审理,以此作为缓解死刑复核权收回给最高人民法院带来的工作压力的前置程序。其次,在

---

① 参见龙洋:《关于我国死刑政策与死刑限制的反思与重构》,载《理论导刊》2005年第11期。

死刑复核程序中要求强制辩护和全程辩护,对直接言词原则的贯彻执行也应提出更高的要求,以更好地维护被告人的权益,防止死刑适用错误。最后,在判决上实行全体一致和审判委员会多数一致原则,这不仅可以限制法官在死刑案件上的自由裁量权,防止个别法官受重刑主义观念的影响,在一念之间决定被告人生死,而且还可以最大限度地减少死刑适用数量。①

(4) 构建我国死刑赦免制度,从刑罚执行上限制死刑适用范围。我国刑法虽然提及赦免,但是赦免在我国刑事立法中并没有制度化,在刑事司法中也没有发挥该制度在限制死刑适用中的重要作用。

在我国刑事司法史上,赦免制度创立甚早,从文献记载看,传说的唐虞时代已有赦免之制,经春秋战国,至汉代正式确立,以后历代封建王朝施行不废。②新中国建立之后,赦免制度日趋萎缩。从立法上看,我国在1954年《宪法》中规定了大赦和特赦制度,1982年《宪法》中规定了特赦制度;从执行上看,1959年到1975年之间,我国共实行了7次特赦,此后赦免制度再没有使用过;从适用对象上看,除第一次特赦赦免了普通刑事犯罪之外,以后六次赦免都只限于战争罪犯。③

在国外,如英美等国,对死刑犯的赦免作为一项重要的刑事司法制度被长期保留下来。对于保留死刑国家来说,赦免死刑犯对于减少死刑执行人数,限制死刑具有重要意义。

鉴于我国死刑执行人数过多,死刑适用过于严厉的现状,重新构建我国死刑赦免制度又被学者们提上议事日程。

就限制死刑的趋势而言,赦免的价值应该肯定。对此,我国学者对此作出充分论证,并提出以下三条理由:"第一,赦免发展到今天,彰显统治者恩德的功能已大为减弱,更多地体现出人道主义的关怀,死刑是对人生命权的剥夺,基于人道主义的赦免制度更有利于死刑适用的大幅度减少。第二,赦免制度可以救济法律规定的不足,从而减少死刑的适用。法律具有确定性、普适性。这对于法律权威的树立,使人们对法律产生信赖无疑具有积极意义。但社会复杂多变,法律的发展总是落后于社会的变化。尤其是一个大国,各地法制环境与法律文化不尽相同,同样的法律也不可能适合一切情况。死刑判决时经常遇到'法理'与'情理'矛盾的现象,其原因就在于法律规定僵硬,赦免制度的存在即可极大地克服法律规定的弊端,在很多情况下,有利于减少死刑的实际执行。第三,赦免制度可以纠正司法的错误,一定程度上防止误杀。即使法律对死刑适用有严格的程

---

① 参见薛剑祥、董超:《死刑复核程序之建构与完善》,载《法学》2006年第3期。
② 参见董念清:《论中国古代的赦免制度》,载《兰州大学学报》1996年第3期。
③ 参见王作富主编:《刑法》,中国人民大学出版社1999年版,第225页以下。

序和规则予以控制,但司法错误的可能性是永久存在的,死刑的执行将造成错误的无法弥补,对死刑罪犯的赦免,将减少死刑错误适用发生的概率,尤其是将赦免制度与确定的法律规定相结合对错案进行监督,更有利于限制死刑。"[①]

联合国1966年《公民权利和政治权利国际公约》第6条第4款规定:"任何被判处死刑的人应有权要求赦免或减刑。对一切判处死刑的案件均得给予大赦、特赦或减刑。"这一国际性的法律文件赋予了死刑犯要求赦免的权利。出于国际交往的考虑,1998年10月5日,我国政府签署了加入联合国《公民权利和政治权利国际公约》,在全国人大正式批准后,《公约》将对我国适用。因此,完善我国死刑犯赦免制度,在死刑执行阶段限制死刑的适用,可以促使我国早日加入该公约。

具体言之,死刑赦免制度是指核准死刑的判决、裁定生效后,如果该罪犯确有悔改或者立功表现,或者具有法律规定的其他特定条件,应当停止死刑命令的执行,并且立即报告最高人民法院,由最高人民法院发布死刑赦免令,赦免其死刑而改判其他刑罚的制度。

死刑赦免制度不同于我国宪法规定的特赦制度,而是一种新型的刑罚制度。它具有如下基本特征:

第一,适用的对象仅限于被判处死刑立即执行且判决已经生效的罪犯。

死刑赦免制度适用的对象仅限于经死刑复核程序核准死刑立即执行的犯罪分子。该罪犯在实际执行死刑之前,若符合法定条件,可通过死刑赦免程序,获得死刑的赦免。死刑赦免程序的发动,并非以生效死刑判决确有错误为前提。如果在实际执行死刑前发现死刑判决有错误,犯罪人不该判处死刑的,应通过审判监督程序来解决。

第二,必须确有悔改或者立功表现,或者具有法律规定的其他特定条件。

死刑犯确有悔改或者立功表现,表明犯罪人主观恶性和人身危险性的减弱。这种悔改、立功表现,并不局限于《刑法》第68条的规定,还应包括其他的悔改、立功表现,这一弹性解释为死刑赦免安装了一扇大门。

"其他特定条件"是指已决死刑犯除悔改、立功表现以外所具有的自然状态。如对执行前患有精神病等严重疾病,没有刑罚承受能力的已决死刑犯;对于身患癌症等绝症濒于死亡等没有刑罚承受能力的已决死刑犯等。

第三,死刑赦免的机关是最高人民法院。这样可以保证死刑赦免的严肃性和执法的统一性。

(二) 在刑事司法中限制死刑的适用

限制死刑政策最终要通过刑事司法来实现,在刑事司法中限制死刑的适用

[①] 刘健、赖早兴:《我国赦免制度的激活与完善》,载《现代法学》2004年第4期。

是逐渐减少死刑适用的关键一环。对此,我们可以从以下两个方面努力:

(1) 对刑法中规定死刑犯适用条件,即对"罪行极为严重"进行严格的限定。

"罪行极其严重"是一个概念,司法解释也没有对此作出明确的界定,司法实践中适用标准并不统一,这是导致刑事司法实践中死刑扩大的重要原因之一。如何界定"罪行极其严重",学者间也存在不同意见。有的学者认为,罪行极其严重是指,犯罪对国家和人民的危害特别严重,罪行是否极其严重不仅要考察犯罪行为的客观危害,还要考察行为人的主观恶性和人身危险性;而有的学者则认为,罪行极其严重,仅仅指犯罪构成客观方面,即犯罪对国家和人民危害特别严重和情节特别恶劣。[①]

如果仅从字面意思,我们的确可以得出,刑法中所谓"罪行极其严重"仅指犯罪的客观危害后果。然而,如果探寻立法本意,也就可以发现这种解释不符合立法目的,也不符合国家限制死刑的刑事政策。因此,笔者认为,对"罪行极其严重"应该从主客观两个方面加以限定,"罪行极其严重"不仅指犯罪人犯罪行为社会危害性巨大,而且还包括了罪犯主观恶性、人身危险性大这一层次的意思。

(2) 扩大死缓的适用范围。

1951年5月8日,毛泽东在提出死缓意见之后,中央起草了《关于对犯有死罪的反革命分子应大部采取判处死刑缓期执行政策的决定》。中央这个决定下达不久,5月10日全国公安会议在北京召开。这次会议上确定了"死缓"刑名,并形成《第三次全国公安会议决议》。

毛泽东同志提出,在我国设立死缓制度的初衷就是限制死刑的适用,减少死刑人数,给罪犯留下一条自新的机会。这一制度在我国被长期坚持下来,并规定在现行《刑法》第48条之中。

在我国,许多学者对我国的死缓制度寄予较高的意义期许,并呼吁扩大死缓制度的适用范围,充分发挥死缓在限制死刑和废除死刑过程中的过渡作用。这一刑事司法的重大变革,需要刑事立法的配合,对此,学者们提出以下两个方面的建议:

第一,改变我国刑事立法首先将"死刑只适用于罪行极其严重的犯罪的分子"作为通例,而将死缓作为在"不是必须立即执行"时的特例,通过明示的列举式,尽可能使死刑的执行成为例外,而使死缓成为通例,如通过立法将死刑立即执行仅仅局限于严重危害国家安全的暴力犯罪、严重危害公共安全的暴力犯罪和严重的侵害人身的暴力犯罪。其他应当判处死刑的犯罪将死刑缓期执行作为判处死刑的必经程序。这样不仅可以大大限制死刑的实际适用,而且可以充分体现刑罚教育和预防的功能。

---

① 参见肖中华、周军:《如何理解"罪行极其严重"》,载《人民司法》1999年第11期。

第二,在死缓的适用条件上,在立法或司法解释中对"应当判处死刑"和"不是必须立即执行"作出比较明确的规定和解释。在立法缺陷的现有情况下,应按照我国刑法主客观相一致的原则,既考察犯罪行为的客观危害,也要考察犯罪人的主观恶性,同时考虑长期积累的一些司法经验来综合判断。例如,可以在刑法分则中根据不同的犯罪种类划定死刑立即执行与死缓适用的区别。

(三) 更激进的观点是:以死缓取代死刑立即执行

在总结他人观点的基础上,笔者认为,毫无疑问,近代以来的罪刑法定给人们带来的不仅仅是人权的保障,同时也随着时代的发展而不断有负面效应的出现,利弊兼存的情况下如何存利去弊,这需要学者不断研讨与论证。在立法不能立即废除死刑之时如何发挥司法的功能以减少人类自身的坎坷与错误未尝不是一个有效的思维路径。

司法就是将立法具体化,使死板僵硬的立法条文变成生动活泼的个案现实。司法的存在是立法的生命,没有司法立法将会成为毫无意义的空气震动。司法如此重要,既然立法没有取消死刑,还有司法的途径,司法如何控制生命权的剥夺?

1. 必要性论证

(1) 我国现行刑法规定的模糊性。死缓是我国的独创,其用意在于慎杀,对于罪该处死而又不是立即执行的可以判处死刑缓期两年执行。根据现行刑法的规定,判处死缓与判处死刑立即执行的区分标准,主要在于是否"必须立即执行"。而所谓"必须立即执行",显然极为抽象和模糊。虽然有关司法实务部门就"必须立即执行"总结了一些经验,但也无法从根本上改变这一标准的抽象性和模糊性,还极易造成全国的不统一,这对于攸关人之生死的大事来说,无疑是极为不当的。而在死缓替代死刑立即执行的设置下,对犯罪分子是否实际执行死刑的标准就不仅十分清晰,而且具有可操作性。

(2) 教育刑理念的实施。犯罪人实施犯罪行为后不是对其进行报应而更多的是教育改造使他重新回归社会中来并过上正常人的生活。如果单纯为报应而执行死刑或为平民愤而执行死刑不给予其任何自新的机会则违背正常的逻辑。因为不堪改造的结论,必须在经过一定时间的改造之后才能得出。任何一个人在被改造之前,无不存在着改造的可能性。因此,以死缓替代死刑立即执行,给予任何犯有严重罪行的人一次重新做人的机会,才能在保留死刑的前提下,为实际执行死刑提供一个相对合理的解释。

(3) 从实践的层面看,以死缓替代死刑立即执行,对于防止错杀、冤杀更有积极作用。近年来,云南杜培武案、辽宁李化伟案、海南黄亚全、黄圣育案以及甘肃杨文礼、杨黎明、张文静案,都属于触目惊心的重大冤案,而当事人得以"刀下余生",一个显然的原因就是死缓。尽管我们有理由对有关司法部门造成如此严重的冤案提出各种指责,却无不对其"留有余地"的最终选择予以充分肯定! 这是不得已而为之的无奈之举。

(4)以死缓全面替代死刑立即执行符合废除死刑的渐进步骤,同时也符合当代刑事政策理念。

2. 可行性论证

(1)充分发挥司法的功能。20世纪六七十年代,美国有一种犯罪学的代表理论——社会反应理论,该理论认为:犯罪是一种社会反应,如果立法上不将某种行为规定为犯罪,则无犯罪可言;如果立法上规定犯罪但司法上不追究则无犯罪;如果立法司法都认为是犯罪但民众不认为是犯罪则无犯罪。由此可以看出司法的功能,如果没有司法的存在,那么可以肯定地说根本就无犯罪,更不用奢谈刑罚。因为犯罪与刑罚是一对因果关系,无犯罪当然无刑罚。如果司法不将死刑付诸实施,即使立法规定也是形同虚设。

(2)我国目前《刑法》关于死缓的适用条件是:第一,罪行极其严重。即为性质非常严重的犯罪。第二,不是必须立即执行。其条件可从以下若干方面进行评价或者综合衡量:其罪行尚未达到最严重的程度;罪犯在共同犯罪中不是起最主要作用的犯罪分子;犯罪后投案自首或有立功表现,或者有其他重大悔过表现的;考虑到被害人存在一定过错,可以判处死缓;个别情节不够清楚,个别证据无法查清,为留有余地,判处犯罪人死缓;犯罪人能够积极退赃,悔过表现十分明显的;鉴于犯罪是发生在同村近邻甚至是家庭成员之间,犯罪原因非常特殊;犯罪人犯罪后未归案,在逃期间,犯罪人从事过有益于国家和人民的重大事情,如见义勇为救助他人生命等;考虑到国际影响,或者出于保存活证据和另案线索的需要;犯罪人的年龄、智力以及自身技能等情况;根据我国少数民族、宗教、华侨政策,对于少数民族、宗教人士、华侨及侨眷中的罪行极其严重的犯罪分子,也尽量不判处死刑立即执行。在目前情况下总能找到上述理由中的一个或两个,这样司法实践中的死刑案件基本上可以判处死缓来取代。

(3)如果采取硬性规定的手段以使司法人员在审理死刑案件时不枉不纵方向明确,这种方式具体操作的方案有两种可供选择:一是通过最高人民法院下发司法解释的方式,对于所有判处死刑立即执行的案件全部判为死缓;二是通过最高人民法院的死刑复核程序,一律将死刑立即执行改为死缓。①

(4)即使是从现有程序而言死缓案件作为一类特殊案件,在刑罚体系和刑事诉讼的量刑环节都具有自身的特殊性,死缓案件的裁判一经确定,就应当维护其裁判的司法权威和稳定性,不得启动再审程序改判为死刑立即执行。

死缓制度包含着人文关怀的基本理念,蕴涵着珍爱生命的人本主义精神,体

---

① 参见张文等著:《十问死刑》,北京大学出版社2006年版,第146页。

现了宽严相济的刑事政策思想,因而是应受到广泛提倡和大力贯彻运用的刑罚制度。

五、限用死刑的另一理由——犯罪人被害化[①]

在立法规定死刑[②]、司法慎用死刑[③]、法理阐明限制死刑适用[④]的情况下,对于罪该处死的犯罪人我们是否还能找到理由让他们活下来？法学及法律工作者们不断发挥聪明才智从正反两方面寻找规范的及非规范的因素,将死刑适用的标准、限制死刑适用的法定、酌定情节几乎论尽。在现有框架内,在犯罪人不具有任何已论证的从轻量刑情节如自首、立功、民事赔偿、刑事政策、刑事和解、民意等等条件下,对其判处死缓乃至无期徒刑,犯罪人的成长环境即犯罪人的被害化可否导致责任分担,这是一个可以思考的视角。它与传统的"杀人偿命"相悖离,与近代以来的刑法基本原则之一"罪责刑相适应"相冲突,与现代以来的人道主义原则相一致。

本书第七章第四节描述了犯罪人被害化的过程及结果,本部分单独研究犯罪人事前的被害化导致的他实施了犯罪行为及出现了犯罪结果,如何分担犯罪人的刑事责任,即国家、社会、其他人既然影响了行为人的行为,那么对行为所导致的结果就应当承担一些责任,行为人的责任因此相对少些,而不用对其判处死刑立即执行,犯罪人受害化从而成为限用死刑的一个理由。

（一）个案现象描述

对于罪当处死的犯罪人,在已穷尽法律规定的从宽量刑情节以外,是否还有可考虑的不处死刑的理由？笔者认为,犯罪人的成长环境可导致责任分担,即国家、社会、家庭及其他人也应当分担一些行为人的刑事责任。以下以三个典型案例加以说明。

一是文强案,它的背后是制度建设、权力制约的缺陷等等。《中国青年报》2010年7月12号刊登了文强案始末:原重庆市公安局局长文强因受贿1211万

[①] 本部分主要内容已发表在《山东警察学院学报》2014年第4期。

[②] 尽管《刑法修正案》（八）已废除13个罪名的死刑,占死刑罪名总数的19.1%,刑法典中还有多个条文规定死刑。

[③] 仅举一例:《人民法院报》2008年7月11日第5版"案例指导"专栏发布的"杨克群故意杀人案",其裁判要旨是:对因婚姻家庭、邻里纠纷等民间矛盾激化引发的故意杀人、故意伤害等案件,被害人一方有明显过错或对矛盾激化负有直接责任,或者被告人有法定从轻处罚情节的,一般不应判处死刑立即执行。

[④] 参见储槐植：《死刑司法控制：完整解读刑法第四十八条》,载《中外法学》2012年第5期；赵秉志、彭新林：《我国死刑适用若干重大现实问题研讨——以李昌奎及其争议为主要视角》,载《当代法学》2012年第2期；赵秉志、彭新林：《论酌定量刑情节在限制死刑适用中的作用》,载《刑事法治发展研究报告》,中国人民公安大学出版社2013年版,第289—307页；张心向：《死刑案件裁判中非刑法规范因素考量》,载《中外法学》2012年第5期；叶良芳：《死缓适用之实质标准新探》,载《法商研究》2012年第5期。

元、包庇纵容5个黑社会性质组织、1044万巨额财产来源不明、强奸,数罪并罚,被判处死刑,剥夺政治权利终身,并没收个人全部财产。2010年5月21日文强案二审宣判,维持一审法院的判决。7月7日文强被执行死刑。文强在最后陈述中说,自己走上犯罪道路的原因,主、客观因素都存在,主观上的因素是主要的,客观上的因素是社会环境的影响、制度约束的滞后等。

二是杨佳袭警案,它的背后是社会风气,包括道德、主流价值观等出现的问题。杨佳,男,1980年8月生,汉族,北京市人。杨佳因对公安民警的盘查不满,多次句公安机关投诉并要求赔偿未果,于2008年7月1日携带尖刀等作案工具闯入上海市公安局闸北分局机关大楼,持刀对数名公安民警及保安人员的头、颈、胸、腹等要害部位连续捅刺,造成6名民警死亡,2名民警轻伤,1名民警和1名保安人员轻微伤。法院认为,被告人杨佳故意杀人证据确凿、充分,罪行极其严重,社会危害极大,且无法定或酌定从轻处罚情节,法院依照《刑法》第232条的规定,作出了死刑判决。

三是大兴灭门案,家庭生活的氛围等是行为人实施杀人行为的原因之一。2009年11月27日16时许,北京市大兴区发生了一起震惊全国的灭门惨案,一家六口家中被害,最小的年龄不到2岁。落网嫌犯李磊竟是被害家庭的男主人。2011年9月8日,经北京市高级人民法院核准并上报,最高人民法院核准了大兴灭门案凶手李磊的死刑。李磊交代说,从小父母就对他的管教非常严厉,结婚后妻子在家里又过于争强好胜,加上自身性格内向,长期的家庭积怨在他心中累积,最近几个月,家里的矛盾更加突出,集中爆发。

上述三名犯罪人受害化的环境与结果都不相同,但受害这一点是相同的,权力得不到制约,权力不为民众服务,社会风气是非颠倒,个人心理失衡得不到及时救助等等,导致行为人以极端的方式解决问题,国家再以极端的方式解决这些极端问题,以恶制恶。这种恶性循环必须得到有效遏制,先从国家、社会及每个人做起,完善制度,出现危害社会的结果后承担相应的责任。犯罪人被害化是犯罪学上的一个研究课题,是对社会中存在的一种客观现象的描述。这一现象可直接通过刑法及刑事诉讼法的规定,从某种程度上减轻犯罪人的刑事责任。

(二) 政策路径

宽严相济中的"严",不仅仅指严厉,还应当有严密的含义。严密法网、疏而不漏。及时解决已然犯罪问题胜于严厉惩处犯罪分子。法网严密应当有两层意思:一是立法上的严密;二是司法上的严密。前者包括整个刑事立法的相对完善,如刑事实体法与刑事程序法;后者指对触犯刑律的人应当受到追究,无论是刑事的还是行政的追究,让犯罪人难逃法律的制裁,其所受到的行政追究部分应当隶属于"宽"的范畴。

以贪污受贿罪为例,立法上虽然还有些有待增加或修正的地方,如性贿赂入罪、取消《刑法》第385条"为他人谋取利益"的规定等等,但根据现有立法,可以认定这一类犯罪。更多的质疑是法网不严密,日常生活中人们感觉到贪官的存在,但被查处的却少之又少。及时并严密查处贪官,或许其法律效果及社会效果优于判处他们死刑立即执行。"严密"相对于"严厉"为犯罪人被害化成为限制死刑的一个理由在政策路径上找到了一个通口,从而有了刑事政策的根据及刑事政策学上的理论根据。

（三）刑法规定——实体法上的根据

刑法规定的量刑依据是："对于犯罪分子决定刑罚的时候,应当根据犯罪的事实、犯罪的性质、情节和对于社会的危害程度,依照本法的有关规定判处。"它是罪责刑相适应原则的具体化。但这条规定仅仅体现了刑事古典学派的理论,刑事人类学派和刑事社会学派的理论现在我国《刑法》第63条第2款的规定:犯罪分子虽然不具有本法规定的减轻处罚情节,但是根据案件的特殊情况,经最高人民法院核准,也可以在法定刑以下判处刑罚。刑法规定的刑罚幅度是适用于实践中的各种情况的,由于具体犯罪情节千差万别,不排除个别案件中即使适用刑法规定的最低刑仍然过重,不符合罪刑相适应原则的情况。

刑法如此规定,就是为了赋予人民法院在特殊情况下,根据案件的特殊情况作出特殊处理。"经最高人民法院核准",主要是为了防止实践中扩大适用范围或滥用减轻处罚的规定,造成不良影响。在实际执行中,由于对判处法定最低刑还是过重的情况界限不明确,随意性较大,存在不少问题,因此,要注意准确把握何为"案件的特殊情况"。案件的特殊情况,是指案件的特殊性,如涉及政治、外交等情况。对于有特殊情况的案件,即使犯罪分子不具有本法规定的减轻处罚情节,经最高人民法院核准,也可以在法定刑以下判处刑罚。这是对减轻处罚的特殊规定。地方人民法院在适用这一规定时,必须报经最高人民法院核准。

法律需要被解释,将政治、外交情形解释为案件的特殊情况没有异议,但还有"等"字,相当于政治、外交情况的许多情形都可归入"等"中,犯罪人被害化也可以入"等"的范畴,结果是两害相权取其轻。这不仅仅是刑罚个别化即刑事社会学派的主张,也是人道学派的主张。其背后的哲学基础在于人道主义。

（四）程序对接——量刑前的社会调查报告

仅仅有犯罪学理论的论证、刑事政策层面的支撑、实体法的规定还不足以解决犯罪人被害化作为一个理由限制死刑适用,法治国家要求程序公正,一定要有对接的程序,才可顺利完成这一量刑行为。

2001年4月,最高人民法院在《关于审理未成年人刑事案件的若干规定》中就对社会调查员制度作了规定:"开庭审理前,控辩双方可以分别就未成年被告人的性格特点、家庭情况、社会交往、成长经历以及实施被指控的犯罪前后的表现等情况进行调查……必要时,人民法院也可以委托有关社会团体组织就上述情况进行调查或者自行进行调查。"这一规定也可适用对成年犯罪人的量刑,尤其对应当适用死刑的犯罪人,这一调查报告可以起到限制死刑的适用。

另外,量刑调查报告不仅为美国、日本的法律所规定,而且为世界许多国家与专家学者所认同。现在在美国,量刑调查报告不仅适用于缓刑、轻微的刑事犯罪,而且也适用于重罪。量刑调查报告所要调查的内容也极为广泛,包括被告人的素质、性格、精神状态、知识水平、健康状况以及悔改的态度等,也包括被告人的生育史、家族、近邻、学校、同学、工作等情况。犯罪人被害化的过程与量刑前的社会调查报告相一致,也是刑事一体化的内容,因为这一做法涉及了刑法、刑事诉讼法、犯罪学三个学科的内容。虽然量刑调查报告的理论基础是刑罚个别化,而犯罪人被害化是强调国家、社会及其他人对行为人责任的分担,但两者殊途同归。

我国有刑事诉讼法学者在研究量刑信息调查,该学者认为,确保量刑信息得到全面、准确的调查,是量刑程序改革所要解决的一项重大课题。中国迄今没有引进"量刑前报告"的可能性,也难以将少年司法中的"社会调查报告"推广到"成年人案件"的量刑程序之中。在量刑建议制度的推行中,一直存在着"重量刑结果、轻量刑信息"的问题,而律师在从事量刑辩护过程中也对量刑信息的搜集不予重视,也缺乏相应的制度保障。被害方对量刑程序的参与不仅具有必要性,而且也可以向法庭提供新的量刑信息。为实现量刑裁决的公正性,为了使法官在量刑上的自由裁量权受到有效的规范和制约,法院有必要对量刑信息的调查确立更为合理的程序。①

笔者认为,中国具有引进"量刑前报告"的可能性,也可将少年司法中的"社会调查报告"推广到"成年人案件"的量刑程序之中,从而寻找到限制死刑的根据。正如刑事和解及恢复性司法与国际对接一样,全球一体化下的法律制度趋同多于趋异。当然,在实施主体、报告内容、适用程序、法律效力等方面还需具体论证。

六、终身监禁可替代死刑

终身监禁虽然在我国当下只适用于极其严重的贪污贿赂犯罪,但追溯其渊源、分析其性质,它本身就是无期徒刑的一种适用,就像死缓于死刑一样。应当区分刑法与刑事政策的界限。我国以后在修订《刑法》时可更加明确终身监禁的适用,以更多的终身监禁替代死刑,从而符合减少并在实际上不适用死刑的国际趋势。

(一)终身监禁的由来

终身监禁就是无期徒刑的一种适用,是死缓的一种最终执行结果。2015 年

---

① 参见陈瑞华:《论量刑信息的调查》,载《法学家》2010 年第 2 期。

出台的《刑法修正案(九)》首次明文规定了在贪污贿赂犯罪领域可以适用终身监禁。与原有的无期徒刑相比,有三点不同:一是适用特定对象,仅限于贪污贿赂犯罪人;二是不得减刑、假释;三是程序上直接在判决书中宣告死缓后终身监禁。无期徒刑本是我国刑罚体系中的独立刑种,1979年《刑法》规定了无期徒刑,1997年修订的《刑法》依然沿用了这一刑种。理论上的无期徒刑是剥夺犯罪分子终身自由的刑罚,但从我国《刑法修正案(九)》以前的立法规定及司法实践来看,没有对任何的犯罪分子剥夺过终身自由,虽然判处其无期徒刑,但可以减刑、假释,在《刑法修正案(八)》颁布之前,理论上,被判处死缓的服刑人员最长执行年限可达24年[①]。

我国《刑法》及《刑法修正案》一直在试图改变并完善无期徒刑的各种适用措施。1997年修订的《刑法》第81条第2款规定:"对累犯以及因杀人、爆炸、抢劫、强奸、绑架等暴力性犯罪被判处10年以上有期徒刑、无期徒刑的犯罪分子,不得假释。"其中就有对累犯及暴力性犯罪被判处无期徒刑不得假释的规定,但司法实践没有相关的判例,如果有,应当就是最早的终身监禁。

《刑法修正案(八)》将1997年修订的《刑法》第50条第1款"如果确有重大立功表现,2年期满以后,减为15年以上20年以下有期徒刑"修订为"减为25年有期徒刑",并增设了第2款,即"对被判处死刑缓期执行的累犯以及因故意杀人、强奸、抢劫、绑架、放火、爆炸、投放危险物质或者有组织的暴力性犯罪被判处死刑缓期执行的犯罪分子,人民法院根据犯罪情节等情况可以同时决定对其限制减刑。"司法判例依然没有绝对的限制减刑。将第81条关于假释的条件修改为:"被判处有期徒刑的犯罪分子,执行原判刑期1/2以上,被判处无期徒刑的犯罪分子,实际执行13年以上,如果认真遵守监规、接受教育改造,确有悔改表现,没有再犯罪危险的,可以假释。如果有特殊情况,经最高人民法院核准,可以不受上述执行刑期的限制。"第2款修改为"对累犯以及因故意杀人、强奸、抢劫、绑架、放火、爆炸、投放危险物质或者有组织的暴力性犯罪被判处10年以上有期徒刑、无期徒刑的犯罪分子,不得假释。"上述规定对于严重危及人身安全、公共安全及暴力性犯罪分子,限制对其减刑及不得假释,立法规定非常清晰与明确,将原来的无期徒刑或延长在狱中最低期限及越来越接近真正的终身监禁,无期徒刑如果得不到减刑与假释,那就是绝对的无期徒刑了。

在《刑法修正案(九)》中,终身监禁具化了无期徒刑。而且,立法规定的终身监禁,将法定刑、宣告刑及执行刑三者基本同一起来,例外的因素越来越少。

终身监禁是死缓的法律执行结果之一,至于犯人是否真的在狱中度过余生,还要取决于他在被终身监禁的刑罚执行过程中是否具有重大的立功表现。有学

[①] 参见陈兴良著:《死刑备忘录》,武汉大学出版社2006年版,第52页。

者主张:"现阶段被判处终身监禁的死缓犯不能适用关于重大立功的规定,未来立法修改时,基于促进犯罪分子的教育改造和发挥终身监禁的制度优势之考量,可考虑对其增补适用重大立功的规定"①。这些争议,表面上看是对于刑法解释的不同理解,究其本源,却是古典学派与现代学派之争,究竟是静态地看待罪责刑相适应还是动态地看待这一原则,在刑罚被确定时主要根据行为人已然的行为等等,在刑罚被执行时,需要观察其被改造的情况,刑法规定可以减刑、假释就是制度的最好的动态延展。终身监禁中的不得减刑、不得假释也面临着价值取向背后的解释,另外,或许遇上大赦特赦,或许符合监外执行的条件,除此以外,"牢底坐穿"。

(二)终身监禁可替代死刑立即执行

自《刑法修正案(九)》出台以来,人民法院已先后对白恩培、魏鹏远、于铁义三名严重腐败犯罪分子判处了不得减刑、不得假释的终身监禁。从案件的判决我们可以看出,在实践中,对于终身监禁的具体适用可以从实体和程序两个方面加以明确:在实体方面,司法解释明确规定对于那些判处死刑立即执行过重,判处一般死缓又偏轻的重大贪污受贿罪犯,可以决定终身监禁;在程序方面,凡是决定对犯罪分子适用终身监禁的,在一、二审作出死缓裁判的同时应当一并作出终身监禁的决定,而不能等到死缓执行期间届满再视情况而定。终身监禁就是让犯罪人在狱中度过余生,法院不得对其减刑、假释。犯人只有在符合监外执行的条件下才可出狱,但他们由于身体或精神的原因客观上已无能力享受社会生活,另一种情况是遇到国家大赦或特赦。学界有观点认为,这样是不是比死刑还残酷?无期徒刑并非真正的无期,而终身监禁真的是终身监禁,这种让人失去希望的刑罚难道不是生不如死吗?

毫无疑问,终身监禁具有残酷性、非人道性。所有的刑罚都具有这一功能,大多数教科书在论证刑法的法律性质时,都会提到"刑法的强制性最为严厉,任何法律都有强制性,但所有这些强制,都不及刑法对犯罪分子适用刑罚这种强制方法严厉"②。理论上的刑罚分为四种:生命刑、自由刑、财产刑、资格刑,其严厉性不言自明。关键是刑罚的正当性是否存在,"惩罚成为最后手段,而且人们确实接受了这个手段的话,那么这同时也意味着它排除了其他一切可使用的手段"③,"刑罚必须是明确的、恰当的惩罚"④。但究竟什么是明确的、恰当的,尤其是恰当的惩罚,没有单一的、统一的标准,实施操作起来困难重重。

---

① 参见商浩文、赵秉志著:《终身监禁新规法理争议问题论要》,载《现代法学》2017年第4期。
② 高铭暄、马克昌主编:《刑法学》(第七版),北京大学出版社、高等教育出版社2016年版,第8页。
③ 〔德〕沃尔夫冈·弗里希著:《国家刑罚的前提和界限》,赵书鸿译,载《当代德国刑事法研究》第1卷,法律出版社2016年版,第187页。
④ 同上书,第189页。

犯罪主体、制定刑罚主体及社会中的第三人主体对终身监禁是否重于死刑可能会有不同的结论。犯罪主体的价值观不同,生死观各异;立法者的价值判断、民意的舆论导向、国家的大政方针乃至文化传统等诸多因素影响国家即制定刑罚主体对两种刑罚的判断;社会中的第三人更为复杂,分别持报应主义、预防主义、人道主义观点的人会得出不同的结论,因此,无法论证或没有客观标准验证究竟终身监禁轻于死刑还是重于死刑,只能从生命是唯一的、不可替代的客观方面说明自由刑轻于生命刑。有学者认为,"终身监禁与人道主义的价值追求背道而驰"[①],这依然是从不同的角度看待得出的结论,人道主义也是相对的,自由刑相对于生命刑就是人道主义的,财产刑相对于自由刑也是人道主义的,虽然可能对于个别人的主观感受不同,但从宏观角度言,这一点应当被确信。由死到生,又由生到对自由宣判死刑,这个角逐过程体现了对人权和社会秩序这两种法益的衡量,也体现了我国刑罚思想的转变。

世间很难有一种理论放之四海而皆准,比如刑罚的一般预防或特殊预防,虽然目前学界基本达成共识,但是仍有巨大的认识空间可探究。有学者认为:"从预防刑的角度,终身监禁的设立排除了教育和改造犯罪人重归社会的可能,将犯罪人永久隔离于社会的做法不利于服刑人员重新做人,从而减少犯罪。"[②]那么,以此推理,死刑更无改造的可能,人都已不存在,更谈何回归社会?终身监禁更多地体现在国家对于贪污贿赂犯罪分子处罚的态度,以立法的方式规定下来,司法适用。惩罚与教育是刑罚的内在属性,刑罚具有剥夺功能、威慑功能、改造功能、教育功能、安抚功能和鼓励功能。每一刑种有其中的多项功能,但并不是所有的刑种都完全具备所有的功能,有些有侧重,有些有倾向,这一概括性的功能论证并不适用所有的刑种,终身监禁当然不具有让犯人回归社会的功能。终身监禁与犯人回归本来就矛盾,设置它作为无期徒刑的执行方式之一,就是一种价值选择,舍前而顾后。

另一老生常谈的理由是死刑的不可纠错性,而冤假错案的发生无论在哪一个国家都不可避免,因此,终身监禁替代死刑的优势显而易见。美国有学者研究导致冤假错案的八大司法迷信是:监狱里的每个囚犯都会声称自己无罪;我们的司法体制很少冤枉好人;有罪的人才会认罪;发生冤案是由于合理的人为过失;目击证人是最好的证据;错误的有罪判决会在上诉程序中得到纠正;质疑一个有罪判决将会伤害受害者;如果司法体制存在问题,体制内的职业人士将会改善它

---

① 吴雨豪著:《论作为死刑替代措施的终身监禁》,载《环球法律评论》2017年第1期。
② 高铭暄、马克昌主编:《刑法学》(第七版),北京大学出版社、高等教育出版社2016年版,第129—222页。

们。① 正是由于这些迷信,在任何一个国家都会存在冤假错案。当然,发生冤假错案的原因还有很多:"目击证人错误的指认;告密者看到了改善自己境遇的机会;他们为了进行辩诉交易换取轻刑而认罪;他们因精神上受到打击或强制或者他们是未成年人或者缺乏认知能力而认罪;他们愿意承认较轻的罪刑而不愿意牺牲自己一生的大部分或全部;过去的错误使他们经常成为被怀疑的对象;他们的律师没有起到任何作用,甚至仅因为过于繁忙或没有收到足额的报酬;他们受到某个严厉耿直或骄傲自大又或肤浅——或许是为了来年能够再次被提名当选——的县检察官的关注;或医学专家比较懒散或者能力不足又或者为了编造理由而捏造数据。"② 如果因为上述的某个原因出现冤假错案,犯罪嫌疑人被判处死刑立即执行,毫无疑问,以后所有的纠错对于已被处死的人毫无意义,死而不能复生;对于生者的意义也无太多的价值。

(三) 刑法与刑事政策的边界

虽然终身监禁可以作为替代死刑立即执行的措施之一,但在具体适用上不能混淆刑法与刑事政策,两者有一定的边界。刑法中的一项基本原则是从旧兼从轻原则,法不溯及既往,除非新法比旧法处罚轻,其标准应当以法定刑为限,它本身已包涵了立法者对罪质的考量及司法者适用的量刑规则。我国少杀、慎杀的刑事政策应当在刑法基本原则前提下适用,重法不具有溯及力。法不溯及既往是刑法问题,少杀、慎杀是刑事政策问题,罪刑法定永远是刑事政策不可逾越的樊篱。

刑事政策的研究范畴在于,从长远角度言,终身监禁制度设立的意义不能仅局限于贪腐领域,根据国际上的刑罚实践来看,终身监禁充当着死刑的替代角色。

终身监禁制度与死刑制度之下的死刑缓期执行制度虽然设立都是为了减少死刑的适用,但是它们也存在根本意义上的区别。死刑缓期执行的实质是刑罚制度之间的过渡桥梁,它将给予犯罪人转化刑罚处罚方式的机会,从而来减少死刑的适用。根据刑法典中对死刑缓期执行制度的规定,犯罪人在死缓执行期间没有故意犯罪,两年期满之后,减为无期徒刑;确有立功表现两年期满之后减为25年有期徒刑;如果故意犯罪,查证属实的,由最高人民法院核准,执行死刑。从中可以看出,针对犯罪人被判处死刑缓期执行后具体情节的不同,对接不同的刑罚制度。死刑缓期执行的本质属于附条件的不执行,附条件的刑罚转换,本应判处死刑的犯罪人由于其存在法定的情节而对其转变刑罚处罚方式。然而,不

---

① 参见〔美〕吉姆·佩特罗、南希·佩特罗著:《冤案何以发生》,苑宁宁等译,北京大学出版社2012年版,第299—328页。
② 同上书,第305页。

得减刑、不得假释的终身监禁制度,并没有后续对接的刑罚,它是对犯罪人不附加任何条件的最终判决,从判决开始犯罪人就免于剥夺生命。一旦被判处终身监禁就意味着该犯罪人终身不得减刑、不得假释,不存在对犯罪人考验期,意味着一个确定的判决即刻生效。

终身监禁入刑的最大意义不应该局限在对于贪污贿赂犯罪的惩处,而是它的突破和实验意义,我们应该考虑到它的设立对于现行的刑罚制度的影响,以及对死刑制度的冲击。从表面上看,终身监禁制度的设立仅仅是针对贪污罪和受贿罪作出的创设性修改,实则牵扯到刑法观念的变化和刑罚制度改革的重大转变,对于今后我国刑法的发展变化也具有特别的指导价值。

将终身监禁具体化在刑罚之中,无疑是在死刑过重和生刑过轻的两个极端间起到了调节作用,体现了对人权的保障和尊重。虽然目前终身监禁制度仅适用于贪污受贿犯罪领域,但是,可以扩大,在无法完全废除死刑的大背景之下,逐渐用终身监禁制度替代死刑制度将有效减少死刑的适用量,或许会成为终身监禁制度的发展方向。

(四)终身监禁的扩大使用

终身监禁被规定在立法中,或许是迫不得已的做法。一是贪污受贿现状;二是人们认识的差异与局限。伴随着人权观念的深入和刑法谦抑原则的广泛传播,"去死刑化"在很多国家已经实现,在 1977 年,全球只有 16 个国家废除了死刑,而如今则有 140 个国家(约占世界国家总数的 2/3)在法律上或实际操作中废除了死刑。死刑的废除是一种刑罚的改革也是一种社会制度的改变,它与一个国家的文化、经济、国民心态、社会心理有着千丝万缕的关系。目前我国理论上的共识是减少死刑。保留死刑的原因有许多,比如犯罪率居高不下、死刑的威慑效应、现阶段社会价值观念等等,但是对死刑的使用必须慎之又慎,死刑存在的形式意义远高于其实质意义。

终身监禁制度作为死刑与生刑之间的过渡,在量刑中给了裁判者更多的选择,原本应该判处死刑缓期执行的犯罪分子,依旧应当按法律规定判处死刑缓期两年执行。但是对于依照目前法律判处死刑立即执行过重,判处死刑缓期两年执行过轻的情况可以适用该制度。这样一方面可以减少死刑适用,同时也避免了处罚过轻的质疑。而在此过程中,不得"减刑、假释"已充分体现了罪责刑相适应原则。

终身监禁作为死刑的替代措施,在我国保留死刑但限制死刑的背景下,可针对所有的规定死刑的法条加上终身监禁,将适用的特殊化向普遍化转变,以替代死刑立即执行。其实,即便扩大使用终身监禁,其范围依然是有限的,只限于规定死刑的罪名,包括恐怖主义犯罪、严重侵犯人身安全、公共安全的暴力犯罪等。

第九章　实然微观刑事政策

实然微观刑事政策是指对已然犯罪人的各种具体处置措施。微观刑事政策才是刑事政策的核心，因为它最能体现刑事政策的初衷、功能及目的，也是刑事政策区别于其他社会政策、公共政策、犯罪对策之所在。当今世界各国微观刑事政策大多体现在对犯罪人的处遇上，其法律上的体现主要在刑法、刑事诉讼法、监狱法及其他行政法规中。简言之，微观刑事政策就是指具体的犯罪发生后，对犯罪人从程序到实体的具体处理措施。

第一节　实然微观刑事政策概说

一、犯罪人处遇概说

对已然犯罪人所采取的各种具体的处置措施实际上就是对犯罪人的处遇。

处遇含有吸入、吸引、处理、对待、治疗等意思，其中处理与对待的意思与处遇最相符。犯罪人处遇从狭义上来说，是指国家和社会对犯罪人所采取的为使犯罪人早日复归社会，防止他们重新犯罪的所有处置措施和待遇，其外延涉及刑罚领域和监狱领域以及其他领域。从广义上来说，还可以包括犯罪人的一般地位或者待遇。概而论之，犯罪人处遇应当是国家、社会及个人对犯罪人所采取的所有处置措施和待遇。

犯罪人是犯罪的主体，又是处遇的客体，因而在刑事政策学中处于十分重要的地位。如何对待犯罪人，表明了一个国家的社会文明与法律发达的程度。因此，犯罪人处遇是刑事政策学的重中之重。

犯罪人处遇经历了一个从野蛮到文明的历史演变过程，这一历史也就是刑罚的进化史。在远古时代，对于违反习惯的人，除血亲复仇以外，经常采用的一种惩罚方法就是将犯罪人从氏族或者部落中驱逐出去，这也是流放的起源。驱逐的结果是使犯罪人与群体相隔绝，剥夺了在氏族内生活的权利，这意味着取消了犯罪人做人的资格，使之成为与野兽为伍的非人。因此，这种放逐被认为是"间接死刑"或"非正式的死刑"。

在犯罪人的原始处遇中，还有一种符号化的现象。符号化是指将犯罪人通过特殊的标志符号与其他人相区别，以显示其犯罪人身份，从而起到孤立、羞辱的作用，中国古代的肉刑即是典型的一例。

在肉刑盛行的封建时代,受刑人肉体上的折磨是难以言表的,完全处于任人宰割的处境,不仅遭受肉体上的痛苦,同样也遭受精神上的创伤。因为肢体被毁,影响终身,而且异于常人,同样具有符号化的作用。肉刑由于其过于残酷,在历史发展的一定时期被废除,代之而起的是自由刑。

中国古代的自由刑源自西周的"圜土之法",这里的圜土被认为是监狱的雏形。及至《唐律》,这种监禁性的刑罚正式定名为徒刑。《唐律疏议》云:"徒者,奴也,盖奴辱之。"因此,徒刑是在一定期间内剥夺犯罪人的人身自由并强迫其从事奴役性的惩罚劳动的一种刑罚。自此以后,徒刑成为中国古代社会广泛适用的刑罚。在西方古代及中世纪,对付犯罪人的主要刑罚为生命刑及身体刑,虽然当时也有以剥夺自由本身为目的之拘禁,但往往仅将犯罪人幽禁于塔中或残废的寺院中予以监视而已。即使后来出现零星的自由刑,在刑罚体系中也不占重要地位。现代监狱蜕变于大规模关押贫民和精神病人的矫正院,这种矫正院最初是监狱和社会收容机构的混合体。它既接受某些犯罪人,主要是盗窃犯,也接受未犯过任何罪的单纯流浪汉。矫正院的重要意义在于:它使自由刑第一次大规模地出现于西方各国。在17世纪,监狱十分黑暗,苦役劳动是这个时期自由刑的特色。在这种情况下,犯罪人遭受残酷的迫害,处于一种非人的境地。这样的自由刑无异于肉刑的变种。[①]

自由刑可以在一定时期内剥夺犯罪人的犯罪能力,但是,并不能排除犯罪人在监狱中继续犯罪和从监狱逃脱后继续犯罪,以及从监狱刑满释放后继续犯罪。人们不得不重新审视监狱的功能,对于一些社会危害性较轻的犯罪分子,可以让他们避开监狱,对他们适用非监禁刑。非监禁刑就是不在监狱中执行刑罚,其措施和方法主要有[②]:

(1)避免审前拘留的措施。审前拘留是指在逮捕之后、审判之前采取的剥夺人身自由的措施。主要有限制活动、监督、保释、具结释放四种。

(2)审判时使用的非监禁制裁。一是需要监督和控制的制裁方法,包括缓刑、社区服务、家庭缓刑、合同治疗;二是不需要监督或控制的制裁方法,包括训诫、无条件释放、附条件释放、不予监督的附条件刑罚、单纯缓刑等;三是金钱赔付,包括罚金、补偿金、和解、个人赔偿、没收;四是取消权利,包括暂停或者吊销执照、剥夺权利、禁止从事一定活动、剥夺称号和荣誉;五是复合制裁,是指几种制裁措施结合使用的情况。

(3)审判后使用的非监禁措施:假释、暂时释放、中途之家和赦免。非监禁刑是刑种与行刑制度的结合。这种对犯罪人的处遇有助于犯罪人回归社会,符

---

① 参见李贵方:《自由刑的比较研究》,吉林人民出版社1992年版,第14—15页。
② 参见吴宗宪等:《非监禁刑研究》,中国人民公安大学出版社2003年版,第50—70页。

合人道主义精神,更有利于配置行刑资源。

二、犯罪人处遇的理论分析

随着启蒙运动所宣扬的人道主义思想的传播,犯罪人的处遇受到世人的关注。贝卡利亚从人道主义出发,对中世纪残虐的刑罚进行了猛烈的抨击,用理性的观念重新审视国家与犯罪人之间的关系。贝卡利亚从社会契约论出发,认为刑罚权来自公民自身权利的转让,其限度应该是维护公共福利,同样亦应保障个人的尊严和权利。"一旦法律容忍在某些情况下,人不再是人,而变成了物,那么自由就不存在了。"[1]尤其可贵的是,贝卡利亚改变了以往只把犯罪看作是犯罪人的个人责任,国家处于绝对的处罚地位,犯罪人则相应地处于绝对的被处罚地位的观念,提出了国家对于犯罪的防范责任。因此,贝卡利亚是第一个以理性的眼光对待犯罪人的伟大思想家。

此后,康德从"人是目的"这一原则出发,对犯罪人的人格给予了充分的尊重。在康德看来,"人是目的"是一种普遍有效适用于任何经验条件的先验原理即道德律令。绝对命令所要求的普遍立法,其所以可能,正在于人作为目的是一律平等的,因而才有普遍有效性。[2] 在康德看来,法是根据理性的判断而制定的,国家制定刑法的目的是为了尊重人格,尊重人的尊严,这是自然法的要求。从尊重人格的观念出发,康德主张对犯罪人要实行人道主义原则,不允许对犯人进行虐待。否则,有损于人的尊严,是对人格的污辱,是法律绝对禁止的。可以说,康德对犯罪人的人格予以充分的关注,肯定了犯罪人作为人的基本权利。

继康德之后,黑格尔抨击了封建酷刑,倡导人道主义。黑格尔认为,刑罚包含着犯人自己的法,所以处罚他,正是尊敬他是理性的存在。如果不从犯人行为中去寻求刑罚的概念和尺度,他就得不到这种尊重。如果单把犯人看作应使其变成无害的有害动物,或者以儆戒和矫正为刑罚的目的,他就更得不到这种尊重。[3] 黑格尔这种刑罚是犯罪人的权利和自我要求,以及对犯罪人的尊重的观点,是当时人道主义在刑法中的表现形式。

法国学者安塞尔指出:随着死刑运用越来越少和肉刑的消失,终身监禁也成了例外,而一般的剥夺自由刑不管它是重罪刑或轻罪刑,其最终结果几乎总是犯罪人的被释放。所以,如何对待犯罪人,如何组织好犯罪人的关押,以及在可能情况下如何寻找一种有效的方法帮助犯罪人重返自由生活等问题也提到了议事日程上来。当人们谈及刑罚的个别化或在刑罚执行期间应针对犯罪人确定具体

---

[1] 〔意〕贝卡利亚著:《论犯罪与刑罚》,黄风译,中国方正出版社2004年版,第72页。
[2] 参见李泽厚著:《批判哲学的批判——康德述评》,人民出版社1979年版,第281页。
[3] 参见〔德〕康德:《法的形而上学原理——权利的科学》,沈叔平译,商务印书馆1991年版,第154页。

制度时,在我们面前的就已经是活生生的具体的"犯罪人",而不是纯粹刑法意义上的抽象的"罪行"了。根据刑事实证学派的观点,国家对犯罪应采取积极的态度,把犯罪人当做一个人,尊重其个人尊严;把国家作为一种福利,任何人都能从中受利,即使是最坏的人也要受到国家的保护和关心。这样,刑事政策思想发展为根据犯罪人的个别犯罪原因,采取刑罚个别化,因人施教、改造、矫正犯罪人,使其复归社会。在这种情况下,不定期刑、缓刑、假释、保安处分以及监狱行刑过程中的分类处遇制度、心理分析、强制医疗方案等相继在欧洲大陆各国普遍实行。在刑事实证学派的努力下,建立了以个别化为中心的刑事矫正制度,犯罪人从单纯地接受惩罚的状态改变为接受各种形式的矫正以便重新复归社会的处遇。

个别化是刑事实证学派创立的犯罪人处遇制度中的关键词之一。个别化有一个从刑罚个别化向处遇个别化的演变过程。早在19世纪,萨累伊(R. Suleilies)就提倡"刑罚个别化"运动。萨累伊所提倡的刑罚个别化是着眼于增加选择刑、放宽法定刑幅度、多设置裁量上的加重或减轻情节,以此放宽法官的裁量范围为目的的刑罚个别化。在19世纪后半叶到20世纪初,受意大利的实证学派主张的影响,并随着精神障碍者的保安处分和不良少年的保护处分形成处遇体系,处分的个人和再社会化中个别化处遇的问题,就成了犯罪者处遇的中心课题。我们从中不仅可以看到法官选择和决定适合于犯罪者人格的刑事裁判的重要性,而且也可以看出在矫正处遇阶段里所进行的个别化的重要意义。[1]

著名法学家萨累伊在其所著《刑罚的个别化》一书中曾提到,个别化的阶段有法律上的个别化、裁判上的个别化以及行政上的个别化等三种个别化。[2] 这三种个别化具有时间上的先后顺序性,但只有把三者综合起来,才能对个别化作出完整的理解。所谓法律上的个别化,是指法律预先着重以行为作为标准,细分其构成要件,规定加重或减轻等。当然,还不止从行为角度予以构成要件的类型化,而且还包含在刑法中对某些犯罪人的类型加以特别规定,例如累犯、惯犯等,以便刑罚不仅与犯罪行为的社会危害相适应,而且与犯罪人的人身危险性相适应。法律上的个别化,对于19世纪的刑事立法来说具有重要的意义。1832年,法国以减轻刑罚作为修改一般化的刑法开始,法律上的个别化得到迅速发展。尤其是从19世纪末开始,由于各国在刑罚执行中采用缓期执行、假释、累犯加重等有关刑事政策,使法律上的个别化的内容更丰富多彩。20世纪,特别是到其后半叶,刑事政策立法的国际化更推动了法律上的个别化。第二次世界大战以

---

[1] 参见〔日〕森下忠著:《犯罪者处遇》,白绿铉等译,中国纺织出版社1994年版,第35页。
[2] 参见同上书,第11页。

后，欧洲大陆各国开始了一场引人注目的刑法改革运动。自1950年以后的三十年时间里，所有重要的发达的工业国家都卷入了这场运动，并且都对各自国家的刑事立法进行了全面的修改，旨在使刑法适应现代社会的要求。从"二战"以后开始的"社会防卫运动"主导了这次欧洲刑法改革的方向和进程。"社会防卫运动"是一场刑事政策的思想运动和改革运动。从目前的情况来看，法律上的个别化，可以说各国大体上达到同样的水平。例如，1993年《法国刑法典》第132-24条专门规定了刑罚个别化方式，明确规定犯罪人之人格在刑罚量定中的意义。法律上的个别化是基础，但仅有法律上的个别化是不够的，这就必须要有裁判上的个别化。

裁判上的个别化是指在刑事程序上的司法性的个别化。主要体现在法官（诉讼法意义上的法官）根据犯人的主观情况所作出的刑事制裁（刑罚、保安处分、保护处分）的选择和决定之中的个别化。随着司法处遇形态的多样化，法官对处遇形态的选择，已经成为一个重要的课题。法官在选择司法处遇的时候，应充分考虑犯罪者改造的可能性以及再适应能力。因此，法官在量定刑罚及其他处遇措施的时候，也更加注重个别化。

所谓行政上的个别化，是指在矫正处遇和保护性处遇的阶段里由行政机关所进行的执行个别化。这里的行政上的个别化，实际上是指行刑个别化，也是处遇上的个别化，这是个别化的最主要的内容之一。处遇上的个别化是以犯罪人重返社会为目的的，这里的重返社会就是再社会化。在社会学上，社会使新生的人类个体逐步接受文化传统、群体生活准则、获得社会生活的各种能力的过程，称为个人社会化。换言之，社会化就是一定的社会特性在相互有联系的个人中间延伸与发展的过程。所以，社会化是个人与社会的一致化，是个人被社会同化。[①] 社会上的任何一个人，都存在一个社会化的问题。但个人在社会生活中，也可能接受与社会相抵触的文化从而导致反社会化。犯罪是反社会化中最为严重的行为。对于犯罪人来说，需要通过强制方法，使之再社会化。因此，再社会化是社会化失败以后或反社会化中断以后而进行的社会化过程。[②] 不仅如此，而且犯罪人在犯罪以后，受到监禁等各种刑罚处分，这种刑罚处分的重要内容之一是使犯罪人与社会相隔离，防止其危害社会。但在刑满以后，由于犯罪人在一定时期内脱离了社会生活，因而会对社会生活不适应。为此，也需要使犯罪人再社会化。

---

① 参见宋林飞：《现代社会学》，上海人民出版社1987年版，第459页。
② 参见同上。

第二节 程序上的实然微观刑事政策

一、概说

程序上的实然微观刑事政策是指程序上的处遇,主要是从犯罪的立案开始到刑罚的执行或改造保护终了为止的一连串的刑事司法过程中,从特定犯罪人搜查到决定处遇的刑事审判为止的阶段上的犯罪人的处遇;还包括实施犯罪行为后行为人未被直接带入司法程序而采取其他的处置方式对其进行处理的过程与结果。

2001年3月最高人民检察院公诉厅印发、2007年8月修改并完善的《人民检察院办理起诉案件质量标准(试行)》《人民检察院办理不起诉案件质量标准(试行)》,增加了五项对轻微犯罪的犯罪嫌疑人可以依法作出不起诉决定的五种情形,另外把是否符合行政政策作为衡量起诉和不起诉案件质量高低的标准。五种情形是:未成年犯罪嫌疑人、老年犯罪嫌疑人,主观恶性较小、社会危害不大的;因亲友、邻里及同学同事之间纠纷引发的轻微犯罪中的犯罪嫌疑人,认罪悔过、赔礼道歉、积极赔偿损失并得到被害人谅解或者双方达成和解并切实履行,社会危害不大的;初次实施轻微犯罪的犯罪嫌疑人,主观恶性较小的;因生活无着偶然实施盗窃等轻微犯罪的犯罪嫌疑人,人身危险性不大;群体性事件引起的刑事犯罪中的犯罪嫌疑人,属于一般参与者的。归纳进来,上述犯罪的特点是:第一,这五种情形犯罪发生的原因、社会危害性等方面与严重犯罪有很大的不同,应当区别对待,适应不同的刑事政策。第二,这五种情形实际上是司法实践中对犯罪性质轻微,社会危害不大的主要方面的一个总结,此次在规定中予以明确,实际上是对法律规定的一个细化,也是微观或具体刑事政策的体现。

当然,在具体案件的认定上还有一定的标准,以关于生活无着为例,主要参考民政部在2003年7月曾经公布的《城市生活无着的流浪乞讨人员救助管理办法实施细则》第2条规定:城市无着的流浪乞讨人员,是指因自身无力解决食宿,无亲友投靠,又不享受城市最低生活保障或者农村五保供养,正在城市流浪乞讨度日的人员。当然对于盗窃犯罪嫌疑人而言,并不一定是乞讨人员,但可能是生活无助而偶然盗窃。在具体案件中,可以借鉴这个规定,从犯罪嫌疑人有无能力解决生活需要问题,是否真心解决了这个问题,看一下有无亲友可以投靠来帮助他解决生活问题,看一下是否享受了城市最低生活保证或者是农村五保供养,是否有其他的生活来源等等,考虑是否起诉。

这些实然微观刑事政策,其积极的意义远胜于起诉。国家司法机关一直在实践着微观刑事政策,对犯罪人的处置不再是一律送到监狱。目前我国刑事诉讼法学界探讨最为热烈的话题是少年司法转处制度及未成年人司法审查制度，它们实际上属于应然的具体的刑事政策的范畴，在某种程度上也与我们现行的不起诉制度不谋而合。在此我们作些简要介绍与论证。

二、侦查阶段的处遇

这是犯罪人真正进入刑事司法程序后所应得到的处置。

（一）讯问

讯问是侦查人员为了查明案件事实和其他有关情况，依照法定程序，以言词方式对犯罪嫌疑人进行审问的一种诉讼行为。

讯问犯罪嫌疑人是专门调查工作中的重要活动，在侦查程序中有十分重要的意义。犯罪嫌疑人作为刑事诉讼的当事人的一种，对自己是否实施犯罪以及如何实施犯罪知道得最清楚。通过讯问犯罪嫌疑人，一方面可以揭露和证实犯罪嫌疑人的犯罪行为，弄清犯罪的情节，判明犯罪的性质，查明其他应当追究刑事责任的犯罪人；另一方面可以听取犯罪嫌疑人的辩解，保护犯罪嫌疑人的合法权益，保障无罪的人不受刑事追究。因此，讯问犯罪嫌疑人作为收集与核实证据的一种方法，对于全面查清案情，防止冤错案件发生，有着重要的作用。

（二）人身检查

人身检查是指为了确定被害人、犯罪嫌疑人的某些特征、伤害情况或者生理状态，对其身体依法进行检查的一种侦查活动。根据我国《刑事诉讼法》规定，为了确定被害人、犯罪嫌疑人的某些特征、伤害情况或者生理状态，可以对人身进行检查。

检查涉及公民的合法权益，因此，必须严格依法进行。进行人身检查，必须由侦查人员进行，必要时邀请法医或医师参加。检查时必须遵守有关的法律，不得侮辱被检查人的人格。根据刑事诉讼法规定，犯罪嫌疑人如果拒绝检查，侦查人员认为必要的时候，可以强制检查。但是，对于被害人则不能强制进行人身检查。检查妇女的身体，应当由女工作人员或者医师进行。

（三）搜查

搜查是侦查人员为了收集证据、查获犯罪人而对犯罪嫌疑人以及可能隐藏犯罪人或者犯罪证据的人的身体、物品、住处和其他有关的地方进行搜索检查的一种侦查活动。搜查的目的是收集犯罪证据，查获犯罪人。

搜查是侦查机关同犯罪作斗争的一种重要手段。在大多数情况下，搜查的主要目的是收集证据，有时也可能是查找犯罪人。犯罪分子作案后，总是千方百计把赃物、作案工具及其他有关可以证明其犯罪行为的物品隐藏起来。对有关人员的身体或者有关的场所进行搜查，对于发现证据，弄清犯罪事实和查获犯罪人有着重要意义。

（四）拘传

拘传是指公安机关、人民法院和人民检察院对未被羁押的犯罪嫌疑人、被告人强制其到案接受讯问的一种强制方法。拘传是强制措施体系中最轻的一种，公安机关、人民法院、人民检察院在刑事诉讼过程中，根据案件情况都有权决定适用。

拘传的对象一般是经司法机关合法传唤，无正当理由而又拒不到案的犯罪嫌疑人、被告人。拘传作为刑事强制措施的一种，其目的是为了保证刑事诉讼活动的顺利进行。在刑事诉讼过程中适用拘传具有以下意义：

一是可以保证未受羁押的犯罪嫌疑人、被告人及时到案接受讯问，有利于司法机关收集证据、查明案情。

二是可以保证犯罪嫌疑人、被告人的一些合法权利不受限制，使其得以正常工作和学习，有利于维护社会稳定。

三是拘传是强制措施中最轻的一种，适用拘传可以教育感化一些犯罪嫌疑人、被告人，以达到预防犯罪的作用。

（五）取保候审

取保候审是指人民法院、人民检察院和公安机关对未被羁押的犯罪嫌疑人、被告人，依法责令其提供保证人或者交纳保证金，并出具保证书，保证不逃避或者妨碍侦查、起诉和审判，并随传随到的一种强制方法。

公安机关、人民检察院和人民法院在刑事诉讼过程适用取保候审制度，具有重大意义：

一是可以防止犯罪嫌疑人、被告人逃跑、自杀、串供、毁灭证据，实施妨碍刑事诉讼活动的行为。

二是赋予其一定限度的人身自由，有利于保障犯罪嫌疑人、被告人的合法权利。取保候审只是对被适用对象的人身自由进行一定程度的限制，他可以正常地工作和学习，照顾家庭或为社会做一些有益的事情。

三是取保候审可以节约司法机关的办案经费，免除在押人员生活费、管理费开支，使司法机关将人力、物力集中到打击严重的犯罪行为上去。

（六）监视居住

监视居住是指人民法院、人民检察院和公安机关对未被羁押的犯罪嫌疑人、被告人依法责令其不得擅自离开指定住处或居所，并对其活动加以监视和控制的一种强制方法。

监视居住的强制程度介于取保候审与逮捕之间，在司法实践中，司法机关适用监视居住这种强制措施是有一定的现实意义的：

一是可以对特殊对象的犯罪嫌疑人、被告人在不予关押的情况下，予以应有的控制，使其不得逃避或妨碍侦查、起诉和审判，有利于保证刑事诉讼活动的顺利进行。

二是可以防止错捕、滥捕,以免给司法机关的工作带来被动,同时也可以少捕少关,使犯罪嫌疑人、被告人能够正常地工作和生活,有利于维护社会稳定。

三是可以体现诉讼经济原则。刑事诉讼活动在保证公正地处理案件的前提下,也要兼顾效益,对没有关押必要的犯罪嫌疑人、被告人不予关押(这需要理论上的进一步论证及法律上有明确的规定),司法机关可以用同样的经费办理更多的刑事案件,这与诉讼经济原则是相一致的。

(七) 拘留

刑事诉讼中的拘留是指公安机关、人民检察院在法定的紧急情况下,对现行犯或重大嫌疑分子采取的临时剥夺其人身自由的一种强制方法,也称刑事拘留。

根据立法原意,刑事拘留应当是为了保证侦查等诉讼活动的顺利进行,侦查机关在紧急情况下所采取的一种强制方法。正确运用该项措施,可以及时制止犯罪,查获现行犯和重大嫌疑分子,迅速收集证据,查明案情,防止其逃避和阻碍侦查活动的进行。

(八) 逮捕

逮捕是指公安机关、人民检察院和人民法院为防止犯罪嫌疑人、被告人逃避侦查、起诉和审判,防止其发生社会危险性,依法采取的在一段时间内剥夺其人身自由,予以羁押的强制方法。逮捕是刑事诉讼强制措施体系中最严厉的一种,它不仅剥夺了犯罪嫌疑人、被告人的人身自由,而且一般都要羁押到法院的判决生效为止。

逮捕是较长时间剥夺犯罪嫌疑人、被告人的人身自由。准确、及时地使用逮捕措施,可以有效地防止犯罪嫌疑人、被告人逃跑、自杀、毁灭罪证和继续犯罪,有助于司法机关收集证据、证明犯罪和查明案情,从而保证侦查、起诉和审判活动的顺利进行。所以,逮捕是同犯罪作斗争的有力武器,能够达到其他强制措施无法实现的效果。

三、起诉阶段的处遇

起诉阶段的处遇有:审查起诉、提起公诉、不起诉、提起自诉。这些在我国《刑事诉讼法》中都有规定,其中值得探讨的是不起诉。

不起诉制度是指检察机关对移送审查起诉的案件进行审查后,在何种情形下可以不必或不能将案件提起公诉而作出的终止诉讼决定的有关规定。同时,为了防止检察机关滥用不起诉权和保护公民的合法权益,对检察机关不起诉决定的审查和不起诉决定效力的有关规定也属于不起诉制度的范畴。

我国现行不起诉决定包括:(1) 依法不追究刑事责任的不起诉,被称为法定不起诉或绝对不起诉;(2) 证据不足的不起诉,即在案件经过补充侦查后,检察机关认为仍旧不符合起诉条件作出的不起诉决定,被称为"证据不足不起诉";(3)基于检察机关自由裁量权对可以提起公诉的案件作出的不起诉决定,被称为"酌定不起诉"或"相对不起诉"。

四、审判阶段的处遇

从程序上而言,审判阶段的处遇有三个程序:一审、二审和死刑复核程序。在此程序中可依据我国《刑法》规定,判处犯罪人死刑、无期徒刑、有期徒刑、拘役、管制以及训诫、责令具结悔过、赔礼道歉、赔偿损失等非刑罚制裁措施,对此我们在实体上的处遇部分进行论证。在此主要关注缓刑的适用。

缓刑是指对被判处一定刑罚的犯罪分子,在其具备法定条件的情况下,在一定的考验期内附条件地不执行原判刑罚的一种制度。缓刑的特点在于,犯罪人被判处了一定的刑罚,同时宣告暂不予执行,但又在一定的时间内保留着执行的可能性。缓刑的实质在于附条件地不执行原判刑罚,即被宣告缓刑的犯罪人如果遵守在缓刑考验期限内必须遵守的条件,考验期满,原判刑罚就不再执行;但是如果违反了必须遵守的条件,则要执行原判刑罚。

我国刑法所规定的缓刑,是指对于被判处拘役或者3年以下有期徒刑的犯罪分子,根据其犯罪情节和悔罪表现,认为适用缓刑确实不致再危害社会的,人民法院可以在宣判刑罚的同时宣告缓刑,规定一定的考验期限,暂缓执行所判的刑罚。在缓刑考验期限内,被宣告缓刑的犯罪人如果没有犯新罪,没有发现在判决宣告以前还有没有判决的罪,也没有违反法律、行政法规或者公安部门有关缓刑监督规定且情节严重的情况,原判刑罚就不再执行了。缓刑不是免除了犯罪人的刑事责任,而是对被宣告缓刑的犯罪分子不实行关押,留在社会上进行监督改造,如果违反了刑法所规定的条件,那么原判的刑罚仍然要执行。

我国缓刑制度在立法方面还是比较具体、全面的,但是与缓刑制度较为发达的国家相比,还存在一些尚待完善之处:

第一,缓刑类型的完善。

目前在国外立法上存在两种缓刑,即刑罚暂缓宣告缓刑和刑罚暂缓执行缓刑,而我国立法上仅规定了刑罚暂缓执行一种缓刑,并且其法律后果仅仅是不再执行原判刑罚而保留有罪宣告。刑罚暂缓执行缓刑由于给犯罪人留下无法消除的污点,对犯罪人的自信心造成一定程度的打击,因而不利于充分发挥缓刑在教育改造犯罪人方面的功能。以原来的定罪量刑(罪刑已宣告)的判决丧失效力为法律后果的缓执行缓刑和以原来的定罪量刑(刑罚未宣告)的判决丧失效力为法律后果的缓宣告缓刑,由于缓刑期满后犯罪人被视为未曾犯罪之人,没有留下前科记录,能够使犯罪人以完全正常的心态融入社会,重新生活,因而对促使犯罪人改过自新所具有的作用,要大于以不执行原判刑罚但仍保留有罪宣告为法律后果的刑罚暂缓执行缓刑。因此,我国刑法在保留现有的刑罚暂缓执行缓刑的同时,可以考虑增设刑罚暂缓宣告缓刑或以原罪刑宣告丧失效力为法律后果的刑罚暂缓执行缓刑。

第二,完善有关缓刑指示的规定。

缓刑指示是指为了防止被缓刑人将来继续实施犯罪而规定的某些必须遵守的事项。我国《刑法》有关缓刑指示的规定表现为第75条关于被缓刑人应当遵守的规定。这些规定的不足之处在于,仅仅是对犯罪人的一般性约束,缺乏具有针对性的规定。由于犯罪人的人格特征、犯罪原因差别很大,如果对不同的犯罪人规定千篇一律的缓刑指示规定,并根据这些规定来考察被缓刑人的表现,显然不能取得良好的缓刑效果,不利于缓刑目的的实现。因此,可以针对不同的缓刑考察对象规定一些特殊的应当遵守的事项。

第三,完善撤销缓刑的程序性规定。

目前,我国涉及撤销缓刑的程序方面的规定仅有最高人民法院1994年3月21日通过的《关于审理刑事案件程序的具体规定》第242条第3款的规定。根据该规定,被宣告缓刑的犯罪人在缓刑考验期间内再犯新罪需撤销缓刑的,应当由审判新罪的人民法院在审判新罪时,对原判宣告的缓刑予以撤销。如果原来是上级人民法院判决宣告缓刑的,审判新罪的下级人民法院也可以撤销原判决宣告的缓刑。但这一司法解释是在现行的1997年修订的《刑法》施行前发布的,已经不适应1997年修订的《刑法》施行后的司法实践的需要。具体表现在:该司法解释仅对被缓刑人在缓刑考验期间再犯新罪撤销缓刑的程序作了规定,没有也不可能对在缓刑考验期间因发现漏罪或违反法律法规或监管规定情节严重而被撤销缓刑的程序作出规定。这使得在缓刑撤销问题上缺乏正当合法的法律程序可资遵循,对缓刑撤销活动的公正性和合法性难免造成负面影响。特别是在被缓刑人因违反法律法规或者有关缓刑的监管规定情节严重而被撤销缓刑的情况下,设置有关撤销缓刑的听证程序显得尤为重要。这是因为,第一,由于刑法的规定较为模糊,仅用一个"情节严重"来描述被缓刑人违反法律法规和监管规定的严重程度,这就使得十分有必要设置一个听证程序来辨清被缓刑人是否确实已经达到了情节严重的程度。第二,由于我国缓刑的监督考察机关是法院之外的公安机关,因而应当撤销缓刑首先是公安机关的建议,在将公安机关的建议转变成法院裁定的过程中,显然不应当由公安机关一家说了算,而应当同时倾听被缓刑人的陈述。可见,很有必要增设撤销缓刑的程序性规定,以使缓刑监督考察机关和被缓刑人都有机会充分阐明自己的观点和理由。

五、行刑阶段的处遇

（一）减刑

减刑是指对被判处管制、拘役、有期徒刑、无期徒刑的犯罪分子，在刑罚执行期间，如果认真遵守监规，接受教育改造，确有悔改表现或者立功表现，将其原判刑罚予以适当减轻的一种刑罚执行制度。

我国现行刑法规定的减刑的对象与条件失之过宽，例如将"认真遵守监规，接受教育改造，确有悔改表现"等模糊、弹性规定也规定为减刑条件，如果运用不当极有可能导致以下几方面弊端：

一是会削弱原判决的严肃性及弱化刑罚的惩罚犯罪、保护社会会众的效果。犯罪人的原判刑罚是根据罪刑法定原则及罪刑相适应等原则，根据犯罪事实、犯罪情节、对社会的危害程度，为惩罚犯罪，保护社会公众的目的而设定的，具有严肃性和确定性，除非发现原判决认定事实确有错误、证据不确实、不充分或主要证据之间存在矛盾，适用法律错误等情形，需要依照审判监督程序被改判之外，任何人无权变更。而减刑作为一种刑罚的具体运用的制度，其条件同样应与对犯罪人定罪量刑的条件一样严格，即同样应由法律明确规定，否则在没有改变定罪量刑所认定的事实和适用的法律的情况下，将减刑的条件设定得过宽，甚至将减刑设定为一种监狱或法院的裁量权，必然会缩短犯罪人依照罪刑法定等原则而应被执行的刑期，从而相应地削弱原判决的严肃性和权威性，并弱化惩罚犯罪、保护社会公众的效果。

二是由于被减刑的犯罪人并不意味着已经过必需的矫正、改造，并不意味着其已形成健全的人格，故一旦各种管束解除，犯罪人从监管严格的狱内生活突然走向宽松的社会生活，一些犯罪人无法适应新的环境，容易引发重新犯罪。而这些原犯罪人一旦重新犯罪，往往又会手段更加残忍，方法更加隐蔽，对社会公众的安全造成更大的危害。

三是减刑条件过宽，会对刑罚的执行机关、法院、犯罪人产生误导。对刑罚的执行机关及法院而言，将减刑的条件规定得过宽，并将减刑设定为执行机关及法院的裁量权，将会导致刑罚执行的人治化。而对于犯罪人而言，由于将减刑条件规定得过宽，使得在刑罚的执行实践中，服刑人员几乎人人都能得到减刑奖励，有的甚至多次受到减刑奖励，也会对犯罪人产生误导，使他们认为减刑是刑罚执行的必然结果，甚至认为是自己的应有权利，其激励功能必然会被削弱，甚至会产生负效应。

对我国减刑制度的完善实质上是一个系统工程，需要立法者、司法者、狱政执法者与社会公众等各方面的共同参与。而要从根本上完善我国的减刑与假释制度，首先需要在立法上予以完善。具体而言，对我国减刑制度的立法完善应包括以下几方面：

一是应将被判处无期徒刑的犯罪人的减刑与被判处管制、拘役、有期徒刑的犯罪人的减刑区分开来。正如我国《刑法》在编排上把死刑减为无期徒刑规定在总则第三章第五节"死刑"一节而未规定在第四章第六节"减刑"一节中一样，无期徒刑减为有期徒刑也同样不应规定在"减刑"一节，而以规定在第三章第四节"有期徒刑、无期徒刑"一节中为宜。也正如我国刑法规定的死刑缓期执行减为无期徒刑仅以没有故意犯罪为条件一样，无期徒刑减为有期徒刑的条件也相应地可规定的较为宽松一些，即对被判处无期徒刑的犯罪人，除了将若干重大立功表现规定为应当减为有期徒刑的条件以外，可将一般立功表现与认真遵守监规、接受教育改造、确有悔改表现规定为可以减为有期徒刑的条件，这样规定的作用仍在于给被判处无期徒刑的犯罪人一个重获自由、重新开始新生的机会，并有利于对被判处无期徒刑的犯罪人的矫正、改造，使其不至于对社会完全绝望。同时，对于无期徒刑减为有期徒刑在执法与司法实践中还是应严格适用，特别是对于因累犯被判处的无期徒刑者。

二是应在立法上将减刑条件严格起来。即应仅把若干立功表现以法律明文规定的形式规定为减刑条件，而认真遵守监规、接受教育改造、确有悔改表现等弹性规定则不宜再作为直接适用减刑的条件。当然，对于被判处有期徒刑的犯罪分子在获得假释以后，在假释期间可将接受教育改造、确有悔改表现等作为可以减刑的条件。犯罪人形成一个健全的人格需要一个严格意义上的矫正或医治、教育的过程，故需要把犯罪人已经过一段时期的假释作为对接受教育改造、确有悔改表现的犯罪人减刑必须具备的条件。

（二）假释

假释，是指被判处有期徒刑或者无期徒刑的犯罪分子，在执行了一定时间的刑罚之后，如果认真遵守监规，接受教育改造，确有悔改表现，不致再危害社会的，司法机关将其附条件地予以提前释放的一种刑罚执行制度。

假释是人类行刑历史发展到一定阶段，逐步形成的一种特殊的刑罚执行制度，已为世界各国广为采用。我国的刑事立法中也设立了假释制度，并经过了几十年的实践。但是，从现行的假释制度来看，存在假释条件、程序规定得过严的问题。这些问题使得假释的适用被局限在窄小的范围内，抑制了假释功能的发挥，甚至在执行中引起了较为严重的副作用，其弊端具体体现在以下几方面：

一是将假释的条件规定的过严，会淡化假释应当是犯罪人权利的权利属性。假释制度是刑法近代学派矫正刑论的产物，而矫正刑论认为对犯罪人的犯罪人格进行矫正既然是社会的义务，那么相应的犯罪人要受到人格矫正自然也就是犯罪人的权利。此外，将假释设定为犯罪人的权利更深层次的意义还在于须将被判处刑罚的，尤其是被判处剥夺自由刑罚的犯罪人当做一个人来对待，应给予犯罪人以人道的尊重，人文的关怀，人格的提升，从而使犯罪人在人的本质上得到复归、解放、更新和再造。自由刑通过缔结一个人造的封闭社会，剥夺受刑人的人身自由，把犯罪人与社会分离出来，实质上是剥夺了犯罪人的社会生命，并缓慢而持久地损害受刑人的精神。而假释制度的设立，正是为了从人道的立场出发，为犯罪人再社会化建立一道桥梁。如果将假释条件规定过严，淡化假释的权利属性，实质上是极大地限制假释作为犯罪人再社会化桥梁的作用，而这无异于永久地剥夺绝大多数被判处过有期徒刑的犯罪人的社会生命。

二是将假释的条件、程序规定得过严，同样也会误导刑罚执行机关与人民法院。长期以来，在我国的刑事立法与司法实践中，对犯罪人均存在着重打击轻矫正，重惩罚轻教育的倾向，犯罪人往往仅被当做一个被专政的对象看待，而很少被当做一个还拥有一定权利的人来看待。将假释条件规定得过严，更加剧了刑罚执行机关与法院的这一倾向。对于刑罚执行机关而言，对犯罪人的假释客观上是需要承担一定风险的，个别犯罪人在假释期间出现失控而重新犯罪，甚至发生恶性案件，有关责任人会被追究责任或受到社会的指责，故对于刑罚执行机关而言，在法律规定对犯罪人可假释可不假释的情况下，本就倾向于对犯罪人不予假释；同时将假释规定为法院审判权的一部分，规定假释必须经由法院裁定，同样也只是使审判人员与刑罚执行机关一起来承担风险，审判人员同样也会有对犯罪人不予假释的倾向，这使得对犯罪人通过假释进行再社会化的渠道更为狭窄。而假释作为一种应视为犯罪人权利的刑罚具体执行制度，实际上是不宜予以司法化的，假释的决定权还是应由司法行政机关或假释委员会来行使为宜。

对上述问题可考虑从以下几个方面加以完善：

一是应把假释决定权交由司法行政机关或假释委员会来行使。假释不同于减刑，减刑是对犯罪人法定的权利、责任的变更，犯罪人应承担的刑罚是由人民法院依法判处的，故对犯罪人所应承担的刑罚进行变更当然也应经由法院依法裁判。而假释只是对犯罪人被判处刑罚的具体执行方式的改变，只是为犯罪人再社会化构筑的一道桥梁，故假释的决定权当然也应由司法行政机关行使为宜。可设立由司法行政人员与法律、社会工作者共同组成的假释委员会来决定对犯罪人是否应给予假释。设立假释委员会的优越性在于：一方面，我国的狱政机关隶属于司法行政部门，由司法行政人员参与假释委员会的组成，有利于狱政机关与假释委员会之间的沟通，使假释委员会能够最大程度地了解到犯罪人的表现，尤其是能了解到犯罪人是否遵守监规等方面的日常表现，从而有利于提高对犯罪人假释的效率；另一方面，由于假释委员会本身与狱政机关互不隶属，且假释委员会有法律、社会工作者的参与，具有权力行使的多元化、分散化与民主化特征，所以，大多数情况下，能够保障对犯罪人假释的公正。

二是应通过立法明确假释的内涵。自由刑或许应含有惩罚、打击与教育、矫正的双重性质,而假释则应是一种纯粹的教育、矫正。这体现在两方面:一方面,假释并不是对犯罪人的完全释放或放任不管,负责对假释的犯罪人进行监管的机关应从有利于犯罪人回归社会的角度出发,根据每个被假释的犯罪人的实际情况及适应社会正常生活的能力的大小,或对其进行谋生技能的职业教育,或对其实施能够真正体现其权利、义务相一致的劳动矫正,或只让其按照规定向监管机关汇报活动、会客情况并对其离开居住地进行必要的限制。另一方面,负责假释的机关应真正地把教育、劳动当作被假释的犯罪人的权利来对待,尤其是要把劳动真正地当作被假释的犯罪人的权利来对待,这包括应给予被假释的犯罪人在节假日、公休日包括工作日应有的休息权及与家人团聚的权利,以及应给予被假释的犯罪人与其所付出的劳动价值相当的报酬。保障假释犯的职业教育权与劳动权的意义在于有利于部分犯罪人树立社会公正的信念,这显然会有利于其健全人格的形成,有利于防止其回归社会后,再被社会所边缘化。

第三节　实体上的实然微观刑事政策

一、刑事法规定的对犯罪人的处分

(一) 死刑

实然宏观刑事政策一章中已经对死刑问题进行了专门的研讨。在此不再赘述。

(二) 自由刑

自由刑具有可分性、伸缩性、隔离性等特点,因此曾被予以很高的评价。然而现实中却导致了罪犯在服刑期间出现社会化迟滞问题及监狱化问题。

罪犯被投入监狱后,需要同时进行社会化与再社会化。一方面,由于社会不断发展,罪犯需要进行社会化,以使罪犯自身跟得上社会发展;另一方面,罪犯同时还需要进行再社会化,即罪犯被迫重新习得社会规范、掌握生活技能,以弥补原来的社会化不足。自由刑是一种剥夺罪犯自由的刑罚。自由刑的执行是实现社会正义的需要,国家通过监狱执行刑罚,惩罚罪犯,向社会昭示违法犯罪的后果,同时,自由刑是改造罪犯的需要,使犯罪者改恶从善不再危害社会。但是,自由刑的执行势必影响罪犯的社会化。罪犯被判处徒刑,隔离于社会,使罪犯丧失了社会化的基本条件和环境,使罪犯社会化速度迟滞于社会正常成员,能力低于社会其他成员,从而表现出监狱化的特征。

所谓监狱化,是美国社会学家唐纳德·克莱默描述监狱使人异化的概念。按他的解释,监狱化是指罪犯对监狱文化的学习与内化的过程,具体包括三方面:一是对监狱亚文化的学习与接受;二是对监狱当局制定的正式规则和制度的学习与接受;三是对监狱普通文化的学习与接受。由于罪犯监狱化的过程主要是对监狱亚文化的学习与接受过程,因此,罪犯监狱化过程是一种反社会化的过程,在一定程度上也是犯罪化的过程。

为避免自由刑的弊端,19世纪末20世纪初,许多国家,特别是英美,极力倡导监外劳动。监外劳动可以使罪犯逐步适应社会,不致回归社会后无所适从。事实上,行刑社会化正是在人们重新审视刑罚与行刑效率之后产生的全新刑罚思想。由于行刑社会化更符合刑罚与行刑的发展规律,可以说行刑社会化完全是刑罚发展史的逻辑结论。

目前,世界各国为促进行刑社会化而采取的改革措施主要有以下几种:第一,设置开放监狱,使罪犯靠近社会服刑,或在社会中服刑。开放监狱是相对封闭监狱而言的,是指在不影响刑罚执行的情况下,通过取消监狱围墙、铁栅栏、手铐等形式,减少对罪犯自由的限制,以尽可能缩短在押犯同正常社会生活的距离的监狱。第二,广泛采用累进处遇制,使罪犯逐步接近社会,直至假释。第三,推行请假离监制度,对符合条件的罪犯,允许离监。第四,用公共服务代替自由刑(尤其是短期自由刑)。

根据我国实际情况,我国可以在肯定假释、缓刑、管制等已有的具有行刑社会化性质的制度基础上,重点推行开放性处遇级别制度,即在现行分级处遇级别基础上设置开放性处遇级别,监狱允许经严格把关进入开放性处遇级别的罪犯参加监狱组织的社会劳务承包或其他社会劳动,从而构建以开放性处遇级别制度为核心的行刑社会化体系。具体构想如下:

一是扩大监狱行刑的社会参与。目前,我国监狱系统管教人员的专业知识结构不尽合理,精通心理学、社会学、精神病学等专业的人才奇缺,缺乏多方配合和支持,从而影响了教育改造质量。为改变这种状况,可借鉴国外经验,制定各种鼓励、扶植政策,吸引社会上的各类专业人员和其他社会志愿者参与行刑工作。许多国家的经验表明,在行刑过程中引入民间力量,可以减轻受刑人对国家强制性权力所抱有的本能的敌意,促进其同社会的亲和倾向;同时,各类专家参与行刑,还可以弥补监狱管教人员背景单一的缺陷,提高矫正的专业化程度。

二是完善罪犯的外出与归假制度。外出与归假制度,是对罪犯的开放式处遇制度的重要组成部分。西方行刑实践中,形成了多样化的外出与归假制度,这些制度都有明确而具体的立法规定,在行刑实践中被普遍采用,对于促进罪犯同家庭与社会的联系,强化其对社会生活的适应,起到了积极的作用。我国在外出与归假方面的制度与立法尚不完备,监狱法虽然创设了离监探亲制度,但对其适用的标准、条件、期限、审批程序、离监期间的行为规则等,都没有作具体规定,从而影响了这一制度的适用;同时,类似于国外的工作外出、就学外出、释放前外出等制度,在我国还没有普遍建立起来。应借鉴国外经验,并结合我国国情,进一步完善我国的外出与归假制度,使之法定化、制度化、具体化及多样化,以发挥其在罪犯再社会化过程中的独特作用。

三是建立半自由刑制度。半自由刑制度,也称为间歇监禁或中间处遇,是介于完全的监禁处遇与完全的社区处遇之间的一种罪犯处遇制度。半自由刑的主要形式有周末监禁、夜间监禁、业余监禁等。半自由刑制度是为改革短期自由刑弊端而设计的一种新型处遇模式,它不打断罪犯同家庭与社会之间的联系,不影响罪犯正常的工作与学习,同时,通过一定的监禁又可收到惩罚与教育之功效。20世纪60年代开始,半自由刑制度在欧美国家受到重视,越来越多的国家引进或扩大适用这一制度。我国也可以尝试建立自己的半自由刑制度,作为短期自由刑的替代行刑措施。可先选择个别监狱搞试点,待取得一定成效后再向全国推广。半自由刑的适用应限于刑期较短且人身危险性较小的罪犯,如过失犯、因生活困难而偶然作案的盗窃犯等。半自由刑的适用应当征得罪犯的同意,服刑地点应选择在距离罪犯住所较近的监所。罪犯如果违反有关纪律,如不能按时入监服刑、在狱外行为不端等,可撤销半自由刑处遇,改为正常服刑。

四是改进分级处遇制度。分级处遇也称为累进处遇,是指监狱依据罪犯的改造表现、服刑时间和剩余刑期的长短,综合考虑罪犯的犯罪性质和恶习程度,将罪犯分为不同的级别,对不同级别实行不同的处置和待遇的制度。分级处遇制度使呆板的自由刑由于受刑人表现的不同而有了伸缩性,从而具有引发和促进罪犯改过自新的激励机能;并且由于这一制度使监管环境递进改善,逐渐向普通社会生活靠近,有利于受刑人逐步适应社会、回归社会。

分级处遇已成为当代各国普遍采用的重要行刑制度,目前我国多数监狱也正在试行这一制度,但还处于起步阶段。由于没有专门的立法出台,我国各地在分级标准、处遇模式等方面缺乏统一性;同时由于我国未设立开放式监狱,使得晋级机制也不健全,释放前的最高处遇级别仍然在原监狱内执行,使罪犯服刑期间很少有直接接触和适应普通社会的机会,从而影响了分级处遇制度的效果。为此,我国应制定相关立法规范分级处遇活动,以统一分级、晋级和处遇的标准,同时可以考虑设立类似于国外的中间监狱、中途宿舍等机构,使罪犯在完全恢复自由之前有一个过渡的空间和缓冲的过程,也使得分级处遇的阶梯设置更为合理。

1. 管制

管制是指对犯罪人不实行关押而放在社会上由公安机关依靠群众监督改造的一种刑罚方法。管制是一种自由刑,它的特点在于对犯罪人不实行关押,犯罪人在社会上处于相对的自由状态,但是限制其一定的活动范围。管制的这一特点,使得它不仅在我国的刑罚体系中属于一种轻刑,而且这种刑罚方法具有很大的灵活性和经济性。管制对犯罪人来说无疑减轻了其本人及其家属的心理压力,使其正常的家庭生活基本不受影响,同时也减轻了国家的负担,以较少的投入取得最佳的刑罚效果。

管制是我国独有的刑罚方法,是专门机关与人民群众相结合,惩罚、监督、教育改造犯罪人的一种行之有效的刑罚方法。我国《刑法》第38条规定:"管制的期限,为3个月以上2年以下。被判处管制的犯罪分子,由公安机关执行。"第39条规定:"被判处管制的犯罪分子,在执行期间,应当遵守下列规定:(一)遵守法律、行政法规,服从监督;(二)未经执行机关批准,不得行使言论、出版、集会、结社、游行、示威自由的权利;(三)按照执行机关规定报告自己的活动情况;(四)遵守执行机关关于会客的规定;(五)离开所居住的市、县或者迁居,应当报经执行机关批准。对于被判处管制的犯罪分子,在劳动中应当同工同酬。"管制作为我国刑罚体系中五种主刑中最轻的主刑,有着其他刑罚不可替代的功能和作用。其优点显而易见,它在我国刑罚体系中的位置会随着社会的发展而越来越重要,适当扩大管制的适用范围,以降低剥夺自由刑的使用量,是大势所趋,也是历史必然。但随着社会历史条件的变化,管制刑出现了一些问题使得它应有的功能没能充分发挥出来,需要在立法、司法和执行等方面进行改革和完善。

(1) 管制刑适用的范围、对象过窄。

我国现行《刑法》可以适用管制刑的条款和范围太少和太窄,导致管制刑不能充分发挥教育、感化、改造罪犯的需要。根据管制刑的特点和功能,对于罪行较轻、主观恶性较小、社会危害性不大的犯罪人在立法上应该尽量提供可以适用管制刑的可能,以便法官在裁量刑罚时,有更多的选择适用管制刑的机会,对那些罪行较轻、主观恶性较小的过失犯、偶犯、未成年犯等尽可能地采用管制刑。

(2) 管制刑的期限不尽合理。

我国《刑法》第38条第1款规定:"管制的期限,为3个月以上2年以下。"如果再加上审前羁押折抵的刑期,犯罪人实际被执行的刑期还要更短。期限过短,不利于扩大管制刑的适用范围,也不利于对管制刑犯罪人的管理教育。如果适当增加管制刑的期限,就可以扩大管制刑的适用对象和范围,将罪行稍重但主观恶性不大、社会危害性较轻的罪行纳入适用管制刑的范围。

(3) 管制刑执行机关的法律规定欠妥。

我国《刑法》第38条第2款规定:"被判处管制的犯罪分子,由公安机关执行。"对犯罪人适用管制的非自由刑罚方法,相对于自由刑刑罚只是执行场所不同,其犯罪人的身份地位以及接受国家刑罚处罚的性质没有改变。对于被判处管制的犯罪人,同样需要有代表国家威慑力的专门机关去监督、管理、对他们进行教育改造,使他们既感受到国家刑罚的威力,又能在执行刑罚的过程中认识到自己所犯罪行的社会危害性,从而改过自新,成为遵纪守法的公民。如果像现在这样,管制由公安机关执行,由于公安机关任务过重,战线过长,不可能投入专门的力量来执行管制刑,造成一些地方对被判处管制的犯罪人教育改造措施跟不上,刑罚惩罚的力度不到位,犯罪人没有得到应有的惩罚和改造。因此,对于被管制的犯罪人,同样需要有专门力量对他们执行刑罚,对他们进行管理、监督和教育改造,这样才能达到刑罚的目的。

(4) 缺乏管制实施方面的法规。

尽管我国《刑法》规定了管制刑,但当人民法院对犯罪人宣判适用管制刑以后,对于如何使管制落到实处,管制的组织管理体制、形式,管制的任务,管制的内容,管制工作人员及其职责,管制的方法,对被管制罪犯的具体要求、奖惩制度等都没有具体明确的规定。应当制订具体的、可操作的实施细则以真正管理好、教育改造好被管制的犯罪人。

完善管制的行刑内容,适度加大管制的刑法强度,对于管制刑适用效率的提高显然有着积极的现实意义。我国《刑法修正案(八)》将《刑法》原来规定的由"被判处管制的犯罪分子,由公安机关执行"修改为"对判处管制的犯罪分子,依法实行社区矫正",但公安机关依然在实行的社区矫正工作中承担着重要的监管职责,期待我国《社区矫正法》出台后,公安机关的职责更为明确。2011年4月28日最高人民法院、最高人民检察院、公安部、司法部《关于对判处管制、宣告缓刑的犯罪分子适用禁止令有关问题的规定(试行)》第1条规定,对判处管制的犯罪分子,人民法院根据犯罪情况,认为从促进犯罪分子教育矫正、有效维护社会秩序的需要出发,确有必要禁止其在管制执行期间内从事特定活动,进入特定区域、场所、接触特定人的,可以根据《刑法》第38条第2款、第72条第2款的规定,同时宣告禁止令。根据该《规定》第6条第1款的规定,禁止令的期限,既可以与管制执行期限相同,也可以短于管制执行的期限,但判处管制的,禁止令的期限不得少于3个月。第9条规定,禁止令由司法行政机关指导管理的社会矫正机构负责执行。上述规定无疑相对完善了管制刑的执行,但一些积极性的规定如强制性工作或无偿提供社会有益服务等等也应当被纳入刑法典。

2. 拘役

拘役是指短期剥夺犯罪人的人身自由,就近强制进行劳动改造的一种刑罚方法。拘役是一种自由刑,是介于管制和有期徒刑之间的一种次轻刑,拘役的特点在于,它虽然是剥夺犯罪人人身自由的刑罚方法,但相对于有期徒刑来说刑期又很短。拘役这种刑期较短的刑罚方法既是惩罚犯罪的需要,也是刑法罪刑相适应原则的具体体现。

拘役是一种短期自由刑,我国《刑法》第42条规定:"拘役的期限,为1个月以上6个月以下。"第43条规定:"被判处拘役的犯罪分子,由公安机关就近执行。在执行期间,被判处拘役的犯罪分子每月可以回家一天至两天;参加劳动的,可以酌量发给报酬。"一般认为短期自由刑的弊端主要有三：其一,短期自由刑因其时间太短而不能给犯罪人以接受教育或促进道德改良的足够时间,但它却使犯罪人有足够的时间受到其他犯罪人的不良影响,从而进一步学坏。其二,从一般威慑与特别威慑的角度来看,短期自由刑也不具有积极意义。因为时间太短,无论是对犯罪人还是对其他社会成员均不具有威慑力；相反,蹲监狱时间再短也能损害一个人的自尊,而一个丧失了自尊的人很容易成为累犯。其三,若大量适用自由刑(包括短期自由刑),就需要建造足够的监所,这必将耗费国家大量财力物力。

实际上短期自由刑受到抨击的不少弊端并不是其本身所必然具有的,而是因为传统的执行方式不科学造成的。在我国目前立法条件下,短期自由刑犯的实际执行人数还是一个相当大的数字。对于短期自由刑,我国目前并无针对其弊端的特别执行制度。传统的拘役执行方式切断罪犯与社会联系的完全的监禁生活不利于罪犯的再社会化。可以对拘役的执行方式加以改进,以更好地实现刑罚的目的。目前世界上对短期自由刑的执行方式主要有周末监禁、半监禁、业余监禁。其中周末监禁制度,是指将判处短期自由刑的犯罪分子在每周的工作日予以释放,让其正常地生活、学习,只是利用周末,将其羁押于监狱执行自由刑,累积至所判刑期完毕为止。半监禁制度是让罪犯白天参加正常工作,晚上到狱中服刑。业余监禁制度是周末监禁与半监禁相结合的一种执行方式。具体实施方法是,工作日的白天允许罪犯参加正常工作,但在工作日的晚上和整个周末必须回到监狱服刑。

这三种方式在时间上把剥夺自由刑分割执行,可以使罪犯保持正常的工作关系及某种程度的家庭关系,保证其基本的收入来源,减少狱内交叉影响,淡化对罪犯名誉、地位及人际关系方面的损害。因而,其既体现了对罪犯的惩罚,也充分反映了对罪犯的复归改造,从而尽可能地避免监禁的副作用,减轻了短期自由刑的消极效果,不给罪犯重返社会带来更大的精神、心理、家庭及客观环境方面的困难,具有一举两得、惩教合一的优点。而且,这三种执行方式要求罪犯在业余时间服刑,这一方面在时间上减少了罪犯可能犯罪的机会,另一方面又能引导其更好地利用业余时间,养成良好的生活习惯,具有一定的积极意义。

短期自由刑的执行条件差,致使罪犯间相互传染恶习,是其受到猛烈抨击的最大弊端,其实大部分原因也是由于刑罚执行方式的不科学造成。当前我国可以在以下两个方面改善短期自由刑犯的执行条件：

一是建立专门的短期自由刑执行场所。在我国,短期自由刑犯一般实行就地消化的关押原则,目前只有大城市及部分中等城市设有专门的拘役所,大多数县、市的拘役都是在看守所或附近的监狱、劳改队执行。一些地方限于监舍条件,往往将拘役罪犯与其他罪犯混合关押,加之管理不善,犯人之间极易交叉影响,从而加深其主观恶性。所以有必要建立专门的短期自由刑犯执行场所。

二是建立更为严格的分类制度。分类制度是一种重要的狱政管理制度,但是往往得不到切实的贯彻执行。笔者认为,短期自由刑犯大多为初犯,反社会性尚很轻微,更应严格地执行分类制度,防止其感染其他罪犯的恶习而成为具有严重人身危险性的累犯。

3. 有期徒刑

有期徒刑是指在一定期限内剥夺犯罪分子的人身自由,在监狱或者其他执行场所强制进行教育改造和劳动改造的一种刑罚方法。有期徒刑是一种自由刑,是我国刑法适用范围最为广泛的一种刑罚方法。

社区劳动作为监禁刑的替代措施,不仅避免了监禁的副作用,也克服了罚金刑因被判刑人贫富不均而潜藏的实质上的不平等,具有良好的发展前景。在西方刑法中,社区服务刑主要有两种立法模式,一种是作为一个独立的刑种予以规定;另一种是作为缓刑或其他非监禁刑的执行内容之一,即将参加一定时间或数量的社区公益劳动作为缓刑者或其他非监禁刑适用者应履行的义务之一。有的国家是两种模式兼而有之,如英国的结合令。但我国在考虑借鉴国外社区劳动制度作为监禁刑替代措施时,无需也不能全盘照搬国外的做法。这是因为,一方面具体国情不同,我国当前和今后相当长的时间内社会所能提供的工作就业岗位有限,作为非监禁刑措施的社区劳动虽然是无偿性的公益劳动,但毕竟需要相应的劳动岗位。社区劳动的适用不可能不考虑社区提供服务、劳动的岗位与机会。另一方面是由于我国存在具有中国特色的非监禁刑措施——管制刑制度。

4. 无期徒刑

无期徒刑是指剥夺犯罪分子终身自由,在监狱强制进行教育改造和劳动改造的一种刑罚方法。无期徒刑是剥夺自由刑中最严厉的刑罚方法,在所有的刑罚方法中,其严厉程度仅次于死刑。由于无期徒刑的严厉性,因而它的适用对象是罪行严重,但不必判处死刑而又需要与社会永久隔离的犯罪分子。

(三) 财产刑

1. 罚金

罚金是人民法院判处犯罪分子向国家缴纳一定数额金钱的刑罚方法。罚金主要适用于贪图财利或者与财产有关的犯罪,同时也适用于少数妨害社会管理秩序的犯罪。对于追求不法经济利益的犯罪分子判处罚金,予以一定数额金钱的剥夺,既可以剥夺犯罪分子继续犯罪的经济条件,也能对犯罪分子起到惩罚与教育的作用,从而预防犯罪分子再次实施犯罪。因此,我国刑法分则规定的罚金适用范围较为广泛。

2. 没收财产

没收财产是将犯罪分子所有财产的一部分或者全部强制无偿地收归国有的

刑罚方法。没收财产是一种财产刑，是剥夺犯罪人财产的刑罚方法。

(四) 资格刑

剥夺政治权利是一种资格刑，是指剥夺犯罪人参加国家管理和政治活动的权利的资格的一种刑罚方法。

随着市场经济体制的建立，利用各种职业权利或营业实施犯罪的现象日益突出，如故意泄露商业秘密，证券交易中非法操纵和内幕交易，保险诈骗，破产欺诈，制造、销售伪劣产品，利用计算机犯罪等，犯罪人都是利用其职业上的便利而实施的。对于这些犯罪人，如果运用自由刑去制裁，那么从剥夺自由的必要性的角度说，未必要；而从自由刑的弊端角度言，又可能给犯罪人的再社会化带来困难。而如果仅仅运用罚金去制裁，则不可能有效地剥夺或限制其利用其职务继续犯罪的条件。如果仅仅适用剥夺政治权利，则显得"文不对题"而不是"对症下药"，把没有必要剥夺的权利给剥夺了，而真正应该剥夺的权利却没有剥夺。而只有剥夺犯罪人从事特定职业的资格，才能在遏制犯罪人再犯同类罪方面起到釜底抽薪的作用。在犯罪人有人身自由，但缺乏特定资格的条件下，其犯罪能量的释放将会受到极大的限制，犯罪人想再度借职务之便，首先就会在资格方面遇到难以逾越的障碍，从而将有效地预防犯罪人再次犯罪。为此，可考虑将"禁止从事一定的职业"增加规定为资格刑的种类。这样，既可充分发挥资格刑在惩治职务犯罪、行业犯罪中的作用，又能满足谦抑性和经济性等现代刑事政策的要求，进而增强我国对犯罪的刑事处罚措施的人性化色彩。

二、行政法规定的处遇

由于刑事政策的开放性与广泛性，其所针对的对象不仅仅是刑法规定的犯罪人，而且还包括待犯罪化的犯罪人，有些就是行政法中规定的严重违法者。我国现行法律对他们的处遇有如下的规定。

(一) 行政拘留

行政拘留，是指法定的行政机关（专指公安机关）依法对违反行政法律规范的人，在短期内限制人身自由的一种行政处罚。行政拘留是最严厉的一种行政处罚，通常适用于严重违反治安管理但不构成犯罪，而警告、罚款处罚不足以惩戒的情况。

(二) 强制约束

对于不能控制自己行为的人，在本人有危险或者对社会秩序、公共安全有威胁时，公安机关可采取强制约束的措施。我国《治安管理处罚法》第15条第2款规定："醉酒的人在醉酒状态中，对本人有危险或者对他人的人身、财产或者公共安全有威胁的，应当对其采取保护性措施约束至酒醒。"

(三) 禁止驾驶

禁止驾驶是指吊销机动车驾驶证,即对于违反道路交通法规,造成交通事故的人在一定条件下禁止驾驶机动车辆的行政制裁措施。我国《道路交通安全法》第 91 条第 3 款规定:"1 年内有前两款规定醉酒后驾驶机动车的行为,被处罚两次以上的,吊销机动车驾驶证,5 年内不得驾驶营运机动车。"第 99 条规定:"……(二)将机动车交由未取得机动车驾驶证或者机动车驾驶证被吊销、暂扣的人驾驶的;……(四)机动车行驶超过规定时速 50%的;……行为人有前款第 2 项、第 4 项情形之一的,可以并处吊销机动车驾驶证……"第 100 条第 1 款、第 2 款规定:"驾驶拼装的机动车或者已达到报废标准的机动车上道路行驶的,公安机关交通管理部门应当予以收缴,强制报废。对驾驶前款所列机动车上道路行驶的驾驶人,处 200 元以上 2000 元以下罚款,并吊销机动车驾驶证。"第 101 条规定:"违反道路交通安全法律、法规的规定,发生重大交通事故,构成犯罪的,依法追究刑事责任,并由公安机关交通管理部门吊销机动车驾驶证。造成交通事故后逃逸的,由公安机关交通管理部门吊销机动车驾驶证,且终生不得重新取得机动车驾驶证。"第 110 条规定:"……道路交通违法行为人应当在 15 日内到公安机关交通管理部门接受处理。无正当理由逾期未接受处理的,吊销机动车驾驶证。……"

在国外保安处分制度中,有的国家规定禁止驾驶为刑法上的保安处分措施,也有国家将禁止驾驶规定为适用于交通犯罪的附加刑。对于我国是否有必要将禁止驾驶纳入刑法轨道还有待于继续探讨。

(四) 禁止从业

禁止从业,即剥夺职业或营业权,是指对于职业或营业成为违法犯罪条件的人,禁止从事一定的职业或营业以预防其再犯的保安措施。我国刑法和行政法规上已有不少禁止从业的规定。如全国人大常委会《关于严禁卖淫嫖娼的决定》第 7 条规定:"旅馆业、饮食服务业、文化娱乐业、出租汽车业等单位,对发生在本单位的卖淫、嫖娼活动,放任不管、不采取措施制止的,……并可以责令其限期整顿、停业整顿,经整顿仍不改正的,由工商行政主管部门吊销营业执照;……"我国《产品质量法》第 50 条规定:"在产品中掺杂、掺假,以假充真,以次充好,或者以不合格产品冒充合格产品的,……情节严重的,吊销营业执照;……"我国《律师法》第 49 条规定:"律师有下列行为之一的……情节严重的,由省、自治区、直辖市人民政府司法行政部门吊销其律师执业证书;构成犯罪的,依法追究刑事责任;……律师因故意犯罪受到刑事处罚的,由省、自治区、直辖市人民政府司法行政部门吊销其律师执业证书。"我国《注册会计师法》第 39 条第 2 款规定:"注册会计师违反本法第 20 条、第 21 条规定的,由省级以上人民政府财政部门给予警告;情节严重的,可以由省级以上人民政府财政部门暂停其执行业务或者吊销注册会计师证书。"

（五）没收财物

没收财物是对于供犯罪所用的物品或有诱导犯罪之危险性的物品予以没收的保安措施。这一措施主要是针对毒品、淫秽物品、枪支弹药、犯罪工具等而设的。我国《刑法》第 64 条规定："犯罪分子违法所得的一切财物，应当予以追缴或者责令退赔；对被害人的合法财产，应当及时返还；违禁品和供犯罪所用的本人财物，应当予以没收。……"许多单行刑事法律也都对此作了规定，如全国人大常委会《关于惩治走私、制作、贩卖、传播淫秽物品的犯罪分子的决定》第 7 条规定，淫秽物品和走私、制作、复制、出版、贩卖、传播淫秽物品的违法所得以及属于本人所有的犯罪工具，予以没收等等。

三、其他法律法规规定的处分

（一）收容教养

收容教养是对实施了危害社会行为，不负刑事责任的已满 14 周岁不满 16 周岁的少年所采取的强制性教育保护措施。我国《刑法》第 17 条第 4 款规定："因不满 16 周岁不予刑事处罚的，责令他的家长或者监护人加以管教；在必要的时候，也可以由政府收容教养。"收容教养的内容是将那些具有反社会性格、实施了危害行为的少年收容于一定的设施内，剥夺其人身自由，强制地施以教化，培养其劳动习惯，训练其劳动技术，矫正其犯罪倾向。收容教养的性质相当于国外保护处分中的少年保护处分，它着眼于感化和保护，尽量避免惩罚因素。我国收容教养制度贯彻教育、感化、挽救的方针，坚持教育为主的原则，实行半天学习、半天劳动的制度，对收容教养人进行人格上、技术上的矫正和训练，激发其上进心，努力将其培养成为具有文化科学知识和生产技能的有用之才。

我国现行有效的有关收容教养的法律规定，除了 1997 年修订的《刑法》以及《未成年人保护法》和《预防未成年人犯罪法》的几条原则规定外，仅有公安部和司法部的规范性文件所作的规定。这些法律和规范性文件对收容教养的规定不仅过于原则，而且不全面、不系统。具体来说，主要存在以下几个问题：

一是收容教养的性质规定不明确。

我国《刑法》和《预防未成年人犯罪法》关于收容教养的实体问题，均为大同小异的原则规定："因不满 16 周岁不予刑事处罚的，责令他的家长或者监护人加以管教；在必要的时候，也可以由政府收容教养"，而对收容教养的性质均没有作出明确规定，理论界的争议较大，实践中也存在认识分歧。

收容教养立法对收容教养性质的规定不明确，加上理论界的诸多争议，实践中对收容教养性质的认识不一致则是在所难免的，特别是公安机关作出收容教养决定是刑事执法行为，还是具体行政行为以及对收容教养决定不服的，能否申请行政复议和提起行政诉讼等问题,自我国《行政诉讼法》和《行政复议法》施行后,公安机关和人民法院的认识一直不一致,各地人民法院的具体做法也不一样。

二是收容教养的决定机关规定不具体。

关于收容教养的决定机关,我国《刑法》和《预防未成年人犯罪法》均为类似的原则规定:"在必要的时候,也可以由政府收容教养。"[①]究竟是应当由人民政府决定,还是应当由公安机关决定,抑或应当由人民法院在判决不予刑事处罚的同时一并决定收容教养,然后交政府管理的收容教养场所收容起来进行教养,理论上的争议不少,实践中公安机关、政府法制部门、人民法院之间的分歧也在逐渐加大。

改革和完善劳动教养立法的指导思想,就是要立足我国的国情和司法制度,在总结实践经验的基础上,借鉴国外的有益经验,维护国家法制的统一。笔者认为,改革和完善收容教养制度的措施应当包括以下三个主要方面:

一是科学界定收容教养的性质。在完善收容教养立法时,应当借鉴国外成功的经验,将收容教养的性质明确界定为类似国外对未成年人保护处分的刑事司法保护措施。第二次世界大战后,世界各国相继制定了保护未成年人的法律,规定了对未成年人的保护措施。就我国收容教养的适用目的、收容场所、管教方式、管教人员看,与国外对未成年人的保护处分基本相同,适用对象也大同小异。

二是明确规定收容教养的决定机关和程序。将目前由公安机关审批收容教养的做法,改为由人民法院少年法庭或少年法院按照刑事审判简易程序进行审判,并实行二审终审制。公安机关侦查终结后直接移送人民法院,由人民法院按照刑事审判简易程序进行审判后,在作出不予刑事处罚判决的同时,一并作出收容教养决定。

三是赋予被收容教养人员必要的诉讼权利。少年犯罪嫌疑人、被告人除享有《刑事诉讼法》规定的犯罪嫌疑人、被告人享有的聘请律师、辩护、上诉、申诉、申请国家赔偿等权利外,还可以考虑将少年犯罪嫌疑人有权委托辩护人的时间由普通公诉案件的移送审查起诉之日起,提前至自公安机关对其第一次讯问或者采取强制措施之日起。甚至可以考虑,在公安机关或人民法院讯问少年犯罪嫌疑人时,除应当通知其父母或其他监护人到场外,还应当允许少年犯罪嫌疑人或其监护人聘请的律师在场。

---

① 参见我国《刑法》第17条第4款和《预防未成年人犯罪法》第38条。

（二）强制禁戒

强制禁戒是将吸食、注射毒品成瘾的人收容于戒毒所，强制戒绝其不良瘾癖的保安措施。这种措施就其性质而言是一种行政性的矫正改善处分，不具有处罚意味。1990年12月28日全国人大常委会《关于禁毒的决定》，首次在刑事立法上规定强制禁戒措施。该《决定》第8条第2款规定："吸食、注射毒品成瘾的，……予以强制戒除，进行治疗、教育。强制戒除后又吸食、注射毒品的，可以实行劳动教养，并在劳动教养中强制戒除。"

根据全国人大常委会《关于禁毒的决定》和有关规章的规定，强制禁戒的对象是吸食、注射毒品已成瘾但又未曾经过强制戒除的人；如果是强制戒除又故态复萌的，可施以劳动教养。强制戒除的场所是戒毒所。主要方法是进行治疗以革除毒瘾，使其获得适应正常社会生活的能力。强制禁戒措施的具体内容主要包括三方面：一是采取强制手段将戒毒对象送入戒毒所。二是在一定期间内剥夺吸毒者的人身自由。因为吸毒成瘾者在戒毒后有一段时间的躁狂抑郁期。在此期间，由于毒瘾发作，戒毒者几乎失去理智，往往吞食异物、自杀、自伤或伤害他人，有必要予以强制隔离。三是治疗和教育，即用药物治疗方法帮助吸毒者戒毒，并从思想上对吸毒者进行法纪、道德、理想教育，以巩固戒毒效果。

（三）强制治疗

强制治疗是强制那些实施危害社会的行为但无刑事责任能力的精神病人和患有性病的卖淫、嫖娼者接受医疗的保安措施。这种措施尽管也对精神病人、性病患者的人身自由予以剥夺，但它立足于治疗和改善，本身并无惩罚性。强制治疗措施从对象上看可以分为两种：

一是针对精神病人的强制治疗。我国《刑法》第18条第1款规定："精神病人在不能辨认或者不能控制自己行为的时候造成危害结果，经法定程序鉴定确认的，不负刑事责任，但是应当责令他的家属或者监护人严加看管和医疗；在必要的时候，由政府强制医疗。"我国在处理危害社会治安的精神病人的实践中的做法是：由司法机关将那些具有严重攻击性，有危害社会治安危险的精神病人送某些省、市公安机关负责筹建的精神病管治院，也就是后来统一更名为安康医院的特设精神病医疗机构强制治疗。目前我国大部分省、市公安机关都已经建立起了安康医院。

二是针对患有性病的卖淫、嫖娼者的强制治疗。卖淫、嫖娼活动是性病传播的最主要途径。对卖淫和嫖娼人员强制进行性病检查，对其中的性病患者实行强制治疗，是防止性病蔓延的必要措施。

第四节 实体与程序的结合[①]

一、定义刑事和解

实然微观刑事政策包括实体的刑事政策和程序的刑事政策以及实体与程序结合在一起的刑事政策。其中,实体与程序结合在一起的刑事政策即刑事和解。

刑事和解有两个层面,一是它的实体性,即一种解决已然犯罪的结果,二是它的程序性,即刑事和解实现的过程。目前,刑事和解可通过国家司法、协商性司法和恢复性司法三种司法方式实现。刑事和解是指刑事案件中的加害人与被害人之间或通过第三方主持,双方达成谅解,以赔礼道歉、经济赔偿等方式,平等地全部或部分解决已然犯罪的程序及实体方法。

我国《刑事诉讼法》规定了公诉案件的刑事和解制度,即第 277 条、第 278 条以及第 279 条,这三条基本构建了我国当事人和解的公诉案件诉讼程序,即适用刑事和解的案件、适用条件及法律后果等,但没有刑事和解概念的规定,至今,我国《刑法》也没有任何关于刑事和解法律后果的专门规定,这一空缺只能通过《刑法》[①]的相关规定如第 37 条刑事责任承担方式以及第 61 条、第 63 条量刑规定等来填补,与《刑事诉讼法》规定的刑事和解的程序相对接适用,实现实体与程序的对应。

二、刑事和解的实体性——刑事责任的一种

(一)刑事和解是解决已然犯罪的一种方法

1. 传统解决已然犯罪的实体方法

传统的刑事责任经历了报复刑、报应刑、预防刑、报应与预防相结合刑的历程,每一时代的不同刑罚,在于人们对刑事责任的根据及刑事责任的目的认识的不同,围绕行为、行为人、被害人、社会、国家几个中心词中的主要倾向不同,得出不同的结论。无论国家多么有权威、社会多么强大,最后的落脚点还是个人,只有个人生活回归正常状态才是制度的成功。刑事和解的倾向性就是行为人、被害人及与犯罪相关的社会上其他人,它更关注或解决每一个人的主观意愿。

2. 刑事和解也是解决已然犯罪的一种方法

加害人犯罪后与被害人刑事和解,部分案件加害人即可不以传统刑罚方式承担刑事责任。从某种意义上,刑事和解在实体层面的体现如赔礼道歉、经济赔偿等等不过是类似刑罚(管制、拘役、有期徒刑、无期徒刑、死刑等等)的一种,犯

[①] 本部分主要内容参见《刑事和解的实体性与程序性》,载《政法论坛》2017 年第 2 期。

罪人犯罪后，无论是对其适用刑罚还是适用刑事和解都是对犯罪人的实体处置，这是结果。犯罪人犯罪后通过自己和被害人的沟通、协商，或者通过第三者包括社会工作者、公权力机关的警察、检察官、法官、执行官等的调解，以单独和解或和解加刑罚或非刑罚制裁措施的方式承担刑事责任，完成犯罪后对犯罪问题的实体性解决。

3. 问题的解决

到底轻刑还是重刑，无论哪一刑种，其威慑力无法被证明是有还是无，现实却让人们不得不面对愈演愈烈的犯罪态势。因为犯罪与刑罚是人为拟设的因果关系，如果倒果为因，因刑罚而阻止犯罪，那无异于痴人说梦，刑罚并不能满足人们以此来威慑犯罪的初衷。在这种情况下，许多国家在司法实践中运用刑事和解，虽然在某种程度上，中外刑事和解产生的背景、构建的基础价值取向、权力分配、适用范围、适用主体等等方面有很大的差异，但仅就解决犯罪实体问题这一点上有着惊人的相同，即刑事和解如同刑罚一样，是犯罪人犯罪后承担刑事责任的一种方式。

同时，我们还必须转变以往的国家主义犯罪观，因为大多犯罪其实都是对个人的侵犯，国家与社会所受到的伤害只能在其次。刑事和解就是被告人、被害人或许还有第三方一起共同解决犯罪问题的结果，是刑事民事化的具体体现。虽然像是民事责任，但其性质正如刑罚、保安处分、非刑罚处罚措施一样，它是刑事实体法发展到今天的一个阶段性成果。

(二) 刑事和解解决部分行为人的刑事责任

1. 行为人承担刑事责任的根据

行为人承担刑事责任的根据是什么，历来争议颇多。学派观点[①]有：行为责任论是以行为为中心，行为人基于故意或过失实施了危害社会的行为，所以应当承担刑事责任。性格责任论认为，行为人基于故意或过失实施了危害社会的行为，但他承担刑事责任的根据不在于行为，而在于行为人通过行为表现出来的对社会的危险性格。人格责任论认为，行为人基于故意或过失实施了危害社会的行为，但他承担刑事责任的根据不在于行为，而在于通过行为表现出来的行为人的危险人格，包括先天与后天共同形成的人格。心理责任论认为，行为人承担刑事责任主要基于实施危害行为时的故意或过失，这种心理成为行为人应当承担刑事责任的根据。规范责任论认为，仅仅有故意或过失是不够的，行为人必须是在具有法律规定的前提下具有期待可能性，行为人承担刑事责任的根据在于不应当实施违法行为。

---

① 参见张明楷著：《刑法学》（第四版），法律出版社2011年版，第223—225页。

2. 行为人承担刑事责任的方式

根据我国《刑法》与《刑事诉讼法》的规定,行为人承担刑事责任的方式有以下四种:

(1) 刑罚。这是主要的基本的方式,但不是唯一。刑事古典学派时期犯罪与刑罚相对应,这一因果关系建立在理性人基础之上,你既然选择了犯罪,当然也就同时选择了刑罚,罪刑法定已事先告知天下公民与犯罪相对应的刑罚是什么,别无其他选择。到刑事人类学派及刑事社会学派时期,又有了保安处分,侧重于预防犯罪,但由于有侵犯人权之嫌,第二次世界大战后各国所用极少,大多还是惩处已然犯罪的刑罚更为广泛被适用。

(2) 非刑罚制裁措施。行为人的行为构成犯罪,但不判处刑罚,行为人需要承担刑罚外的刑事责任,我国《刑法》规定有训诫、责令具结悔过、赔礼道歉、赔偿损失、由司法机关责令主管部门予以行政处分或行政处罚。非刑罚制裁措施有刑事民事化倾向,在我国现行《刑法》中被规定下来,有资本主义社会在封建社会后期萌芽的相似之处,它极具前瞻性,是实现刑事责任的一种非常先进的方式,并代表了一种趋势。国家不仅仅放权给被告人,同时将被害人拉进刑事诉讼中来,在被告人刑事责任的承担上起到举足轻重的作用。

(3) 定罪免刑。即只对行为人作有罪宣告,不判处其刑罚或非刑罚措施。公开宣布行为人的行为构成犯罪,就是对其犯罪行为的否定性评价,同时也是对其犯罪行为的公开谴责,这会对行为人今后的生活产生不良影响,对其名誉也是一种不利影响,具有刑事制裁的实质内容,因此也是承担刑事责任的一种方式。虽然从犯罪学的角度看,为实施轻微犯罪的行为人打上犯罪标签,弊大利小。

(4) 酌定不起诉。我国《刑事诉讼法》第173条第2款规定:"对于犯罪情节轻微,依照刑法规定不需要判处刑罚或者免除刑罚的,人民检察院可以依法作出不起诉的决定。"第3款规定了不起诉案件的处理:"人民检察院决定不起诉的案件,应当同时对侦查中查封、扣押、冻结的财物解除查封、扣押、冻结。对被不起诉人需要给予行政处罚、行政处分或者需要没收其违法所得的,人民检察院应当提出检察意见,移送有关主管机关处理。有关主管机关应当将处理结果及时通知人民检察院。"它与《刑法》第37条规定的非刑罚处理措施的不同在于行为人的行为虽然构成犯罪,到起诉机关这里就被中止刑事诉讼程序,虽然根据无罪推定原则,未经法院审理并宣判,不得认定任何人有罪,但根据效率原则,行为人承担刑事责任的方式就是酌定不起诉,其行为依然构成犯罪。

(三) 刑事和解是承担刑事责任的一种方式

1. 刑事和解所承载的是部分刑事责任

刑事与民事的区别在于犯罪还是违法,这在公权力盛行的时代两者有着不可逾越的界限,当刑事和解出现时,可以用它来解决犯罪问题,即通过刑事和解,加害人不需要再被判刑以致脱离开放性的社会而在狱中生活,结果具有实质性的相同,通过赔偿等方式,被害人与加害人双方握手言和,不再对立。当然,刑事民事化只是征表,其背后有着深层历史的、社会的、经济的、政治的等等原因。当事人的意思自治应当被扩大,自己解决自己的问题,不仅仅在民事领域,在刑事领域也应当如此。

2. 刑事责任民事化倾向

中国古代社会本来刑民不分,但这种原始的刑民不分是基于人们认识水平与当时的社会发展状况,人们不可能将其明显地划分出来。后来,法律被分为刑法、民法,分别由公权和私权行使。但当人类发展到一定阶段后,公权与私权的界限在一定程度上又被打破、重新划分,私权应当扩张、公权应当收缩,公民的刑事责任由原来的必须由公权解决发展到一部分或许将来有可能全部由私权来解决,公权只作为一个保底手段。这是由人类社会发展的内在逻辑决定的,不依任何个人的意志为转移。全球市场经济的发达一定会导致市民社会的兴盛,市民社会中每个理性人都会渴望并努力实现个人享有最大权利,他们会迫使国家妥协让步,交付出原来公权的一部分来成全公民个人的最多意思自治,而由此催生的观念的改变反过来为制度的更新提供注释。刑事责任民事化成为历史的必然。

当个人权利不断被强化的同时,相对的国家权力即公权力一定会收缩,否则,整体的权力无法运转。刑事和解的要义是以人为本。它既不以被害人为核心,也不以加害人为核心,而是以所有的当事人为中心。人类面对犯罪,最早关注的是受害人,受害人可以"以血还血,以牙还牙";近代限制国家权力以来,更多地在程序方面保护犯罪人的合法权益不被侵犯;随着20世纪70年代被害人学的兴起,被害人的权益又被提到应有的高度予以足够的重视。而当今的刑事和解已发展到全方位地关注每一个人,无论被害人、被告人还是社会中的其他成员,任何一方都有权对实体及程序问题作出选择,以达成共识。如果合意不成,最后交由国家司法解决,在此之前,每一个案件的当事人都可以充分行使个人对案件处理的权利。它的宗旨是使每一个人充分发挥自己的主观能动性,在犯罪发生后,尽可能复原止损,自己的问题最大限度地自己解决而不累及国家、社会及他人。这种原来只是民事上的个人意思自治已推而广之到刑事领域,并慢慢渗透,解决部分犯罪人的刑事责任。

三、刑事和解的程序性——通过三种司法模式实现

刑事和解的实现正如刑罚的实现一样,需要通过正当程序进行。刑罚通过刑事诉讼程序完成其使命,那么,什么程序可以让刑事和解彻底实现?笔者认为,纯粹的当事人双方的刑事和解应当通过恢复性司法进行,但目前公诉案件的

刑事和解运行存于三种司法模式中,它不能独立存在于任何单独一种司法模式里,在这样复杂情况下,必须在理论上澄清各种界限,不能将国家司法、协商性司法与恢复性司法混为一谈,必须清晰地划分出实体与相关对应的程序,以及主体责、权、利的一致。

(一) 国家司法

国家司法即国家刑事司法,是指国家通过《刑法》和《刑事诉讼法》,以罪刑法定和无罪推定为基本原则,确立统一的犯罪成立标准和刑罚幅度,建立专门的国家公诉机关,对于那些具有社会危害性、威胁全社会共同利益的犯罪行为,使其受到统一的刑事追诉和刑事处罚的一整套运行机制。按照这一概念的要求,追究和惩罚犯罪的活动应当由国家专门机关发动,从事侦查、起诉和审判的国家刑事司法工作人员需要全面收集和审查证据材料,证据符合法定的证明标准,尽可能地忠于案件的事实真相;由国家依据法律赋予的职权发动的刑事追诉活动,除非法定终止,如被告人死亡等,其他如被告人拒绝认罪,被害人或其近亲属提出终止追诉的要求等,都不影响诉讼的正常进行,它是国家意志,被告人、被害人意志不起决定性的作用。由此不难看出,在国家刑事司法模式中,对犯罪追诉的权力是由国家垄断,被告人会享有特定的权利,被害人不具有刑事诉讼上的地位。

在国家司法中,有一个完整的诉讼过程,立案、侦查、起诉、审判、执行,必须最终通过法院的判决来追究犯罪人的刑事责任。刑事诉讼法学理论称其为刑事诉讼模式,它侧重于从结构模式上对刑事诉讼进行研究。对此的各种表述"刑事诉讼模式""刑事诉讼构造""刑事诉讼结构""刑事诉讼形式""刑事诉讼方式"大同小异[①]。不管采取何种概念,它的实质意义相差无几,总体来说,刑事诉讼模式是指在刑事诉讼中所采用的诉讼方式、方法,具体说,就是法定的司法机关公安机关、人民检察院、人民法院和当事人在刑事诉讼中的地位、所享有的诉讼权利和应当承担的义务,被害人一方享有怎样的权利没有标准,而控诉方、辩护方、审判方在诉讼中权利、义务的分配方式与承载形式一目了然。刑事诉讼模式的发展经历了一个由奴隶社会的弹劾式诉讼到封建社会的纠问式诉讼再到资本主义的职权主义诉讼模式和当事人主义诉讼模式的漫长过程,刑事诉讼模式存在于国家刑事司法模式范围内。

国家司法的权力性不容置疑,所有案件必须通过法院的最后判决来追究被告人的刑事责任,即使当事人愿意协商解决,公诉机关和审判机关也不允许。它体现了一种国家权力的强制性,体现了国家追究犯罪的责任,它的目的不仅在于解决特定刑事纠纷,还在于从整体上维护社会秩序,体现了社会本位主义。国家司法模式的运作实际上就是一个国家的诉讼过程。

---

① 高庆盛:《我国刑事诉讼模式透视与重构》,载《兰州学刊》2004年第3期。

（二）协商性司法

1. 含义

协商性司法，起源于美国的辩诉交易制度，目前我国检察机关正在试点的"速裁程序"也属于协商性司法范畴。它是基于效率原则，在刑事诉讼中，控方和辩方（犯罪嫌疑人）通过对话与合作，控方在充分考虑犯罪嫌疑人诉求的基础上，双方相互合作与妥协，就刑事案件的处理意见达成基本共识的一种诉讼模式，现在还是以美国的辩诉交易最为典型。从协商性司法产生的那天起，一直被毁誉参半。但是，这并没有阻碍它旺盛的生命力向更加广阔的空间蔓延。尤其近年来，尽管理论界一直在研讨，但在我国的司法实践中，以协商性司法解决的案件大量增长。

协商性司法模式具有快速处理案件的效果。在国家司法模式下，鉴于国家刑事司法资源的严重匮乏，刑事司法机关不可能面面俱到，所有的刑事案件不会全部被纳入刑事诉讼流程，因此会存储大量积案，从而难以更快地实现正义。协商性司法从程序的起点开始就与国家司法不同，它是以犯罪嫌疑人主动认罪开启程序的，因而上来就否定无罪推定原则以及其他证明原则，认罪意味着省去公诉机关的许多麻烦，犯罪无需证明，依犯罪嫌疑人的供述即可，他得到的好处是：或者不被起诉或者量刑较轻。近年来，理论界和实务界对它产生了浓厚的兴趣，但是理论上的争议也较多。

2. 协商性司法与传统刑事司法的联系与区别

传统的国家司法是国家严重垄断刑事诉讼，其代表机关通过对法定规则的严格适用，实现公平正义从而建立稳定的法律秩序，权力的支撑完全在国家，社会和个人没有任何决定刑事责任的权利。因此，失去了社会本应存在的内在亲和力，个人的主观能动性无法有效地发挥出来。

协商性司法往前走了一小步，国家将刑罚权给犯罪嫌疑人一部分，如果犯罪嫌疑人认罪并积极地与国家司法机关相配合破案、弄清犯罪事实，国家会让出部分刑罚权，由国家的代表机关和犯罪嫌疑人双方商定是否起诉是否免予刑事处分是否在原有法定刑内从轻处罚。它不同于传统国家司法的显著特征，是从"对抗性"转到"协商性"，将仅靠法官根据事实和法律作出判决的机制，转换为多主体参与的机制，最大程度地发挥了每一当事人的主观能动性，通过"协商"实现纠纷的快速、高效解决。

（三）恢复性司法

1. 概念

恢复性司法是舶来品，始于 20 世纪 70 年代的加拿大。对于恢复性司法的概念人们众说纷纭，但大体概括如下："恢复性司法是指，以恢复原有社会秩序为目的，以对被害人、社会所受伤害的补偿为重点，兼顾对犯罪行为人改造的一种对犯罪行为作出的系统性反应。"① 人们越来越认识到,程序不仅仅对于实体重要,对于当事人的权利实现更为重要。解决犯罪的过程超越了解决犯罪的结果,如果以国家为主导的刑事诉讼程序,则是以对犯罪嫌疑人的惩处而告终;如果以当事人为主导地位解决犯罪问题的程序,则对犯罪嫌疑人的处理结果由双方当事人协商确定,必要时还有社会中第三方共同参与到对犯罪的处理程序中来,目的不是惩罚,而是修复,同时实现的不仅仅是恢复性正义,也是个案正义,而非普遍正义。

2. 恢复性司法的特征

恢复性司法是双方当事人合意之下的处理犯罪的过程与结果,主要特征在于其恢复性,虽然不能恢复到如犯罪前的模样,却已尽其所能回到从前。第一,被害人首先是得到来自于加害人的心理安慰,心理上得到一定程度的恢复。心理健康甚至胜于身体健康,现代日常生活中,人的心理如果被伤害、被扭曲,则必会陷入混乱状态,不仅自己无法正常生活还会波及他人,有的还会走上犯罪道路。与此同时,被害人得到社区他人的同情,也会坚定其被认同感。第二,大多加害人也有一个被害化的过程,在被提升司法主体地位后,也会使其心理恢复正常,主动承担责任,主动改变自己非正常的生活。因为认罪、赔礼、赔偿得到被害人谅解后,会有较轻的刑事责任承担方式,使其较国家司法体系下更易回归社会。第三,环境是人生活的重要组成部分,当犯罪发生后,正常的社会生活秩序被打破,也会给社区造成不和谐气氛,社区代表进入恢复性司法程序,有利于整个社区直面问题,改进环境,比以前发展更好。第四,一些影响巨大的案件,通过恢复性司法,能够平息社会上其他人的愤怒情绪,使社会重回祥和的状态。

3. 从理念、模式到制度

说不清道不明的是理念、模式、制度、实践的先后顺序,尤其是理念与实践。或许司法理念是随着社会的不断进步而不断向前发展,它先存在于人们的观念中,其后随着司法实践的不断应用得到进一步的升华;或许反其道而行,先有司法实践,然后再上升为理念。比如,20世纪90年代在我国土生土长的刑事和解,在实践中有很好的运作,后来人们将其升华,上到理念高度。或许潜意识中的理念在支配着行为。但一种论证或归纳的顺序却是从理念、模式到制度,首先有了司法理念,其后在理念的指导下,在司法的过程中,理念渗透到实践,便形成了司法模式。随着司法模式不断深入被反复适用,以及在适用中不断地总结经验,最后达到一个成熟阶段,形成制度。

---

① 张会清、杨翠芬、蔡青荣:《恢复性司法对我国刑事诉讼制度的挑战》,载《河北省社会主义学院学报》2008年第1期,第57页。

"社会主义司法制度是指建立在社会主义生产力发展水平之上的经济基础和上层建筑统一的司法活动的规范体系,是社会主义国家司法机关及其他的司法性组织的性质、任务、组织体系、司法活动运行规则、程序以及工作制度等方面规范的总称。"[①]侦查制度、检察制度、审判制度、监狱制度、司法行政管理制度、人民调解制度、律师制度、公证制度、国家赔偿制度等都属于司法制度的范畴,制度具有规范性,并且是在理念与理论的前提下制定出来的,具有相当的稳定性。而司法模式,是在制度与实践的基础上,人们归纳总结出来的典型方式方法,是运用司法的不同手段来解决矛盾、处理案件的模型或模板,具有理论性的特征,不具有规范性的特征。

恢复性司法究竟是制度还是模式,说法不一。许多学者直接以"恢复性司法模式"而称,似乎已经默认了恢复性司法是一种"模式"。当然也有学者认为恢复性司法属于一种制度。[②] 其实,恢复性司法既具有制度的规范性特征,也具有模式的样板特性。首先,在刑事诉讼制度的大背景下,如果对恢复性司法进行立法规范,使其在适用中有规可循,有法可依,那么恢复性司法自然属于一种司法制度;其次,如果恢复性司法在一些国家或地区的适用不具有规范性,只借用恢复性司法处理特殊案例,那么只能说恢复性司法在这一过程中是一种处理案件的方法、一种模式,还没有上升到制度的层面。从理念形成模式再上升到制度,恢复性司法都体现在一个程序中,具有程序的本性。

无论到何时,恢复性司法也取代不了传统的刑事司法程序,它只是同时与传统国家司法与协商性司法一起共同解决犯罪问题的处置方式。通常意义上所说的恢复性司法的实现途径有三种,即犯罪人—被害人会谈、家庭小组会议、圆桌会议。我国公诉案件的刑事和解在恢复性司法程序下有第一种和第三种形式实现和解,无论哪一种都是在恢复性司法的基本原则和精神的指导下,这些模式虽然在形式上有差异但是都有着共同的目标与特征,可谓殊途同归。

人类早期的司法形式就有恢复性司法的影子,而现代意义上的恢复性司法较人类早期的纠纷解决方式而言,是在对现实司法制度反思基础上的一种理性选择,所以从一定意义上讲,它是古代司法模式的更高层次的回归。

4. 恢复性司法与协商性司法的联系与区别

目前,我国学界对协商性司法与恢复性司法的关系没有统一的界定。有学者认为恢复性司法是协商性司法的一种表现形式,也有学者认为协商性司法与恢复性司法是两个不同概念,代表了两种不同的司法理念。有学者认为,两者的

---

① 王韶华:《论社会主义司法制度的优越性》,载《中国司法》2008年第8期,第94页。
② 敖日格乐、王海波:《在中国建立恢复性司法制度的可行性探讨》,载《内蒙古农业大学学报(社会科学版)》2008年第1期;赵星:《论西方国家恢复性司法制度建立和发展的理念基础》,载《河北法学》2008年第5期。

区别既有理论上的,更有实践范式方面的。① 有些学者在分析比较了辩诉交易与刑事和解之后,提出了刑事契约一体化的观点,即把两者有机地糅合起来,以辩诉交易为基础,吸收刑事和解的理性成分,在效率的基础上注重公共利益、被告人利益及被害人利益的全面保护。

协商性司法与恢复性司法有相连接的地方。第一,否定国家的刑罚垄断。协商性司法与恢复性司法以不同的方式排斥由国家单方面处罚犯罪嫌疑人,国家司法机关不能完全是程序的主导者,刑事法律关系的各方都有权参与纠纷解决方案的决定过程。第二,两种司法模式本质上源于契约,操作上源于商谈,都是刑事诉讼的契约关系,并以协商、对话为主要途径来确定犯罪嫌疑人的刑事责任。第三,以协商性司法处理的全部案件和以恢复性司法处理的部分案件,提升了诉讼效率,分担了相关国家司法机关沉重的压力与负担,在以审判为中心的改革过程中,起到了刑事诉讼程序分流的效果。第四,虽然两种司法适用的前提都是犯罪嫌疑人主动认罪,但这两种司法模式本身也在鼓励犯罪嫌疑人主动认罪,人的理性的一面决定了事情的结果可以反过来制约行为,在综合考虑两种司法模式的法律结果后,犯罪嫌疑人有可能选择主动认罪,当然也利于他们改过自新,更加体现了人道主义的精神。

协商性司法与恢复性司法虽然在形式上有许多相似之处,但还是具有本质上的不同。第一,国家从刑罚权的收回再到刑罚权的分割有一漫长过程,而且也有程度、数量的不同。在协商性司法中,国家的代表机关人民检察院将司法权让渡给犯罪嫌疑人(辩护)一方,如果犯罪嫌疑人认罪,双方商谈后可不被起诉或受到从轻、减轻的处罚;在恢复性司法中,国家的所有司法机关针对案件的不同,将部分司法权让渡给犯罪嫌疑人和被害人双方,被害人比前两个司法体系所赋予的实质权利都要多,具有决定侵害方责任的一面之词,这种让渡超越了公法范围,直接公法私法化。第二,参与协商的主体不同。协商性司法模式是国家权力让位给被告人(辩护律师)一方,检察官和被告人(辩护律师)是协商主体;恢复性司法模式是国家将权力让位给被告人与被害人双方当事人,因此,首先是被告人、被害人成为协商主体,其次是参与协商的他们各自的直系亲属或其他家庭成员、受犯罪行为及结果影响的社区代表或单位代表或其他社会组织代表,如果在国家司法范畴内进行刑事和解,国家属于调解人,也是协商主体。第三,目标不同。诉讼效率的提高是协商性司法的主要目标,面对浩如烟海的刑事案件,司法机关必须提高效率,完成工作,实现正义,因此协商处理简化程序加快速度;而恢复性司法的主要目标是人道主义的实现,犯罪人忏悔过去、补偿被害人心理、情

---

① 参见马明亮著:《协商性司法》,法律出版社2007年版,第73页。

感、精神和物质上的损失,他们共同展望未来,进而修复被伤害的人及被损害的社会关系,实现和谐共处。第四,国家让出的权力限度不同。在协商性司法模式中,仅仅由于被告人的认罪,国家就对被告人作出了一定的让步,或不追究或减轻责任,被告人作有罪答辩后有可能面临被追诉;恢复性司法则将一些权力让渡给加害人与被害人双方或社会第三方中介组织,受害方倾诉自己因为犯罪行为所受到的伤害,被告人倾听过程也是感动过程,现场感更能让其真诚悔悟,在被告人自愿认罪的前提下,双方针对赔偿与刑罚措施达成协议,同时国家还保留处分加害人的权力。

德国的合意制度与法国的刑事和解与我国《刑事诉讼法》规定的刑事和解不是一回事[①],从理论上归纳两国的相关规定应当属于协商性司法的范畴,类似于英美法中的辩诉交易。

刑事和解的程序性是将三种司法模式交融在一起,在我国当下主要有以下几种:(1)加害人和被害人自行和解模式。即加害人与被害人在没有第三方的主持下自行达成和解协议。一种情况是本案没有进入官方的视线,私下双方将其化解,百姓俗称的"私了",这不属于公诉案件的和解范畴;另一种情况,是案件发生后被报案,在双方达成和解协议之后由公安司法机关予以确认的模式。公诉案件刑事和解的第一种情况就是没有公安司法机关的介入,他们既不是刑事和解的主持人也不是刑事和解协议书的制作者,只是在当事人双方和解后对和解协议书进行审查,以确定是否符合刑事和解的条件。(2)公安司法人员主持的刑事和解模式。即由公安机关、人民检察院和人民法院中的办案人员主持的刑事和解模式。这是典型的将国家刑事司法与恢复性司法结合起来适用于刑事案件。国家刑事司法即以国家为主导的刑事诉讼程序,立案、侦查、起诉、审判、执行,在进入每一道程序之前,先要适用恢复性司法,即由公安、检察和审判人员主持双方当事人进行和解,达成后或撤案或作为从轻、减轻刑事责任的情节。我国《刑事诉讼法》就此类案件作了专门的规定。(3)非公安司法人员主持的刑事和解模式。即由公检法机关以外的律师或人民调解员或者其他社会调解员(第三人)主持的刑事和解(调解)模式。公诉案件的刑事和解是在刑事诉讼过程中实现的,它离不开国家司法模式,是恢复性司法向国家司法的渗透,在法定的正当程序范畴内实现和解。

在司法实践中,三种模式在有的地方被混合采用,在有的地方只适用其中一种,如统一适用公安司法人员主持的刑事和解模式或非公安司法人员主持的刑

[①] 参见陈在上著:《德国刑事诉讼合意制度的流变》,载《河南财经政法大学学报》2014年第1期;王洪宇:《法国刑事和解制度述评》,载《现代法学》2010年第3期。

事和解模式。具体采用何种模式，主要是根据案件的具体情形以及当地社会第三方的存在运行状况进行选择。刑事和解的实体内容及其实现过程改变了犯罪人及被害人在纠纷解决程序中的地位，他们由原来的被动转变为现行的主动，从而在一定程度上自己决定了自己的命运。实体与程序的拓展与延伸从某种意义上改变了犯罪人及被害人解决问题的思路，行为人实施犯罪行为及出现犯罪结果后，被害人的合法权益受到侵犯后，双方在一定程度上可以选择解决冲突的方式方法，而不仅仅只等候国家对他们的处置。犯罪人与被害人从"被动"到"主动"的位移，实现了每一个主体充分行使本应享有的各项权利。

第三编
应然刑事政策

第十章　应然宏观刑事政策的走向
第十一章　应然微观刑事政策

第三章

实验工作概述

第十章　应然宏观刑事政策的走向

刑事政策学作为一门刑事法学的学科,是近现代以来法治发展在刑事领域中的体现,它的研究对象是刑事政策。正如刑法学的研究不能仅仅停留在注释刑法学的层面一样,刑事政策学除了阐明现行实然刑事政策的原理、根据等以外,还必须探究将来应然刑事政策的原理、根据等,这是学科发展前瞻性的要求,也是刑事政策学与刑事政策本身的不同之处。

正在实践着的宏观刑事政策如"严打"、宽严相济、慎用死刑等,被一直或简单或深奥地论证着①。笔者认为,不再"严打"、只宽不严、废除死刑②是历史的必然,目前它们还只是应然刑事政策,总有一天,它们会成为实然刑事政策。原因在于:

一、理性与情感的分离

人之所以是人而不是神,就在于人一直都是徘徊在感性冲动与理性选择之间,两者交叉竞舞。③ "思想是思想家个体生命的表现,如观念、思想、知识、行为、感情、情绪和感觉等等,而生命的实质是非理性的,所以研究者首先应对生命进行直接体验,通过体验与实在沟通,把握生命的真相。"④家庭、社会、国家都是由个体生命组成,因此,个人的感性冲动与理性选择的行为比例就决定了前三者的结构与状态;反过来一样,当家庭平静、社会平和、国家安稳之时,个人的理性更多于感性,会形成一个更好的良性循环,修身、齐家、治国、平天下更多的还是靠人的理性。"理性的精神是人类所特有的属性,并且每一个人都拥有依据理性而行为的自然倾向。"⑤如何使人的理性更为恒久与高级而不被感性所淹没,这需

---

① 网上有大量的论文、专著论证其正当性。
② 2007年2月19日,法国议会上下两院以828票赞成、26票反对,通过了一项宪法修正案,在法国《宪法》第66条之中加入新的一项:"对任何人不得处以死刑。"此举无疑推动了死刑废止的进程。德国《宪法》第102条用过去时写下了"死刑系已被废止之物"的规定。此外,第1条确定了"人的尊严不可侵犯",第20条规定了作为主权者的国民享有"抵抗权"。
③ 如在大多数家庭中,当未成年子女不断出现问题时,父母大多以暴力解决。当社会治安状况严重时,大多数国家都会采取"严打"措施。其实,暴力与"严打"都是一种感性冲动,即使有些理性,也是有缺陷的理性。
④ 〔法〕保罗·科利:《法国史学对史学理论的贡献》,王建华译,上海社会科学院出版社1992年版,中译本导言,第7页。
⑤ 〔美〕卡尔·J.弗里德里希:《超验正义——宪政的宗教之维》,周勇等译,三联书店1997年版,第33页。

要终极的修炼。况且,即便是理性的选择,在后来者看来,仍有许多的缺陷与不足。

在现实生活中,除了研究犯罪的部分专业人士以外,政府官员及普通百姓在认识犯罪的过程中,大多对其赋予过分的情感因素,而情感又赖以道德支撑。通常情况下,道德的力量恒久且弥坚,甚至连加罗法洛这样的人物将犯罪划分为自然犯罪与法定犯罪的主要根据依然是道德标准。加罗法洛将道德感区分为基本情感和非基本情感,非基本情感与犯罪无关,但基本情感却与犯罪关系重大,他称这种情感为利他情感。加罗法洛又将利他情感概括为怜悯感和正直感两种类型,他最终这样阐述了自然犯罪的概念:"在一个行为被公众认为是犯罪前所必需的不道德因素是对道德的伤害,而这种伤害又绝对表现为对怜悯和正直这两种基本利他情感的伤害。而且,对这些情感的伤害不是在较高级和较优良的层次上,而是在全社会都具有的平常程度上,这种程度对个人适应社会来说是必不可少的。我们可以确切地把伤害以上两种情感之一的行为称为'自然犯罪'。"①

道德对行为与情感有一种影响,道德准则刺激情感,产生或抑止行为。当人们以情感来认识某种事物时,在对待它的态度上很自然地就会生成两种方式:爱与恨,而行为起来时没有理由地体现爱或恨。对于道德高尚的行为人,人们甚至可以忽视其他的弱点;而对于道德低下的行为人如犯罪人,只有痛快淋漓地表现恨了,"严厉打击""不杀不足以平民愤"是典型的表达。每当有犯罪分子被施以重刑或是贪官被处以极刑时,来自许多人们心底的声音就是"活该",从而欢欣鼓舞。

其实不然。人之所以为人,更重要的是人具有理性,而在有些情况下,理性并没有发挥应有的作用,甚至没有被深入地挖掘出来,任感情停留在事实的表面层次。有多少人追问过表象背后的原因呢?众人皆知,恐怖活动组织、黑社会组织犯罪遍布世界各主要国家,贪官岂止只出现在我国?基于人性的私欲或是某种恶的表现,无论东西半球、南北世界,大致相同。大多情况下,这些人性的私欲或是某种恶的表现,不受种族、地域、国家、性别、时间等影响,如果没有法律规定的制约,个人手中的权力有可能被异化。我们在前面的章节中分析过犯罪原因,论证过犯罪观,更重要的是描述了犯罪人被害化的过程,分析了犯罪其实是一种评价。这些是人们认识犯罪的理性征表。

基于这样的认识,人们对犯罪的态度就不仅仅是恨了。人们在反思:既然如此多的原因导致犯罪,那么,作为社会中的一员,每个人应当承担多少责任?国家应当承担多少责任?社会应当承担多少责任?理性的力量在于客观并有效地解决问题,而不是满足人的情感发泄。"严打"、死刑等正是基于道德与情感的成分,使犯罪分子成为"替罪羊"。国家转嫁了社会制度的不公与矛盾,从而使犯罪分子承担起了超越其应当承担的责任。当理性与感情分开,以前者看待、解决问

---

① 〔意〕加罗法洛:《犯罪学》,耿伟、王新译,中国大百科全书出版社1996年版,第44页。

题,并对后者施加影响以使人们拥有适度的情感、欲望和情绪,则终有一天,我们会看到"不再严打""只宽不严""废除死刑"的实现。

当然,我们已经意识到,人类永远无法达到人类理性的最后限度,我们只有阶段性的认识,在某一阶段实现相对完美的理性。

二、刑罚史的走向与结论

世界各国的古代刑罚史都是一部重刑史。从原始社会的血亲同态复仇到刑事处罚权收归国家后的刑罚惩处,体现了刑事惩处由野蛮的私力报复到文明的国家处罚的发展;从奴隶社会的等量报复观念到近代社会的目的刑观念,体现了刑事惩处由单一的惩罚向惩罚和教育相结合的转变。前资本主义社会,东西方各国的法律制度大都规定了重刑以维护现有的统治秩序。14世纪以后,资本主义经济开始在欧洲萌芽,推崇自由、平等和人权的资本主义启蒙思想应运而生。资本主义启蒙思想家们以自然法理论和社会契约论为基础,提出了罪刑法定、罪刑相称等体现人文关怀的新刑罚理念。20世纪以后,随着刑事实证学派的教育刑、目的刑和社会防卫思想的进一步推行,刑罚制度的发展进入了一个以人道主义为基础的新阶段。20世纪90年代,法国和俄罗斯先后修订了本国的刑法,废除了流放等缺乏人道的刑种,制定了轻刑化的刑法典,在全世界范围内掀起了刑罚轻缓化的改革浪潮。

中国古代的刑事立法思想强调轻罪重刑,例如法家所主张的"严刑峻法""以刑去刑"等观点是重刑主义的代表。在立法和司法中,对生命刑、肉刑、流放刑等野蛮的刑罚措施进行了规定并广泛适用。重刑观念在我国古代从未淡出过历史舞台,直至清朝末年《大清新刑律》的颁布,从立法上预示着我国刑罚轻缓化时代的开启。

刑罚的历史发展经历了由生命刑、身体刑到流放刑直到当今以自由刑为主的发展形态,刑罚发展日趋科学、民主、人道、平缓和谦抑的普遍规律与趋势,已经广泛地为人们所接受。惩罚犯罪和人权保护成为刑法的两大基本机能,非犯罪化、犯罪非刑罚化和刑罚非监禁化成为刑事司法制度的共同趋向。

为什么会出现如此的趋势?历史一再地证明,重刑没有减少犯罪,反而犯罪态势每况愈下。仅以德国为例,一方面德国战后犯罪现象明显呈上升趋势,犯罪嫌疑人已由20世纪60年代的100万上升至20世纪90年代的700万。另一方面犯罪也日趋复杂化,环境犯罪、经济犯罪、跨国犯罪等新的犯罪形式不断出现。[1] 通观历史,有多少理性在支撑控制人们的行为,反而"处处看见的是盲目的情感、

---

[1] 转引自伦朝平等:《刑事案件不起诉制度之研究》,载陈兴良主编:《刑事法评论》第5卷,中国政法大学出版社1999年版,第420页。

无节制的暴力、进行破坏的诡计和昏沉沉的善良意图之间永无休止的冲突"①。即使在今天,还在一如既往地上演着一幕幕悲剧。②

正是由于刑罚没有达到人们预期的结果,非但没有扼制住犯罪,反倒给国家、社会及纳税人增添了无数的麻烦。而犯罪的花样不断翻新是否与重刑无关?全世界人民都在考虑,一部刑罚史已经证明,重刑不能解决犯罪问题。从功利的角度出发,如果已被证明刑罚没用或是重刑无用,是否要另谋出路?而出路究竟在哪里,还需要不断地探讨。

三、因果关系的迷惑与明朗

源于《读者》上的例子。③ 纽约前市长朱利安尼为了降低地铁站里的犯罪率,他让工作人员在地铁站里播放贝多芬的交响曲。他刚上任时,纽约平均每天发生近2000起重大犯罪案件,而到了2000年,纽约的犯罪率降低了一半,这个数据让世界震惊。美国匹兹堡大学的研究发现,因犯罪被拘捕的城市青少年体内含铅量比遵纪守法的同龄人高出3倍。研究报告说,20世纪20年代,为提高汽车发动机效率,有人开始把铅添加到汽油中。这种方法被迅速采用,导致人体血液中的含铅量开始增加。美国1974年率先停止使用含铅汽油,当年那些深受铅毒之害的孩子,到20世纪90年代时,刚好处在一个极易犯罪的年龄,而1974年以后出生的孩子受铅毒之害的几率减少,刚好在朱利安尼的任内出现了一个分水岭。

原因与结果是我们从经验中得来的关系,而不是由任何抽象的推理或思考得来的关系。逻辑关系的成立与否有些需要经过历史由后人发现并推理,而推理一般都是比较两个或较多的对象,它们之间是否具有恒常或是不恒常的关系。如果还沉溺在"严打"、宽严相济、适用死刑来解决犯罪问题,只能说明人类置已经被刑罚史证明的因果关系于不顾,正如孩子犯错误家长只有付诸暴力一样,我们不能说这是孩子的错,只能说这是家长黔驴技穷的表现。如果超越现实去发现对象的真实存在及其相互关系是我们的臆想,那么已被证明的因果关系就应当成为法律制定的根据。

前面我们论证了刑事法学的各大学派分析过的犯罪原因,不同层次的犯罪原因与犯罪人个人因素相结合产生了犯罪行为,我们不能将犯罪行为的出现完全归咎于犯罪行为的实施者。此外,还有犯罪人被害化问题。犯罪人被害化过程比犯罪化过程的时间范围跨度广,是一个始于犯罪人犯罪行为实施之前,一直

---

① 参见〔法〕皮埃尔·勒鲁著:《论平等》,王允道译,商务印书馆1988年版,第254页。
② 看看那些对经济犯罪、职务犯罪的犯罪分子判处死刑的案例。另外,废除经济犯罪、职务犯罪的死刑论证可参考赵秉志主编:《死刑改革研究报告》,法律出版社2007年版。
③ 参见流沙:《朱利安尼的"秘密"》,载《读者》2008年第19期,第47页。

延续到犯罪人犯罪后的定罪、量刑、处遇、刑满释放后回归社会。犯罪人被害化的动态过程,可以分为犯罪人事前、事中、事后被害化三个阶段。犯罪人不仅仅是害人者,更是一个受害者。犯罪本身就是一种否定性的价值评价,评价的过程就是一个价值判断的过程,是特定的主体根据其特定的价值观念和规范标准作出的,而其背后起到更为基础性决定作用的是评价主体的利益。

所有这些因果关系都说明,犯罪是一非常复杂的社会现象,其根源有犯罪者个人的原因,但绝不是唯一的原因。这样的因果关系岂一个"重"字了得?怎能用重刑加以说明并解决?一方面,人是独立的个体,另一方面,人又是群居的动物。只要社会存在一天,人与人之间的冲突就不会停止。因为某个人私欲的满足有可能阻挡了他人欲望的实现,而人与人又要同存在一个地球上,私欲不会在个体中消失。既然人存在本身及其生存的社会产生了犯罪者,就不能把责任仅仅转嫁到犯罪者个人身上,其因果关系不对应,社会中的其他成员应当容纳他们,并共同承担相应的责任。这样,才能体现真正的公平与公正。

四、人道主义的彰显

近代以来解决犯罪的刑事法思想脉络是:从行为到行为人再到人。无行为即无犯罪为刑事古典学派所倡导,这一外在的直观的可触摸的感观实在彻底否定了主观归罪,是人类认识与实践的一次飞越。尔后,行为人开始被关注,行为只是表象,行为背后的实施者行为人才是应当被认真研究的对象,刑事人类学派及刑事社会学派为此作出了卓越贡献。再后来,人们又发现,行为人首先是人,只要是人,就应当享受人的基本待遇,人本身是目的而不是手段,想通过对人实施刑罚而达到警戒他人守法的做法是非人道的。不仅仅如此,刑罚史已经证明这种警戒并没有达到预想的效果。

既然如此,重刑解决不了问题,为什么不轻呢?人道主义的处置并不是对犯罪者进行行为矫正,而是对犯罪者进行心性矫正,从而使其具有明显的向善意味。正是由于唤醒了对正义的心性,该处置才能把犯罪者导向正当的行为轨道。对犯罪人道主义处遇的过程与结果足以使得犯罪人觉得自己首先是一个人,从一般常情上推理,在以后的社会生活中,他会以多数人的行为准则要求自己,遵守规范以达正常。

无论怎样,人类所追求的终极目的是每一个人都活得更像人。现代性的观念使人们形成了万物不再永恒的感觉与态度,所有坚固的东西都将随着年轮一圈一圈地旋转而后烟消云散。伴随实现目的的手段不定期地转型与改变,从尊重走向怀疑、从敬畏走向背叛、从确定走向否决。自近代以来,每个达成法治的国家,他们的法律无不是内容和形式的现代化并不断地被更迭与重组,其中,就拿人们解决犯罪问题的程序模式来说,至今已经由国家司法模式引申出协商性司法模式,以后又出现恢复性司法模式。刑事司法三大模式的生成与演进是人们认识问题与解决问题的手段从低级到高级的层层递进并相互补充的结果。

国家司法模式是以国家为核心,以国家垄断对犯罪的追诉权为基础的刑事司法模式。这种传统的打击犯罪、维护社会秩序与稳定的刑事司法模式,至今在各国刑事司法实践中都占据着主导地位。支撑它的基本理念是:犯罪是对国家和社会秩序的侵犯,是孤立的个人反对统治阶级的斗争。国家司法模式的劣势非常明显地表现在:第一,被害人不是诉讼主体;第二,在某种程度上,犯罪人权利容易受到公权力的侵犯;第三,诉讼程序繁冗拖沓,化解社会矛盾的效果不尽理想。时代呼唤协商性司法模式的出现。协商性司法模式是针对国家司法模式的弊端,以效率理念为指导,在司法实践中形成的新的司法模式。但是,协商性司法模式依然是在以国家追诉为主导的模式下进行的,被害人的利益相对没有得到足够重视,犯罪人的矫正效果还是难如人意。在此背景下,基于被害人权利运动的推动,国际社会逐渐形成了一种通过犯罪人与被害人之间对话、协商来解决刑事案件的运作模式,其主旨在于对被犯罪行为破坏的社会关系进行修复与弥合,真正实现对被害人的补偿以及对犯罪人的矫正。而恢复性司法模式的实施就是人道主义彰显的最好注解。

五、人权的真正实现

人权的真正实现,一方面,源于国家的赋予;另一方面,源于每个人自身的观念与行为。前者表现为法定的自由与平等,后者是每个人具有的宽容与博爱的素质。

自由对任何人来说主要是在自我表现形式下生存的权利、行动的权利、根据基本性别和主要官能而自我发展的权利,而要充分行使这种权利,就一定要摆脱人压迫人、人剥削人的局面。平等是一切人类同胞所具有的权利,这些人同样具有知觉、感情、认识,他们被置于同等的条件下:享受与他们存在的需要和官能相联系的同样的财富,并在任何情况下都不受支配,不受控制。平等被认为是一切人都可以享受的权利和正义。博爱是一种以向人们灌输他们的共同起源和团结精神来巩固结社的感情,在结社中人们都是自由和平等的。博爱是一种联结自由(或每个人的权利)和平等(或一切人的权利),并表现出它们实质上的一致性的纽带。[①]

而上述一切应当有法治做保障。法治的应有之意就是对权力的限制。从政治学的角度看,权力是一种关系范畴,是一个人依据自身的需要,影响乃至支配他人的强制性力量;从经济学的角度考察,权力是指一个人或者一些人在一定的

---

① 参见〔法〕皮埃尔·勒鲁著:《论平等》,王允道译,商务印书馆1988年版,第282页。

社会关系中,拥有的支配一定量的社会资源的能力。权力具有强制性、等级性、对象性、整合性和目的性,由这些特性所派生出来的扩张性、侵犯性、排他性、诱惑性和腐蚀性也是权力最明显的特征。由这些特征导入的结论是:如果权力得不到限制,则人权无法具体实现。

法律意识的虚无,会造成社会公众对国家法治进程漠不关心,这也会进一步影响到刑事政策的现实进程。但是法文化的传统并非不可突破和一成不变的,当封闭僵化的社会形态得以改变时,民主与法治的气息必然会被带入时代生活,人们对法律虚无文化传统的流弊必然会有更深刻的认识。这恰恰是人权进一步实现的基础与推动力量。

尽管有学者早已从比较法学的角度提出过明确的忠告:"立法者大笔一挥,法律条文就可变更。但此外也还存在着一些不能随意变更的其他要素,因为它们是同我们的文明和思想方式密切联系着的:立法者对它们就像对我们的语言或我们的推理方式一样,无法施加影响。"[①]但是,目前的现状是,经济全球化不仅带来资本、技术及其他资源为我们所用,同时也带动文明制度的跨国传播,促进法治的发展与人权的弘扬。伴随着人类社会的全球化发展,人权已成为当今世界各国和国际社会处理政治、经济、法律等事务时必须优先予以考虑的问题,而在法治社会的刑事法治这一重要领域,刑事政策的发展当然也必须切合人权保障的时代要求。

在全球化背景下,由于犯罪呈全球化,世界各国的法律原则也应当趋于同一。国内犯罪外逃、跨国犯罪、跨国刑事司法合作不可避免,一个新技术、新科学飞速发展的时代,互联网等新技术正在改变着我们的生活,也挑战着刑事政策,我们必须回答刑事政策如何体现全世界每一个人的人权?甚至公平与正义的内容随着时代的变化而变化,杀人不一定要偿命,欠债不一定要还钱。原来罪与刑相对应的方式会随着人权观念的改变、理性的探究而在否定的前提下,重新衍生出新的章法,甚至"原罪"的内容也与以往不同。

上述基础论证或许还有许多欠缺,但在某种程度上说明了应然宏观刑事政策不再"严打"、只宽不严、废除死刑的理论依据。其实,我们现在就可以做到,只是政党、政府、民众的耐心与宽恕态度还需要改变与提升。任何一个时代,大多情况下都是:当我们无法改变事实时,我们只有改变态度。

---

① 〔法〕勒内·达维德著:《当代主要法律体系》,漆竹生译,上海译文出版社1983年版,第23页。

第十一章 应然微观刑事政策

凡是应当能够处理已然犯罪的具体措施与方法都应当归入应然微观刑事政策的范畴。本章选择了三个主题进行研究,使读者先见树木,再想象森林。

第一节 未成年人犯罪的应然微观刑事政策

在我国,《预防未成年人犯罪法》并没有对未成年人作出明确定义,《未成年人保护法》第2条规定"未成年人是指未满18周岁的公民"。《刑法》规定已满16周岁的人犯罪,应当负刑事责任。已满14周岁不满16周岁的人,犯故意杀人、故意伤害致人重伤或者死亡、强奸、抢劫、贩卖毒品、放火、爆炸、投毒罪的,应当负刑事责任。已满14周岁不满18周岁的人犯罪,应当从轻或者减轻处罚。可以看出,我国对未满18周岁的未成年人界定为少年,并在刑罚的适用等方面作出了特殊的规定。本节研究的内容包括两部分,即关于未成年人犯罪在程序和实体上的应然微观刑事政策。

一、未成年人司法转处制度

(一)概要

广义上的司法转处制度,包括刑事司法部门对犯罪人判处非监禁刑的一切活动。狭义上的司法转处,就是将犯罪人从整个刑事司法系统转移出去,不由审判机关处理的做法。

狭义说和广义说的分歧在于刑事司法程序中断的刑事诉讼阶段不同。广义说包括了审判阶段,而狭义说把司法转处的时间点限制在审判前。在美国,由总统委员会(President's Commission)所提出并为司法援助管理局认可的有关司法转处的概念是在逮捕和裁决之间的某一时间内,将少年提交到现有的社区处理方案或者预防方案,而非将其诉诸少年司法程序处理的过程。这一定义揭示了构成司法转处的四个要素:(1)司法转处意味着适用服务或治疗;(2)司法转处发生在少年司法程序之外;(3)司法转处是为了替代进一步的少年司法程序处理;(4)司法转处发生在逮捕和裁决之间的某一时间段上。

在这里我们采用的是狭义说,即对未成年人的司法转处指司法机关对进入刑事诉讼程序的犯罪少年在审判阶段前中断刑事司法程序,对他们实行非诉讼方式的处理。

基于不同的经济、文化、社会等原因,对于未成年人的年龄范围,各国有不同的纳入少年司法程序的规定。刑法中负刑事责任的"未成年人"或"少年"是指已满14周岁不满18周岁的人。但是,由于司法转处是审判前程序的中断,而减轻刑事责任则是在审判过程中予以考虑的因素。所以我们在司法转处制度中所讨论的未成年人是指已满14周岁,不满16周岁的少年。

司法转处制度致力于防止把所有的未成年犯罪人不加区分地全部投入诉讼程序。其基本原则是,在可能的情况下,尽量将未成年犯罪人置于刑事诉讼程序之外,减少司法干预的负面效应,给予未成年犯罪人更多的机会不被起诉,更普遍地采用诸如训诫、警告等非犯罪化、非刑事化、非监禁化的处置方式,将未成年犯罪人与刑事犯罪行为、起诉、监禁分离,尽量避免刑事司法给犯罪少年带来的伤害。当然,司法转处不把未成年犯罪人放在司法系统处置的原则,并不排斥对少数严重违法犯罪的未成年人进行司法干预。这种制度所赋予警察、检察等机关的自行处置权,其实质是一种筛选处理权。即对未成年人犯罪案件加以选择,选出需要进入少年审判系统的案件,对于不需要进入少年审判系统的案件,则退回社会,或者转交别的有关机构,或者在这一阶段就采取某种措施加以处理。

(二)未成年人司法转处的理论依据

1. 刑罚观的转变

19世纪末到20世纪初所展开的刑法理论的争论,传统的古典学派报应刑论与新派(社会学派)的教育刑论的对立和折衷,为非刑罚化的出现准备了思想条件。

早期的刑事古典学派和立法者着重从犯罪者主观方面来寻找犯罪原因。认为犯罪是个人现象,与社会无关,提倡"报应刑论",强调刑罚的报复性,以惩罚来制止和预防少年犯罪。报应思想的基本含义是指人们应为自己的危害行为付出相同的代价。报应思想认为刑罚本质是单纯的,是自然法则的一部分,刑罚希冀达到的目的就是对犯罪人进行公正报应,以其承受的痛苦来均衡其罪责,从而实现公平与正义。[①] 代表人物康德将报应与正义视为不容破坏的法则,并将"以牙还牙""以眼还眼"的反坐思想加以确立。报应理论以刑罚为解除罪责之唯一方法,应科犯罪行为人刑罚以资应报,犯罪本身即为刑罚之正当理由亦为其目的。

由于对刑罚理论的不断思考及受启蒙运动的洗礼,诞生于19世纪下半叶的刑事实证学派认为刑罚不应为了制裁而制裁,国家也不应仅为了处罚而处罚,认为刑罚应该有一定的目的而存在。他们主张,刑罚处罚的不是行为而是行为人,刑罚的目的应重在特殊预防;刑罚轻重与种类应以达到教育犯人所必要的程度为限,即从发展、转化的观点出发,采用较缓和的方法以期收到较好较快的改造

---

① 参见陈晓明:《修复性司法的理论与实践》,法律出版社2006年版,第43页。

效果,对同一罪犯能用轻的就不用重的刑种;能判较短的刑期就不判较长的刑期;能用非刑罚处理方法就不用刑罚方法。于是,在动摇了罪刑关系的绝对等价观念的基础上,许多犯罪学家从社会学、心理学、教育学等各个方面,来研究少年犯罪问题,并在此研究的基础上,不断提出治理、预防未成年人犯罪问题的新方法、新政策,促使各国政府进一步探索和尝试。这种刑法学、犯罪学、刑事政策学本身的发展历程说明了学界已经把对待未成年犯罪人从原来的重在惩戒转移到重在防止上来。

对刑事政策的研究,推动了整个刑事法学的发展。不管对刑事政策这一概念如何理解,当下学界已达成共识的观点是,刑罚绝不是犯罪对策的全部内容,从刑罚中心的传统刑事政策到以追求更多样的犯罪防止为目的的犯罪政策的发展是不容忽视的。① 1985年在北京签署的《联合国未成年人司法最低限度标准准则》(简称《北京规则》)就明确规定:"应酌情考虑在处理未成年人犯时尽可能不提交主管当局正式审判",以"防止未成年人司法中进一步采取的司法程序的消极作用"。1991年我国《未成年人保护法》第38条第一次明确规定:"对违法犯罪的未成年人,实行教育、感化、挽救的方针,坚持教育为主、惩罚为辅的原则。"我国1999年《预防未成年人犯罪法》、2002年的《人民检察院办理未成年人刑事案件的规定》都对上述方针和原则作出了明确规定。这一原则和方针在我国现行《刑法》和《刑事诉讼法》中也有所体现。

2. 恢复正义理论

未成年人司法转处制度是一项主要以调解和社区处遇为主要方案的制度。这种制度的作用在于,在起诉之后,尽快帮助双方当事人进行面对面的协商以解决争议,将个人之间的争端从司法系统中转移出去,一方面,对被害人进行救济;另一方面,避免使未成年加害人过早地背上"犯罪"标签。被标定为罪犯的人常常被人们视为危险人物而被排斥到群体之外或社区的"边缘地位",无权与别人同享可为其权利的自由。一个人如果被贴上罪犯的标签,就会助长其发展不良的行为模式,这也是累犯屡教不改的一个重要原因。司法转处就是为了避免给未成年人贴上罪犯的标签,从而使其丧失了改过自新的机会,而变成主观恶性较大的惯犯、累犯。未成年人司法转处制度强调的是由加害人、被害人和社会(调停人)共同组成的三方互动的恢复结构模式。

传统司法模式带来了两方面的伤害,一是加害人对被害人所造成的,因为国家代表被害人追究加害人的责任,而在这一过程中,被害人被忽视,加害人对其造成的损害得不到任何的恢复;一是国家对加害人造成的,国家通过刑罚对加害人造成的后果往往是,加害人被打上'罪犯'的烙印,在监狱中通过教育和劳动来

---

① 〔日〕森本益之:《刑事政策学》,戴波、江溯、丁婕译,中国人民公安大学出版社2004年版,第1页。

悔过,但是,犯罪人并没有真正地参与由其造成的受到损害的社会关系恢复的过程,并不知道自己的犯罪行为给被害人造成了多大的伤害和痛苦,而且,在监狱中还容易造成交叉影响,往往再犯的几率比较大。

而恢复正义理论建立在平衡加害人、被害人和社会之间的利益的观点之上,这一观点认为,犯罪破坏了加害人、被害人和社会之间的正常利益关系,恢复正义的任务就是在三者之间重建这种平衡。① 在恢复正义理论模式中,加害人的期待行为包括:致歉、赔偿、重新做人、重返社会、通过自新的行为重新得到自己的社会地位。被害人的期待行为包括:制定治疗和弥补损失的具体方案、以适当的形式宽恕、接受加害人的道歉。社会的期待行为与期待结果包括:通过社会的代表(调停人)积极参与、协调加害人与被害人的恢复行动,在三方的努力作用下,恢复被破坏的社会关系,重建新的社会关系。

恢复正义理论模式中缺少国家权力的介入,但正是因为如此,恢复正义体现了"由个人解决冲突"的价值理念;正义的实现途径不再是刑罚与服从,而是社会关系的良性互动;正义的评价标准不是有罪必罚,而是被加害人所破坏的社会关系是否得到修复。报应正义经历过等量到等价的历史发展,犯罪人应当受到何种国家处置也有了理性的结论。这是刑罚正义的当代主流。

3. 社会连带主义

社会连带学派的社会连带主义、经济主义原则和社会学派的社会化、标签化理论形成了司法转处观念,并得以首先在英国等国家尝试。

社会连带主义认为,人既然共同生活在社会中,必然有社会连带关系,这是一切社会规范的基础,也是法律规范的基础。犯罪是对社会连带关系的破坏。由于人在社会中生活,社会环境、先天素质、心理意识、外界刺激等各种因素都与犯罪形成有关。因此,就不能把责任完全归咎于个人,而应从堵塞社会上一切诱发因素入手,通过对犯罪者教育、改善、治疗等非刑事化的措施,恢复正常的社会生活,保障社会连带关系的稳定。对于未成年人来说,他们正处于成长时期,对客观事物真善美、假恶丑,认识不清,辨别能力薄弱,易受外界影响。

(三)社会化理论

社会化理论认为,人的成长过程是从自然人到社会人的社会化过程。在这个过程中,大多数人都能够适应社会规范,从而成为一个健全的社会人,但是由于某些因素,社会中的个别成员不能适应现有的社会机制和社会规范,从而发生越轨行为,甚至违法犯罪行为。青少年时期是个人社会化进程中的特殊阶段,主要标志是处于发育时期,其生理、心理不成熟,具有敏感、好奇、幼稚、自制力差、易受外界影响等诸种内在品性特征。因此,在行为上易与普遍的社会规范包括

---

① 参见马静华:《形式和解的理论基础及其在我国的制度构想》,载《法律科学》2003年第4期。

法律规范相冲突。未成年人违法犯罪往往是其社会化过程中的部分。对此,社会不能以消极的惩罚去排害,而应以教育、感化、挽救的社会政策对其进行再社会化矫正,使其完成正常的社会化进程。

(四) 司法转处的构成要素

1. 适用范围

对未成年犯罪人施行司法转处,事实上是对应该进入刑事司法程序的未成年人予以宽勉的处置,意在设定特殊的处理方案,促进未成年犯罪人改过自新,更好地回归社会。但和任何司法制度一样,司法转处不可能对所有的未成年犯罪人都起到良好的矫正效果,所以我们在制度设定之初,就必须很好把握该制度的适用对象,应遵循双重保护原则、法定情节和酌定情节相统一的原则以及法律效果和社会效果相统一的原则。

正因为并非所有的未成年犯罪人都适合适用司法转处,我们也不可能对所有的未成年犯罪人如此"法外施恩",为了使司法转处发挥最大的效用,司法转处的目标应是那些对刑事司法制度最为敏感、负面影响最大的罪犯。

对未成年犯罪人施行司法转处是一项自由裁量权,施行司法转处制度的国家,多根据犯罪性质因素,决定是否对未成年犯罪人施行司法转处。但也并非限定于此,《北京规则》的规定就是对这一原则的一种扩张。其中规定内容之一是:应该视个别案件情况决定是否有必要采取司法转处,即使是当初有比较严重的罪行(初犯、由于同伙压力而犯下的罪行)。国际趋势是不把犯罪性质当作决定司法转处与否的唯一因素,在作出决定前,应当对一系列的因素进行详细审查:犯罪情节、犯罪年龄、是否为偶犯、初犯、未成年人的态度、学校表现及家庭环境等。

近年来,司法转处的适用范围存在着过宽的趋向,有学者首先对此提出了质疑:(1) 司法转处拓宽了社区机构的覆盖网络,简单地说,从正式的司法制度中司法转处出来的未成年人通过司法转处方案被置于社区精神健康中心和私人精神治疗机构或者治疗方案中,可能重新被打上烙印,而且社会效果并不明显。(2) 这一司法转处可能使得某些未成年人认为,少年司法制度是仁慈宽大的,这就在法律上纵容了他们铤而走险。(3) 司法转处是行使自由裁量权的结果,缺乏统一的标准和规范。因此,有可能对具有不同经济地位或性别特征的人进行歧视待遇。①

就我国而言,可以把未成年犯罪人中犯罪较轻(管制、拘役、3 年以下有期刑期)的初犯、偶犯作司法转处。但作为自由裁量权,此项标准并非硬性规定。未成年人犯罪的年龄、是否属于累犯、惯犯都是决定是否适用司法转处的重要因

---

① 参见吴宗宪、陈志海等:《非监禁刑研究》,中国人民公安大学出版社 2003 年版,第 224 页。

素。相对而言,年龄小的犯罪人要比年龄大的犯罪人更易于矫正。是否为累犯、惯犯可以验证犯罪人主观恶性的大小和矫正改造的难易程度。但也并非对于所有犯罪较轻的未成年人都适宜司法转处。有学者提出了施行司法转处需要考虑的几项危险性因素,如父母亲的心理问题、生活状况、只有一方父母或没有父母、家庭收入较低等。

2. 司法转处的主体要素

司法转处应被看作是刑事司法程序的一种中断,即在刑事司法的过程中,有权对未成年犯罪人作出司法转处决定的主体根据有关规定,遵守一定的程序,有条件地使未成年犯罪人脱离刑事司法程序,转由司法机关以外的社会服务部门进行相应的矫正。《北京规则》规定:应授权处理未成年犯罪案件的警察、检察机关或其他机构,按照各法律系为此目的的规定标准,以及本规则所载的原则,自行决定处置这种案件,无需依靠正式审讯。可见,警察、检察官都有权作出司法转处的决定。

(1) 警察的权力。以英国为例,未成年人因犯罪被拘捕后并不一定被起诉。警察有权移送起诉,也有权终止司法程序而选择其他方式进行处理。通常条件是支持起诉的证据充足,但罪行并不特别严重,未成年犯罪人自愿供认罪行、初次犯罪、其父母和监护人同意给予其警告。受害人的意愿,除非对案件没有约束力的,也应被加以考虑。如果犯罪的未成年人否认其违法犯罪行为,或者被认为罪行严重,警察则要求公诉机关起诉。在刑事侦查的过程中基于我国犯罪少年绝大多数文化水平低、道德素质差、法制观念淡薄,给予一般的训诫很难起到警戒作用的实际,赋予警察给予警告的权力较为合适。警察可以将这种警告作有罪记录备案,对于警告后重新犯罪的,作为认定累犯的依据。

(2) 检察官的权力。在英国,公诉机关在调查过程中,如果认为起诉不符合公共利益,如未成年人是由成年人诱导而实施犯罪行为的,则可以放弃起诉,退回警察局作警告处理。对于公安机关移送起诉的案件,如果检察机关认为符合司法转处的条件,应作出放弃起诉的决定,退回公安机关作警告处理。显然,这种放弃起诉权与现行的不起诉制度不是一个概念。

3. 司法转处的程序和方法

司法转处处理的案件既然是刑事案件,就应有严格的程序和方法,不能因不进入正式的审判程序而放松要求。否则,就有违建立这种制度的初衷。对未成年人进行司法转处,应该包括以下几个必需的步骤:

(1) 处置报告。无论是警察还是检察官在作出司法转处前,除查明犯罪事实外,还要深入实际,了解犯罪未成年人的家庭、学校、亲属等社会背景以及犯罪未成年人以前的表现、性格特点、成长经历等个人情况,查清未成年人犯罪的主客观原因,同时,听取基层群众、组织对未成年犯罪人的反映,征求他们对未成年犯罪人如何处置更有利的意见,需要解决哪些问题等,并制作书面材料,写出书面报告。

(2) 宣布司法转处的工作方法。在对犯罪少年宣布司法转处的具体结果时,一方面要向未成年犯罪人宣布其犯罪事实、性质和证据,另一方面要针对未成年人对法律、人生、前途的模糊认识全面进行分析,实事求是地剖析他们犯罪的主客观原因,阐明犯罪对社会的危害性,指出今后应怎样吸取教训。同时,要通知未成年犯罪人的父母及亲属到场,有针对性地指出他们在教育孩子方面存在的失误和不足,提出今后加强管教的意见,并允许他们对未成年犯罪人进行教育。

(3) 司法转处后的社区处遇。尽管被司法转处的少年不再是犯罪人,但考虑到他们犯罪的事实和其可塑性、易反复性以及改造的艰巨性,因此,要做好司法转处后的衔接社区处遇,配合家庭、学校、单位落实矫正措施,定期回访考察,巩固司法转处的效果,预防司法转处后重新犯罪。

正如刑事诉讼法被称为保障人权的小宪法,刑事司法程序既有其严厉的一面,也有其保护犯罪嫌疑人公民权利的一面。司法转处作为刑事司法程序的中断,其初衷是避免正式审讯给未成年人的矫正和回归社会带来的损害,但我们也应该认识到,获得公正审判同样也是被告人应该享有的权利,所以这一权利不能被剥夺,除非被告人自愿放弃。联合国《儿童权利公约》第40条第3款第2项规定:"在适当和必要时,制定不对此类儿童诉诸司法程序的措施,但必须充分尊重人权和法律保障。"所以,司法转处应该事先征得未成年人及其父母或监护人的同意,而且这一同意应当出自于自愿。

4. 司法转处的配套措施

司法转处是把未成年犯罪人从刑事司法程序中脱离出来,交与社区处遇以帮助其脱离不良的环境影响,矫正不良行为。上文我们讨论了司法转处的刑事司法程序的要素和程序问题,但司法转处施行的意义是使未成年犯罪人在社区处遇下得到更好的矫正,所以我们不妨说,在我国建立司法转处制度的关键在于建立社区处遇方案,即做好司法转处后的教育矫正工作。

对未成年犯罪人进行司法处遇同时也是一个把他们从政府的严厉之手中"释放"出来,利用社会资源帮助他们对自己的行为进行矫正的过程。但中国社会从来都呈现出"大政府,小社会"的社会特点,从而使市民社会长期不发达,很多本应该由市民社会来解决的问题不由政府出面就无从解决。目前,中国对未成年犯罪人非刑事化处理后,多依托社会帮教来对其进行教育矫正。

(五) 未成年人司法转处制度对刑事司法的影响

未成年人司法转处制度体现了刑法谦抑精神和非刑罚化刑事政策。问题在于,对未成年人的司法转处,是对传统的刑事司法裁判权的侵犯和剥夺,此种制度的日渐兴起,必然对刑事司法裁判权产生巨大而深远的影响。

根据《北京规则》第11条第2款的规定,警察、检察官都有权作出司法转处的决定。这样的主体设置,符合对未成年犯罪人在侦查、起诉的审判前的任一刑事司法阶段中,及时予以转处的程序设置初衷。那么,警察权、检察权的性质如何,它们对刑事司法裁判权的影响是否存在着侵入与阻断?

1. 司法转处制度下警察权与检察权的性质

(1) 警察权的性质。警察权是指为维护治安秩序和追究犯罪,保障人权,保护公民的人身、财产安全和国家、社会利益而可以直接使用强制手段的国家行政权力。① 我国的警察权主要包括公安行政管理和刑事侦查两大部分。因此,警察权的内容非常广泛,是警察行政管理权与警察刑事司法权的统一。我们在这里所探讨的警察权是指警察刑事司法权,具体包括刑事侦查权、刑事强制权和刑罚执行权。警察刑事司法权是指国家通过法律赋予警察机关及其警务人员,在履行警察刑事职能的过程中实施的、有关刑事犯罪对策方面的职权。这一定义表明警察权在打击刑事犯罪活动中具有司法从属性。我国现行法律规定了在打击刑事犯罪活动中公安机关的人民警察具有刑事侦查权,这是警察权力从属于司法权的表现。可见,公安机关的人民警察应同时合法地拥有行政执法和刑事执法权之后,才可能使警察在同违法犯罪行为作斗争时取得主动权,使"警察权力"的行使更有理、有据。②

在未成年人司法转处制度中,应授权处理少年犯案件的警察自行决定处置这种案件,即警察所拥有的行政上的强制措施,这是警察权力中的一部分从属于司法权的表现。可见,警察权不再是冷漠的国家暴力机器的代表,警察不能总是被动反应,应该融入刑事司法领域,成为解决问题者和犯罪预防者。这就必然要求警察自由裁量权的存在。我国台湾地区增订警察"微罪起诉权"即是一例。③

(2) 检察权的性质。事实上,由于不同国家的不同政治背景与文化发展背景,各国检察权性质及检察权发挥作用的程度也不一样,检察权具有多样性。依各国的立法例以及学者不同观点,对检察权属性的认识还是见仁见智。无论在三权分立的国家还是议行合一的国家,检察权以何种权能形式表现出来,都无法摆脱与行政权和司法权的关联,无非就是检察权体现司法权的性格多一些还是体现行政权的性格多一些。④ 检察权的行使,是连接司法权和行政权的重要纽带。所以,检察权难免会带有兼有司法权、行政权的特征。

我国目前实行的司法体制,决定了检察机关是一种并列于法院的司法机关,

---

① 参见张强:《法制视野下的警察权》,吉林大学2005年博士学位论文,第1页。
② 同上。
③ 参见许福生:《刑事政策学》,中国民主法制出版社2006年版,第303—305页。
④ 参见黄曙、李忠强:《检察权的司法化运作及其构建》,载《人民检察》2006年第6期。

设置符合宪政体制的检察权是适应社会政治、经济、文化生活的客观需要,也尊重和遵循了社会客观事实。我国检察权作为政治制度的重要组成部分,符合中国特色社会主义的基本内涵。因此,毫无疑问,我国检察机关所行使的检察权,有一部分与行政权和司法权发生了交叉关系。

在未成年人司法转处制度中,应授权处理少年犯案件的检察官,自行决定处置这种案件。这是检察官不起诉裁量权的表现,也是检察权运作司法化的具体体现。我国《刑事诉讼法》第173条确立了检察机关在一定条件下,对案件作出酌定不起诉的权力,其实质是赋予检察机关在法定范围内的不起诉裁量权。因此,在未成年人司法转处制度下,检察机关的不起诉决定所具有的程序终止、实体处理效力,使得其有时更似一名法官,分割着法院的刑事裁决权。

2. 司法转处制度对刑事司法裁判权的影响:分权与限权

刑事司法裁判权,也称刑事裁判权,是指国家对刑事犯罪行为进行判定与处罚的权力。所谓刑事裁判权的分权与限权,则是指此项权力在有关国家机关之间分配或某一机关权力限制的问题。未成年人的司法转处制度,实际上是对刑事司法裁判权的侵犯和剥夺,也就是警察、检察机关对刑事裁判权进行了分割。可见,在复杂的刑事诉讼过程中,各权力的特点以及分权原则使得法院自身的领域不可避免地受到其他部门的分权。

(1) 刑事裁判权理论及特征。刑事裁判权理论,是刑事诉讼法和司法机关组织法中的一项具有法理意义的基础理论,它不仅为司法机关的地位、职能、权力范围以及运行方式提供依据,而且可以为建构刑事诉讼的价值模式和结构模式提供理论支撑点。尤其是此项权力的分权与独占,直接关系到公、检、法三机关办理刑事案件方面的权力分配以及相关的刑事诉讼程序。因此,必须深入论证刑事裁判权的分配理论,才能对检警机关处理未成年人刑事案件方面运用司法转处制度,对刑事司法裁判权的影响作出合理的阐释。

刑事裁判权,是国家刑罚权的实现手段和方式。由于犯罪行为实施后,产生的国家对犯罪行为的具体刑罚权,是通过司法机关行使刑事裁判权来实现的。刑事裁判权的基本内容包括定罪权和处罚权。定罪权是代表国家对被裁判行为的性质作出法律确认。它分为事实判定和法律评价,即适用国家刑事法律,根据特定行为事实对法律规范的该当性判定行为的违法性和犯罪性。刑罚处罚权是根据行为的犯罪性和应受惩罚性,运用国家强制力对行为人施以刑罚处罚的权力,是刑事裁判权实现其社会防卫使命的基本方式。

刑事裁判权的主要分类为积极裁判权和消极裁判权的区分。前者是指判定有犯罪构成的事实,确认违法和有罪以及处以刑罚;后者是对上述情况的否定,包括有罪否定和刑罚否定。本书中未成年人司法转处制度对刑事司法裁判权的影响即是对刑事裁判权中消极裁判权的影响。

由于刑事裁判权所具有的裁判性特征,无疑应当主要由承担审判职能的法院行使。然而,这种权力是否应由法院独占、能否分割？下文将以未成年人司法转处制度下,对消极裁判权的分割作出可行性论证。

（2）法院刑事裁判权分割的表现。在未成年人司法转处制度下,赋予了处理未成年人刑事案件的警察、检察机关或其他机构,按照各法律系统为此目的规定的标准以及《北京规则》所规定的原则,自行决定处置这种案件,无需依靠正式审讯的权力,那么,对未成年人司法转处的消极裁判权不可能由法院独占,它不可避免地要在一定程度上以特定方式由担负不同职能的犯罪追究机关即国家侦查机关、起诉机关和审判机关分享。

在权力分立和诉讼主体理论的影响和推动下,这些不同的参与者在裁判过程中各自获得了相对固定的角色,从而成为刑事裁判活动的主体,并承担着一定的诉讼职能,发挥着不同的功能和作用。未成年人刑事案件中警察和检察官的司法转处程序具体体现在:应该视个别案件情况决定是否有必要采取司法转处,即使当初有比较严重的罪行（初犯、由于同伙压力而犯下的罪行）,充分行使侦、检机关在法定范围内的不起诉裁量权。设置公开、公正的不起诉案件听证制度,由检察机关听取侦查机关、犯罪嫌疑人（辩护方）两方对案件事实发表的意见,居中决定是否不起诉。而且,这种侦查后的不起诉决定可能是终局性的,以撤案或决定不起诉而终止刑事诉讼无疑具有司法的性质。正是因为侦、检机关对裁判权的实际分享,因此国外有人通俗地称警察是"街头的法官",检察官是"站着的法官"。

可见,在刑事审判前程序中构建一种针对警察、检察官诉讼行为合法性的司法裁判机制,应成为我国司法改革的重大战略课题。正如前面所分析的那样,这种司法裁判机制的建立,并不仅仅意味着公安机关、检察机关与法院之间权力和利益的简单分配,也不等于在这种权力的重新配置上应当无原则地向法院倾斜。相反,这种就司法权的范围所作的适当扩大,其用意在于给予公民个人获得充分和有效的司法救济的机会,以便使司法机构在国家行政权（也就是警察权、检察权）与公民个人权利之间,充当平衡器的作用。在这一过程中,法院逐渐成为一种独立和自治的"第三种国家权力",其原有的社会角色相应发生了变化,不再是国家社会秩序和公共安宁的守护神,而成为法治和正义的维护者。

（3）刑事裁判权限制的表现。法院是以独立裁判权为基础而设立的,在国家权力体系中,其独揽的是其中的裁判权。尽管由于制约的要求和社会生活的复杂,其并不能真正做到对这一权力的垄断,而是自一开始就受到其他权力机构的侵扰。但是对于法院来说,这些机构对这一权力的分割是极为有限的。一方面是国家权力结构对分权范围的限制,另一方面的界限就是权力的全部或主要部分不能被另一权力所分割,不允许其他机构过度地分享自己固有的权力。不起诉裁决权是检察机关分割裁判权的重要途径，通过这一途径检察机关在某些情况下实质上行使了一部分裁判权。然而，毕竟检察机关是作为控诉职能的承担者而进入裁判领域的，职能的分化决定了其对裁决权的享有是极为有限的。因此，许多国家对这一权力进行了种种限制，检察机关的裁量已非完全自由，而要受到其他机关和个人的监督和制约，这些措施的设立则进一步限制了检察机关对法院裁决权分割的范围。

法院拥有司法最终裁判权。为了维护司法一元化并为当事人提供有效的救济，各国普遍肯定司法最终裁决的原则。一般说来，对公民的人身和财产处罚即使不是由法院决定，也可以向法院申诉或由法院直接运用司法审查权进行审查。这一原则认为：法院的司法保障和司法救济是维护国家权力行使的公正性和维护公民权利的最后措施与屏障。

3. 未成年人司法转处制度下检、警机关自由裁量权的理论与现实依据

(1) 理论依据。现代社会在犯罪与刑罚的问题上，不仅注重对犯罪的惩罚，也更看重对犯罪的预防和改造的社会效果。从报应主义到功利主义，刑罚经历了一个以已然的犯罪为重心向以犯罪人为重心的转变。刑罚目的这种转变，使得刑罚趋向个别化与轻刑化。随着目的刑、教育刑的兴起，传统的报应刑理论所要求的有罪必罚、有罪必诉开始松动，刑事司法也开始从一味地强调一般预防向一般预防与特殊预防并重发展。在刑罚目的由单纯的报应观向功利主义和预防思想观转变的基础上，出现了起诉便宜主义，即允许检察官对是否起诉拥有一定的裁量权。

(2) 现实依据。警察权中存在自由裁量权的成分具有合理的必然性要求。这是因为：

第一，警察机关所面对的复杂多变的社会情况是警察自由裁量权存在的现实条件。警察机关作为维护社会公共秩序与安全的重要国家机关，其权力管理范围涉及社会的各个领域。尤其是随着我国社会体制的总体性的转型，结构变迁中各种无法预期的新情况的层出不穷，治安案件的多发性、复杂性和个案的针对性，使得警察机关在处理治安案件中不能单纯地依靠成文的法律法规，必须要结合个案情况，根据法律授权的裁量权，充分发挥警察权的自我判断能力，合法且合理地制止侵犯社会秩序和安全的行为的出现。

第二，法律体系的不完善性和滞后性是警察自由裁量权存在的法律环境依据。成文法的滞后性，导致法律的普遍公正和现实的个别不公正之间的矛盾，以及不确定的法律概念等一系列问题将无法得到解决。因此，现代国家要求尽可能多且尽可能广泛的警察自由裁量权。

检察机关自由裁量权的核心内容是起诉裁量，起诉裁量是检察机关分流作用的具体体现，检察机关通过起诉裁量节约诉讼成本，合理配置诉讼资源，平衡公共利益各主体之间的利益关系，在这些方面检察机关发挥的作用是法院不可

替代的：检察机关合理把握着进入审判程序的大门，对法官来说，这无疑可以缓解长期累讼的现象，法官有针对性地解决重大、疑难和与社会利益密切相关的案件，既保证了审判工作的质量、效率，也为审判工作水平的提高创造了条件；对大量偶犯、初犯和主观恶性很小的未成年犯罪人来说，他们有了改过自新的机会，不用再受到审判和处以刑罚后重新回归社会的双重压力；对被害人利益的重视也成为检察机关裁量时的一个考虑因素，这大大提高了被害人利益及时获得弥补的可能，使得在公法领域对私权利的救济不再是一句空话。

4. 未成年人司法转处制度下检、警机关自由裁量权的优化实施

（1）完善审前程序自由裁量权的标准。虽然我国不起诉裁量权的适用有法定的条件，但具体在何种情况下应当提起公诉，在何种情况下应当作出不起诉决定，则没有一个较为明确的参考标准，给实际操作造成困难，而且各地适用情况也不一致，影响了法律的统一性。我国可以采取司法解释的形式，具体规定检察机关决定不起诉的标准，主要考虑以下因素：犯罪行为对社会公共利益、被害人利益造成的损害；犯罪嫌疑人的悔罪情况（包括对受害人的补偿情况）；判处刑罚可能造成的负面影响；国家刑事政策等等。

（2）适当扩大检察机关不起诉的范围，赋予其非刑罚处置权。我国《刑事诉讼法》第173条第2款规定："对于犯罪情节轻微，依照刑法规定不需要判处刑罚或者免除刑罚的，人民检察院可以作出不起诉决定。"据此规定，只有当犯罪情节轻微、依照刑法规定不需要判处刑罚或者免除刑罚这两个条件同时具备时，方可适用酌定不起诉。如果犯罪情节较重，即使存在"依照刑法规定不需要判处刑罚或者免除刑罚"的情形（如行为人犯罪情节较重，但犯罪后有重大立功表现），检察机关也无权作出不起诉决定，只能提起公诉。很显然，我国检察机关不起诉裁量权的适用范围仅限于轻微犯罪，属"微罪不起诉"，与美国、英国、日本等国相比，不起诉裁量权的适用范围比较狭窄。笔者认为，应当取消"犯罪情节轻微"的限定条件，扩大不起诉裁量权的适用范围。对犯罪情节较轻的偶犯、过失犯罪、未成年人犯罪纳入不起诉范围，可以减轻法院审判压力，从而有利于控制和集中打击严重犯罪。

（3）实行不起诉听证制度。司法权的一个特征就是原、被告（控辩）双方争议，审判机关居中裁判，这也是现代诉讼的基本构造。检察权司法化运作要求检察权在对案件事实作出具有终局性决定时，应当努力达到客观公正地居中决定。也就是说，检察权要建立居中裁判性质的审查决定机制。所有拟作不起诉决定的案件应当实行不起诉听证制度，由检察机关听取侦查机关、犯罪嫌疑人（辩护方）两方对案件事实发表的意见，居中决定是否不起诉。

未成年人犯罪已成为全社会关注的热点难点问题，未成年人司法转处制度体现了刑法谦抑精神和非刑罚化刑事政策，作为解难的一个重要措施，是形势所

迫,势在必行。对未成年人的司法转处制度是对刑事司法裁判权的侵入与阻断,此种制度的日渐兴起,必然对刑事司法裁判权产生巨大而深远的影响。因此,今后司法制度的变革要全面涉及对法院自身、警察体制、检察体制、检警关系以及检察权与司法裁判权的关系等一系列的深刻变革。

二、对少年犯的观护帮教[①]

（一）少年观护帮教的含义

观护帮教源自域外经验并已本土化,它并非一开始就为少年犯所设,而是针对一般成年罪犯的制度。"观护"一词自 probation 翻译而来,也有人将其称为保护观察。观护始于英国,普通法程序中法官对陪审团作出有罪认定的罪犯宣告延期判决,如罪犯宣誓承诺改恶从善,法官可以附条件予以释放,该制度后来演变为现代观护制度。后来,观护制度在美国不断兴起,其内涵和外延不断扩大。世界各国及地区建立的观护制度各有特色。

当然,观护本身的概念也在不断发展。1952 年在伦敦举行的联合国第二届法律大会对观护制度的定义是:"为特别选择的犯罪人之处遇方法,并将犯罪人置于特定人的监视下,予以个别的指导或处置,同时附条件延缓其刑罚之制度。"后来,联合国《少年司法最低限度标准规则》(即《北京规则》)第 11 条指出:"观护包括免除刑事司法诉讼程序,并且经常转交社区支助部门,是许多法律制度中正规和非正规的通常做法"。

从字面上看,帮教有帮助、教育之意。在未成年人保护层面,帮教指依靠社会各方面的力量,对有严重违法或犯罪的未成年人受到司法处理后进行帮助、教育,使其悔过自新,重走正途。不难发现,观护与帮教事实上具有相似的内涵,其本质上都是一种针对特定对象的非监禁刑执行措施,但是二者具有不同的侧重点,因此统称为观护帮教,这种称谓能够更全面地体现对少年犯的保护。本书所称的少年观护帮教,是指为了更好地保护未成年人的健康成长,对于特定的有重大违法或者犯罪行为的未成年人,国家相关部门与其他社会组织共同采取观察、保护、管束、帮助、教育等措施,使其能够在不脱离社会、不辍学失业等情况下改过自新。

少年观护帮教的对象也是已满 14 周岁、未满 18 周岁的未成年人罪犯,当然不包括不满 14 周岁或者超过 18 周岁的少年犯。他们所实施的行为符合犯罪的特征,即社会危害性、刑事违法性与应受惩罚性,依照罪刑法定原则及罪责刑相适应原则,应当依法定罪判刑,承担相应刑事责任。已满 14 周岁不满 16 周岁的未成年人犯《刑法》第 17 条第 2 款规定的 8 种罪之外的犯罪,不属于此处的少年

---

① 本部分主要内容参见《对少年观护帮教制度的再认识》,载《山东警察学院学报》2015 年第 5 期。

犯,我国《刑事诉讼法》第五编特别程序中的"未成年人刑事案件诉讼程序"所指是构成犯罪的未成年人。

另外,将不满14周岁以及未犯《刑法》第17条第2款规定之罪的已满14周岁未满16周岁的主体排除在上述的未成年人犯罪之外,并不意味着其不属于少年观护的对象。我国《刑法》第17条第4款规定:"因不满16周岁不予刑事处罚的,责令他的家长或者监护人加以管教;在必要的时候,也可以由政府收容教养。"可见,即使最终相应的未成年人不承担刑事责任,其也要受到相应的管教,而这些未成年人,当然也应该成为观护帮教制度的对象,但不是本部分研究的重点。

建立少年观护帮教制度是顺应国际少年司法改革先进理念和先进措施的需要。众所周知,美国少年司法理念改革的首要理念就是,少年法院的设立是为了尽可能地防止将触法少年作为罪犯来对待,更明确地说就是试图把触法少年从普通刑事审判程序中解放出来。联合国少年司法改革也把预防少年犯罪、不诉诸司法审理或对已经进入司法程序的少年采取相应的干预措施作为少年司法综合政策的核心内容。因此要在最大程度上有效地使用诸如转处、指导和监管法令、缓刑、社区监督等措施。①《北京规则》关于观护制度的第11条也规定,应酌情考虑在处理少年犯时尽可能不提交正式审判。

少年观护帮教制度有利于保护少年犯个人,也有利于保护社会。观护帮教制度作为一项处遇措施,并非把关护帮教对象作为少年罪犯对待,而是把观护帮教对象看作是因为家庭和社会的不良影响而使之成为有犯罪危险性的人,或者是需要特殊照顾、辅导或监督之人。因此,采取观护措施,可以让他们生活在一定的社会环境中,享受家庭温暖和学校教育,还可以防止短期监禁刑的弊端。

(二)观护帮教的主体

1. 社会相关部门及转介机构

所谓观护帮教的主体,就是具体实施观护帮教的机构与人员。其实,观护帮教主体应当是全社会各个部门,对青少年的保护是国家机关、人民团体、企事业单位、学校和家庭以及公民的共同责任,应当强化他们的责任意识。

社会中的个人不是孤立存在的,涉罪未成年人的观护帮教工作尤其涉猎广泛,包括民政、教育、妇联、共青团、社区、志愿者等等,实现这些部门优势资源的有效整合,聚集全社会的力量,最大限度地发挥各部门的合力,建立社会支持一体化的路径。在这里,需要将相关的部门形成联动机制,共同做好观护帮教工作。在当下各部门独立、专门职能明确的前提下,应当有一个专业并专职的转介机构,发挥它们在结构中的共同的观护帮教作用,而不是各说各话、各行其是。

---

① 李朝辉:《保护观察制度与缓刑、假释的考察监督》,载《人民司法》2012年第12期。

转介机构具有组织、协调的中央枢纽地位，同时掌握各相关部门的职能、人员等信息，并承担咨询、协调、转接等职能，在检察机关、各政府部门和社会组织之间形成一个有效衔接、各司其职、高效运转的局面，共同做好涉罪未成年人的观护帮教工作。

其中，专业转介机构为涉罪未成年人观护帮教工作提供专业支持。专业转介机构应当由具有官方背景、相对专业、资源丰厚的机构承担。转介机构可以有效地完成检察机关为涉罪未成年人拟定帮教方案的内容，例如，当问题家庭真的出现问题时，转介机构可以将其转介给妇联或专业亲职教育机构；当未成年犯罪人及被害人需要被心理疏导时，将其转介给心理咨询机构；当少年犯需要被培训技能以便将来可以更好地生存于社会时，转介给劳动局；当少年犯在原来的学校就学或去新学校就学出现问题时，转介给当地教委等等。在没有建立该机构之前，可以借鉴上海的项目化运作模式，暂时由检察机关掌握各个优势资源部门的信息，承担转介职能，根据拟定的帮教方案内容，将涉罪未成年人转介到相关机构开展观护帮教工作。

2. 公检法部门

当少年犯进入司法程序后，应当建立公检法部门一体化快速协作机制，形成绿色通道。多数公安机关的职能相当多元，应当集中几个干警专门负责未成年案件的处理，并及时与检察院沟通，以免错过最佳教育时间。还应当转移出检察机关具有引导侦查、出庭公诉、法律监督的职责，督促公安机关建立专门的办案机制，督促人民法院完善少年司法机制，包括牵头建立少年司法联席会议制度等等，因此，在建立公检法一体化机制中检察机关可以起很重要的连接作用。检察机关通过协调公安、法院形成协作办理涉未成年犯案件的一体化工作机制，比如符合条件的案件，规定公检法三家各自的办案时限，避免不必要的拖沓。以上海为例，上海公安机关设有未成年人案件预审组，检察机关设有未成年人刑事检查科，一些区县还设有了专门负责未成年人案件辩护的律师，从而建立起对未成年犯罪嫌疑人和被告人羁押、侦查、起诉、审判、管教以及辩护等少年司法一条龙工作体系。

另外，相关法律法规及司法解释也为更好地观护帮教未成年犯提供了依据。例如，《北京规则》第16.1条规定："所有案件除涉及轻微违法行为的案件外，在主管当局作出判决前的最后处理之前，应对少年生活的背景和环境或犯罪的条件进行适当的调查，以便主管当局对案件作出明智的判决。"此外，最高人民法院《关于审理未成年人刑事案件的若干规定》第21条规定："开庭审理前，控辩双方可以分别就未成年被告人性格特点、家庭情况、社会交往、成长经历以及实施被指控的犯罪前后的表现等情况进行调查，并制作书面材料提交合议庭。必要时，人民法院也可以委托有关社会团体组织就上述情况进行调查或者自行进行调查。"

3. 家庭

家庭作为观护帮教主体非常独特，在现有的观护帮教模式中不太被重视，尤其是在跨区协作中，家庭在观护帮教中的作用显得有些特殊，但作用强大。家庭对未成年人立足于早期教育和早期预防；在少年犯事发以后，家庭的观护帮教主体意义更为明显。

联合国《少年司法最低限度标准规则》(《北京规则》)第18条规定："不应使少年部分或完全地离开父母的监督，除非其案情有必要这样做。"家庭作为涉罪未成年人观护帮教工作的重要主体和基础载体，直接影响到涉罪未成年人在观护帮教过程中认罪悔罪态度和健康向上的精神状态，因此，探索家庭监护帮教引入考察帮教模式，通过帮助提升监护能力、修复家庭关系，对涉罪未成年人脱离司法机关和社会组织考察帮教后的成长具有积极的意义。

在家庭不足以解决问题时再配以司法适度干预，社会帮教组织出面共同帮教未成年犯罪人，采用综合治理的模式，疏堵结合，预防为主，标本兼治。比如，请当地的心理研究机构承担涉罪未成年人的心理疏导和矫正工作，测试和矫治涉罪未成年人的不良心理和行为，帮助其树立正确理念和人生观。当然最重要的还是对家庭系统出现问题的涉罪未成年人开展家庭团体治疗，帮助家庭消除冲突对抗等异常情况，恢复健康的家庭功能，为涉罪未成年人提供健康积极的家庭支持力量。

(三) 观护帮教与相关刑事制度的对接

制度不能单独存在，只有配套使用才能够切实可行地运作。在理论研究和司法实践中，观护帮教应当与相关的一些刑事制度相对接，才能产生更好的社会效果。

1. 附条件不起诉

我国《刑事诉讼法》对附条件不起诉制度的规定，为少年观护帮教制度的建立打开了一扇门。检察机关在审查起诉时，根据犯罪嫌疑人的年龄、性格、犯罪性质等，对较轻罪行的犯罪嫌疑人设定一定的条件，如果在法定的期限内该犯罪嫌疑人履行了相关的义务，检察机关就应作出不起诉的决定。

我国《刑事诉讼法》第271条第1款规定，对于未成年人涉嫌刑法分则第四章、第五章、第六章规定的犯罪，可能判处1年有期徒刑以下刑罚，符合起诉条件，但有悔罪表现的，人民检察院可以作出附条件不起诉的决定。考虑罪轻案件是从嫌疑人主观恶性角度出发，但是限定在1年有期徒刑以下，范围有些过窄。不起诉的执行，不起诉决定前的全面调查、执行机关以及交付实施之后的监督、辅导等等，都是观护帮教的内容。

我国《刑事诉讼法》第272条规定，未成年犯罪嫌疑人的监护人，应当对未成年犯罪嫌疑人加强管教,配合人民检察院做好监督考察工作。该规定明确附条件不起诉的执行机关是人民检察院,交付帮教也由人民检察院负责执行。需要解决的问题一是使检察院有关工作人员尽量多地具备心理学、教育学、社会学等知识,提升帮教的效果;二是将帮教工作作为检察院有关工作人员本职工作的一部分;三是可以考虑在检察院的监督指导下,由社区执行并配合有专门的观护人以帮助观察管束被观护者,以达良好效果。

2. 观护帮教与刑事犹豫制度

上述我国《刑事诉讼法》规定的未成年人刑事案件附条件不起诉制度,体现了刑事犹豫制度中的起诉犹豫制度。刑事犹豫制度是在相应的刑事政策指引下,以现代刑罚理念为根基,以暂缓或者节制刑罚权的适用为标尺,来裁量不启动或者暂缓启动国家刑罚权运作的一种制度。具体而言,它包括侦查阶段的微罪处分制度、检查阶段的起诉犹豫制度、审判阶段的宣告犹豫制度和执行阶段的执行犹豫制度。[①] 刑事犹豫制度与观护帮教制度具有理念上的相似性,也即追求刑罚的人道化,在传统刑罚手段之外寻找更加合适的方式来对待相关人员。但是,二者也存在较大的差别,刑事犹豫制度更加侧重于对发动刑罚权的限制和程序的分流,而观护帮教制度则侧重于对未成年人的保护。当不运用刑罚处罚未成年犯时,需要启动观护帮教措施。

3. 观护帮教与缓刑

从源流上看,有人将中世纪欧洲刑事法中的附条件的缓刑看作观护帮教的最初形态。缓刑也是一项刑罚犹豫制度,是对判处一定刑罚的罪犯,在具备法定条件时,规定一定期间暂缓刑罚执行的制度。观护帮教制度和缓刑制度存在一定的相似性,但是必须注意,二者所适用的对象不同。观护帮教制度适用于有重大违法或者犯罪行为的未成年人,而缓刑的适用对象一定是犯了罪的人。另外,缓刑实质上体现的是一种刑罚执行的犹豫制度。在对未成年犯适用缓刑的同时,也需要对其进行观护帮教。

4. 观护帮教与社区矫正

我国《刑法修正案(八)》和现行《刑事诉讼法》正式规定了社区矫正制度,将缓刑、假释、暂予监外执行人员予以行为考察和管制执行一并归入社区矫正。通常认为,社区矫正是一种与传统的监禁刑相对的非监禁刑罚执行措施,强调其刑罚执行功能,因此有学者认为,应当将社区矫正更名为社区刑罚执行。[②] 在这样的理念下,观护帮教具有更为狭窄的生存空间,通常只能是针对未成年司法的特

[①] 参见王振:《刑事犹豫制度的理性检视——理念、理论与制度》,载《前沿》2011年第5期,总第283期。

[②] 参见刘强:《建议将"社区矫正"更名为"社区刑罚执行"》,载《中国司法》2013年第7期,第46—50页。

有理念与制度。相反,也有学者认为,社区矫正制度应该以观护帮教为重点内容,认为不能以惩罚犯罪的思维看待社区矫正,将社区矫正定性为对罪犯的灌输保护或观察保护。① 目前的通说是站在第一种立场上的,认为社区矫正就是将符合社区矫正条件的罪犯置于社区内,由专门的国家机关在相关社会团体和民间组织及社会志愿者的协助下,在判决、裁定或决定确定的期限内,矫正其犯罪心理和行为恶习,并促使其顺利回归社会的非监禁刑罚执行活动。因此不能认为观护帮教是社区矫正的应有之义。社区矫正针对的是特定的犯罪人,当然也包括特定的未成年犯罪人。但是,针对未成年犯罪人以及其他并未构成犯罪但是具有重大违法行为的未成年人,则要更特别地强调观护帮教。

(四)面临的问题

1. 少数民族未成年犯

在许多情况下,国家出于维稳和民族团结的初衷,对少数民族有不少利好的倾向性的政策(世界各国大多如此),同时也使得部分少数民族同胞以此作为胡作非为的挡箭牌,司法机关每每遇到少数民族犯罪嫌疑人,都是谨慎处理,以免发生民族矛盾、甚至危及国家政权的统一。少数民族未成年犯受自然、地理、文化等因素的影响,与汉族未成年犯相比,在多个方面都存在着程度不等的差异,尤其是民族文化特质这一点上更是如此。这种客观事实难以避免地影响到对其观护帮教措施的实施及观护帮教的效果。

2. 监护人(父母)不同意附条件不起诉

在实践中,极个别的父母不同意检察院有可能作出的附条件不起诉的决定,他们希望检察院起诉自己的子女,并希望法院判刑。这可能是出于各种各样的动机,比如,想以此被定罪、判刑并服刑的方式彻底教育子女遵纪守法,并达到特殊预防的目的。

当主办案件的司法机关工作人员面临这种情况时,一定会对家长做说服工作,讲明定罪判刑对子女一生的影响,从长远角度来看,没有污点记录,更有利于子女将来的生活与发展。

3. 持续帮教的困难

(1)观念与行为的障碍。帮教是否具有可持续性?首先人们在观念上存有置疑。其次,是对少年的行为是否得到真正的矫正存有疑问。虽然两个层面都具有片面性,但在实践中确实存在,需要我们坚定信念,坚持不懈。即使有极个别的无法帮教成功的案例,也不能动摇我们积极努力去做的坚强信念。

(2)学习资历的认可的障碍。帮教组织所提供的短期学习班,没有资格认证,他们回到社会上后得不到认可,从而影响到被帮教者就业及其他方面的正常

---

① 参见程应需:《社区矫正的概念及其性质新论》,载《郑州大学学报》2006年第4期,第88页。

生活。现在受过正规教育拿到被国家教育部认可的资质证件的本科生、职高生等等都面临就业的难题,而只经过短期培训班出来的问题少年,其竞争力可想而知,如果没有正当的职业,后期的持续帮教一定成为纸上谈兵。

（3）学校不再接收有"斑点"学生的障碍。上海东方卫视曾经做过一期节目,初高中的少女殴打污辱同班同学后,有些人没有被追究刑事责任,却再也回不到原来的学校,一是被害人的家长不愿意其子女再与加害人同校学习;二是学校不愿意再让她们重回到班级,以免再发生类似的事件;同时学校也想净化纯洁学生队伍。当问题少年被社会及其各种各样的机关、团体、企业、事业单位歧视时,持续的帮教成为空中楼阁。

正如人类社会的发展呈螺旋式上升,权力在不断地被分割与被集中之间交错进行一样,国家亲权与家长亲权也在不断交替,当亲权的源头父母不足以或无能力行使对子女的监护时,国家必须闪亮登场,接过培护少年的责任,但当父母有这样的能力时,就应当让他们更多地承担这一义务,毕竟家庭是社会的细胞,家庭具有使社会平稳安定的强大功能。不可否认的是,社会的合力永远大于 1 加 1 等于 2 这一全球公认的算术题。

4. 赔偿的实现

法律保护每一个人的合法权益,尤其是被害人的合法利益。但是,在司法实践中,个别案件的被害人索要赔偿数额过高,双方无法达成赔偿协议,当然直接的后果之一是无法实现赔偿,直接的后果之二是被害人不同意对涉罪未成年人做不起诉。在此情况下可以从多角度、多层面做好未成年权益保护工作,不能以保护被害人的利益为借口牺牲未成年犯罪人的利益,不能完全以被害人为中心展开工作。

在实践中应当注意的工作方法:一是讲究工作艺术,以情动人、以法服人,做好释法说理,为实现被害人谅解创造条件;二是对于被害人提出合理的赔偿要求,涉罪未成年人确实由于家庭困难无法赔偿的,可以启用被害人救助资金甚至维稳基金等给予被害人经济补偿;三是借鉴恢复性司法中的"赔礼道歉"、到被害人家中服务等方式,平复被害人的感情伤害,从而在其内心深处真正原谅未成年犯;四是引入专业资源,通过为未成年人开展心理疏导、制定未来发展计划等方式,帮助未成年人平复心理问题、展望未来,更好地适应社会中的生活。

5. 可能的偏差

在当代更加开放的社会环境中,人财物大流动、家庭结构和代际关系给独生子女为主体的未成年人监护带来巨大影响,不断深入的政治体制改革,更加增强了人们的民主法制意识。观护管教制度在实践中被执行走形的情况下,有可能导致两方面的不利后果:一是人们对法治的质疑,是否严格地执法、以正当的程序来运作,还是仅仅依靠具有极高素质的司法人员和观护人来解决犯罪问题,法治是否被搁置一边;二是观护人员的权利是否影响司法权的独立行使,甚至左右法官的观点,影响对观护者的正当程序保障。这些都是在实践中应当力图避免发生的,高品质高素养的观护管教人员成为达到观护帮教目的最重要因素。

如何验证观护帮教的效果是一个难题。世间因果本来就难以确定,谁能保证,结果没有再犯或者观护帮教成功的这些人,其成功结果不是因为其原本就具有较小的社会危害性及主观恶性,或者个人的突然觉醒,或者某一个不期的因素如历史上某个名人名言或事件的影响而不是因为帮教?倒果为因的各种情况还需要我们以后深入探讨。

三、未成年人不良行为的应然处遇

(一) 不良行为的含义

不良行为不属于刑法规定的犯罪,但是,它属于刑事政策学中的犯罪概念。我国《预防未成年人犯罪法》首次正式将"不良行为"作为法律术语使用,并对其作出了明确的界定。该法第14条规定一般不良行为有:(1)旷课、夜不归宿;(2)携带管制刀具;(3)打架斗殴、辱骂他人;(4)强行向他人索要财物;(5)偷窃、故意毁坏财物;(6)参与赌博或者变相赌博;(7)观看、收听色情、淫秽的音像制品、读物等;(8)进入法律、法规规定未成年人不适宜进入的营业性歌舞厅等场所;(9)其他严重违背社会公德的不良行为。第34条规定,"严重不良行为"是指下列严重危害社会,尚不够刑事处罚的违法行为:(1)纠集他人结伙滋事,扰乱治安;(2)携带管制刀具,屡教不改;(3)多次拦截殴打他人或者强行索要他人财物;(4)传播淫秽的读物或者音像制品等;(5)进行淫乱或者色情、卖淫活动;(6)多次偷窃;(7)参与赌博,屡教不改;(8)吸食、注射毒品;(9)其他严重危害社会的行为。

从我国《预防未成年人犯罪法》的有关规定可以看出,我国未成年的不良行为也具有多层次的含义,不仅包括传统意义上刑法所规定的具有刑事责任的未成年人实施的犯罪行为,还包括了一般不良行为和严重不良行为。从其内涵上看,实际上包括了国外少年法上的虞犯和身份犯的内容。

(二) 我国不良少年处遇之现状

(1) 少年管教所。少年管教所,简称少管所,也称未成年人管教所,属于监狱系统,是我国教育改造犯罪少年的专门机构。

我国少年管教所创建于20世纪50年代,按照1954年9月政务院颁布的《劳动改造条例》的规定,少年管教所以省、市为单位建立,一般而言,在省范围内设立一至两所。建置初期,少年管教所隶属公安系统,自1983年始,改为隶属于司法行政系统,一般直接受省、自治区、直辖市司法厅(局)所辖的劳动局领导管理,并接受所在地党和政府的领导。

我国《监狱法》专设一章规定了"对未成年人的教育改造",并且明确规定"对未成年犯应当在未成年犯管教所执行刑罚。"1999年12月司法部又颁布《未成年犯管教所管理规定》,对教育改造少年犯应遵循的基本原则以及少管所的组织机构、管理制度、教育改造、生活卫生、考核奖励等制度均作了较为详细的规定。

少年管教所的收容对象主要是已被法院判处有期徒刑和无期徒刑的14周岁以上不满18周岁的少年。司法实践中,对于被判处刑期较长的罪犯来说,往往在执行一段期限后,年龄已达18周岁,但刑罚却未执行完毕。为解决这样的问题,我国曾对此作出过不同的规定。根据《监狱法》的规定,未成年犯满18周岁时,剩余期限不超过2年的,仍可以留在未成年犯管教所执行剩余刑期。因此,我国少年管教所的收容对象有二:被判处刑罚的未成年人和余刑在2年以内的成年人。

少年管教所对未成年犯的改造,根据其生理、心理、行为特点,以教育为主,坚持因人施教、以理服人、形式多样的教育改造方式;实行依法、科学、文明、直接管理。未成年犯的劳动,以学习、掌握技能为主。未成年犯管教所应依法保障未成年犯的合法权益,尊重未成年犯的人格,创造有益于未成年犯身心健康、积极向上的改造环境。在日常管理中,可以对未成年犯使用"学员"称谓。

收监后,未成年犯管教所应当在5日内通知未成年犯的父母或者其他监护人。对未成年男犯、女犯,应当分别编队关押和管理。未成年女犯由女性人民警察管理。少数民族未成年犯较多的,可单独编队关押和管理。未成年犯管教所按照未成年犯的刑期、犯罪类型,实行分别关押和管理。根据未成年犯的改造表现,在活动范围、通信、会见、收受物品、离所探亲、考核奖惩等方面给予不同的处遇。

未成年犯管教所建立警卫机构,负责警戒、看押工作。未成年犯管教所监管区的围墙,可以安装电网。在重要部位安装监控、报警装置。未成年犯管教所应当配备必要的通讯设施、交通工具和警用器材。对未成年犯原则上不使用戒具。如遇有逃脱行为、使用暴力行为和押解途中等法律规定的情形时,才可以使用手铐。

对未成年犯的教育采取集体教育与个别教育相结合,课堂教育与辅助教育相结合,所内教育与社会教育相结合的方法。未成年犯管教所应当配备符合国家规定学历的人民警察担任教师,按押犯数4%的比例配备。教师实行专业技术职务制度。禁止罪犯担任教师。对未成年犯进行思想、文化、技术教育的课堂化教学时间,每周不少于20课时,每年不少于1000课时,文化、技术教育时间不低于总课时数的70%。对未成年犯的技术教育应当根据其刑期、文化程度和刑满释放后的就业需要,重点进行职业技术教育和技能培训,其课程设置和教学要求可以参照社会同类学校。对参加文化、技术学习的未成年犯,经考试合格的,由当地教育、劳动行政部门发给相应的毕业或者结业证书及技术证书。

《未成年犯管教所管理规定》还规定了生活卫生和考核奖惩制度,主要是保证少年的身体健康和积极改造。

(2) 少年教养所。目前,我国少年教养制度主要由两部分组成:一是少年劳动教养制度;二是少年收容教养制度。少年劳动教养是指有轻微违法犯罪行为,依法不够追究刑事责任或依法不予追究刑事责任,但屡教不改、危害社会的 16 周岁以上不满 18 周岁的少年,实行强制性教育改造的行政措施。少年收容教养,则是对实施了严重危害社会的行为,但因不满 16 周岁不予刑事处罚的少年进行的强制性收容教育的行政性强制措施,其法律依据主要是《刑法》第 17 条、《未成年人保护法》第 39 条、《预防未成年人犯罪法》第 38 条的规定。收容教养和劳动教养在适用对象、适用机关、法律根据、执行机关和场所、法律后果等方面有所不同。①

1996 年以前,被劳动教养的少年在劳动教养场所执行,被收容教养的少年则在少年管教所执行。后经改革,二者统一在劳动教养场所执行。虽然这次改革区分了收容教养的行政性质与少年管教的刑罚属性,但是在劳动教养场所里,未成年人与成年人混押混管,违背了分押分管原则。

1996 年 8 月,上海市建立了全国第一家专门性的少年教养所,随后,其他一些省市也陆续建立,实现了对上述两类少年的单独教育管理,体现了我国少年处遇制度向专业化、独立化发展。

按照 1999 年司法部公布的《少年教养工作管理办法(试行)》,少年教养工作应贯彻执行"教育、感化、挽救"的方针。少年教养工作人民警察应像老师对待学生,父母对待子女,医生对待病人那样,耐心地帮助教育少年教育人员,努力使他们成为遵纪守法,具有一定文化知识和职业技能的有用之材。少年教养管理所、队坚持"以教育为主,习艺性劳动为辅"的原则,实行半日学习、半日习艺性劳动的制度。特别重视对少年教养人员的个别教育工作,每名少年教养人员每月至少接受两次个别谈话教育。

(3) 收容教育。根据国务院于 1993 年 9 月起实施的《卖淫嫖娼人员收容教育办法》的规定,收容教育,是指对卖淫、嫖娼人员集中进行法律教育和道德教育、组织参加生产劳动以及进行性病检查、治疗的行政强制教育措施。14 周岁以上的未成年人,如果有卖淫、嫖娼行为可以收容教育。收容教育期限为 6 个月至 2 年。

(4) 工读学校。我国的工读学校创办于 1955 年 7 月,"文化大革命"期间停办,1978 年复办。工读学校是对有违法行为或品行偏常的未成年学生进行挽救

---

① 参见马克昌主编:《刑罚通论》,武汉大学出版社 1999 年版,第 787 页。

教育的一种教育机构。性质上,它属于教育系统;管理上,它的主管部门为教育行政部门。因此,工读学校不是执法机构而是教育机构。学生送到工读学校,学校除对这些有"问题"的学生进行教育挽救外,还实施九年义务教育,有的地方工读学校还逐步发展成为职业技术学校。

我国工读学校以"立足教育,挽救孩子,科学育人,造就人才"为方针,坚持"严爱结合,以爱为本;管教结合,以教为主;工读结合,亦工亦读"的原则,对不良少年进行教育改造。

工读学校的学制为2—3年,学生接受思想教育,并参加文化课和职业技术课的考核。凡能在校坚持学习,改正罪错,遵纪守法,文化、职业课考试合格者,准予结业、毕业。对于达到初中毕业程度的学生,由其原来所在学校颁发初中毕业证书或初等职业技术训练合格证书,以原来所在普通中学或工读学校设立的职业技术学校的名义毕业。工读学生结业、毕业后,不能认为其政治上存在污点,与普通学生一样,可以升学、就业、参军,从事各种工作。地方政府应当重视工读学校毕业生的安置问题,为他们的就业、升学等问题创造有利的条件。

(三) 我国少年处遇制度改革的初步构想

1. 改革拘禁性保护处分

(1) 废止收容教育。收容教育存在以下弊端:第一,性质模糊;第二,行政侵权,有违宪之嫌;第三,救济机制不健全;第四,监督制约不力等。可见,对于成年人来说,尚有如此多的缺陷,该制度对少年的保护则无从谈起。

收容教育是一种强制性行政措施,对少年人身自由的剥夺可长达两年,在没有司法裁决的前提下,行政措施肆意剥夺了公民的人身自由权利,违反了宪法的精神。其对少年权利侵害的影响,远远大于对其矫治的效果,因此,笔者建议,该制度不宜将未成年人列为收容对象,对于卖淫、嫖娼的少年可处以其他非拘禁性的替代措施。

(2) 完善工读教育。我国工读学校在保护少年健康成长,矫治少年不良行为,维护社会治安稳定中发挥了积极的作用。工读学校在矫治少年不良行为方面起到了重要的作用,同时其突显了教育功能,淡化了惩罚效应,不失为我国少年保护措施的一剂良方。

进入20世纪90年代以后,工读学校开始面临严峻的挑战,出现了一系列的困难。一是学校数量急剧减少,办学规模大幅萎缩。二是很多省市的工读教育并不完善,社会各界对工读教育的强制性提出了质疑,如工读学校能否强制问题少年接受教育,对工读学校在读生学校在管理中是否有权剥夺其一定的人身自由等。

对于学校规模的缩小,主要是由于改革开放后打破了以前计划经济保证工读学校生源的局面,家长又为防止"标签效应",不愿将孩子送到工读学校。随着生源的减少,由国家按照学生数量的财政拨款也会随之减少,因此,很多工读学校因缺少生源、缺少资金而难以维持。解决这样的问题,笔者认为,首先应该做好宣传,让社会各界明确工读学校属于教育系统的性质,摆脱目前大多数人认为工读学校等同于少管所、劳改所等司法、行政机构的误区,动员社会全体参与到保护和矫治不良少年的事业中来,让每个人对不良少年都多一分关爱,对从工读学校毕业的少年不再带有歧视,让他们能像普通孩子一样平等享有就业、升学的机会。目前有一些省市已经开始了积极的行动。如上海市20世纪80年代后期就开始对工读学校办学模式等进行了重大改革,扩大了学校的招生范围和办学功能。学校从过去单纯招收有违法和轻微犯罪的少年转为主要招收心理行为偏常、家庭难以管教、有违法和轻微犯罪行为的三类青少年。办学功能从单一工读模式向工读、托管、职教、咨询、校外延伸等综合、多层次纵深发展。为了打消学生和家长的入学顾虑,学校名称也改变了(换挂或者并挂两块校牌)。如杨浦工读学校改名为上海市亲灵中学,静安区工读学校改名为康定中学,学校实行一所学校两块牌子的双重管理模式。① 同时,为了能让工读学校得到发展,对在校学生提供更好的教育,在办学经费上也须进行改革。对于经济发展较好的省份,省政府应拨出更多的专项经费来用于工读学校。同时要允许工读学校依法接受馈赠,允许工读学校向家长收取必要的教育费用,允许民办学校开办工读班,让社会各界都参与到学校的建设中来。

对于工读学校的"强制性"问题,大多学校开始实行"三自愿原则"的招生办法,即工读生入学要经过学生本人、学生家长和学生原先所在学校三方的自愿。只要三方中的任何一方不同意入学,招生就不能进行。在对学生的教育管理上,除了在管理制度上略严于普通中学以外,其本质上仍然是学校,具有与其他学校的共同职能和特点,并不具有对少年剥夺、限制人身自由的权力。

除此,我国工读教育制度的立法依据不够充分,到目前为止,工读教育的法律依据主要是:1981年国务院颁发的《关于办好工读学校的实行方案》,确定了工读学校"挽救孩子,造就人才,立足教育,科学育人"的办学宗旨;1986年《义务教育法》规定:"工读学校是实施九年义务教育的一种不可或缺的形式";1992年《未成年人保护法》将工读学校确定为对未成年人的"学校保护"方式;1992年《义务教育法实施细则》将工读学校确定为"承担实施义务教育的学校";1999年《预防未成年人犯罪法》确定"工读学校对就读的未成年人应当严格管理和教育",将工读学校规定为预防未成年人犯罪的一种形式。这些法律法规虽然都涉及工读学校、工读教育的内容,为工读学校的办学指出了方向和原则,但对实践中的具体问题,法律法规并无明确规定。2003年2月上海市教育委员会、上海

---

① 参见赵文:《工读学校招生难问题透析》,载《山东省青年管理干部学院学报》2004年第6期。

市公安局发布了《上海市工读教育暂行规程》,之后又出台了《徐汇区工读教育管理实施细则(试行)》,这对我国的工读教育事业起到了积极的推动作用。笔者建议,应该制定统一的法律法规,明确工读学校的性质、任务、原则、教育管理方式、财政来源等,使我国的工读学校走向制度化、规范化,让这种教育模式能够更好地保护、矫治不良少年。

(3) 适用强制医疗措施。我国目前有对精神病人、毒品依赖者、有性病的人的强制医疗,对酒精依赖者的强制医疗尚无专门的法律规定。这种医疗手段具有强制性,意味着凡符合条件的特定对象,不管其本人或其亲属同意与否,只要经过有权机关的决定,都必须无条件接受。对于上述这几种行政强制措施,也可以适用于少年,但因其强制性与行政性,不利于对少年的保护,笔者建议,少年法庭应扩大适用对象,增加少年保护案件,对于有可能需要强制医疗的少年,先由少年法庭对其进行性格、行为、环境等的全面调查,确需强制医疗的,可以由法院根据调查结果作出指示,由相关部门进行医治。

2. 建立多样化的社区性保护处分

(1) 赔偿损失。赔偿损失是指责令少年就其犯罪行为所造成的损失进行赔偿。赔偿的数额以实际造成的损失为限,如果少年无经济来源,可责令对孩子疏于管教的家长代为赔偿,或者认为以社会服务的形式有利于教育挽救少年的,可以责令以社会公益劳动来弥补损失。

(2) 罚款。笔者认为此种措施主要适用于有经济来源的不良少年,其最高限额应与少年的实际情况相符,措施执行后,既能让少年为此感到一些愧疚和畏惧,又不得使其承受太大的经济压力,否则可能达不到矫治的效果,反而会走向其他犯罪的道路。

(3) 赔礼道歉。赔礼道歉是责令少年向被害人正式表示歉意和忏悔,请求被害人原谅。

(4) 训诫。训诫是指由少年法庭指出少年行为的违法性、危害性,并告诫其以后不得再犯,告知其再犯的法律后果。可以由少年法庭法官当庭作出。

(5) 责令严加管教。即责令父母、监护人对不良少年严加管教。为了加强少年父母、监护人履行严加管教职责,可以责令其缴纳 5000 元至 2 万元的保证金,以督促严加管教处分的执行。① 执行情况可由少年法庭负责监督,保证金则统一由法院专门机构收缴,保证金的退回可由家长申请,或由少年法庭法官依职权作出。

(6) 社会服务令。所谓社会服务令(community service code),是一种判决的方式,判处罪行较轻的犯罪少年,在一定时间内,必须为社会提供一定无偿劳

---

① 参见姚建龙著:《少年刑法与刑法变革》,中国人民公安大学出版社 2005 年版,第 215 页。

动,达到服务社会,矫正犯罪心理,改过自新之目的。现代的社会服务令一般被认为起源于英国1972年的《刑事司法条例》(the Criminal Justice Art 1972),其中规定犯罪者(至少为17岁)必须在缓刑官的监督下无偿地完成40—240小时工作的命令。这类命令通常根据缓刑犯监督官的报告而提出,同时必须征得罪犯本人的同意,并于12个月之内执行。对于违反该令的行为可处以罚金,或撤回该命令并施以任何原来可施加于该罪行的惩罚。① 在现代刑罚制度中,社会服务集中体现了行刑社会化的发展趋势,体现了刑罚的个别化原则、刑罚的谦抑性及刑罚的人道性和教育性。笔者建议,我国少年保护措施可以引入社会服务令,对少年进行改造。借鉴国外经验,社会服务的时间可以确定为40—240个小时,由少年法庭负责执行,必要时可以交青少年社工执行,少年法庭负责监督。

(7) 保护观察。保护观察又称观护制度,我国台湾有学者指出:"少年观护制度,实际上是一种对于犯罪或虞犯少年,所采取的非监禁性的处遇措施。凡是受观护处遇的少年,无须监禁特定之机构,而将之置诸自由社会,接受观护人的辅导、监督、观察、矫正、保护管束,俾能达到改善行状,预防再犯的目的。"②少年观护制度是以非监禁和社会化处遇为基本理念,在具体运作上具有个别化、社会化、专业化和人性化的特点,在各国的实践中,成效显著。美国学者曾用4年的时间追踪了1210名少年犯,结果发现从少年监狱出来的少年犯有55%又重新犯罪,而同期接受观护的少年犯重新犯罪的只有15%。③

我国近年来各地试行的暂缓处理、暂缓起诉、暂缓判决、社区矫正、建立缓刑人员考察基地、假释人员考察基地等正是与国外少年观护制度的契合,但也有其不足之处,主要是具有分散性、短期性和非专业性,这不仅造成了司法资源的浪费,更不利于教育帮助少年改过自新。要充分发挥少年观护制度的作用,我们仍需进一步探索,建立完善的制度。借鉴国外的经验,保护观察不仅仅是缓刑和假释的配套措施,而且是独立的保护处分,我国可以将少年观护作为一种刑罚替代措施,在法庭审理判决后直接对少年进行保护教育。由于保护观察对象的特殊性,我们需要建立一支专业化、职业化的观护员队伍,并统一隶属于少年法院,避免重复建设。同时,我们还应尽力扩大青少年社工队伍和志愿者队伍,在少年法院的指导下共同对不良少年进行帮助教育和改造。

---

① 参见王运生、严军兴著:《英国刑事司法与替刑制度》,中国法制出版社1999年版,第108页。
② 刘作揖:《少年观护工作》,台湾五南图书出版公司1984年版,第4—5页。
③ 参见张敏:《观护帮教、定期宣判在少年刑事审判中的运作》,载《人民司法》1995年第4期。

第二节 待犯罪化犯罪的应然微观刑事政策

一、对待犯罪化犯罪人进行刑事政策处遇的必要性

（一）待犯罪化犯罪具有严重的社会危害性

待犯罪化犯罪，是指具有严重的社会危害性，应当法定为犯罪但未被法定为犯罪的行为。之所以称其为待犯罪化犯罪，是因为它具有社会危害性，会对社会秩序和社会稳定造成破坏。从社会发展的角度而言，非犯罪化与犯罪化也在不断地交叉进行。我们强调缩小犯罪圈并不意味着对于某些应当受到法律严惩的犯罪行为加以放纵，缩小犯罪圈的同时还要强调在条件成熟时对犯罪圈的适度扩大。

法律具有一定的稳定性，由此也会带来相对的滞后性，刑法尤其如此。因此，随着社会的发展以及对外交流的频繁，一些凸显的新的社会矛盾导致了许多法律没有规定的新型犯罪大量出现，这些就是待犯罪化的犯罪。其中有些犯罪的社会危害性甚至比相对法定犯罪的社会危害性还要大很多。如果不对这些犯罪加强控制，一方面，会对我国的社会发展和经济发展带来巨大危害，另一方面，因为很多待犯罪化犯罪在其他许多国家或者是国际公约中被规定为犯罪，而在我国还没有将其规定为犯罪的情况下，很容易使我国成为滋生一些国际犯罪的温床，不利于我国的国际形象。对于待犯罪化犯罪施以刑事政策处遇，非常必要。

（二）刑法学、犯罪学的研究无法达到对待犯罪化犯罪进行处遇的目的

从刑法学角度讲，待犯罪化犯罪就是还没有被法定为犯罪的犯罪，因而它们在规范刑法的角度来看，都是完全"合法"的，或者至少是符合刑法规定的，而罪刑法定原则是刑法的基本原则之一，也是刑法的基石。依据罪刑法定原则，法无明文规定不为罪，因而，规范刑法在待犯罪化犯罪面前可以说是无能为力。刑罚手段是法定犯罪犯罪人的墓志铭，却成为待犯罪化犯罪人的通行证。

从犯罪学的角度来讲，我们制定出再完备的犯罪预防对策，犯罪包括待犯罪化犯罪仍然会发生，而在这些犯罪发生之后，我们需要对犯罪人进行处理，以抚平犯罪人带给被害人及社会的伤痛，重新恢复被犯罪破坏的社会秩序，此时貌似对犯罪问题无所不能的犯罪学又变得无能为力。规范刑法只能对法定犯罪的犯罪人进行处遇，对于待犯罪化犯罪的处遇成为一个社会需求，此时，需要刑事政策来解决问题。

（三）对待犯罪化犯罪进行应然刑事政策研究迫在眉睫

刑事政策是对已然犯罪的被动防御，这从客观上表明对待犯罪化犯罪人进

行处遇是刑事政策的研究内容。但是,反观目前的刑事政策的研究内容,无论是在实践中正在施行的实然刑事政策,还是存在于理论研究中的应然刑事政策,都很少有对待犯罪化犯罪的处遇内容。

我国实践中正在施行的实然刑事政策,包括针对不满16周岁不处罚的未成年人的收容教养,针对精神病人和患有性病的卖淫、嫖娼者的强制医疗,针对吸食、注射毒品成瘾者的强制戒除以及针对违禁品和供犯罪所用的本人财物的没收财物,针对轻伤害案件的刑罚轻缓化。这些都适用于已经实施社会危害性的人。细细分析可以看出,这些实然刑事政策,都是针对法定犯罪和准犯罪的,而没有针对待犯罪化犯罪的处遇措施。

对待犯罪化犯罪缺乏实然的刑事政策处遇是有欠缺的。这表明了在社会上有很大一部分对社会具有危害的犯罪行为发生以后,国家、社会及个人却对其无能为力。而且,学理上缺乏对待犯罪化犯罪的应然刑事政策的研究,也就无法为实践提供理论根据。目前,在刑事政策理论上研究比较多的应然刑事政策有刑事和解制度、缓于起诉制度、未成年人司法转处制度,多针对的是法定犯罪和准犯罪。而缺乏对待犯罪化犯罪的应然刑事政策的研究这一现状,一方面使对待犯罪化犯罪的实然刑事政策的制定没有理论依据,从某一程度上使得实然刑事政策少了一些不断完善的推动力,因为任何实然的刑事政策都是从应然刑事政策转化而来;另一方面,由于刑事政策学中的犯罪概念包含了法定犯罪、准犯罪和待犯罪化犯罪,如果不对待犯罪化犯罪的处遇进行研究,也是刑事政策学的一大缺憾。

二、对待犯罪化犯罪人进行刑事政策处遇的可行性

前述表明,刑事政策需要担负起对待犯罪化犯罪人进行处遇的重任,而刑事政策究竟能否担任起这个重任却还面临着一个问题。刑事政策的目标是对犯罪人进行人道主义处遇,而许多待犯罪化犯罪人的行为在法律意义上是完全合法的行为,如果对这些合法的行为进行处遇,很容易面临着待犯罪化犯罪人这样的辩解:我又没犯法,你凭什么处罚我。在目前普遍提倡轻刑化的今天,对合法行为进行刑事政策处遇是否人道?是否与刑事政策的目标相冲突,这是我们无法回避的问题。

人道主义有两层含义:由于"人本身是最高价值"不过是外在的、浅层的、初级的真理,而内在的、深层的、高级的真理是"人本身的自我实现是最高价值",我们可以相对应地称为广义上的人道主义和狭义上的人道主义。[①] 也许犯罪分子

---

① 参见王海明著:《新伦理学》,商务印书馆2001年版,第407页。

认为通过实施犯罪行为实现其最高价值,或是我们这样认为,但实现自我的最高价值不能通过侵犯他人的合法权益来实现,这不是我们通过刑事政策的适用来达到的目的。传统意义上的犯罪观认为,犯罪人的价值观是一种错误的价值观,待犯罪化犯罪人同样如此。如果我们不对其进行处遇,纠正其扭曲的价值观,可能会放任他再次走向犯罪,这反而是一种不人道。

对严重的法定犯罪进行轻刑化处理是一种人道,对表面合法的待犯罪化犯罪进行处遇也是一种人道。对待犯罪化犯罪进行处遇并不与刑事政策的目标相冲突。

三、待犯罪化犯罪的应然微观刑事政策

对待犯罪化犯罪行为应当如何处理,是应然微观刑事政策要解决的问题。笔者提出以下四种方案:

(一)将待犯罪化犯罪纳入刑法典

刑罚是刑事政策的一种。而对法定犯罪通过适用刑法追究犯罪人的刑事责任,是实然刑事政策的一种处遇手段。将待犯罪化犯罪纳入刑法中,使其成为刑事政策的一部分,则顺理成章。而目前,刑罚手段对法定犯罪而言是实然的刑事政策,准犯罪是不需要受刑罚处罚的行为,只有对于待犯罪化犯罪的处理措施还停留在应然刑事政策阶段。其中,最理想的结果之一就是将所有的待犯罪化犯罪纳入刑法规范,对其处遇的难题迎刃而解。但是,由于法律具有一定的稳定性及滞后性,而社会不断发展,总会有新的待犯罪化犯罪出现,因而这种最理想的状态是不可能实现的。而且,由于刑事立法与公民的人身财产密切相关,程序较为繁琐,因而,一项法律的出台极为缓慢。目前,我国刑法是以修正案的方式将待犯罪化犯罪入罪的。

(二)直接运用司法解释

面对制定和修改刑法典程序繁琐的法治特点,将待犯罪化犯罪入罪还有一种相对快捷的方式,就是将一些待犯罪化犯罪通过司法解释纳入规范刑法典的处理范围。在理论上和立法法的规定中,司法解释的效力都低于法律,但在司法实践中,它同刑法典一样具有指导审判的作用,而司法解释的制定程序相对比较简单,出台也比较迅速,因而通过司法解释将一些待犯罪化犯罪纳入规范刑法的处理范围,不失为一种较为快捷的处理方法。例如,传销行为在几年前一度风靡我国大江南北,它虽然具有一定的社会危害性,但是作为一种市场活动,在当时并不违反国家的禁止性规定,表面上合法,就属于一种待犯罪化犯罪。2001年4月10日最高人民法院《关于情节严重的传销或者变相传销行为如何定性问题的批复》规定,对于国务院《关于禁止传销经营活动的通知》发布之后,仍然从事传销或者变相传销活动,扰乱市场秩序,情节严重的,应当以非法经营罪定罪处罚。

此时,传销活动就从一种待犯罪化犯罪转换成为一种法定犯罪了。

当然,我们应该看到,不是每一种待犯罪化犯罪都是可以通过司法解释纳入刑法典的处理范围的,因为司法解释毕竟是对刑法典的解释,它不能超越刑法典随意地创设罪名,否则就有违刑法定的基本原则了。而只有对那些符合在刑法条文中设有兜底条款的条文的待犯罪化犯罪才能通过司法解释将其犯罪化。事实上,我国 1997 年修订的刑法典中有许多条文设有兜底条款,尤其是第三章破坏社会主义市场经济秩序罪。例如,非法经营罪中有"其他严重扰乱市场秩序的非法经营行为",合同诈骗罪中有"以其他方法骗取对方当事人财物"的字样。而许多待犯罪化犯罪都是在破坏市场经济秩序领域,这就为对其通过司法解释入罪提供了便利。

(三)行政刑法与传统刑法的分离

行政刑法的概念由德国学者郭特希密特于 1902 年提出,历经百年,到目前为止国际上的行政刑法研究已经极为发达,第 14 届国际刑法大会更是将行政刑法列为大会的中心议题,到目前为止,大致形成了德国和日本两大理论体系。德国的行政刑法理论一般认为,行政刑法是为达到行政的目的而规定行政不法及其行政罚的理论,我国有学者认为其实质是秩序违反法;日本的行政刑法理论一般认为行政刑法就是行政法中有关刑罚方法的法规的总称,将行政刑法作为附属刑法来看待。[①]

我国行政刑法的研究尚处于初级阶段,对于何谓行政刑法,学者们也是见仁见智,对于行政刑法的学科性质还有较大的争议,与国际上的两大理论体系相对应,我国学界也存在着行政刑法的行政法说[②]和刑事法说[③]两种观点。而这两种观点的争议焦点就在于,行政犯罪是否一定要求具备刑事违法性。刑事法说认为,行政犯罪要成为犯罪,除具备行政违法性以外,还必须具备刑事法上的违法性,因而"行政刑法作为刑法的特殊部门属于刑法"[④]。而行政法说对行政犯罪的理解则更为宽泛,既包括应处以行政处罚的一般行政违法行为,也包括应受刑罚处罚的严重行政违法行为。犯罪概念基本上是建立在"犯罪即罪恶""犯罪是反社会行为"这样的定性分析的观念上面,一般没有定量因素,"数量大小和情节轻重一般都不作为犯罪构成要件"。[⑤] 这种对行政犯罪的概念的界定也正类似于我们刑事政策视野下的犯罪概念,包括了法定犯罪和待犯罪化的犯罪。也正

---

① 参见赵秉志、郑延谱:《中国行政刑法的立法缺憾与改进》,载《河北法学》2006 年 8 月。
② 参见卢建平:《论行政刑法的性质》,载杨敦先、曹子丹主编:《改革开放与刑法发展》,中国检察出版社 1993 年版,第 113 页。
③ 参见张明楷:《刑法的基础观念》,中国检察出版社 1995 年版,第 308 页。
④ 〔日〕福田平:《行政刑法》(新版),日本有斐阁 1978 年版,第 42—43 页,转引自同上书,第 307 页。
⑤ 储槐植:《刑事一体化与关系刑法论》,北京大学出版社 1997 年版,第 271 页。

是这两种观点的分歧,为我们提供了解决对待犯罪化犯罪人进行刑事政策处遇的极佳途径,那就是:将行政刑法与传统刑法相分离。

从客观方面来讲,"有关规制社会伦理层面、涉及社会治安秩序方面的犯罪类型及法律规范较为稳定;而距离传统社会伦理层面较远,在现代社会尤其是与市场经济秩序有关的行政犯罪及经济犯罪,往往表现出较大的易变性。"① 在社会发展和社会管理的进程中,我们可以发现,所发生的新型犯罪包括大量的待犯罪化犯罪大多发生在行政犯罪和经济犯罪领域,而与传统的社会治安秩序方面的犯罪类型关系不大。传统的社会治安秩序方面的犯罪,大都针对自然犯罪,是基于古今中外人类的一般伦理道德理念而设立的,而行政刑法规定的行政犯罪大都针对法定犯罪,是基于社会的行政管理与经济秩序管理作出的否定性评价而设立的。前者具有稳定性,后者具有易变性,如此将二者规定在一个刑法典中,必然导致相互之间的矛盾,最终导致刑法典频繁修改和单行刑法的不断出台。

基于上述矛盾,我国有学者提出了将行政刑法与传统刑法相分离的观点,并指出:"二者的分离不仅仅是传统刑法罪名与行政刑法罪名的分离,还应包括与行政刑罚措施有关的传统刑法中刑罚与非刑罚方法的分离,前者如驱逐出境等,后者如收容教养、强制医疗等。"② 笔者对此进行了深入的研究,思路如下:

首先是取消刑法典中关于行政犯罪的规定,制定专门的《行政刑法通则》,这个《行政刑法通则》的地位类似于民法中《民法通则》的地位,起着一个总论的作用,它并不规定具体行政犯罪种类和内容,而仅仅规定行政刑法的一些基础理论和责任的问题。而在责任的问题上,可以借鉴刑罚手段和非刑罚手段兼收并蓄的观点,"具体包括对原劳动教养内容的兼收,必要时对治安管理处罚法也可以兼收,以及对收容遣送、收容教育、强制禁戒、强制治疗等许多保安措施的并蓄。"③ 而我们所提倡的刑事政策的真谛也正是对于犯罪行为的刑罚单一处遇手段的突破,与这种观点不谋而合。笔者认为,在《行政刑法通则》中的责任应该包括保安处分、行政罚和刑事罚三部分。

而对于行政犯罪的具体种类和内容的规定,需要另外制定一系列的单行行政刑法法规,如《生产销售伪劣商品行为惩治法》《洗钱行为惩治法》《危害网络行为惩治法》等等。这些单行的行政刑法法规既规定一般的行政违法行为,也规定严重行政犯罪行为,而对于实施了这些行为的行为人的责任则应该依据《行政刑法通则》中的责任来确定。但是,即使对行政犯罪行为,也不要轻易动用刑事罚

---

① 李晓明:《我国行政刑法的冲突、整合与完善》,载《苏州大学学报(哲学社会科学版)》2005 年第 5 期。

② 同上。

③ 同上。

来追究行为人的责任,只有对那些严重的或社会影响巨大的行政犯罪行为才动用刑事罚来惩治。另外,我们需要对单行的行政刑法规定较为简易的制定和修改程序,以促使立法更为迅速,以降低因社会的迅速发展而带来的新型犯罪的压力,大大减小待犯罪化犯罪出现的空间,也可以防止刑法典因不断修改带来的不确定性。

单行行政刑法法规对待犯罪化犯罪的作用表现在以下两个方面:一是由于它的制定程序的简便、迅捷,能够有效缩小待犯罪化犯罪的范围,减少待犯罪化犯罪的发生。二是许多待犯罪化犯罪往往都首先表现为行政违法行为,极少有不具有行政违法性的待犯罪化犯罪存在。在单行行政刑法法规中,这些待犯罪化犯罪是需要从行政违法行为上升到行政犯罪行为的,但在这种上升过程完成之前,单行行政刑法对这些行为进行处遇,同样具有重大意义。而现实中的虚拟财产受到侵犯的行为、挥霍浪费行为、放高利贷行为、污染环境行为等待犯罪化犯罪行为都可以被囊括到相应的单行行政刑法法规中,从而可以被快速、有效地解决。

(四)确立某些国际条约在我国直接适用的方式

国际条约在国内的适用方式包括转化、采纳和混合三种方式。转化,是指条约或国际法规范不能直接在本国国内法上取得法律效力,而必须经过例如制定相应的法律等国内立法行为将其转化为国内法,才能在本国国内适用。这被认为是间接适用国际条约的方式,意大利、英国等国都采用这种方式。采纳,是指无论是条约还是国际法规范一经批准后就可以直接在本国国内适用,而无需再经过转化,其国家法的形式和内容不加以改变。这是直接适用国际法的方式,俄罗斯、荷兰、法国和西班牙等国都采用这种方式。混合,即一个国家同时采用转化和采纳两种方式来适用条约;根据条约的性质和内容的不同,要求有些条约只以采纳的方式在国内直接适用,但要求另一些条约必须经过立法机关的立法转化后才能在国内直接适用。美国就是采用这种混合方式的典型代表。我国有些法律,主要是民事法规,明确规定了直接适用国际条约,即将国际条约纳入国内法直接适用,而且还明确规定,有关国内法和国际条约发生冲突时,条约在国内适用中处于优先地位。但我国理论界的主流观点是,我国批准的有关犯罪与刑罚的国际条约在我国只能间接被适用,即国际相关条约规定的犯罪在我国要被惩处,必须通过完善国内的刑事立法来完成。这是由国际刑事法律规范只规定犯罪构成要件而不规定具体刑事责任的特点决定的。"观诸那些规定了国家犯罪的国际条约,它们一般只是规定国际犯罪的定义、相关术语及构成要件,只是笼统地规定这些国际犯罪应当承担刑事责任,却没有规定具体、明确的刑罚处罚,将这些国际犯罪的具体刑事责任留待各缔约国国内法规定。因而,如果直接适用这些国际条约,就无法给予国际犯罪行为具体的处罚。"①

当前存在的许多待犯罪化犯罪,都已经在国际条约中被规定为犯罪,而我国由于种种原因而没有将它们规定为犯罪。因此,对于那些在国内法上已经有所反映的国际条约可以不必直接适用国际条约,而对于一些国际条约已经确定的犯罪,具有严重的社会危害性,而在国内法里尚处于待犯罪化的犯罪,我们可以直接适用国际条约对其定罪,至于学者担忧的国际条约没有相关刑事责任的规定则更不足为虑,因为刑事政策恰恰并不以追究犯罪人的刑事责任作为它的唯一处遇手段,在对待犯罪化犯罪人依据国际条约定罪之后,我们再依其他民事的或者行政的、经济的处理手段对其进行处遇,这样我们对这些在国际条约中规定为犯罪、在国内法上又处于待犯罪化犯罪的犯罪人,秉承一种在定罪上对其进行入罪、又在行刑上对其进行出罪的处遇方式,既可以对其进行打击,起到特殊预防的目的,又具有合理的法理依据。

确立一些国际条约在我国直接适用的方式,最典型的就是可以确立联合国《反腐败公约》中某些具体的罪名在我国的直接适用,联合国《反腐败公约》相比我国刑法在罪名和范围上都更加完善。一旦我们确立了《反腐败公约》的罪名可以在我国直接适用,有些待犯罪化犯罪行为在我国也可以得到相应的治理。

四、以受贿罪为例需要犯罪化的研究②

立法虽然明确规定了受贿罪,但目前受贿罪中的有些相关内容需要被犯罪化,以解决司法认定中的各种各样的疑难问题。司法的功能之一在于在立法明确规定下准确地定罪量刑。由于立法规定的词语本身具有诸多含义,明文规定的司法解释具有同样无法避免的含混不清,司法人员在司法实践中对于受贿罪的认定就会出现同案不同定性及量刑的情况,但他们对法律的解释具有判决上的效力。

理论上对受贿罪本质的认识也部分决定着司法对受贿罪的认定。教科书对受贿罪侵犯的法益,有相当全面的归纳,基本可反映出受贿罪的本质。③ 笔者认为,受贿罪的本质是"权益交换","权"指国家赋予个人与单位的权力,立法上的规定是"职务上的便利"及"职权或地位形成的便利条件","益"指人们需要的所有的好处,它不仅仅指我国立法规定及司法解释的财产或财产性利益,还包括各种各样的好处,这些好处因人而异,只要是个体需要,并以此对权力进行交换即

---

① 苏彩霞著:《中国刑法国际化研究》,北京大学出版社 2006 年版,第 136—137 页。
② 本部分主要内容已发表在《法学杂志》2016 年第 4 期。
③ 参见高铭暄、马克昌主编《刑法学》(第七版),北京大学出版社、高等教育出版社 2016 年版,第 629 页;张明楷著《刑法学》(第四版),法律出版社 2011 年版,第 1058—1064 页。

可成立,典型如性贿赂①,或其他精神上的需求,如在商品上提写书法作为商标标识等。

由此反观我国《刑法》对受贿罪规定的缺陷有:第一,《刑法》第385条只规定"利用职务上的便利"则无利用职务引申出的"地位上的便利"。第二,规定"为他人谋取利益"容易导致认定上的困难:一是已受贿但未为他人谋取利益是否应按受贿罪处理;二为他人谋取利益暗含贿赂与职务行为的对价关系,虽然在实践中受贿大多与国家工作人员的职务行为具有一定的关联性,但也有一些案件在这种关联性还没有表现出来时就已案发,这种情况也应当被认定为受贿罪。第三,只规定贿赂内容为财物或财产性利益,而无其他"益",不能涵盖所有的贿赂内容,这与人性的广泛需求相悖,容易导致放纵犯罪分子。

因此,职务本身的廉洁性②应当成为受贿的本质,即受贿罪侵犯的法益。因为,国家机关的正常管理活动这一概念太模糊,不能概括背职受贿与不背职受贿两种情况,前者国家机关的正常管理活动没有被侵犯;职务行为的廉洁性也不足以概括,因为在尚未实施职务行为前就已受贿,跟职务行为没有关系(如平常送礼);职务行为的不可收买性③与职务行为的廉洁性一样,只收买了职务(或者说权力),而没有收买职务行为,即还没来得及或时候不到时,如果不认定也同样放纵了犯罪分子,同时理论上也难以自洽。

在确定受贿罪本质的基础上,通过以下四个案例分别讨论受贿罪构成要件内容及存在的相关问题。

(一)对"利用职务上的便利"的理解与认定

案例一:人力资源和社会保障部办公厅副主任曹某在其任职期间,于2010年和2011年,找到从事人力资源外包业务的北京某服务有限公司经理罗某,要求罗某帮其两位老乡解决孩子的进京户口问题,罗某在其代理的客户中找到两家有进京指标的公司,为曹某两位老乡的孩子解决了北京户口,曹某事后分别收取两位老乡人民币40万元及30万元。

对于曹某"收受财物"并"为他人谋取利益"不存在争议,但他的上述行为的实施是否基于"利用了职务上的便利"? 我国《刑法》第385条第1款规定的利用职务上的便利,既包括利用本人职务上主管、负责、承办某项公共事务的职权,也包括利用职务上有隶属、制约关系的其他国家工作人员的职权。担任单位领导职务的国家工作人员通过不属自己主管的下级部门的国家工作人员的职务为他

---

① 对于性贿赂,学界已争议多年,至今未入罪。笔者认为,应当将其入罪。
② 参见高铭暄、马克昌主编《刑法学》(第七版),北京大学出版社、高等教育出版社2016年版,第629页,但其贿赂的内容仅仅限于法律规定,即财物及财产性利益。
③ 参见张明楷著《刑法学》(第四版),法律出版社2011年版,第1063页。

人谋取利益的,应当认定为利用职务上的便利为他人谋取利益。[①] 对于利用本人职务上的便利即自己主管、负责等容易认定,难点在于斡旋受贿和利用影响力受贿案件中利用职务上的便利如何认定,其核心在于被利用者也必须是国家工作人员并有职务上的便利。即我国《刑法》第 388 条规定的"通过其他国家工作人员职务上的行为"、第 388 条之一规定的"通过该国家工作人员职务上的行为,或者利用该国家工作人员职权或者地位形成的便利条件,通过其他国家工作人员职务上的行为"。而本案的被利用者罗某不是国家工作人员,他没有职务上的便利可以利用。

最高人民检察院《关于人民检察院直接受理立案侦查案件立案标准的规定(试行)》指出,受贿行为中"利用职务上的便利",是指利用本人职务范围内的权力,即自己职务上主管、负责或者承办某项公共事务的职权及其所形成的便利条件。在本案中,北京某服务有限公司从事人力资源外包业务,在公司经营业务中,需要与人力资源和社会保障部打交道,但与曹某所在的办公厅没有直接联系,该公司通常是与人力资源市场司和全国人才流动中心有业务联系,在公司经理罗某与曹某熟识后,曹某曾经给全国人才流动中心有关领导打招呼关照罗某的公司,所以曹某向罗某提出帮他人解决户口的要求后,罗某帮曹某办成此事。本案争议点在于曹某担任办公厅副主任的职务,要求罗某为他人解决户口的行为是否属于"利用职务上的便利"。

曹某身为人力资源和社会保障部办公厅副主任,其职责范围主要是部机关日常事务性和行政性的工作,没有对外地大学生进京进行审批的权利,其利用担任办公厅副主任的职务,跟相关司局打招呼关照过罗某的公司,但其本人担任的职务主管或者负责的职权并不对罗某的公司有任何影响,因而这种行为并不符合最高人民检察院有关规定中"利用职务上的便利"的条件。

但是,在本案中,曹某如果不是人力资源和社会保障部办公厅副主任,并向相关司局打过招呼关照过罗某的公司,罗某是不会帮曹某办成帮助他人落户的事情的,曹某向罗某打招呼的行为在形式上符合利用了其"地位形成的便利条件",但因罗某系私营企业主,非国家工作人员,故难以认定曹某的行为构成"斡旋受贿"。

基于上述原因,曹某为相关人员联系户口进京并收取财物,该笔财物属于不正当收入,但其行为不符合受贿罪的构成要件,既不符合《刑法》第 385 条"利用职务上的便利"的规定,也不符合《刑法》第 388 条"国家工作人员利用本人职权或者地位形成的便利条件,通过其他国家工作人员职务上的行为"的规定,罗某

[①] 参见《全国法院审理经济犯罪案件工作座谈会纪要》,2003 年 11 月 13 日最高人民法院发布,自公布之日起施行。

是非国家工作人员，无国家职务上的行为，因此，对该笔受贿事实不能认定。曹某收受钱财、为他人谋利的行为与其职务存在一定的联系，同样侵犯了受贿罪的法益，即职务的廉洁性，但他的行为打了一个擦边球，正好没有在法律规定的范围之内。建议将我国《刑法》第385条中"利用职务上的便利"改为"利用本人职权或者地位形成的便利条件"，明确将此种行为规定为受贿罪，这样，本案将不会有争议，司法机关可以直接认定其行为构成受贿罪。

（二）关于"为他人谋取利益"的理解与认定

案例二：在原铁道部运输局局长张某涉嫌受贿一案中，武汉某电气有限公司董事长王某为将该公司研发的列车牵引技术和列车网络控制技术两项技术应用在中国高铁中，于2007年至2009年，以给张某的女儿买房子和赞助张某参选中科院院士为名，分三次送给张某共计人民币1800余万元。

在本案中，张某和王某均称两人熟识多年，关系很好，在三次送钱的过程中，王某均未向张某提出明确的请托事项，张某也未利用职权为王某谋取过利益。但张某清楚王某的公司正在研发列车牵引和列车网络控制两项新技术，研发成功后如果要应用在中国高铁上，肯定需要张某的帮助。但目前该两项技术仍处于研发阶段，还未正式投产，因此张某尚未为王某谋取实际利益。

问题：张某收受财物后，尚未为他人谋取利益，其行为是否符合受贿罪的构成要件？

2003年《全国法院审理经济犯罪案件工作座谈会纪要》规定，"为他人谋取利益"包括承诺、实施和实现三个阶段的行为。只要具有其中一个阶段的行为，如国家工作人员收受他人财物时，根据他人提出的具体请托事项，承诺为他人谋取利益的，就具备了为他们谋取利益的要件，明知他人有具体请托事项而收受其财物的，视为承诺为他人谋取利益。本案中，王某一直辩称送钱时未向张某提出明确的请托事项，只是因为与张某关系好，并感念张某为中国高铁作出的突出贡献，因而自愿为张某的女儿购买住房一套，并赞助张某参选中科院院士，张某也未对王某的公司业务提供过帮助。但张某和王某均承认，张某知道王某的公司正在研发的两项新技术，而这两项新技术要应用在中国高铁上，必须经过张某的审批。因而张某的行为完全符合上述《纪要》规定的"明知他人有具体请托事项而收受财物的，视为承诺为他人谋取利益"，构成受贿罪。

承诺通常为答应他人的事，有明示与暗示之别，明示是明确的表示，即打开天窗说亮话，司法上的证明相对容易些；后者较难认定。在当事人之间，即便暗示也有外在行为的表露，比如一个眼神、一个手势等等就可明白双方的意思表示，但行为后司法机关对行为人承诺的认定，则较为困难。主要是难在时间点上，本案较为典型，在双方都没有明确贿赂与职务行为的对价关系时，倒果为因，在双方心照不宣时，收受贿赂本身就可反推是一种承诺，当然，不言自明的前提是:所有当事人都是理性人。

基于受贿罪的本质是以权换益,只要基于权力来获得自己需要的好处就是受贿,建议取消我国《刑法》第 385 条中"为他人谋取利益"及第 388 条中"为请托人谋取利益"的规定。因为它已含在行为人收受好处中,即在实施客观行为时也就是收受财物时已确定行为人主观上为他人谋取利益,无需争辩为"他人谋取利益"是主观要件还是客观要件,如果在立法中规定,徒增认定的困难,同时也难以起到缩小犯罪圈的作用。

(三) 关于"具体请托事项"的理解与认定

案例三:原铁道部运输局局长张某在 2005 年至 2011 年担任铁道部运输局局长期间,每年春节前后,全国多个地方铁路局、铁路装备制造企业、列车维修企业的相关负责人都会以拜年的名义拜会张某,同时给张某数千到数万元不等的"礼金",折合人民币数百万元。另外,还有北京市地方税务局系列案件、大庆油田有限公司系列案件,也普遍存在下属单位或者业务对象单位负责人以拜年为名向上级领导送"礼金"的行为。

问题:"具体请托事项"如何理解?

《全国法院审理经济犯罪案件工作座谈会纪要》规定:"明知他人有具体请托事项而收受财物的,视为承诺为他人谋取利益"。本案中,相关单位负责人给上级领导送钱,均是以逢年过节赠送"礼金"的名义送的,并未有明确的请托事项,送钱者多是希望拉近与领导的关系,并希望在日后得到领导在各方面的关照,这种收受礼金的行为是否构成受贿罪,在实践中存在争议。不同法院也曾经作过不同的判决。

有观点认为,"请托事项"必须是具体、明确的,而不能是抽象、模糊的。请托人泛泛地希望得到领导在各方面的关照,或者日后一般性的照顾,不能认定具体请托事项。该观点进一步指出,具体请托事项应当是为晋升职务、获得项目等比较具体的事项提出请托。[①]

上述观点值得商榷。从《纪要》的字面意思上看"具体请托事项"不能是概括、抽象的,但如果严格按照这个字面意思理解,将不利于打击日益多样化、新型化的贿赂犯罪案件。当前贿赂犯罪中,为某一具体请托事项而向相关领导送钱的"临时抱佛脚"型贿赂方式越来越少,更多的是表现为一种长期的感情投资。而送钱者之所以在逢年过节给领导馈赠"礼金",多是看中领导手中的权力,希望在自己能用得着的时候帮自己一把,"权钱交易"的特点明显。因此,只要国家工作人员的职权对送钱者有影响和制约关系,其在逢年过节时收受了送钱者的"礼金",应视为其承诺在日后工作中会利用手中的职权为对方谋取利益,因而此种

---

① 参见赵煜著:《惩治贪污贿赂犯罪实务指南》,法律出版社 2012 年版,第 243—244 页。

行为应被认定为受贿。相关司法解释应作出更为明确的规定。

理论上,贿赂与职务行为的关联性,是指因为行为人具有某种职务,已经、正在或者能够实施某种职务行为,才可能向他人索取贿赂,他人才向其提供贿赂。贿赂与职务行为之间存在对价关系。① 但现实生活并没有按照理论上的预设进行,中国人的根深蒂固的官本位理念,直接导致大多有求于官员的人们在日常生活中对官员进行"贿养",有一种情况,贿赂与职务行为的对价体现在"好处"对权力本身的滋养,等事到临头时,行贿人顺理成章地利用被滋养者职务上的便利获取更多更大的好处。

实践中正当馈赠与受贿的区别,应当从以下几方面进行判断:第一,双方关系。根据双方有无经济往来及往来次数的多少,判断是否有馈赠基础。第二,经济往来的价款。结合当时当地的习俗和双方友谊、感情状况、根据经济往来的价款大小区分。第三,如果一方基于具体的请托事项给予国家工作人员财物,国家工作人员在接受财物前后有利用职务便利为对方谋取利益的行为,应认定为受贿行为。

另外,实践中,下级单位逢年过节出于各种目的,以给上级单位及其工作人员发放所谓的奖金、福利、慰问金等名义送钱送物的情况较为普遍。对于此种行为的性质认定,应区分不同情况,比如,仅出于人情往来,不具有为他人谋取利益的意图及行为,属于不正之风,应按一般的违纪处理。又如,借逢年过节之际,明知他人有具体请托事项,或者根据他人提出的具体请托事项,承诺为他人谋取利益而收受他人财物的,应认定为受贿行为。

对于"感情投资"的情形,如果双方清楚地知道财物的给予是建立在权钱交易的基础上,行贿人正是看中这样的"投资"具有可期待利益,受贿人亦通过明示或暗示承诺以日后利用职务之便为行贿人谋利作为回报,一旦行贿人提出具体请托,受贿人接受具体请托为投资人谋利,那么这种"投资"就实现了回报。如果收受财物一方利用职务便利为他人谋取利益的,应当成立受贿罪,并将先前的"感情投资"一并计入受贿数额。②

问题是在"投资"还没有收到"回报"时就已案发,即行贿者已多次送钱送物或有其他行贿行为,但还没有具体的有求于受贿者的职务行为,只是滋养受贿者,对受贿者也应当按受贿罪处理,因为权力本身已被收买,即使还没有具体利用职务上的便利,但权益交易已形成,权力的廉洁性已受到侵犯。

(四)"非法收受财物"的表现形式

案例四:东北某大型国企总经理谢某交待,北京某私营公司老板李某为了承

---

① 参见张明楷著:《刑法学》(第四版),法律出版社 2011 年版,第 1065 页。
② 参见《马平、沈建萍受贿案:以房产交易形式收受贿赂的犯罪数额的认定》,载《刑事审判参考》(总第 59 集),法律出版社 2008 年版,第 46—56 页。

揽到该国企业务,帮助将谢某的妻子和儿子的户口落户北京,在此过程中,李某向负责落户审批的北京郊区某镇镇领导白某行贿几十万元。

问题:国家工作人员指使有求于己的他人支付本应由自己支付的费用,应如何认定,无疑白某构成受贿罪,谢某构成行贿罪还是受贿罪?

贿赂犯罪是对合犯罪,本案中李某是行贿人,那么受贿人到底是谢某还是白某?从犯罪构成要件看,白某利用自己掌握的落户审批权的职务便利,收受钱财,为他人谋取利益,构成受贿罪。谢某并未实际占有钱财,是否同样构成受贿罪?有观点认为,谢某并未从李某处直接收到和占有财物,接受财物的人实为白某,因而不宜认定谢某的行为构成受贿罪。

另有一种观点认为,谢某同样构成受贿罪,司法实践证明,受贿的行为方式多种多样,受贿者不直接占有财物,并不表示其没有收受贿赂。谢某明知李某在帮自己家人办理户口,在此过程中会有各种费用及花销,这些费用本应由谢某支付,但谢某默许李某为其支付了相关费用,这也是收受贿赂行为的一种表现形式。

另外,还有一种思路,谢某与李某是否可共同构成行贿罪?行贿罪是指为谋取不正当利益,给予国家工作人员以财物的行为。本案中,谢某是为了谋取不正当利益,交待有求于他的李某为其办事,两人已形成共同利益关系,在这种不言自明中,李某为此所实施的行贿行为应当在谢某的默认范围之内,其主观犯意也含在李某的行为中。当然,认定的难点也比较明显,谢某可为自己辩护,我只让他办事,并没有让他行贿,我没有行贿行为,也没有与他形成行贿的共同犯意。但是否可反推他妻儿的户口落到北京这一事实,通常情况下需要行贿,主观上他虽然不积极追求,但他放任李某去实施行贿行为,两人主观上是直接故意与间接故意的结合。

因此,对于谢某的行为,可否按想象竞合犯处理,他既可构成受贿罪也可构成行贿罪,对其可择一重罪从重处罚。

上述两种认定有一定的道理,但同时也存在着问题。即本案属于不典型的行贿与受贿,谢某自己没有出钱给白某,不是他自己直接行贿;他也没有收到李某的行贿款,只是本应当他自己出钱给白某却由有求于他的李某代其行贿给白某,不能将实质上李某为其垫付的钱款作为他行贿或受贿的内容。该案究其本质是谢某利用自己职务上的便利,通过有求于自己职务便利的他人的行贿行为为自己谋取不正当利益,是其权力与利益进行了交换,即他用他的权力换取了他老婆孩子的北京户口,而不是以权换财物,如果立法直接规定贿赂的内容不仅仅是财物或财产性利益,还包括其他所有好处,则司法机关对本案的认定更为直截了当,定受贿罪即可。联合国《反腐败公约》对于贿赂内容的规定为"不正当好处"①,不正当好处足以概括所有人的所有需求,根据心理学研究结果,人的需求层次是不同的,有人需要财物或其他财产性利益,有人需要"性服务",有人需要安全归属,有人需要自我价值的实现。当上述这些通过正当途径取得时无可厚非,但只要用公权力换取,这些就可成为"不正当好处"。

上述四个案例虽然侧重点不同,但其实有一共同点,即都是对权力的收买,如果不是在那个位置上拥有国家赋予的权力和地位,他们不可能受贿,也不会有人白白地送好处给他们。但是,当职务行为与受贿财物的直接对应或对价关系尚未明确时,在立法规定不明司法解释不清的情况下,认定起来确实存有争议;再加上人们多元的需求,使得财产或财产性利益不是满足人们需求的唯一,修订立法已成必然。建议修改我国《刑法》第385条②,将其规定为:"国家工作人员利用本人职权或者地位形成的便利条件接受不正当好处的,是受贿罪。"根据本条规定,上述四个案例都无可争议地应当被认定为受贿罪。这样修改可以更加贴切表达出受贿罪的本质及特征,即只要以益换权,行贿人可以满足受贿人的任何需要,只要受贿人手中的公权力为行贿人所收买,贿赂的内容可以扩大,不管是否为行贿人谋取了利益,均可以受贿罪论处。

当然贿赂犯罪还必须得通过制度上的规定进行预防,如公务员财产申报制度、监督制约管理制度等的制定与完善,才可避免大量的职务犯罪的发生。刑法不过是对已然犯罪不得已的制裁,预防功能甚微,上述修订扩大犯罪圈是一种无奈的选择。

第三节 精神病人的应然微观刑事政策

一、精神病的范畴

(一)观点概述

精神病是主要表现为精神活动(或称心理活动)障碍的一种大脑的疾病。其症状表现为:感觉障碍、知觉障碍、思维障碍、注意障碍、记忆障碍、智能障碍、情感障碍、意志行为障碍。在世界卫生组织(WHO)制定的国际疾病修正分类(1992年)中,精神障碍可以分为:(1)器质性精神障碍;(2)使用对精神有影响的物质引起的精神障碍、行动障碍;(3)精神分裂症、分裂症型障碍;(4)情绪障碍(躁郁症等);(5)神经性障碍、与精神紧张有关的障碍、身体表现性障碍;

---

① 参见联合国《反腐败公约》第15、16、18、19条等。
② 我国《刑法》第385条规定:国家工作人员利用职务上的便利,索取他人财物的,或者非法收受他人财物,为他人谋取利益的,是受贿罪。

(6)（与生理性障碍、身体原因有关的）行为症候群；(7)（成人的）人格、行为障碍；(8)智力障碍；(9)心理性发达障碍；(10)（儿童期、青年期经常发病的）行为、情绪障碍；(11)详细情况不明的精神障碍。①

我国有学者将精神病分为20种进行介绍②，其中，对精神病范畴的界定，有一定的代表性。作者将所有精神障碍的情况归入精神病范畴而设置兜底性分类，有的虽无兜底条款，但分类却十分庞杂。

日本的《精神保健及精神障碍者福利相关法》规定：该法涉及的精神障碍者为有精神分裂症、中毒性精神病、智力障碍、精神病质及其他精神疾病者。③

针对医学上的精神病概念，正如有的学者所说，是一个范围十分广泛的概念，十分模糊，无法清晰界定。④

（二）刑法学上的界定

在刑事法领域，对精神病的研究颇多，但是这些研究大多是在讨论行为人的刑事责任的范围内进行的，当前世界各国对于精神病人的刑事责任的认定采用的就是医学标准和心理学标准混合的做法。因此，刑法学中对精神病的研究的着眼点在于行为人的辨认控制能力。即首先判断行为人是否患有精神病，其次判断是否因为患有精神病而不能辨认或者不能控制自己的行为。德国亦采用此种认定方式，而且德国在法律中已经预先规定了心理障碍的种类，医学的精神病鉴定仅是法官认定行为人的辨认和控制能力的前提，当行为人具有法律规定的心理障碍的种类之一后，法官才会进而认定该种障碍对人的意志形成中的两个能力之一是否有重大影响，进而判断行为人的刑事责任的有无及程度。⑤

（三）刑事政策学上的界定

刑事政策学与刑法学相同之处在于都是根据精神病对行为人行为时的辨认和控制能力的影响，并据此决定对行为人适用何种处遇措施，因为从刑事政策学来看，刑罚亦是对犯罪人的处遇措施之一。因此，刑法学在认定精神病人的刑事责任能力时的方式方法是我们在刑事政策学意义上决定对精神病犯罪人的处遇措施时所应借鉴的。对精神病犯罪人的界定在医学上采用心理学标准，对行为人是否患有刑事政策学意义上的精神病及行为时的精神状态作为认定的依据，

---

① 参见〔日〕森本益之、濑川晃、上田宽、三宅孝之著：《刑事政策学》，戴波、江溯译，中国人民公安大学出版社2004年版，第224—225页。
② 参见庄洪胜、孙春霞著：《精神病的医学鉴定》，人民法院出版社2000年版，第107—353页。
③ 参见〔日〕森本益之、濑川晃、上田宽、三宅孝之著：《刑事政策学》，戴波、江溯译，中国人民公安大学出版社2004年版，第225页。
④ 参见〔德〕冈特·施特拉腾韦特、库伦著：《刑法总论Ⅰ——犯罪论》，杨萌译，法律出版社2006年版，第212页。
⑤ 参见〔德〕汉斯·海因里希·耶赛克、托马斯·魏根特著：《德国刑法教科书》，徐久生译，中国法制出版社2001年版，第522页。

在此基础上根据法律规范判断行为人行为时是否受到该精神病的影响,采用"心理学—规范"方法①,并据此对行为人适用不同的处遇措施。只是此处的鉴定主体根据不同的精神病犯罪人有所不同。

笔者认为,我国应当制定出一部《精神卫生法》,类似于日本的《精神保健及精神障碍者福利相关法》,但是,鉴于至今医学对精神病的界定并不十分清晰,该法对精神病不作明确的规定,而是将刑事政策学意义上的精神病界定为可能影响行为人行为时的辨认和控制能力的精神疾病。那些虽然属于医学上的精神病,但并不影响行为人行为时的辨认和控制能力的精神疾病不属于刑事政策学意义上的精神病,如性心理障碍和人格障碍。这样可以保证任何一种需要对其适用特殊处遇措施的医学上的精神病都能纳入刑事政策的范畴之内。

刑事政策学意义上的精神病犯罪人是指患有已经或可能影响行为人的辨认和控制能力的精神疾病的危害社会的人。此处的精神疾病指的就是一切医学上的精神病或称精神障碍。

二、实体上的应然刑事政策

精神病犯罪人作为犯罪人的一种,针对其所构建的刑事政策,应是整个国家的刑事政策的一部分。但是,由于精神病人具有自身特性,国家和社会对其犯罪后的处遇措施又与普通犯罪人有所不同。行为人作出危害社会的行为之后,只有通过精神病司法鉴定之后,确定行为人患有医学上已经或可能影响行为人的辨认和控制能力的精神疾病,才能将该行为人认定为刑事政策范围内的精神病犯罪人,并在该鉴定基础之上对该行为人作出不同的处遇决定,以使行为人复归社会。这些处遇措施包括刑法上的、精神卫生法上的处遇措施。

(一)刑法规定的对精神病犯罪人的处遇

1. 刑事责任能力的判定

对于刑事被告人,在对其进行精神病司法鉴定之后,刑事案件的刑事法官根据精神病司法鉴定报告的内容,依据法律规范,在鉴定报告的基础上对被鉴定人的刑事责任能力进行认定,我国《刑法》第18条对此类精神病人规定了三种责任能力,即完全责任能力、限制责任能力和无责任能力。对于行为人的刑事责任能力的认定,首先要区别于行为人的诉讼能力和受刑能力。所谓诉讼能力,是指有效地进行诉讼行为的能力;所谓受刑能力,是指有效地接受刑罚执行的能力。根据三者的概念我们可以发现,刑事责任能力需要在实施犯罪行为时存在,诉讼能

---

① 参见〔德〕汉斯·海因里希·耶赛克、托马斯·魏根特著:《德国刑法教科书》,徐久生译,中国法制出版社2001年版,第522页。该书认为,这种根据两种因素确定当事人刑事责任的精神病鉴定的方法应该表述为"心理学—规范"方法,笔者赞成此种观点,并将此种观点引用至刑事政策学意义上的精神病鉴定之中。

力需要在进行诉讼行为时存在,而受刑能力需要在接受刑罚执行时存在。由此可见,在我国,只要行为人具有责任能力,就应该对行为人进行刑法范围内的处遇。对于无责任能力的规范的精神病犯罪人,由刑事法官根据最高人民法院《关于适用〈中华人民共和国刑事诉讼法〉的解释》第241条第7项之规定,判决宣告被告人不负刑事责任。对于完全刑事责任能力的患有刑事政策学意义上的精神病的犯罪人,如果其在犯罪之后丧失诉讼能力,则应当依法暂时停止诉讼活动,这并非对其刑事责任和刑事责任能力的否定。而对于有责任能力但在犯罪后丧失受刑能力的精神病犯罪人,应当在其精神病愈后追究其刑事责任。

2. 刑法上的处遇措施

对于完全责任能力的精神病犯罪人,对其量刑及行刑并无特别规定。刑法的上述规定仅仅是关注了精神病犯罪人的责任能力,而对于精神病犯罪人的行刑能力缺乏足够关注,报应刑味道十分浓厚。在刑事政策学意义上,我们采取的一切针对犯罪人的处遇措施的直接目标都是为了通过人道的方法矫正犯罪人,使其复归社会,不再犯罪。显然,我国现行刑法的规定并不能达到刑事政策的直接目标。笔者认为,应当针对精神病犯罪人建立半治疗、半刑罚性的处遇设施,作为刑事政策学意义上的精神病犯罪人的处遇机构。此处的处遇设施对精神病具有一定的治疗能力,仅对其治疗能力之内的轻微精神病犯罪人进行收容行刑,而对其治疗能力之外的精神病犯罪人,则通过保外就医或者转入精神病强制治疗机构进行处遇。对于那些在服刑期间患上精神病的犯罪人,也可通过一定的程序将其转入该处遇设施内行刑。

对于限制责任能力的精神病犯罪人,我国现行刑法也仅规定了从轻或减轻处罚的处遇措施(刑罚一元主义)。而从国外的立法例看,采用责任对应刑罚、危险性对应保安处分的二元主义原理的国家很多。在这些国家,有的规定了在减轻刑的基础上并处保安处分,有的则允许在宣判阶段就在两者中选择其一加以执行。对于可以并科刑罚和保安处分的国家,有的认可在执行阶段二者的替代性。[1] 出于刑事政策以犯罪人为核心,矫正犯罪人的要求,针对限制责任能力的精神病犯罪人,我国刑法应当规定减轻刑罚和保安处分二者择一或者并科的处遇措施,对于并科的情形,应当是保安处分在前,刑罚在后。至于具体对限制责任能力人的处遇措施,则由刑事法官决定。此处的保安处分即是在精神病强制治疗机构内的处遇。刑事法官作出保安处分的决定即是附有出院限制的精神病强制治疗机构收容的命令。

对于无责任能力的精神病犯罪人,法官在判决宣告其无责任能力之后,可以

---

[1] 参见〔日〕森本益之、瀬川晃、上田寛、三宅孝之著:《刑事政策学》,戴波、江溯译,中国人民公安大学出版社2004年版,第231页。

根据该精神病犯罪人的精神健康状况决定发布一个附出院限制的精神病强制治疗机构收容命令。精神病强制治疗机构根据该限制对精神病犯罪人强制治疗，是否达到限制标准，则由精神病司法鉴定委员会作出鉴定。

(二) 精神卫生法上对精神病犯罪人的处遇

1.《精神卫生法》的制定

在实然层面，我国现有法律有许多关于精神病犯罪人的规定，这些规定结合在一起，构成了我国的对精神病犯罪人的实然刑事政策。但是，这些法律的规定因为散见于诸多法律之中，其相互之间存在着冲突和空白，例如关于精神病犯罪人的鉴定机构的问题，现行《刑事诉讼法》虽然统一了刑事法领域内的精神病医学鉴定机构，但是，在行政法和民事法领域内，精神病医学鉴定机构并无统一规定，对精神病人的鉴定工作仍旧十分混乱。再如，对于那些不负刑事责任的精神病犯罪人，《刑法》第18条规定了"在必要的时候，由政府强制医疗"，但该规定过于原则，实践中难以执行。鉴于此，笔者认为，应当制定我国的《精神卫生法》，在该法中统一规定我国的精神病医学鉴定程序和刑法规定之外的对精神病犯罪人的处遇措施。

2. 精神病强制治疗机构的设置

我国现阶段并没有统一的精神病强制治疗机构，自1987年全国第二次精神卫生工作会议之后，国务院转发卫生部、民政部、公安部《关于加强精神卫生工作的意见》，提出"公安机关从速组建精神病管治医院，加强精神病管治工作"的要求。同年12月，公安部召开全国公安机关第一次精神病管治工作会议，明确提出将所有承担强制医疗任务的精神病医院统称为"安康医院"，以区别于普通精神病医院，并大体规定了收治对象。但是，由于精神病的收治涉及公民的人身自由权，法律上对安康医院及安康医院的收治程序并无明确规定[①]，其无法承担对精神病犯罪人的刑事政策中的精神病强制治疗机构的工作。应当在《精神卫生法》中明确规定安康医院的精神病强制治疗机构的性质，以及出入院的程序，承担对精神病犯罪人的刑事政策中的精神病强制治疗机构的工作。

安康医院在性质上是精神病强制治疗机构，负责对精神病犯罪人的治疗工作和保安处分的执行，可以对精神病犯罪人实行治疗性和保安性的强制措施，对精神病犯罪人的人身自由进行一定限度的限制。出入院的决定并不由安康医院自身作出，而是由刑事法官作出的附出院限制的安康医院收容命令和行政机关作出的送交安康医院强制治疗的决定来收容精神病犯罪人，对于其收容的精神病犯罪人，由医院内的医生作出是否达到限制标准的报告，提交给作出收容命令

---

① 参见陈刚、代敏：《我国精神病人管治工作存在的问题及对策》，载《天津市政法管理干部学院学报》2006年第3期。

的刑事法官,并由该刑事法官最终确定是否达到限制标准。当然,对于那些患有医学上精神病并具有人身危险性的人,公安机关可以作出决定或者该精神病人监护人提出申请交由安康医院治疗,但是,这类人由于并没有实行危害社会的行为,不属于刑事政策意义上的犯罪人范畴,在此对其不予论述。

3. 行政上的处遇

我国《行政处罚法》第 26 条规定:"精神病人在不能辨认或者不能控制自己行为时有违法行为的,不予行政处罚,但应当责令其监护人严加看管和治疗。间歇性精神病人在精神正常时有违法行为的,应当给予行政处罚。"《治安管理处罚法》第 13 条规定:"精神病人在不能辨认或者不能控制自己行为的时候违反治安管理的,不予处罚,但是应当责令其监护人严加看管和治疗。间歇性的精神病人在精神正常的时候违反治安管理的,应当给予处罚。"上述两条规定的内容与《刑法》第 18 条规定的内容基本相同,有所区别的地方是刑法规定了三种责任能力,即完全责任能力、限制责任能力和无责任能力,而《行政处罚法》和《治安管理处罚法》则仅规定了两种情形,即予以处罚和不予处罚,并没有类似于限制责任能力的减轻处罚。这是因为行政处罚与刑罚的性质不同,其严厉程度远低于刑罚的严厉程度,行政机关可以在实践中根据行为人的违法程度、态度好坏、违法后果、初犯还是累犯等情况具体把握,对于那些尚未完全丧失辨认和控制能力的精神病人可以在其裁量范围内予以减轻处罚。

由于精神病犯罪人可能具有人身危险性,除了对其行政处罚之外仅是责令其监护人严加看管和治疗显然是不够的,这需要行政机关作出其他处遇措施的决定。将上述《行政处罚法》和《治安管理处罚法》等行政法中对精神病犯罪人的处遇措施统一规定于《精神卫生法》中,并在其中规定:行政机关可以向精神病司法鉴定委员会提出鉴定申请,精神病司法鉴定委员会在鉴定报告中作出对被鉴定人强制治疗的建议的前提下,具体考虑精神病犯罪人的监护人的监护能力以及精神病犯罪人所生活的社区的处遇条件,最终决定是否将精神病犯罪人送交安康医院强制治疗。在作出这些决定的时候,应当遵循一个原则,即尽可能将引起的伤害和约束降低到最低。如果精神病犯罪人生活的家庭和社区能够担负起精神病人的管治工作时,将其送往精神病强制治疗机构就不再必要。

4. 民事上的处遇

我国《民法通则》规定了对精神病人的监护和代理制度,我国现行刑法和行政法都作出了责令监护人对精神病人严加看管和治疗的规定。这表明在关于精神病人的上述三种民事制度中,精神病人的监护制度与精神病犯罪人的刑事政策有着密切的关系。我们所讨论的刑事政策是国家和社会针对一切具有社会危害性的行为所组织的一系列的被动的人道处遇措施,这决定了精神病犯罪人的监护人亦是对精神病犯罪人进行人道处遇的诸多主体之一。精神病人的监护制度合理与否,直接影响着对精神病犯罪人的处遇。

在民法理论中对监护的权利义务属性一直存在着争议。但根据权利的最终落脚点是权利人可以从权利中获得利益来出发,如果监护是一种权利的话,就等于说监护人可以从监护他人获得利益。但是,现实中的法律制度并没有赋予监护人任何权利,而且刑法、行政法、民法中的相关规定都课以监护人沉重的负担。因此,笔者认为,监护是义务而非权利。而且,对未成年人的监护最长也就是18年,而对精神病人的监护则可能持续终身,其负担之沉重远大于对未成年人的监护。从对精神病犯罪人的处遇的角度来说,对精神病监护人课以如此沉重的负担,并不利于精神病监护人这一刑事政策主体对精神病犯罪人的处遇目标的实现。应当在现有民法规定的基础上,在制定《精神卫生法》时,对民法上的监护制度予以改进。在民法规定的精神病监护人的范围内的人员,经其协商一致,可以轮流担任精神病人的监护人。赋予精神病监护人辞职权,对于符合下列条件的监护人,可以允许其辞去监护人职责:(1)年满70周岁;(2)病重、长期卧床;(3)正在服兵役;(4)长期在被监护人居所地之外的;(5)已经担任了两个监护职务。①

对精神病人的监护制度的改进,无疑可以从家庭的角度对精神病人进行更好的管治,有利于加强监护人作为对精神病犯罪人的刑事政策的主体在对精神病犯罪人处遇过程中的作用。

5. 社区的处遇

19世纪40年代后期,西方国家在一些精神病人治疗的服务项目中开始尝试一种新的服务方式,服务的重点是帮助精神病人发展社会技能,摆脱精神病的困扰。由此推动了精神病人康复工作非院舍化和社区照顾运动的开展,使精神病人康复工作的场域和重点发生了重要的改变,逐渐从医院和机构转向社区,从以生理和心理为主导的康复转向生理、心理和社会全面的康复。这种新的康复模式能够满足精神疾病患者及其家庭的很多需要,如精神疾病患者身份的确定、日常生活能力的提高、社会关系的调整及社会功能的恢复,而这些是医院和机构所无法满足的。从对精神病犯罪人的刑事政策角度出发,这种社区康复模式无疑为我们对精神病犯罪人的处遇提供了一个有力的支持。通过在《精神卫生法》中规定,确立社区在精神病人康复的地位,建立精神病康复服务机构,由该机构与精神病患者所在家庭共同负责在社区的日常生活中对精神病患者的心理和社会方面的康复工作,将心理辅导和治疗从辅导室带到精神病人的日常生活中,这将增强整个社区对精神病人的容纳度,尽可能将更多的精神病患者置于院舍之外进行处遇。

---

① 参见彭万林著:《民法学》,中国政法大学出版社2002年版,第74—75页。

社区内对精神病人的处遇为我们在行刑机关和精神病强制治疗机构之外提供了一个更为广阔和有效的场所。当然,由于我国幅员辽阔,经济发展不平衡是长期存在的问题,社区与社区间的差别将会使得这种社区康复模式的作用参差不齐。因此,《精神卫生法》在规定行政机关决定是否对精神病犯罪人送交安康医院强制治疗时,精神病人生活的社区规定为行政机关所要考虑的因素之一。应当在《精神卫生法》中规定对社区的精神病容纳度考评制度,行政机关作出决定要以此考评标准为前提,目前情况下,此种考评应由精神病强制治疗机构执行。

三、精神病人的鉴定程序

对精神病犯罪人的应然刑事政策的构建,是一个系统的、庞大的工程,它更像一个工厂的流水作业线,我们所要构建的应然刑事政策的各个部分就像这一流水线上的各道工序,而流水线的检验工序是其必不可少的组成部分,只有检验工序的合理构建和运行,才能保证整个流水线的合理构建和运行。精神病鉴定程序于精神病犯罪人的刑事政策而言,正如检验工序之于流水线。因此,构建对精神病犯罪人的应然刑事政策,还包括构建精神病鉴定程序。

在纯粹的医学上,医疗机构为对精神病人进行治疗,会对精神病人进行各种各样的医学鉴定,本书所构建的刑事政策学意义上的精神病鉴定程序,与医学上的精神病鉴定并非是同一个层次的鉴定。笔者主张"心理学—规范"的方法,即首先从医学上鉴定被鉴定人是否患有刑事政策学意义上的精神病,在确定被鉴定人患有刑事政策学意义上的精神病的基础上对被鉴定人行为时的精神状态作出鉴定,再根据规范,即法律的规定,确定被鉴定人行为时的辨认和控制能力是否受到该医学上的精神病的影响以及影响的程度,并据此对属于刑事政策学意义上的精神病犯罪人作出适当的处遇决定。规范的精神病犯罪人和非规范的精神病犯罪人的两种分类在具体的鉴定程序上还有区别,以下详细论述。

(一) 鉴定机构的设置

对于精神病的司法鉴定机构,我国《精神疾病司法鉴定暂行规定》第3条规定了在省级和市级设置精神疾病司法鉴定委员会,负责审查、批准鉴定人,组织技术鉴定组,协调、开展鉴定工作。并在第4条规定了该委员会由法院、检察院、公安机关、司法行政机关和卫生行政机关组成,具体人员由上述机关协商确定。该规定是新中国成立以来唯一的一部关于精神病司法鉴定的法规,但该法的规定过于原则,其在实践中没有能够统一我国的精神病司法鉴定工作,在实践中,精神病学专家、研究机构、各级精神病司法鉴定委员会和精神病防治医院共同承担我国的精神病司法鉴定工作。① 2012年修订的《刑事诉讼法》将"鉴定结论"修改为"鉴定意见",它在学理上"是指公安司法机关或者当事人就案件中的专门性问题,指派或聘请具有专门知识的人进行鉴定后作出的判断性意见"②。"鉴定意见"还原了司法鉴定这一诉讼活动的本质特征,形式上更为科学,即司法鉴定是诉讼当事人获取证据的一种手段,鉴定产生的结论并非案件事实判断的最终裁决,而仅仅是司法鉴定人运用专业知识对专门性问题所作的分析和主观判断。"'鉴定意见'称谓的确立,主要是针对刑事司法实践中存在鉴定权侵犯司法权,司法权盲目崇拜'鉴定结论',视'鉴定结论'为'科学的判断'的现象。"

司法精神病鉴定属于鉴定意见的一种,"司法精神病鉴定是根据精神病学专门知识,对人的精神健康状况、智力发育情况进行鉴定,目的在于确定犯罪嫌疑人、被告人、被害人、证人的精神状态是否正常,进而判断其有无行为能力和责任能力。"③司法精神病鉴定这种鉴定意见具有专业性特征的属性,延伸了审判者的认知能力,为法官中立审判提供了重要的参考。当然,其科学性特征也非常明显,经过专业训练的人员借助科学的鉴定仪器、按照科学的程序、方法、标准进行鉴定,其某种意义上的科学性显而易见。但《刑事诉讼法》的规定毕竟只是规定刑事案件的精神病司法鉴定。因此,笔者认为,应当在我国的《精神卫生法》中规定统一的精神病鉴定机构,这样可以通过统一的精神病司法鉴定机构来消除实践中精神病司法鉴定的混乱状态,并在此基础上统一对精神病犯罪人的处遇。

我国《精神卫生法》中精神病司法鉴定机构仍旧可以沿用《精神疾病司法鉴定暂行规定》中的名称,称为精神病司法鉴定委员会,在省级和市级设置该机构。但是其组成人员应当由该级法院中的若干法官和该级政府辖区内的精神病学专家组成,该级政府的卫生行政机关为委员会提供日常行政支持工作,如精神病司法鉴定申请的接收、鉴定委员会办公地点的管理等,但卫生行政机关的工作人员并非该委员会的组成人员。精神病司法鉴定委员会独立进行鉴定,不受行政辖区的限制。

(二)鉴定程序

1. 鉴定申请的提出

行为人的近亲属、律师等或者司法机关、行政机关提出精神病鉴定申请之后,行为人才有可能开始被纳入到对精神病犯罪人的刑事政策的处遇范围之内。

2. 鉴定小组的组成

针对鉴定申请,由卫生行政机关的工作人员按照随机抽取的方式,在精神病

---

① 参见庄洪胜、孙春霞著:《精神病的医学鉴定》,人民法院出版社2000年版,第80页。
② 参见陈光中主编:《证据法学》,法律出版社2015年版,第188页。
③ 参见同上书,第190页。

司法鉴定委员会成员中选择一名法官和两名及两名以上的精神病学专家组成鉴定小组。该鉴定小组在完成一次精神病鉴定，出具鉴定意见之后即解散。鉴定小组成立之后，精神病学专家在法官的领导下开展工作。

3. 鉴定职责

根据不同的精神病鉴定申请，法官与精神病学专家在鉴定中的具体工作并不完全相同。(1) 对于触犯刑法分则规定的犯罪的精神病犯罪人的鉴定工作，法官依据《刑法》和《精神卫生法》的规定指导整个鉴定程序的进行，鉴定小组的精神病学专家对鉴定报告负责，鉴定报告仅对被鉴定人是否患有刑事政策学意义上的精神病及其行为时的精神状态得出结论。最后再由刑事法官根据鉴定报告和法律的规定，判定被鉴定人行为时是否受到其精神疾病的影响及影响的程度，并据此判定被鉴定人的责任能力，并由此决定对精神病犯罪人的处遇措施。(2) 对于没有触犯刑法分则规定的犯罪的精神病犯罪人的鉴定工作，法官也是依据法律，在程序上指导鉴定小组的工作，并根据精神病学专家出具的鉴定报告，作出最终判断，如果认为需要对被鉴定人予以精神病强制治疗的，应当在鉴定报告中对此提出建议。该鉴定报告由鉴定小组成员对其各自作出的鉴定报告内容负责。

由于精神病人自身的特殊性，对他们的处遇措施很有可能会涉及对被鉴定人的人身自由的限制，应当特别慎重，需要司法权的介入。因此，精神病犯罪人的最终命运取决于精神病鉴定小组的法官在判断的基础上作出的决定。

美,也是心中永远的神话(代后记)

歌词中说:万世沧桑,唯有爱是心中永远的神话。其实,美,也是心中永远的神话,甚至包括了爱。

天地鸿蒙,混沌未开。生命在无边的黑暗里孕育,直到亚当、夏娃从天而降落入凡间,人类绵延开来,穿越天地万物。从此,美,有了承载的主体。

自然的野性气质成就了它的自由自在。大气磅礴或静若处子的山峦、回旋翻转或浩荡奔腾的江河、烟波浩瀚或波澜如潮的湖海、莹透碧绿或果实累累的林地,只有人的眼神可流露出欣赏与赞叹;高大挺拔的迎客松、珠圆玉润的鹅卵石、似开不开的雨中荷、待香未香的园中花,只有人才可赋予其心魂;更有那风的清淡、雪的灵性、天空的广阔、大地的凝重。除了人,还有谁可赋予其中意象?

个人的生存时空决定了出类拔萃者无法更替的风华绝代。人类是一条生生不息的长河,而个体生命不过是短暂的瞬间,起点与终点咫尺之遥。但这一过程却如燃烧的火焰,又如倾泼的赤橙黄绿,缤纷耀眼,精彩纷呈。青年喷雪迸珠后的自傲轻狂,中年跌宕起伏后的淡定和缓,老年宽敞开阔后的清明恬静,明媚而纯粹,分秒却永恒。一张张浊尘不染、清爽高贵、大智谦逊、大才无华、大气宽厚的脸,即便是物质之上的精神冥想,方寸的惬意,也永无止境。除了人,还有谁可言个中滋味?

还有那异性间的春光融融、秋波潋滟。一低头的娇羞温柔蕴藏着朱古力般难化浓情,旋转乾坤的有力臂膀炫耀着至高无上,任凭天崩地裂,平凡质朴地化作清新无香、双栖双飞、入骨入髓的震魄销魂,一如轻风掠过,一如电闪雷鸣。到后来,一件件红尘往事经过时间老人的打磨变得光泽圆润。爱已成为寂寞中的温情,虽然彼此之间依然在交换生命,却已无欲无求,以至从容不迫地完成了无遗憾的人生。

美,如晶莹剔透的粒粒珍珠,时刻在向人间散落,自然美、人性美、情爱美等等等等,而你想要拾得润泽的哪一颗呢?

三年多来,我的嗜爱是追求学术美。

直到今天,我们唯一敢肯定的是我们的无知。不用说天地浩渺、宇宙无穷,就是我们自身,有多少奥秘与神奇在等着我们去摸索和探知。汉代学人王符在《潜夫论》中云:"索物于夜宝者,莫良于火;索道于当世者,莫良于典。"其论证的境界明显高于黄金屋、颜如玉。"道",即是学术研究的永恒追求。当望断天涯、衣带渐宽，忽然有一天自以为得"道"的瞬息，云开雾散，艳阳高照，内心的晴朗与痛快将庸常的现实刺穿，并突破可能性的限制，甚至超越升华。这样的循环往复是学术研究的过程与结果。

而片刻的感觉呢？那天薄暮时分，写书写得我头昏脑涨，抬眼望去，透过拱形玻璃窗，一星一月同挂在广不可及的湛蓝天空中，那柔和的光辉澄清而缥缈，思绪也于刹那间丝丝缕缕地展开，略带雍容忧郁却唯我自足，任无际的思想飘散与漫延，糅合着真实与梦幻，恍惚空灵而又旖旎奇妙。那一刻，功利浮躁、灵魂纷乱、聒噪喧嚣全部离我远去。追星逐月，亦如深不见底的科学探讨，只有点燃岁月深处的渴望，数过生活叶片上的根根筋脉，才可见到并感受星月之美。

自从来到世间，吃喝充腹、息眠止疲。自己并不排斥物质层面的精致化享受，那是人生自然化的选择，但当下，我更心仪精神上的自由不羁，尤以专业研习为本。由独处、阅读、思考、著书、自然陶冶、艺术欣赏而日积月累的轻盈自在、开朗乐观、善良丰富、自信尊严等，渐次达成向往，从而奠定以高贵与优雅为质地的风骨和气节，铸造内心的真正强大与学术底气。无论艰难之日，还是得意之时，既不痛楚至沉沦，也不快乐至晕眩，一切风行水上，自自然然。

回眸历史，如果说伟人的诞生往往出于迫不得已的话，那么，学科的出场在某种程度上或许是被逼无奈。这个世界，大多积极、自动的成分少而又少，有些看似荒谬，实则包含必然。刑事政策学作为一门独立学科开始傲然于刑事法学家族，既被动又顺理成章。

面对与人类相生相伴的犯罪，几千年来，刑罚一直驰骋沙场、纵横捭阖。并非刑罚不能解决部分犯罪问题，而是人们对刑罚的期望值过高，将许多非分之想强加给它，使它不堪重负，伤痕累累。比如，当今刑事法学界的学者通常认为，一般预防是刑罚的目的之一，它与特殊预防一道，共同实现刑罚制定者的主观目的。我以为，一般预防不应被当作刑罚的目的，因为无论人们制定、适用怎样的刑罚，都不可能实现一般预防。从价值层面、人性层面、认识层面及现象层面都可论证，一般预防不过是人类的美好理想，而这一美好理想就像泡沫一样，被无情的现实及人们的理性戳破了。杀鸡可以给猴看，但是，杀人绝不能给人看。因为，人本身就是目的，人不能成为手段，尤其是不能成为被同类利用的手段。

不容否认，人们的认识以及在此基础上解决问题的方式方法不断与时俱进，以至于重新制定与自身及时代相适应的法律规范。而刑事政策恰恰内化了自近代以来的自由、平等、博爱、公平、公正、效率、人道的价值理念，根植于肥沃的市民社会土壤中，以法治语境下的分权监督与制约为制度保障，以法理学研究的前沿理论为指针。这一坐标定位决定了以此为研究对象的全球一体化的刑事政策学这一独立学科体系所应承载的内容。本书就是将这一体系与内容呈现在读者面前，它是作者心血的凝结。如果它能为刑事法学术百花园添上一点点姿彩，则作者心中会存有无比的欢欣与满足。应当说明的是所有这些绝不是从天而降或人为拟设,而是从其内在逻辑推导演绎出的结论,在此过程中,不过是需要人的智慧发现与挖掘它的美。当然,此后还会一代一代,永不停息。

学术美,是我心中永远的神话。

衷心感谢陈兴良教授为本书作序。那天我将书稿发给陈老师,心中的忐忑无以言表,可能是在潜意识中不能确定陈教授对此书作何评价。感谢为编辑本书付出辛勤劳动的冯益娜女士。感谢北京市教育委员会将本书作为精品教材立项项目,既提供物质资助又免去我联系出版之苦,更不用说那巨大的精神鼓励。感谢我的学生宛霞、宋铮等为本书个别章节所查阅的材料,他们是我前行的源泉和动力。感谢中国青年政治学院、各职能部门及法律系,这里是我事业腾飞的起点和归宿。

对于给我生命的父母、给我精神的恩师、给我幸福的亲密家人、给我亲情的姐妹兄弟、给我温暖的友人、给我挚爱的学生,我心中永存无尽的感激!

李卫红

2008 年 12 月 1 日于北京圆明园花园寓所

第二版后记

——一路风景一地阳光

这学期我周一周二有课,周一午饭后如果阳光灿烂一定会去昆玉河畔漫步。曾感受过这里数年绚烂的春、茂盛的夏、静美的秋、寂寥的冬。而现在正是落叶缤纷五彩斑斓的深秋,阳光下静谧的河水,在极微风中泛起海水退却后细沙滩一样的微澜,纷纷扬扬的柳叶先是落入水面,不知多久潜入清澈水底,我手抚浸透岁月痕迹的汉白玉圆柱,专注地盯着水底的叶子,静观它们任意组合变幻成的山水图画、可爱动物、几何图形甚至玉树临风的型男、婀娜多姿的少女,怎么就这么美?那种历经沧桑之后的沉淀,不再浓艳不再喧闹不再张扬,厚重、沉静、淡定、从容。

我们知道人类生生不息,却不知道哪一具体的谁会来到人间。科学与经验让我们确信来到人间的人一定会回归尘土,那人生的意义何在?每一个体主观体验到了的东西,就是生命的价值与意义,至于为社会、国家、他人做出的贡献,或许是附加值。人们赋予生存着的人以意义,其实,哪有什么意义,即便创造了人类的文明,那又怎样?后人所理解的达·芬奇、米开朗其罗也许无法替代其自身的感受,对待绘画、雕塑能否进入艺术家的境界,没有答案。文明让食物取细失正味,文人山水不喜真境而喜图画,是另一层次的审美,因人而异。无论卓绝与失落,也无论辉煌与寂寥,每一个人的人生都是过程,都是个体主观体验,有相似之处,但绝不可能雷同,或深邃或单纯。求道是学术的追求,个体通过不同的方式或手段获得真理。

在历经"百转千回"的职称评定于2010年12月终于尘埃落定后,原以为一切都圆满了,从此闲煮岁月、细品时光,享受我美好的生活。可这又仅仅是一个开始。2011年5月1号起程飞往美国特拉华大学做高访,整天听说读写英文、主食汉堡、比萨,烦不胜烦,回头看,这四个月的时光转瞬过去。这一经历让我至今倍加珍惜每天平凡琐碎的生活,这是多么有滋有味,听说读写汉语、偶尔享用葱烧海参、佛跳墙、龙井虾仁、蜜汁烧肉、松鼠鳜鱼等各大菜系的美味佳肴,何等幸福的生活!2013年9月开始在中国政法大学读论文博士,师从陈光中先生,两年半时间,往返于西三环北路25号与西土城北路25号之间,2016年1月顺利通过答辩获得博士学位。这一过程,提升了我的修养及学养,然后知太多的为人与为学的不足。当然,其功利性的虚荣满足是各种表格的填写瞬间,在学历一栏志得意满地写上"博士",然后在它四射的光环里陶醉片刻,那会儿已忘却论文写作的千辛万苦、数次放弃又数次重启的泪水与汗水。2014年7月挂职北京市密云区人民检察院副检察长,2017年7月结束。学者有机会在实践中真刀真枪铁马金戈,难得的锻炼,将自己天空飞翔的法治理想部分降落在坚实的土地上,幸运之至。其间,内心的许多风景独一无二,无法为外人道,那是真正熬煮的日子,味深情重,从而深刻地体会到,只有自己丰富才能感知世界的博大、新奇与美好。

人类一直在为自己的不完美付出代价,比如家庭、社会、国家的不完美,大多源于个人的不完美,因此,每一个人也没有理由抱怨这个世界的不完美,因为这是每一个人的合力构成的,谁也脱不了干系。同时,人们的部分行为似乎一直在为了弥补这种不完美而寻找良策,以期更好的结局。在刑事法学领域依然如此,漫漫长夜,好不容易到了近代启蒙,人们找到了罪刑法定,以摆脱封建刑法的恣意、干涉、残酷、不平等,却又面临其本身固有的体系性框架,即刑法教义不可逾越的城墙。从费尔巴哈开始,刑事法学者们已做出种种努力,探究更新理论,以弥补罪刑法定的不足,至今仍在路上,而当下还有许多许多认识误区,比如人性缺陷与规则之恶易被混淆,力求避免后者以弥补前者,潜规则的存在让贪婪人性的释放通过潜规则实现,这将会导致社会越来越没有公平;法律科学的悖论也是常理;有些没有结局性的终了答案,但阶段性的研究成果未尝不是胜利的果实,以后有以后的说法,人类就是这样一步一步走过来的。

高中学哲学时,老师批判"我思故我在",唯心主义的经典。我觉得真有道理,世界明明在你眼前,你思与不思它都存在,为什么还我思故我在?几十年过去,才明白,那是观察与提问的视角不同,如果从每一个体出发,虽然这是个存在的世界,但如果自己不介入,这个世界与自己无关,自己的存在是客观的,但存在感是主观的,对于存在的个人而言,存在感才是至关重要的,也是个人成为个人的明证。其实,道或真理也是如此,不管人们求没求到,它都在那里,而主观的认识让一切变得透彻、明白,如果认识不到,则仍处在混沌状态。主观与客观的接洽才使世界统一,但这何其难,人们所有的努力就为了实现这一点,环境不再被破坏,人权不再被践踏,天人合一,道法自然。

感谢与我不期而遇的所有人,命中注定,浩瀚宇宙地老天荒,如果将个体生命比喻为数学中的一段线,恰好在这一线段的某些点上我们在一起分享这个世界的种种,该是万分珍惜!但有时,自己的日子也过得拧巴,记得《世说新语》里有一句话:"我与我周旋久,宁作我。"作了我,享受了一路风景、一地阳光。

李卫红
2017年11月10日于北京西三环北路25号致远楼